세상을 바꾼 작고도 거대한 화학의 역사

화학 연대기

EBS 클래스 ⓔ 과학 세상을 바꾼 작고도 거대한 화학의 역사

화학 연대기

장홍제 지음

THE CHRONICLES OF *CHEMISTRY*

PARADIGMA OPERIS PHILOSOPHICI. E Urbanio

화학이란 무엇일까

어떤 대상을 파악할 때는 무릇 개념을 정의하는 데서 시작하기 마련이다. 이 작업이야말로 다른 어떤 것보다 먼저 이루어져야 할 기본적이고 기초적인 과정이다. 개념이 간결하고 명확할수록 대상을 파악하는 길도 수월하다. 우리가 이 짧고도 긴 여정에서 알아볼 대상은 물론 화학이다. 그렇다면 화학이란 무엇일까?

답을 하기 전 한 가지 짚고 넘어가야 할 점이 있다. 화학이라는 학문이 우리가 생각하는 것보다 훨씬 더 광활하고 변화무쌍하다는 사실이다. 이렇게 생각해보자. 지금 나는 셀룰로스cellulose와 리그닌lignin의 복합체로 이루어진 나무 의자에 앉아 있다. 그리고 내 앞에 있는 스테인리스 선반은 크로뮴chromium, Cr, 몰리브데넘molybdenum, Mo, 망가니즈manganese, Mn, 탄소carbon, C 등이 75퍼센트 내외의 철iron, Fe과 함께 뒤섞여 굳은 균질한 혼합물로 구성되어 있다. 책상 위 컴퓨터만 해도 반도체와 플라스틱의 정교한 조합이다. 그리고 그 컴퓨터를 조작하고 있는 나는 총 60종의 원소, 도합 7,000,000,000,000,000,000,000,000,000여 개 원자(7론나ronna: 10^{27}을 의미하는 새로운 단위로 현재 결정 단계에 머물러 있다)로 구성된 혼돈 속 질서의 산물이다.

그리고 편안한 소파에 앉아 따뜻한 커피를 마시며 이 책을 읽고 있을 독자 여러분의 상황을 화학적 관점에서 설명해보자. 여러분이 앉아 있는 소파는 동물성이나 식물성 또는 석유화학 섬유를 길게 뽑아 꼬아서 만든 구조물이다. 석기炻器와 첨단 반도체 소재 그 중간 어딘가에 속해 있을 세라믹 컵에 담긴 커피는 1,000여 종의 화학물질을 부글부글 끓는 물에 우려낸 혼합물이다. 결론적으로, 여러분은 나와 거의 완벽하게 동일한 원소의 종류와 개수로 이루어진 몸에 또 다른 혼합물로 이루어진 커피를 흘려 넣으며, 손에는 셀룰로스와 리그닌으로 이루어진 『화학 연대기』라는 종이 묶음을 들고 있는 셈이다.

여러분과 내가 이 잠깐의 공감을 형성하는 사이에도 화학은 연소, 증류, 압착, 치환, 분해, 결정화, 융해, 첨가를 포함한 모든 반응의 형태로 우리 주변에 존재하고 있다. 그렇기에 화학의 개념에 대해서는 하나로 종결되는 답이 아닌 다양한 정의를 내릴 수 있다(사실 대부분의 학문이 마찬가지다. 인류가 몇천 년에 걸쳐 일구어온 학문을 어떻게 단 하나의 명쾌한 문장으로 요약할 수 있겠는가).

그중에서 가장 보편적으로 언급되는 정의는 '화학化學'이라는 용어 그대로의 의미를 반영한 것이다. 즉 '되다, 화하다化'에 대한 '배움學'을 추구한다는 사전적 의미의 답변이다. 다른 말로 풀어쓰자면 '물질의 조성과 구조, 성질과 변화를 연구하는 학문'쯤 되겠다. 소듐 sodium, Na 금속 막대를 물에 던져 넣으면 곧 커다란 불꽃과 함께 폭발하고 물은 염기성으로 변한다. 그런데 여기에 유독성 물질로 여겨지는 염산 HCl을 부으면 물은 어느새 먹어도 아무런 문제가 없는(이론상 결과이니 혹시라도 실제로 먹는 것은 위험하다!) 소금물로 변한다. 겨울철 쌓인 눈에 염화 칼슘 $CaCl_2$을 뿌리면 빠르게 녹아내린다. 물이 얼어붙는 온도가 낮아진 것이다. 그런데 이 염화 칼슘 수용액을 가열하면 이상하게도 물은 끓는점인 섭씨(이하 온도는 섭씨 기준) 100도보다 높은 온도에서 끓기 시작한다. 모든 게 변하는 것이다. 이런 의미로 어떤 사람들은 "화학은 변화의 학문이다"라고 표현한다.

또 다른 관점은 화학이 '관계의 학문'이라는 것이다. 화학을 영어로는 'chemistry(케미스트리)'라고 한다. 여기에는 기본적인 뜻인 '화학' 외에도 '(사람 사이의) 화학반응'이라는 의미가 포함되어 있다. 기업 간 인수합병 시 회사 분위기나 사풍이 서로 조화롭게 혼합될 때 '케미스트리(또는 케미)'라는 말을 쓰는데, 최근에는 성적으로 끌리는 것을 가리키거나 스포츠계에서 단결력이 좋다는 의미로 사용하곤 한다. 일상적으로는 "A와 B의 케미가 좋다"라는 식으로 둘의 관계가 좋거나 서로 어울려 보일 때 이 표현을 쓴다. 이 '케미'에서 중요한 것이 바로 관계다. 다시 처음 질문으로 돌아가보면, 화학은 만화경 같은 이 세상의 다양한 관계를 밝히고 이해하고 조절하고 싶어하며, 따라서 "관계의 학문이다"라고 정의해도 무방할 듯하다.

이외에도 화학에 관한 정의는 다양하다. 일상에서 흔히 사용하는 실체적 물질의 반응을 탐구한다는 관점에서 '실용적 학문'이라 부르기도 하고, 물질의 구성 요소 중 핵심 작용을 하는 객체인 전자를 기준으로 해 '전자의 학문'이라고도 한다(이에 대해서는 뒤에서 자세히 알아볼 것이다).

나는 이 모든 정의에 대체로 수긍하는 편이다. 화학은 세상의 변화와 관계를 다루며, 우리가 손에 쥔 실체적 물질과 우리 눈에는 보이지 않는 전자를 탐구하는 학문이다. 여기에 더해 나 나름대로 화학을 한마디로 규정하려 한다. 세상에 퍼진 수많은 표현과 의미를 넘어 다음과 같이 도전적이면서도 과감하게 표현하고 싶다.

"화학은 예술이다."

내가 생각하는 화학은 아름답다. 물론 이는 완성된 예술 작품처럼 사람의 감성을 자극하는 무엇인가가 화학에 존재하기 때문이라는 단순한 의미에서가 아니다. 보는 사람마다 고개를 들고 감탄해 마지않는 바티칸시국 시스티나 성당Aedicula Sixtina의 천장 벽화를 떠올려보자. 벽화가 완성되기 전 천장은 어떤 모습이었을까? 천장이 세워지기 전 성당 건물은? 그보다 이전, 성당이 지어지기 전 그 공간은 어떤 물질로 채워져 있었을까? 애초의 무無에서 성당을 건축한 인부들의 땀과 천재 화가 미켈란젤로의 노력을 통해, 그리고 그들의 손을 거친 일정한 물질을 통해 우리가 현재 감상하는 시스티나 성당의 천장 벽화가 탄생했다.

이렇듯 내가 생각하는 예술이란 단순히 머릿속으로 그리고 생각하는 것만으로는 완성되지 않는다. 어쩌면 현대 사회에서는, 혹은 멀거나 가까운 미래에는 단순한 공상 또는 몽상만으로도 예술이 성립할지 모르겠지만, 대중 관점에서 예술 작품은 구체적 행위를 통해 시도되고 표현되어야 완성된다. 그 행위는 그리기, 노래하기, 움직이기일 수도 있고, 하다못해 무언가를 부수거나 짓이기는 몸짓일 수도 있다.

화학 역시 마찬가지다. 화학은 '실험'이라는 행위가 수반되는 지극히도 실천적 학문이다. 다양한 이론과 아이디어에서 실체가 있는 결과물을 만들어내기까지 예술 작품을 완성하는 것과 동일한 수준의 고뇌와 노력이 요구된다. 이 과정에서 누군가에게는 기적적으로 한달음에 목표에 도달하는 행운이 따르기도 한다. 독일 화학자 프리드리히 아우구스투스 케쿨레 폰 슈트라도니츠Friedrich August Kekulé von Stradonitz, 1829~1896는 화롯가 소파에 앉아 잠시 졸다 꿈에서 모든 화학자가 해결하고 싶어 하던 벤젠benzene 구조의 답을 봤고, 영국 화학자 윌리엄 헨리 퍼킨 경Sir William Henry Perkin, 1838~1907은 끈적끈적한 콜타르coal tar를 씻어내다 검은색 찌꺼기가 보라색으로 풀어지는 것을 보고 합성염료를 발명했다. 그러나 화학자는 대부분 어지럽게 갈래 진 미로에 놓인 듯, 쉴 새 없이 이어지는 난관에 봉착하기 마련이다. 물 없이 인간은 단 사흘밖에 생존할 수 없지만, 그 물이 원소인지 물질인지 혹은 그 외의 무엇인지를 알아내고자 화학자들은 2,400여 년이나 연구해야 했다. 프랑스 화학자 앙투안 로랑 드 라부아지에Antoine-Laurent de Lavoisier, 1743~1794는 플로지스톤이라는 가상의 물질 때문에 나무가 불에 타는 것이 아니라는 사실을 증명하기 위해 일생을 바쳤다. 화학자들이 거둔 성취감 가득한 탈출은 수많은 시행착오가 포함된 실험이라는 일련의 과정과 표현의 결과물이다.

이 과정에서 다행히 성공을 거머쥔 화학자들도 있지만 실패에 괴로워한 사람도 많다. 아니, 오히려 끝내 실패한 화학자가 대다수일지도 모른다. 스웨덴 화학자 칼 빌헬름 셸레Carl Wilhelm Scheele, 1742~1786는 새로운 원소를 발견했으나 이를 늦게 발표하는 바람에 명예를 빼앗겼다. 이탈리아 화학자 겸 물리학자 아메데오 아보가드로Amedeo Avogadro, 1776~1856는 원자와 분자를 구분하고 관계를 파악했음에도 평생 아무도 그의 연구에 관심을 기울이지 않았다. 또 영국 화학자 존 알렉산더 레이나 뉴랜즈John Alexander Reina Newlands, 1838~1898는 규칙성을 발견해 주기율표 발명 직전까지 갔지만 다른 사람들로부터 조롱을 받다 화학계를 떠났고 이후 영원히 돌아오지 않았다.

이들이 활동할 당시 실험은 지금보다 훨씬 더 불안하고 위험천만한 조건에서 이루어졌다. 대표적인 예로 반도체 공정이나 유리 에칭에 쓰이는 플루오린화 수소산hydrofluoric acid 제조, 주방기구 코팅, 그리고 운동복 고어텍스 섬유와 치약, 의약품 제조 등 다양한 분야에 사용되는 원자번호 9번 플루오린fluorine, F을 들 수 있다. 플루오린은 '플루오린 순교자fluorine martyrs'로 분류되는 사람이 여럿 있을 정도로, 그것을 발견하는 과정에서 눈이 멀거나 치명상을 입은 이가 많았다. 게다가 이들은 안전을 무시한 채 취미로 실험을 즐기던 아마추어 화학자가 아닌, 당대 최고 실험 화학 권위자들이었다.

우리 주변에는 화학 하면 막연히 거부감을 드러내는 사람들이 있다. 아마도 그들이 느끼는 거부감은 바로 이런 점에서 비롯할지도 모르겠다. 제대로 화학을 맛보고 즐기기 위해서는 실제적인 체험이 뒤따라야 하는데, 이 과정에서 혹시 모를 폭발이나 중독사고 등이 발생할 수도 있다고 우려하는 것이다. 이처럼 화학은 실험과 체험으로 완성되는 학문이기에 오히려 접근하기 힘들다. 재미있는 역설이 아닐 수 없다.

이를테면 암벽등반을 떠올려도 좋다. 나는 언젠가부터 암벽등반을 꿈꾸어왔다. 고작 로프 한두 가닥과 고리 몇 개에 의지한 채 깎아지른 듯한 기암절벽을 정복하는 모험 말이다. 암벽등반에 성공한 누군가의 인터뷰를 볼 때마다 마음속으로 '언젠가는……' 하며 살짝 땀이 밴 주먹을 그러쥐었다. 하지만 암벽을 오르고 싶다는 생각을 한 지가 꽤 오래되었는데도 실제로 도전한 적은 한 번도 없다. 늘 바쁘다는 핑계로 어떻게 시작하면 좋을지 알아보려는 최소한의 노력조차 기울이지 않았지만, 정작 이유는 따로 있었다. 만에 하나 있을지 모를 사고가 막연히 두려웠던 것이다. 물론 손가락 두께만 한 로프는 튼튼해 보이고, 원리는 잘 모르겠으나 고리도 꽤 안전할 것으로(당연히 안전해야 하고) 예상되지만, 그래도 쉽사리 떨쳐낼 수 없는 두려움이 있다. 몸을 한 뼘 위로 끌어올릴 체력도 없는 상태에서 손가락이나 발가락 하나 지지할 곳 없는 공중에 무작정 고립된다면? 갑자기 불어 닥친 바람에 몸이 암벽에 내동댕이쳐진다면? 또는 누군가 내게 앙심을 품고 로프를 칼로 자른다면? 물론 이것은 무경험자의 망상에 가깝다. 꽤 많은 사람이 이런 근거 없는 두려움을 떨쳐내고 암벽등반의 세계에서 진정한 스릴을 맛본다(사실 스스로 안전장치를 해제하지 않는 한 추락 위험은 없다고 한다).

화학도 이와 별반 다를 바 없는 것 아닐까? 마음만 먹는다면 누구든 암벽에 오를 수 있듯이, 화학도 직접 즐길 수 있다. 암벽을 올라 정상에 발을 디딘 등반가처럼, 원하는 실험 결과를 실제 눈앞에 둔 화학자의 기쁨은 이루 말할 수 없을 것이다. 하지만 그러려면 먼저 자기 안에 깃든 근거 없는 두려움부터 몰아내야 한다.

세상 모든 물질은 화학으로 이루어져 있다

우리는 아침에 눈을 떠 하루를 마치고 다시 잠드는, 혹은 잠든 시간마저 포함한 모든 시간을 화학의 산물 속에서 보낸다. 다시 말해 화학과 떼려야 뗄 수 없는 관계를 맺고 있다. "모르는 게 약이다 Ignorance is bliss"라는 만국 공통의 격언대로 필요한 정보만 취하면서 산다면 아무런 문제나 우려도 없이 일상을 즐길 수 있을 테지만, 안타깝게도 우리는 정보의 홍수 속에서 살고 있다. 아는 것이 일종의 정신적 병이 될 수 있는 상황에 처한 것이다. 화학 자체나 화학물질에 대한 공포증을 의미하는 '케모포비아chemophobia'라는 신조어에서도 알 수 있듯이, 화학 관련 정보가 일상에서 마주치는 현상에 대한 두려움을 자아내기도 한다.

예컨대 점심식사를 하면서 탄산음료 한 잔을 곁들이는 시간에도 자신도 모르게 '맛있다'와 '맛있긴 한데……' 사이를 수없이 오간다.

설탕이 많이 들어 있다는데 괜찮을까?

탄산음료에도 카페인이 함유되어 있다는데…….

탄산이 이를 삭인다는데, 뼈에는 아무런 문제가 없을까?

탄산이 정말 소화를 돕긴 하는 걸까?

탄산은 산성 물질이라고 들었는데 위험한 거 아닌가?

탄산을 자주 마셔도 문제가 없을까?

그건 그렇고, 이건 대체 누가 처음 만든 거지?

화학물질에 대한 우려는 때로는 실체 이상으로 부풀어 우리를 공습한다. 이런 우려는 화학물질이 진짜로 사회적 문제를 일으켰는지, 혹은 억울한 오해를 받아왔는지 여부와는 무관하다. 세상을 떠들썩하게 만든 가습기 살균제와 방사성 물질이 검출된 침대 매트리스, 그리고 환경호르몬과 중금속 등 다양한 이슈가 매체를 통해 보도되어 우리를 불안에 떨게 한다. 산업혁명과 인구론 등 사회·경제적 사건이나 이론은 수요 충족을 위한 물질의 대량 생산을 점점 더 빠른 속도로 촉진했다. 대량 생산은 질적 평준화를 가져왔지만, 당연하게도 평균 이상의 제품을 원하는 소비자들의 욕구에는 미치지 못했다. 이에 따라 천연재료와 유기농이라는 매력적인 단어로 포장된 소비재 생산 등 차별화가 생겨나기도 했다.

이 가운데 어디까지가 우리가 '알아야만 하는' 진실일까? 뒤에서 살펴보겠지만 본격적인 과학 혁명 형성 과정에서 영국 철학자 프랜시스 베이컨Francis Bacon, 1561~1626은 "아는 것이 힘이다Scientia potentia est"라고 말했다. 어쩌면 이 말은 경험론의 아버지인 베이컨이 현재의 우리에게 전하는 메시지인지도 모른다. 요컨대 진정한 앎을 통해 우리는 공포의 실체를 발견하고 한결 홀가분한 마음으로 세상의 화학과 대면할 수 있다.

화학은 실체가 있는 물질을 다루는 학문이다. 지금 바로 주위를 둘러보자. 여러분이 읽고 있는 이 책과 책상, 컴퓨터, 집, 자동차 등 보이는 모든 것은 어떠한 재료로 이루어져 있다. 조금 더 구체적으로 표현하자면 화학자들이 발견 또는 발명한 그 '무엇인가로 만들어졌다'고도 할 수 있다. 적합한 사용 목적이나 의도에 근거해 실제적 크기나 규격, 부피를 가지는 물체를 만드는 데 쓰이는 재료를 흔히 '소재'라고 칭한다. 당연히 이 소재라는 특징적 물질 역시 이보다 더 작고 기본적인 요소로 이루어져 있다.

이것이 바로 흔히 '원소', '원자'라는 용어로 서술되는 화학의 가장 기본적인 부분이자 시작점이다. 동시에 많은 사람이 정확히 이해하기 어려워하는 개념이기도 하다. 이처럼 시작점에서부터 어려움에 직면하는 셈이니, 우리가 화학에 대해 막연한 공포와 거부감을 가지는 것도 어쩌면 당연한 결과 아닐까?

우리는 이제부터 화학을 구성하는 가장 작은 부분인 '원소', '원자'에서 출발해 인류 역사에 세워진 화학의 이정표를 모두 거쳐, 현재 우리가 마주한 최첨단의 경계선까지 함께 걸어갈 계획이다. 혹시 이 과정에서 막연하거나 모호한 두려움이 생긴다면 다시 한 번 암벽등반을 떠올려도 좋다. 두려움은 실체 없는 자기 합리화와 제대로 알지 못하는 무지無知에서 비롯된다. 두려움에 맞서기보다 그 자리에 머무르기를 택한다면 결코 암벽 정상에 두 발을 딛는 기쁨을 맛

볼 수 없다. 우리의 여정은 진정한 앎을 위한 용기에서 시작된다. 그리고 이 여정을 통해 우리 시대 화학의 의미를 다시금 되돌아보고 다양한 화학 현상에서 무한한 아름다움을 찾아낼 수 있을 것이다. 조금 더 용기를 낸다면 한 명의 전문 화학자가 되거나 화학을 취미로 즐기는 일도 가능하리라 믿는다.

2021년 늦봄

장홍제

일러두기

- 화합물의 이름은 양이온+음이온으로 이루어진 경우 띄어쓰기 원칙을 따랐습니다.
  예: 이산화 탄소, 일산화 질소, 염화 소듐
- 외래어 표기는 국립국어원 원칙을 기준으로 했습니다.

차례

제1장

세상 모든 것의 시작

THE CHRONICL

: 기원

O F   C H E M I S T R Y

우리는 새로운 물건을 볼 때 형태나 외형적 요소를 가장 먼저 평가한다. 그만큼 각자가 가진 미美에 대한 가치와 선호도는 실제적 편의성과 비견할 만한 중요한 관점이다. 하지만 언제부터인가 겉모습보다 기능적 측면이 더욱 중요하게 느껴지고, 재료의 안전성과 내구성, 혹은 무게와 질감 등 온갖 특성이 고려 대상이 되어왔다. 결국 좋은 것과 덜 좋은 것으로 구분해 사용 빈도가 달라지는 것으로 과정이 마무리된다. 과학자에게는 왜 이런 차이가 생기는지 고민하는 다음 단계가 기다리고 있다. 형태나 크기에 별다른 차이가 없다고 판명 나는 순간부터 화학자의 시간이 시작된다. 이 물질은 무엇으로 어떻게 이루어져 있는가?

화학의 시작, 원소와 원자

화학은 물질을 구성하는 가장 기초적인 요소를 연구하는 학문이다. 화학에서 말하는 물질의 구성 요소는 원소와 원자로 구분되는데, 이는 각각 질적 측면과 양적 측면을 의미한다고 할 수 있다. 다양한 금속 물질 가운데 우리에게 가장 익숙한 것이 산업의 쌀 또는 쇠로 불리는 철이다. 작은 쇠 구슬이나 건설에 사용되는 커다란 철근 모두 철로 이루어졌다. 철을 질적 측면에서 살펴볼 때 바로 철이라는 원소의 화학적 개념이 등장한다.

한편 양적 측면은 어떤 물질의 많고 적음을 무게나 크기 등 여러 기준으로 표현하는 것이다. 양적 측면에서 철을 살펴보자면 철 원자의 개수가 몇 개인지를 이해한다는 뜻이다. 더 많은 원자가 모여 있으면 커다란 물질이 될 테니 말이다. 물질의 종류를 나타내는 질적 측면의 원소보다 물리적 실체가 있는 양적 측면의 원자를 조금 더 자세히 살펴보는 것이 세상이 이루어진 과정을 쉽게 이해할 수 있는 한 방법이다.

원자atom라는 단어는 그리스어로 '나눌 수 없다atomos, ἄτομος'라는 뜻에서 기인한다. 하지만 우리에게 친숙한 원자의 구조를 가만히 들여다보면, 중앙에 단단히 뭉쳐 있는 원자핵atomic nuclear과 그 주위를 위성처럼 도는 전자electron로 구분된다는 것을 알 수 있다. 그렇다면 이런 의문이 들기 마련이다. 서로 다른 형태와 공간으로 구분되어 존재하는 이 객체들을 정말로 나눌 수 없는 것일까? 게다가 단단한 구체로 표현되는 원자핵을 조금 더 상세히 살펴본다면, 양(+)의 전하를 갖는 입자로 통용되는 양성자proton와 전하를 띠지 않는 상태로 이들과 함께 엉겨 붙어 있는 중성자neutron를 각각 떼어내 분리할 수 있을 것처럼 느껴진다.

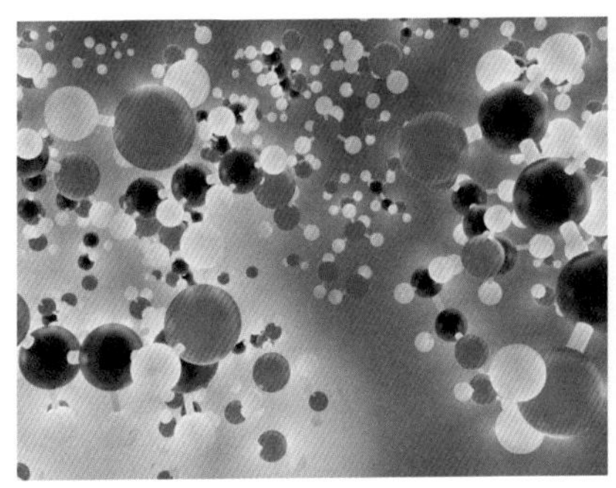

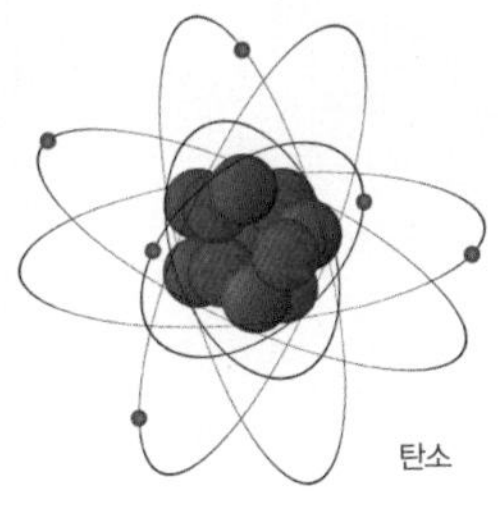

다양한 분자의 구조(왼쪽)와 탄소 원자의 모식도

바로 여기에서 원자를 바라보는 물리적 관점과 화학적 관점의 첫 번째 차이가 발생한다. 물리적 관점에서 원자에 매우 높은 에너지를 가하면 양성자, 중성자, 전자라는 각각의 구성 요소로 분리할 수 있고, 심지어 한 단계 더 나아가 이들을 쿼크quark라는 더욱 근본적인 미립자로 나눌 수도 있다. 양자역학이나 초끈이론 등 흥미로운 물리학의 여러 개념을 바탕으로 가장 근본적인 미립자들에 대한 탐구가 현재도 진행되고 있다.

핵력nuclear force이라는 엄청난 힘 덕분에 양성자와 중성자는 결합된 형태로 존재할 수 있는데, 화학적 관점에서는 절대 이것을 화학반응으로 분리할 수 없다. 그나마 가능한 움직임이라고 하면 가장 외곽에 위치한 전자만 몇 개씩 떼어내거나 집어넣는 정도의 조절뿐이다.

이를 바탕으로 생각해본다면 원자는 '화학적으로 더는 나눌 수 없는 물질의 기본 입자'라고 표현할 수 있다. 사전적으로 '원소의 화학적 성질을 갖는 최소 단위체'라는 표현이 비로소 유의미해진다. 어떤 물질이 원소이려면 기본 단위가 최소한 원자여야 한다는 것이

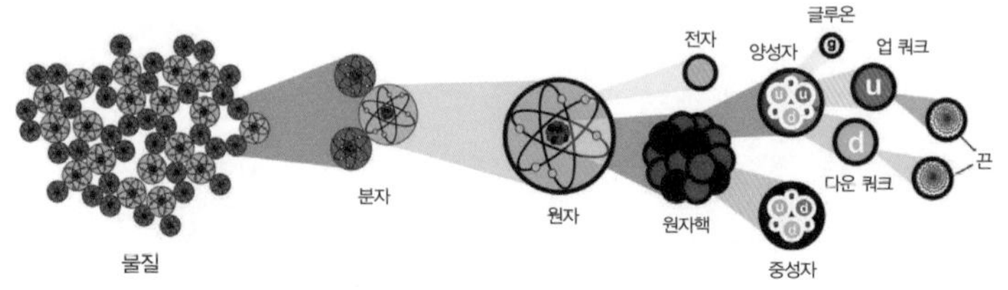

물질, 분자, 원자, 그리고 미립자

다. 이 연결 고리를 바탕으로, 우리는 항상 원소와 원자를 동시에 고려하는 데서부터 화학의 기본에 접근한다. 그렇다면 원소와 원자가 세상에 탄생한 시점은 언제일까? 화학 연대기를 탐험하는 여정은 바로 여기에서 시작된다.

모든 것은 빅뱅에서 비롯되었다

새로운 것은 일반적으로 거대한 혁신이나 변화로부터 탄생한다. 원소와 원자 역시 모든 것의 시작으로 여겨지는 빅뱅Big Bang에서 출발했다. 빅뱅이라는 태초의 거대한 폭발과 그 이후 일어난 현상 및 결과는 이미 수많은 매체를 통해 널리 알려진 바와 같다.

그중 우주 역사를 1년짜리 달력으로 표현하는 예시가 가장 흔하다. 그것에 따르면 우주는 1월 1일 폭발과 함께 탄생했으며, 지구는 9월 14일 만들어졌고, 인류는 12월 31일 마지막 날 새벽 6시에 발생해 진화를 거쳐 지금에 이르렀다.[1] 보편적으로 인간의 이해를 벗어난 이런 과정은 여러 복잡한 이야기와 현상으로 설명된다. 자연계를 구성하는 네 가지 힘 가운데 전자기력, 약력, 강력이 하나의 대통일력으로 존재한다거나, 초기 우주는 너무 뜨거워 원자핵조차 존재할 수 없었다는 등 비록 이해하기 어렵지만 상상만으로도 흥미로운 내용들이다. 하지만 우리는 지금 화학에 대해 이야기하고 있으니 먼저 원소와 원자가 태어난 순간을 기준으로 살펴보는 것이 좋을 듯싶다.

하늘을 수놓는 불꽃놀이는 인간을 매료시킨다. 무심코 걸음을 멈춘 채 멍하니 바라보고 서 있게 할 만큼. 찰나의 순간에 반짝이는 불꽃은 생각보다 많은 것을 남겨두고 사라진다. 아름다운 색상의 빛과 귀가 멍해질 정도의 큰 소리, 주위로 방출되는 열에너지, 흩날리는 연기와 잔여물까지……. 결국 폭발은 방출되는 진동이나 에너지뿐 아니라 실체가 있는 무언가를 남긴다.

빅뱅 역시 하나의 거대한 폭발이었다. 따라서 에너지 외에도 수많은 것이 만들어져 주위로 퍼져나갔다. 물리학에서 관심 있게 지켜보는 여러 미립자가 이에 해당한다. 글루온gluon과 쿼크, 입자와 반입자, 뮤온muon과 타우tau, 그리고 2013년 공식적으로 발표된 힉스 입자Higgs particle 같은 미립자들 말이다. 그리고 어느 순간 몇몇 미립자가 자연계의 힘으로 뭉치면서 가장 작고 가벼우며 간단한 최초의 원소와 원자가 탄생했다. 원자번호 1이라는 숫자 자체로 의미를 가질 수밖에 없는 수소hydrogen, H가 그 주인공이다.

우주 달력으로 1월 1일 오전 0시 14분쯤, 즉 빅뱅으로부터 38만 년 후 우주의 모든 영역에서 중성원자 상태의 수소가 만들어졌다.

빅뱅 상상도

그리고 초기 우주의 높은 온도와 에너지 환경에서 수소들은 핵융합이라는 반응을 통해 서로 뭉쳐 곧바로 2번 원소인 헬륨helium, He을 생성했다. 작고 간단한 것으로부터 시작된 물질의 탄생 과정을 고려할 때 우주 공간의 90퍼센트 이상을 수소가 구성하고 있고, 두 번째로 풍부한 원소가 헬륨이라는 사실은 필연적이다.

잠시 현재로 돌아와 생각해보면 흥미로운 점이 하나 있다. 지구의 대기 중에는 그나마 친숙한 두 원소인 수소와 헬륨이 화합물(예를 들어 CH_4 등)이 아닌 원소 형태로는 거의 존재하지 않는다는 사실이다. 워낙 작고 가벼운 기체 분자들이라 지구 중력으로는 대기권에 잡아두기 어려워 우주 공간으로 계속해서 새어나가고 있기 때문이다. 사실 수소와 헬륨이 별로 없어도 인간이 호흡하고 생활하는 데는 그다지 지장이 없다. 그래서 대기 중 수소와 헬륨의 양에 별다른 의미가 없을 것이라 여기기 쉽지만, 여러 측면에서 생각해볼 문제가 많다.

수소는 우리가 많이 들어본 원소이고, 최근에는 차세대 대체에너지 분야에서 각광받고 있어 더욱 친근하게 느껴진다. 하지만 수소 기체가 대기에 많이 존재했다면 오히려 호흡에 방해가 되거나 체내에 유입되어 폐에 염증 반응을 일으키는 등 심각한 독성 문제를 유발했을 개연성이 크다. 그런 면에서 대기 중 수소의 부재는 인간에게 희소식일지 모른다.

한편 헬륨은 놀이동산에서 풍선이나 기구 속에 채워 넣어 부유하는 데 쓰거나, 장난삼아 들이마시면 목소리가 변조되는 '도널드 덕 효과'를 일으켜 그다지 중요하지 않은 기체로 인식하는 사람이 많다. 그러나 헬륨은 자기공명영상Magnetic Resonance Imaging, MRI 진단을 비롯한 고자기장 기기에 필수적으로 사용되는 물질이다. 다만 헬륨이 향후 20년 내 지구상에서 고갈될 것으로 추정되는 만큼 심각한 문제가 발생할 수 있다는 우려의 목소리도 나온다. 수소와 헬륨 두 경우만 보더라도 원소에 대한 이해가 우리의 안전뿐 아니라, 향후 세계 경제나 정세를 예측하는 지표로도 작용한다는 것을 알 수 있다.

초기 우주에서 헬륨이 생겨난 후에는 어떤 일이 벌어졌을까? 많은 사람이 이보다 무거운 원소들 역시 동일한 방식의 핵융합 반응을 통해 자연스럽고 순차적으로 생겨났으리라 생각하겠지만, 이후부터는 조금 달랐다. 다양한 작용이 복합적으로 발생해 지금의 우주가 만들어졌다. 우주가 탄생 이후 계속해서 빠르게 팽창했기 때문에 빅뱅으로 발생한 에너지는 넓은 공간에 흩뿌려졌고 우주 전체 온도는 점차 차갑게 식어갔다. 빅뱅 직후 약 100초 시점에 우주 온도는 1억도에 달했지만, 현재 우주 온도는 영하 270.42도에 불과하다고 추정될 정도로 온도 차이가 극심하다. 이론적으로 도달 가능한 최저 온도가 절대 영(0)도로 표현되는 영하 273.15도라는 점을 고려한다면, 사실상 우주는 열에너지가 거의 존재하지 않는다고 해도 무방할 만큼 차갑고 어두운 공간이다.

이 때문에 원자핵들이 서로 뭉치는 핵융합 반응이 일어나기가 불가능해졌다. 태양과 같이 고온으로 불타는 항성 내부에서 핵융합을 통해 형성되는 원자번호 37번 루비듐rubidium, Rb 이하의 경량 원소들, 우주선cosmic ray에 의한 융합 작용으로 생성되는 리튬lithium, Li과 베릴륨beryllium, Be, 붕소boron, B 등이 헬륨 이후 원소 생성의 기원으로 대표된다. 또한 중성자별의 융합이나 백색왜성의 폭발로 생성되는 중금

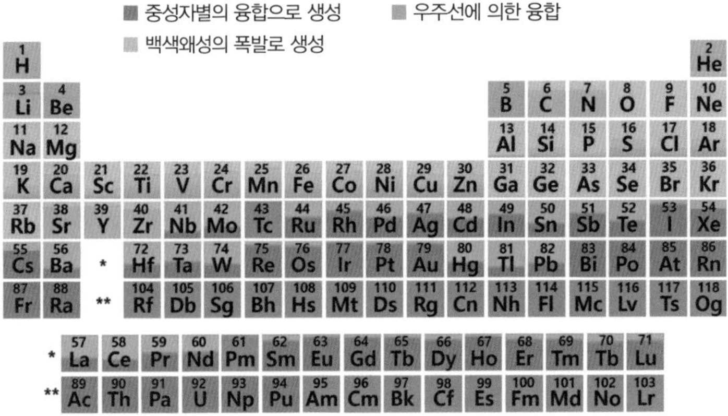

수소와 헬륨, 그 외 가벼운 원소들의 탄생

속 원소들도 있다. 천체와 우주는 137억 년째 가동 중인, 원소를 바꾸고 만들어내는 공장이라고 할 수 있다. 이후 만들어진 원소와 원자들은 서로 뭉쳐 우주력 새해 오후 1시 30분쯤 우주 공간 곳곳에 최초의 별들을 탄생시켰고, 지금 우리가 살고 있는 지구 역시 훗날 이러한 과정을 통해 만들어졌다.

이 모든 과정은 사실상 물리적 반응에 의해 통제되고 진행되었다. 따로 생성된 원자핵들이 자유전자와 결합하고 빛이 분리되어 방출되면서 원자들이 탄생했으며, 이들은 풍부하게 존재하던 곳으로부터 모여들어 행성을 만들었다. 이로써 기나긴 화학의 여정을 떠나기 위한 기본 요소인 원소와 원자, 그리고 주 무대인 지구가 탄생했지만, 원자 사이에 실제 화학반응이 일어나 물질과 생명체의 탄생에 관여하기까지는 조금 더 긴 시간을 뛰어넘어야 한다.

우주의 오아시스 지구와 화학의 경이로움

"지구는 우주의 오아시스다."

사령관으로서 달 탐사 우주선 아폴로 17호에 탑승해 달에 마지막으로 발을 디딘 유진 서넌Eugene Cernan이 지구에 대해 한 말이다. '블루 마블Blue Marble' 혹은 보이저 1호가 찍은 지구 사진 속 '창백한 푸른 점pale blue dot'은 물로 뒤덮인 아름다운 지구의 모습을 가슴이 울릴 만큼 감동적으로 보여준다. 그러나 초기 지구는 지금과는 사뭇 달랐다. 당시 지구는 현재와는 다르게 아름다운 푸른빛이라고는 어디서도 찾아볼 수 없었다. 생명의 흔적이 전무한, 창백한 오렌지별 행성이었다. 이는 보편적인 핵융합 반응으로 생성될 수 있는 가장 안정

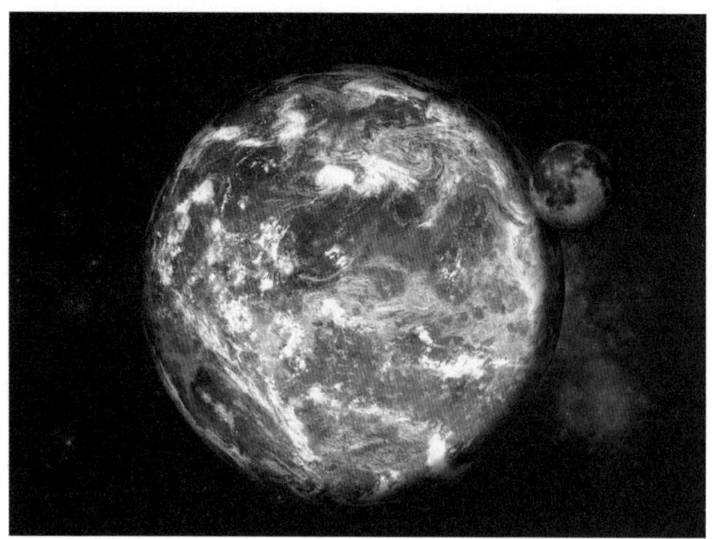

창백한 오렌지별인 초기 지구 상상도

한 물질인 철이 흔히 녹슨 철로 알려진 산화 철 형태로 지구 표면에 대량 존재했기 때문에 일어난 현상이다. 은빛 광택의 쇠사슬이나 못이 야외에서 비바람에 노출되면 붉은 녹으로 뒤덮이는 것을 생각해 보라. 산소와 결합해 금속 결합 형태를 유지할 수 없게 된 철은 완전히 다른 물질로 변화한다. 화성이 붉은 행성으로 보이는 것도 같은 이유에서며, 뜨겁지 않음에도 화성火星으로 불리는 것 역시 같은 이유에 속한다.

지구의 대기권은 아직 완전하게 형성되지 않았고, 온도도 충분히 냉각되지 않았다. 지구의 탄생 시점에는 존재하지 않던 원소들이 거대 행성의 폭발이나 융합으로 생성되어 운석을 통해 원소의 비처럼 내려왔다. 이 원소들은 파묻혔다가 지진과 화산 활동 등을 통해 반복적으로 뒤섞였다. 이런 식으로 지각을 구성하는 원소의 다양성이 늘어갔다. 한마디로 지구는 수많은 원소가 섞인 칵테일 같은 모습이었다.

이후 지리적 위치가 절묘한 지구에 대기가 형성되면서 지구 생명체의 필수 요소로 꼽을 수 있는 물이 만들어졌다. 두 개의 수소 원자와 한 개의 산소oxygen, O 원자가 정확히 104.5도 각도로 꺾인 채 연결된 단순한 화합물인데도 물이 만들어지기란 쉽지 않았다. 지구가 수성이나 금성처럼 조금만 더 태양에 가까웠어도 물 대신 수증기로 뒤덮인 행성이 되었을 것이다. 지구가 더 먼 곳에 자리 잡았다면 고체인 얼음으로 뒤덮인 추운 행성이 되었을지 모른다. 물은 정상 기압에서 기온이 0도와 100도 사이일 때 존재한다. 그런데 지구에 기적처럼 딱 맞는 조건이 갖추어진 것이다.

생명의 기원, 물

지구보다 태양에 조금 더 가까운 곳에 자리한 금성은 최대 기온 400도, 평균 기온 360도에 달하는 혹독한 환경의 행성이다. 금성도 수십억 년 전 과거에는 지구와 유사한 대기를 이루고 있었으며, 심지어 물이 풍부했을 것으로 여겨진다. 하지만 높은 기온 탓에 물이 증발해 수증기로 바뀌었으며, 점점 빠른 속도로 일어나는 온실효과에 의해 두꺼운 이산화 탄소 대기층이 형성되었다. 반대로 더 먼 궤도를 돌고 있는 화성은 최고 기온 20도, 평균 기온 영하 63도에 불과해 얼음과 드라이아이스CO_2로 이루어진 환경이다. 지구와 가장 가까운 두 행성 모두 인간과 같은 형태의 생명체가 존재할 확률은 전혀 없을 수밖에 없다. 지구의 산소 농도 역시 의도된 것처럼 맞추어져 있다. 산소 농도가 낮았다면 호흡이 곤란했을 테고, 농도가 더 높았다면 호흡기에 염증이 발생하거나 곳곳에서 폭발이 매우 쉽게 일어났을 것이다. 지구의 산소 농도인 약 21퍼센트는 인간을 비롯한 모든 생명체에게 최적화된 조건이다.

이렇게 보면 지구에 생명체가 생겨날 환경이 조성된 것 자체가 경이롭다. 한 명의 미약한 인간이 우주에 대해 느끼는 경이가 고작 이것뿐일까? 하늘을 올려다보고 광활한 우주와 자연의 탄생을 생각할 때마다 우리는 끝없이 넓은 우주 속의 미약한 생명체로서 전율과 경이로움을 느끼게 된다.

이와 같은 경이로움은 화학에서도 찾아볼 수 있다. 지금 우리가 살고 있는 지구를 이루는 원소들과 영원히 도달할 수 없을 수백만 광년 떨어진 이름 모를 행성을 이루는 원소들은 전체적인 구성 비율은 다를지언정 그 질적 요소는 완벽하게 똑같다. 오늘 우리가 마신 물을 구성하는 수소와 목성 내부를 채우고 있다고 알려진 금속성 수소metallic hydrogen는 동일하다. 또한 우리가 식사할 때 사용하는 수저를 이루고 있는 철은 화성 표면을 덮고 있는 흙 한 줌 속의 철과 완전히 같은 원소다. 원소와 원자의 탄생이 우주의 형성과 궤를 같이했기에 이는 당연한 결과다.

그렇다면 여기서 한 가지 궁금증이 생긴다. 인류 이전에 지구를 지배한 공룡을 비롯해 다른 생명체들을 구성하던 원소와 원자는 어떻게 되었을까? 당연히 온전히 재활용되어 지금 살아 숨 쉬는 우리 몸을 구성하는 데 사용되고 있다. 초기 지구 표면을 감쌌던 철은 지금 우리 몸에서 산소를 옮기는 역할을 하는 적혈구 속 헤모글로빈의 가장 중요한 구성 요소이며 우리가 흙으로 돌아갈 때 지구로 되돌아갈 것이다. 또한 공룡을 멸종시킨 운석에서 유입된 이리듐iridium, Ir은 나침반 재료로 쓰여 바다에서 길잡이 역할을 했으며, 지금은 태양빛으로 화학반응을 일으키는 도구로 사용된다. 네온neon, Ne, 아르곤argon, Ar 등과 같이 처음처럼 영원히 그대로 존재하는 원소들도 있다. 이렇듯 원자는 간단히 생겨나거나 소멸하지 않기에 과거 약 45억 6,700만 년 전 유입된 원소들은 오랜 역사를 거치면서 지금까지 그대로 이어졌고, 우리가 세상에서 사라진 후에도 계속해서 형태를 바꾸며 이어질 것이다.

세상의 영원한 순환이라는 개념은 이후 철학과 연금술, 화학의 발달 과정에서 중요한 역할을 했을 뿐 아니라, 학문 발달을 촉진하기도 하고 억제하기도 한 요인이 되었다.

생명체가 탄생하기 이전의 화학

물로 뒤덮인 창백한 푸른 별 지구가 형성된 이후 본격적으로 생명이 탄생하기 시작했다. 이는 물리적 과정보다 화학반응으로 이루어졌다고 해도 과언이 아니다. 인류가 출현하기 전, 따라서 인류가 결코 조절할 수 없었던 화학반응이 연속으로 이어지면서 물질의 특이성과 다양성이 만들어졌다. 다양한 물질을 녹일 수 있는 물이라는 용매를 매개체로 간단한 분자들은 뭉치거나 분리되고 또 서로 자리를 바꾸는 등 끝없이 반응했다. 이에 대한 원동력이 무엇이고, 또 어떤 과정으로 무엇이 생겨났는지는 오랫동안 미지의 영역이었다. 이 모든 과정은 생명 탄생이라는 믿을 수 없는 결과를 낳았으며, 그것을 밝히고 이루어낸 분야가 화학이다.

과거 생물의 진화를 살펴보면 하나의 종이 다른 종으로 진화하는 과정에 중간적 생명체가 존재했을 것으로 추정된다. 하지만 그 생명체에 관한 직접적 증거인 중간 단계 화석이 발견되지 않아 관계 규명이 어려운, 일명 '잃어버린 고리missing link'가 존재해왔다. 고생물학의 발달에 힘입어 여러 잃어버린 고리가 다시금 연결되었으나 더 거대하고 중요한 최초의 고리가 남아 있다. 가장 간단한 형태의 생명체가 처음에 어떻게 탄생했는지를 설명해주는 생명의 기원origin of life이다.

1953년 미국 화학자이자 생물학자 스탠리 로이드 밀러Stanley Lloyd Miller, 1930~2007와 물리학자 해럴드 클레이턴 유리Harold Clayton Urey, 1893~1981의 유리-밀러 실험은 이를 규명하려는 대표적 시도였다. 이들은 현재와는 다른 원시 지구의 환원성 대기에 고압의 전기, 즉 당시 환경상 번개를 가하는 조건을 만들어 화학진화chemical evolution가 이루어지는지를 확인하고자 했다. 실험은 기구에 수소 기체H_2, 암모니아NH_3, 메테인CH_4과 수증기H_2O를 채워 전기 스파크를 일으키는 방식으로 진행되었다. 그 결과 10~15퍼센트의 탄소가 유기물질을 형성했으며, 그중 2퍼센트가량이 생명체를 구성하는 필수 생물질의 한 종류인 아미노산amino acid의 일부임이 확인되었다.[2,3]

이를 시작으로 원시 지구 환경을 조성해 다양한 유기물을 형성하는 실험 기반의 연구가 쏟아져 나왔다. 1962년 스페인 생화학자 호안 오로Joan Oró, 1923~2004는 시안화 수소hydrogen cyanide, HCN로부터 유전

스탠리 밀러(왼쪽)와 해럴드 유리

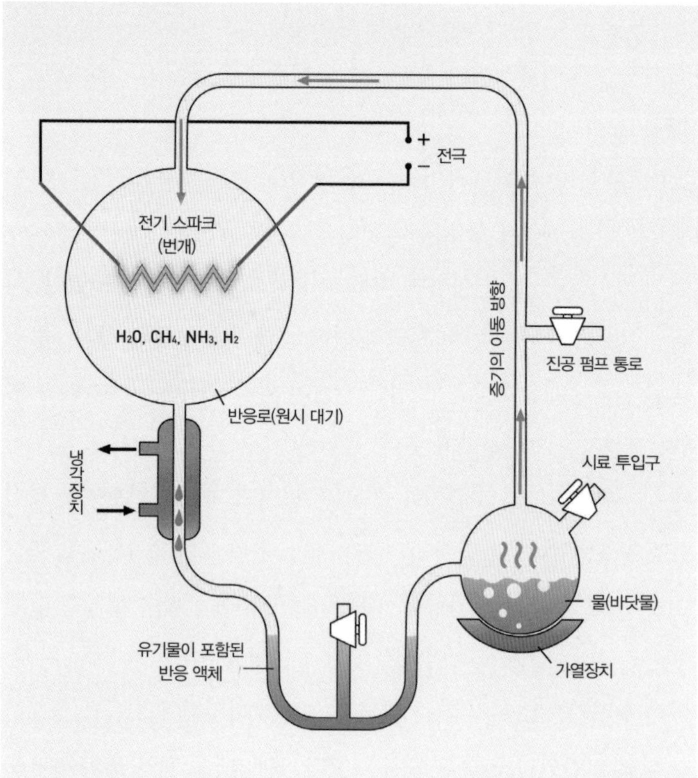

전극

전기 스파크
(번개)

H_2O, CH_4, NH_3, H_2

증기의 이동 방향

진공 펌프 통로

반응로(원시 대기)

냉각장치

시료 투입구

물(바닷물)

유기물이 포함된
반응 액체

가열장치

'유리—밀러 실험' 모식도

자의 구성 요소인 아데닌adenine을 만들고, 화산 환경을 모사한 조건에서 22종의 아미노산과 그 외 유기물들을 생성해냈다. 심지어 밀러 사후에 장비를 물려받은 제자이자 현 나사NASA(미국항공우주국) 연구원인 제프리 바다Jeffrey Bada, 1942~는 당시 샘플을 현대 분석 장비로 확인한 결과 인체를 구성하는 22종의 아미노산을 넘어 최소 25종 이상의 아미노산 형성에 성공했다는 사실을 2008년에 밝혀냈다.[4,5] 이를 통해 단순한 무기물에서 복잡한 형태의 유기물이 형성될 수 있음이 입증되었다.

이후 생명의 탄생을 이해하고자 하던 창조론과 진화론이 대립하면서 화학진화 실험의 오류 및 인위성 등 많은 논쟁이 이어졌다. 하지만 화학처럼 실험 기반의 연구들은 반복된 재실험을 통해 결과의 정확성과 신뢰성을 검증할 수 있다는 장점이 있었다. 2015년 마르틴 페루스Martin Ferus를 비롯한 연구가들은 고에너지 유기물 형성 실험을 통해 이 실험이 올바르게 수행되었다는 사실을 입증했다.[6]

아미노산이나 리보핵산RNA이 단순히 대기 중의 번개를 통해서만 만들어졌다고 단언한다면 지나친 비약이다. 오늘날에는 이외에도 심해 열수구熱水口, hydrothermal vent 같은 고에너지 환경에서 원자 사이의 화학결합이 변하고 재구성되어 다양한 생화학 물질이 형성되었을 것으로 추정한다.[7] 실질적인 생명의 기원을 밝히려는 화학적 관점은 계속 발전하고 있다. 최근에는 시스템 화학systems chemistry 분야의 연구와 추측이 점차 힘을 얻고 있다. 이 새로운 화학 분야의 연구가들은 화합물의 최적화된 화학진화 과정을 통해 유전자와 단백질이 형성되고, 이후 세포가 만들어져 본격적인 생명의 진화가 이루어졌을 것으로 추측한다.

현재 남아 있는 가장 오래된 생명의 흔적은 35억 년 전 형성된 것으로 추정되는 오스트레일리아 서부 샤크만Shark bay의 스트로마톨라이트stromatolite로, 이는 남세균cyanobacteria으로 이루어진 미생물막에 의해 쌓인 퇴적물이다.[8] 원핵생물의 한 종류로 엽록소를 이용해 광합성을 할 수 있는 남세균은 지구에 처음 출현하기에 최적화된 생명체였다. 단세포 혹은 군체로 다세포체를 이룰 수 있다는 간단한 구조적 장점과 함께 물이 존재하면 차가운 눈 속이나 끓기 직전의 뜨거운 물속 등 어디에서든 살 수 있다는 특징을 지닌다. 이들은 생명체에게 열악한 초기 대기 환경에서 활발한 광합성을 통해 이산화 탄소나 메테인을 매우 빠르게 산소로 변환시켰다. 증가한 산소는 대기권에 오존ozone, O_3층을 형성했고 이 역시 생명 탄생의 중요한 조건으로 작용했다. 만약 지구에 물이 존재하는 동안 남세균이 출현하지 못했다면 생명체 입장에서 지구는 금성과 같은 결말을 맞이했을 것이다. 이를 시작으로 복잡한 생명체로의 자연적 진화가 계속해서 이어졌다. 가장 간단한 세균에서 시작해 오랜 진화와 화학반응을 거쳐 인

오스트레일리아 샤크만의 스트로마톨라이트(왼쪽)와 그 단면도

류가 탄생했으며, 이 과정에서 인간은 화학과 마주하는 순간을 맞이하게 된다.[9]

오스트랄로피테쿠스Australopithecus와 직립보행이 가능해진 호모 에렉투스Homo erectus, 네안데르탈인Neanderthalensis을 지나 현생 인류Homo sapiens sapiens에 이르기까지 어느 지점에서 인간은 최초 화학반응이자 화학의 시작으로 불리는 연소combustion반응을 접하게 되었다. 연소는 물질이 산소와 결합하면서 열과 빛을 주위로 발산하는 화학반응을 의미한다. 연소가 가능한 물질, 충분한 양의 산소, 그리고 물질의 종류마다 다른 높은 온도와 연쇄반응이 모두 충족되어야 연소가 진행된다. 이는 곧 연소반응을 임의로 만들어내기는 매우 어렵다는 뜻이다. 하지만 인류는 이 어려운 화학반응을 점차 자기 것으로 만들기 시작했다. 인류에게 가장 필요했던 이 화학반응을 우리는 불fire이라고 칭한다. 인류가 불을 만난 건 네안데르탈인 시기로 추정된다.[10]

불을 접하고 에너지를 다루게 된 순간부터 인류는 점차 문명 발달과 사회 및 경제 형성을 추구하게 되었다. 문명 발달 과정에서 원소와 원자, 그리고 이들로 인해 만들어진 다양한 물질이 핵심 역할을 했으리라는 점은 충분히 미루어 짐작할 수 있는 부분이다.

제2장

바야흐로 잉태하는 문명

T H E   C H R O N I C L

: 물질의 시대

O F C H E M I S T R Y

지구상의 수많은 생물종 가운데 인류만이 유일하게 문명을 구축했다. 그 이유가 무엇일까? 오스트리아 심리학자 지그문트 프로이트Sigmund Freud, 1856~1939는 "문명은 화가 난 사람이 돌을 던지는 대신 최초로 한마디 말을 내뱉은 순간 시작되었다"라고 했다. 이렇듯 문명 발달은 언어 사용과 함께 시작되었다고 해도 과언이 아니다. 기원전 3000년 무렵부터 고대 수메르인은 쐐기문자를 사용했고, 고대 이집트인이 쓰던 상형문자는 한글과 주음부호, 마야 문자를 제외한 대다수 표음문자의 기원이 되었다.

언어가 인류 고유의 생활상과 문화를 탄생시켰음은 이론의 여지가 없다. 우리는 출토된 유물들을 통해 해당 시대와 인류 문명의 발달 단계를 구분할 수도 있다. 대개는 덴마크 고고학자 크리스티안 위르겐센 톰센Christian Jürgensen Thomsen, 1788~1865이 『북유럽 고대학 입문Ledetraad til Nordisk Oldkyndighed』에서 제안한 '3시대 구분법(또는 3시기법)'을 바탕으로 한다.[1] 우리가 잘 알고 있는 석기 시대, 청동기 시대, 철기 시대로 나누는 구분법이다. 이런 구분을 통해 과거 사회의 전반적인 특징과 생활상을 조금 더 직관적으로 상상하고 이해할 수 있다. 톰센은 고고학자이면서 코펜하겐에 위치한 덴마크 국립 박물관의 학예사로도 활동했다. 그의 가장 큰 고민거리는 다양한 과거 유물을 어떤 식으로 전시하는가였다. 결국 그는 유물의 재료를 기준으로 삼아 석기–청동기–철기 등으로 시대를 구분하는 방식을 고안했다. 다만, 이 구분법은 구체적인 흐름을 파악하는 데 다소 불친절한 면이 있는 것도 사실이다. 유물만으로 시대를 구분했기에 남아프리카 등지에서 발견된 도구와 문명 수준이 비례하지 않는 경우가 생겼고, 이외의 금속 물질을 사용한 시기 등에 대한 해석이 제대로 이루어지지 않기도 했다.

이후 등장한 시대 구분법은 독일 경제학자 카를 마르크스Karl Marx, 1818~1883의 '사적 유물론'을 도입한 시대 구분, 동양의 왕조王朝를 기준으로 한 시대 구분 등 다양하다. 여기서는 사학적 한계와 무관하게 화학과 물질을 키워드로 해 톰센의 3시대 구분법을 기준으로 삼겠다.

물론 시대를 구분하고 대표하는 물질 외에도 당시 사회제도와 생활 편의를 위한 다른 물질들이 분명히 존재했다. 생존을 좌우하고 생활을 개선하는 기반을 포괄적으로 의식주衣食住라고 했을 때 시대를 구분하는 물질이 당시 경제 및 사회상을 전부 포함하고 있다고는 할 수 없다. 시대 구분이라는 대명제를 통해서는 드러나지 않지만, 과거 인류 역시 삶에 필요한 것들과 그 필요를 어떻게 충족할지를 늘 고민했다. 돌이나 금속 이외에 많은 물질이 발견되어왔다는 사실이 이를 증명한다. 그리고 이 발견과 활용에는 화학적 원리가 명백하게 작동하고 있다.

석기 시대: 불을 다루게 된 인간, 그리고 화학

본격적인 선사 문명은 석기 시대, 더 구체적으로는 구석기 시대Paleolithic Age, 약 70만 년 전~B.C. 8000에 시작되었다. 구석기 시대 하면 수렵, 채집, 유목 생활로 연명해가는 고달픈 생활을 연상할 수 있지만, 이 과정에서 눈여겨볼 만한 것이 하나 있다. 무기물을 처음으로 사용했다는 점이다.

스페인 칸타브리아Cantabria 자치 지역의 산티야나델마르Santillana del Mar에 있는 알타미라altamira 동굴 벽화를 살펴보자. 알타미라 동굴에서 1879년 드러난 벽화는 세기의 발견 중 하나로 꼽힌다. 약 1만 5,000년 전 구석기 시대 작품으로 판명된 이 동굴 벽화는 몇 가지 색상만으로 각기 다른 들소의 역동적인 모습들을 표현해냈으며 들소 외에 말, 사슴, 멧돼지도 등장한다. 구석기 시대 작품이라고는 믿기 어려울 정도의 생동감 넘치는 표현에 학자와 관광객들은 뜨거운 반응을 보였다. 이런 구석기 시대 유적은 역사적 의의나 예술적 가치를 배제한다면 문자가 없던 당시 사람들이 보고 기억한 것을 기록한 낙서 정도로 치부되기 쉽다.

그런데 이 동굴 벽화에서 우리가 간과해서는 안 될 중요한 점이 하나 있다. 약 1만 5,000년 전 그려진 이 벽화에 생각보다 다양한 색의 안료가 사용되었다는 사실이다.[2,3] 이 중 가장 흔하게 쓰인 검은

알타미라 동굴 벽화 중 들소 그림

색 안료는 목재가 연소반응을 일으킨 후 남은 탄소 성분의 숯 검댕으로, 비교적 손쉽게 얻을 수 있는 물질이다. 또한 앞서 살펴봤듯이 화학의 발달 과정에서 지속적으로 언급될 붉은색 황화 수은HgS과 황색 안료인 산화 철, 갈색으로 대표되는 이산화 망가니즈MnO_2 등도 의도적으로 사용했다는 것을 알 수 있다. 이는 곧 당시 인류가 광물에서 나온 무기물질을 구분하고 적재적소에 활용할 수 있는 능력을 갖추었음을 의미한다.

이를 뒷받침하는 예는 더 있다. 구석기인은 두피나 피부를 황화 수은으로 붉게 칠한 것으로 전해진다. 이는 물질 자체에 포함된 약간의 독성을 활용해 이나 진드기 같은 해충을 죽이는 위생 목적 외에도 치장을 위한 것이기도 했다. 당시 얼굴과 몸에 칠하는 안료는 무기물로 이루어진 살충제이면서 동시에 개성을 드러내고 외부인에게 위압감을 주는 유용한 수단이었을 것이다.

구석기 시대는 인류 문명 중 가장 오랜 기간을 차지한다. 그만큼 인류는 느리지만 꾸준하게 발전해왔다. 무엇보다 언어를 쓰기 시작했고, 우연히(시기상 불을 의도적으로 만들어내지는 못했다) 불을 발견해 사용했으며, 사냥으로 확보한 뼈와 돌을 이용해 도구를 만들고 몸치장도 했다.

인류가 이룬 놀라운 발전은 이것만이 아니다. 연소반응에 이어 인류 역사에 큰 영향을 미친 두 번째 화학반응을 발견해냈다. 기원전 1만 년부터 인류가 활용해온 발효fermentation가 그것이다. 발효는 산소가 없는 혐기성 환경에서 미생물의 대사 과정을 통해 물질에 화학적 변화가 일어나는 현상을 말한다. 사실 발효 현상은 인류가 존재하기 훨씬 전, 아득히 먼 옛날부터 지구상에 있어왔을 것이다. 그리고 태초 유기물들의 구조를 더욱 다양하게 만드는 역할을 했음이 분명하다. 그렇다면 인류는 발효 현상을 어떻게 발견했을까? 정확한 사실은 아무도 모른다. 날벌레가 꼬이지 않도록 누군가가 과일을 항아리에 넣어 단단히 봉했고, 그 속에서 과일이 서서히 발효되면서 퍼져나간 향에 홀려 알코올이 주는 행복감에 젖어들었을 수도 있다. 어쩌면 그때가 인류가 처음으로 발효 현상을 발견한 순간이 아니었을까? 이후 사람들은 채집한 곡물이나 과일, 벌꿀을 발효시켜 만든 맥주와 와인 등을 즐기게 되었다.[4,5]

중석기 시대Mesolithic Age, B.C. 8000~B.C. 6000부터는 조악하나마 토기를 제작했는데, 이 역시 간단한 화학적 원리인 가교화cross-linking 반응을

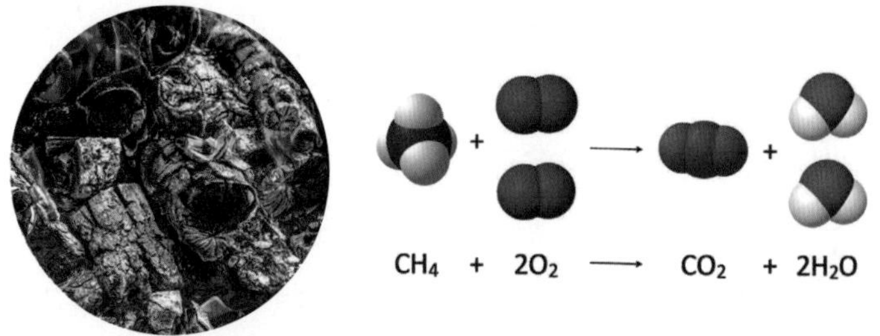

물질의 연소(왼쪽)와 메테인의 연소 과정. 산소와 만난 메테인 분자는 연소반응을 통해 이산화 탄소와 수증기로 변화하며 열, 빛을 발생시킨다.

이용했다. 가교화란 물질의 구성 요소 혹은 분자들이 임의의 위치에서 서로 화학적으로 연결되는 현상으로, 반죽이 토기로 변하는 과정 역시 이것으로 설명할 수 있다. 물론 완전한 정착 생활이 아직 이루어지지 않은 시기였기에 오늘날 대장간에서 볼 수 있는 화덕이나 풀무 같은 시설은 없었다. 최초의 토기는 수분이 포함된 끈적끈적하고 유동성 있는 규산 반죽을 태양빛 아래에서 건조해 만들었다. 이 과정에서 수분이 없어지면서 네트워크 구조로 강하게 연결된 산화 규소 결정이 형성되었다. 물론 당시 인류가 어떤 물질이 완전히 다른 물질로 변화하는 화학반응이나 조절을 의도한 것은 아니지만, 구조와 관계적 측면에서 여러 구성 요소가 단단하게 연결될 수 있도록 변화를 이끌어낸 점만은 자명하다.

신석기 시대Neolithic Age, B.C. 6000~B.C. 3000에 이르러 인류는 정착 생활을 하게 되었고, 그 결과 문화가 본격적으로 발달하기 시작했다. 인류는 비로소 한곳에 정착해 터전을 일구었을 뿐 아니라, 농경을 통해 비교적 안정적으로 곡물을 생산하고 비축해나갔다. 간단한 목축

이 가능해지면서 식량 확보 측면에서도 비약적인 발전을 이루었다. 이는 곧 사냥감을 찾고 확보하기 위해 허비하던 많은 시간을 조금 더 경제적으로 활용할 수 있게 되었다는 뜻이기도 하다. 시간적 여유가 생기고 생활환경이 안정되자 자연스럽게 창의적인 작업이 가능해졌으며, 자연을 비롯한 여러 현상에 대한 고찰도 이어졌다.

주기적으로 터를 옮기는 유목 생활이 삶의 방식이던 이전 시대에는 소박한 거주지 이외에 특별한 설비나 장치를 제작해 설치하는 것이 불가능했으며 그럴 필요도 없었다. 하지만 신석기 시대에 정착 생활을 하고 마을이 형성되면서 음식 조리뿐 아니라 다른 여러 용도로도 불을 활용할 수 있는 가열로furnace가 만들어졌다는 점은 특히 주목할 만하다. 자연에서 불을 피우는 가장 기본적인 방법은 무엇일까? 마찰력을 이용해 발화점보다 높은 온도를 만드는 방법과 부싯돌로 불씨를 생성하는 방법이다. 하지만 불이 일었다 해도 바람이 강하게 불거나, 비가 내리거나, 산소가 원활하게 공급되지 못하면 눈 깜짝할 새 사그라지고 만다. 따라서 불을 적당한 크기로 유지하고 온도도 조절할 수 있는 가열로는 인간이 불을 사용해 도달할 수 있는 영역을 크게 확장했다. 즉 가열로 사용과 불 조절은 인류가 연소반응을 지배하는 위치를 점유하게 되었음을 의미한다.

이 과정을 조금 더 자세히 들여다보자. 석기 시대 부싯돌은 강도가 매우 높은 수석flint과 황철석pyrite을 강하게 충돌시켜 불을 댕기는 방식으로 사용되었다. 수석은 이산화 규소SiO_2인 석영을 기본 구성 물질로 삼기에 물질의 강도를 비교하는 척도인 모스 굳기계Mohs hardness scale(가장 무른 것을 1, 가장 단단한 것을 10으로 해 10개의 광물을 강

불을 만드는 데 쓰인 가열로(왼쪽)와 부싯돌

도 순서대로 배열한 것) 기준으로 7에 해당한다. 지구상에서 가장 단단한 물질인 다이아몬드가 10이고 수석은 철(4~5), 구리(2.5~3), 은(2.5~4)보다 강도가 높다. 황화 철 FeS_2로 이루어진 황철석(6.5)과 수석이 충돌하면 상대적으로 낮은 강도 때문에 미세한 가루가 날리고, 충돌로 발생한 열은 공기 중 산소와 빠르게 반응해 불꽃을 만들어낸다.[6]

그런가 하면 더욱 효과적으로 불을 피우기 위해 동굴 벽화에 갈색 안료로도 사용한 이산화 망가니즈를 불쏘시개로 쓴 흔적도 보인다. 나무 불쏘시개는 250도 이하 낮은 온도에서는 불이 붙지 않지만 이산화 망가니즈 가루를 사용하면 발화 온도가 100도 이하로 낮아지는 효과가 있다. 즉 석기 시대에 이미 이산화 망가니즈를 사용해 연소반응을 일으킨 것이다.[7] 황철석은 무언가와 충돌하면 불꽃이 일기 때문에 석기 시대부터 부시(일명 부싯쇠)가 발명되기 전까지 꾸준히 쓰였다.

또 한 가지 흥미로운 점은 석기와 토기뿐 아니라 일부 금속이 이미 사용되고 있었다는 사실이다. 다양한 금속 가운데 인류가 가장 먼저 사용한 것은 구리copper, Cu였다. 단순하게나마 가열로를 만들어 불을 제어할 수 있게 되었다고는 하지만, 금속 산화물 형태로 존재하는 광석으로부터 환원된 금속을 얻어내기란 결코 쉬운 일이 아니었다. 다행히 구리는 적동석cuprite, Cu_2O이나 동람covellite, CuS, 휘동석chalcocite, Cu_2S 같은 광석 외에도 금속 상태 그대로 지각에 존재하고 있었다. 흔히 볼 수 없는 금속 상태의 구리는 그 당시 매우 흥미로운 물질이었을 것이다.

실제로 구리는 구석기 시대 말기인 기원전 9000년 무렵부터 사용된 것으로 알려졌다. 기원전 8700년에 만들어진 것으로 확인되는 구리 펜던트가 대표적 증거다. 현존하는 가장 오래된 유물인 이 구리 펜던트는 이라크 북부 지방에서 발견되었다. 비록 액체 상태로 융해해 금속을 조형하는 수준에는 이르지 못했지만 당시 인류는 지각에서 얻은 구리를 단단한 석기를 이용해 물리적으로 내리쳐 무기나 장신구, 바늘 등을 만들었다.

석기 시대 이후 구리 사용량은 나날이 증가했다. 이로부터 동기 시대Copper Age로 구분되는 약 1,000년의 기간이 이어졌다. 대부분 동기 시대를 본격적으로 문명이 발달하는 청동기 시대가 시작되기 전 잠시 스쳐 가는 일시적 기간으로 대수롭지 않게 여기지만, 동기 시대는 인류가 본격적으로 금속을 쓰기 시작한 매우 중요한 시기다. 이 시기에 단일 원소로서 구리, 금, 은 등을 활발하게 사용했으며, 이것은 곧 서로 다른 금속을 혼합해 만드는 합금이 발명되는 계기가 되었다.

자연에서 발견되는 구리 산화물 광석인 적동석과 동람, 휘동석, 그리고 천연 구리 금속(왼쪽 위부터 시계 방향으로)

스페인 알메리아(Almeria) 북부에 위치한 구리기(Copper Age) 발상지, 로스 미야레스(Los Millares)의 예상도

청동기 시대 ①:
더 강한 금속을 만드는 신기술, 환원과 합금

청동bronze은 구리와 주석tin, Sn의 합금을 의미하는 관용적 명칭이다. 현대 기술로 보면 두 종류의 원소를 혼합해 하나의 균질한 물질을 만들어내는 것이 그리 어려운 일은 아니다. 그러나 물질에 대한 이론적 기반이나 과학적 근거가 전혀 쌓이지 않은 당시로서는 우연한 기회에 발견한 산물일 수밖에 없었다. 흔히 이집트, 인더스, 메소포타미아, 황하로 대표되는 4대 문명 모두 청동을 핵심 물질로 사용하며 발달했다. 청동을 사용하기 시작한 것은 기원전 3000년쯤으로, 수메르인의 기록에서 가장 구체적인 정보를 얻을 수 있다. 기원전 2400년 무렵 수메르 여사제이자 인류 역사상 최초 시인으로 여겨지는 엔헤두안나Enheduanna, 𒂗𒃶𒌌𒀭𒈾의 찬가와 이라크 남부에서 발견된 수메르 초기B.C. 3200~B.C. 2700 유적 젬데트 나스르Jemdet Nasr의 점토판 및 여러 색깔의 도자기가 청동 1기의 증거들이다.

당시 인류는 가열로라는 장비를 갖추고 있어 불을 이용해 광석에서 금속을 뽑아내는 정련smelting을 할 수 있었다. 숯을 연료로 해 고온의 불을 오랜 시간 유지했고, 이 과정에서 효율적으로 정련이 이루어졌다. 즉 고온 상태에서 숯에 포함된 다량의 탄소를 이용해 광석으로부터 구리와 함께 화합물을 이루고 있는 산소나 황sulfur, S을 분리해냄으로써 금속을 얻을 수 있었다.

이 과정을 좀 더 면밀하게 들여다보자. 구리 같은 금속 원소는 광석 내에서 화합물을 이루기 위해 원래 상태보다 적은 전자를 가진

양(+)의 전하를 띠는 이온 형태로 존재한다. 다시 말해 초기에는 동일한 개수의 양성자와 전자로 이루어져 있다는 원자의 수치 구조적 특성에 의해 전기적으로 중성인 원자가 형성되지만, 전자가 떨어져 나가면 양성자 개수가 더 많아지기에 양의 전하를 띠게 되고, 반대로 전자가 추가적으로 들어오는 경우에는 전자 개수가 더 많아져 음의 전하를 띠게 된다. 어떠한 입자나 물질이 전자를 잃어버리는 것을 산화oxidation라 하고, 전자를 얻는 반응의 형태를 환원reduction이라고 한다. 결과적으로 이런 정련 과정을 통해 인류는 화합물 형태로 존재하던 구리의 양이온을 환원해 구리 금속을 얻을 수 있었고, 이 과정은 한마디로 인류가 청동을 발견한 사건이라고 할 수 있다.

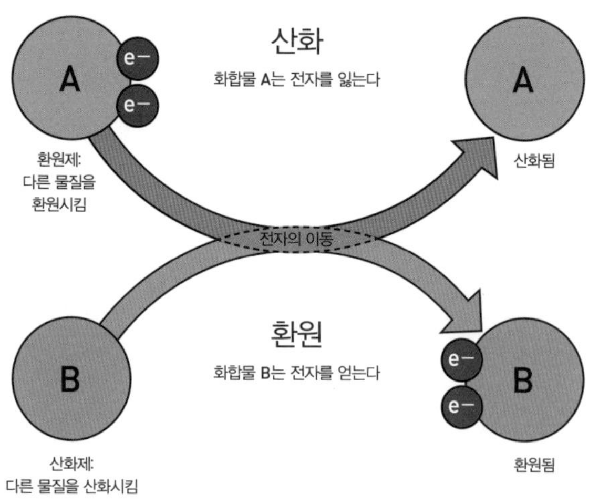

산화와 환원

광석으로부터 구리를 정련해내긴 했지만, 과연 광석에 포함된 금속 원소가 오직 구리 한 종류뿐이었을까? 광석 중에는 구리, 안티모니antimony, Sb와 함께 황화된 테트라헤드라이트tetrahedrite, $Cu_{12}Sb_4S_{13}$, 알루미늄과 혼합된 규공작석chrysocolla, $(Cu, Al)_2H_2Si_2O_5(OH)_4$, 그리고 비소arsenic, As와 혼합된 비사면동광tennantite, $Cu_{12}As_4S_{13}$이나 황비동석enargite, Cu_3AsS_4 등 복합적인 형태도 있는 것으로 알려졌다. 게다가 이들 광석은 서로 뒤섞여 있거나, 구리와 무관한 다른 광석과 혼재되어 있을지도 모른다. 결국 어느 국가의 어디에서 출토된 구리 광석을 정련했는지가 그 속에 남은 어떤 원소와 합금을 만들지를 결정하게 되는 것이다. 분명 청동이 발견되기 전까지는 순도 높은 구리 광석이 선호되었을 테지만, 이전까지 불순물로 여겨지던 금속 원소들의 함유 여부가 또 다른 시대적 변화를 이끌게 되었다.

현대에도 보편적으로 사용하는 청동은 대략 88퍼센트의 구리와 12퍼센트 내외의 주석 합금으로 만들어진다. 이 때문에 우리는 청동을 단순히 구리-주석 합금을 지칭하는 의미로 받아들인다. 하지만 청동이라는 용어를 정확히 표현하자면 구리가 주성분이고 여기에 주석뿐 아니라 알루미늄이나 니켈nickel, Ni, 아연zinc, Zn 같은 금속 원소 혹은 비소나 인phosphorus, P, 규소silicon, Si 같은 준금속이 섞인 합금을 통칭하는 말이다. 알루미늄이나 비소 등의 원소가 포함된 구리 광석을 특정 광석과 함께 정련한 결과 탄생한 청동은 새로운 금속으로 주목받았다.

지금까지 발견된 초기 청동은 구리-비소 합금과 구리-주석 합금 형태가 대표적이다. 그러나 이후 정련 과정에서 황화 비소 증기 같은 독성 물질이 발생하는 것을 피하고자 점차 구리-주석 합금 형태의 청동이 보편적으로 사용되면서 그 비중이 커졌다. 청동은 구리와 유사해 보이지만, 강도를 비교할 때 물체가 잡아당기는 힘에 견딜 수 있는 최대한의 응력을 뜻하는 인장 강도의 경우 구리가 32ksi(ksi는 평방인치당 킬로 파운드), 구리-주석 합금 청동이 122ksi로 네 배 정도 차이가 난다. 단단함을 나타내는 브리넬 굳기Brinell scale는 구리가 42, 청동이 241로 청동이 약 여섯 배 뛰어나다. 물론 언급된 물성은 현대 사회에서 사용하는 최첨단의 금속 소재인 구리 89.75퍼센트, 주석 10.0퍼센트, 인 0.25퍼센트의 청동과 순도 99.9퍼센트의 구리에 대한 비교 값이기 때문에 기원전 3000년 전 청동과 구리와는 사뭇 다를 것이다. 하지만 청동은 구리보다 압도적으로 높은 물성을 가졌기에 당시에도 활용 가치가 매우 높았을 것이 틀림없다. 이에 청동을 다룰 수 있는지 여부가 하나의 부족 국가가 문명으로 거듭나 일대 지역을 제패할 자격을 갖추었는지를 판가름하는 요인으로 작용했다.

물론 청동의 강도는 석기 시대에 사용된 흑요석obsidian(모스 굳기 5~5.5)이나 석영(수석)에 비해 낮은 3 내외다. 하지만 자연에서 얻을 수 있는 크기 이상으로 합치거나 늘릴 수 없는 석재에 비해 청동은 정련을 통해 원하는 형태로 빚어내고 규격을 맞추어 생산할 수 있다는 것이 장점이었다. 청동제 농기구 및 무기의 다량 생산은 곧 효율적인 농경 생활이 가능하고 무력 대치 상황에서도 우위를 점할 수 있다는 의미였다. 이 과정에서 인류 최초의 화학공학적 기술인 금속학metallurgy(야금학)이 등장했다. 광석에서 금속을 추출해 가공, 성형

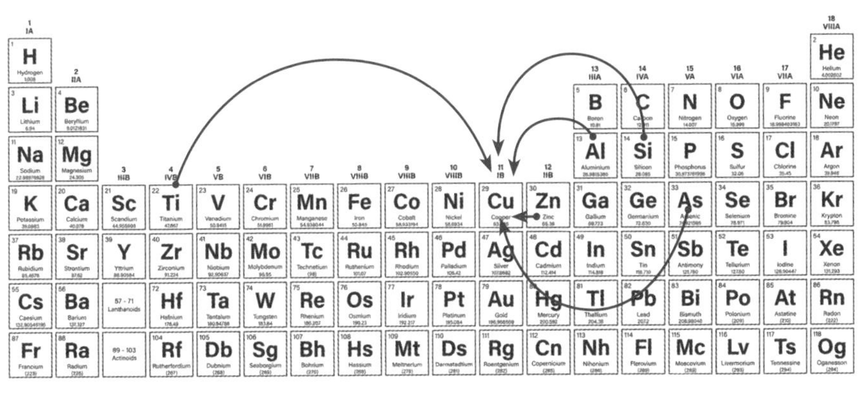

주석의 형성

기원전 2400~기원전 1900년쯤 제작된 것으로 추정되는 푸른 녹이 슨 인더스 문명의 청동 유물(왼쪽)과 1750년 무렵 제작된 로코코식 청동 장작 받침쇠

하는 일체의 과정을 다루는 야금학이 발달하면서 이후 금속을 발견하고 활용하는 기술이 크게 향상되었다.[8]

청동기 시대 ②: 문명을 탄생시킨 금속의 발견

보편적으로 우리는 4대 문명이 모두 온대기후 지역에 속하며 물을 구하기 쉬운 큰 강을 끼고 발생했다고 알고 있다. 물론 강 하류에 넓은 평야가 자리해 농경이 용이했다거나, 시기를 대략 예측할 수 있는 주기적인 범람으로 비옥한 토양이 형성되었다거나, 강을 활용해 무역과 교류가 가능했다는 점 등을 4대 문명 발생 요건으로 덧붙이기도 한다.

그런데 시야를 조금 멀리 두고 생각해보면 몇 가지 의문이 생긴다. 나일강이나 티그리스-유프라테스강 같은 거대한 강 전역에 문명이 균일하게 발생한 것도 아닌데, 어째서 도시의 크기나 인구수보다 거대한 강의 존재가 유독 강조되었을까? 게다가 문명 발생에 적합한 기후와 지리적 조건이 충족되는 지역이 지구상에 단 네 곳밖에 없었다고 한다면 그것이 더 이상한 일 아닐까?

지금까지 우리는 석기 시대의 흐름과 청동의 발견 과정을 통해 문명이 발생하고 경계가 지어지는 기준이 물질이라는 사실을 살펴봤다. 그런데 물질과 원소 측면에서 논의를 조금 더 확장해보면 또 다른 중요한 사실을 깨닫게 된다. 해당 지역에 매장된 금속, 비금속을 비롯한 원소의 종류와 양이 얼마나 되는지, 그리고 교역 등을 통해 합금이나 기타 물질을 손쉽게 구할 수 있는지 여부 또한 문명의 발생 및 유지와 번영에 중요한 요건으로 작용했다는 사실 말이다. 일례로 기원전 3000년에서 기원전 2500년 무렵 청동기 시대를 형성한 이집트 문명은 청동 제조에 필요한 구리 광석을 페르시아 지방에서 수입한 것으로 알려졌다.[9] 청동을 손에 넣기 어려운 환경과 위치였다면 이집트 문명은 지속해서 번영하지 못했을 테고, 생각보다 빠른 시기에 쇠락하거나 멸망했을 개연성이 크다.

정착 생활이 일정 궤도에 오른 후부터 대규모 집단 거주가 시작되었고 자연스럽게 부족 규모를 넘어선 도시가 형성되었다. 이는 인류사에서 매우 중요한 역할을 하고 향후 화학사에도 다양한 방식으로 영향을 미치는 또 다른 요소의 성립 배경으로 이어졌다. 바로 종교다.

종교는 곧 조직적 신앙으로 해석할 수 있다. 조직적이지 않은 민간 신앙은 석기 시대를 거치면서 반복된 자연재해나 천재지변에 대한 본능적 공포를 영속적이고 초자연적인 존재에 기대어 극복하고자 한 인간의 의지에 기반을 두고 형성되었다. 의학 지식이 전혀 없던 당시에는 질병 치료를 대부분 민간요법과 미신적 요소에 의존했으며, 미생물과 바이러스에 대한 개념 자체가 없다 보니 질병을 신의 형벌로 여겨 민간 신앙이 더욱 빠르게 성장했다.

이와 달리 조직적 신앙은 사회 계급의 형성 및 분화와 맞물려 힘 있는 자가 권력을 유지하고 영향력을 공고히 하는 데 이용되었다. 즉 그들은 민간 신앙과 결부해 제사장 같은 직위를 만들었고, 다수의 사람이 모여 사는 환경을 효율적으로 운영, 통치, 관리하기 위해

족장 같은 지배 계급을 형성했다.

이런 계급사회를 유지하려면 권위를 강조할 필요가 있었다. 지배 계급은 일반 계급과의 차별성을 강조하고자 다양한 금속으로 만든 장신구를 착용했다. 또 종교의식의 형식과 절차를 세운다는 목적으로 특정 물질로 특별한 물품을 제작하기도 했다. 유물 형태로 발굴되어 세상에 공개된 물품이 대부분 이러한 지배 계급의 차별성을 보여준다. 우리나라에도 이와 같은 유물이 전해지는데, 고조선의 청동검과 청동 거울, 청동 방울이 그 예다. 고조선은 대다수 서유럽 역사와 달리, 석기와 청동을 동시에 사용한 금석 병용기가 존재하지 않는다. 이러한 이유로 고조선은 일반적인 청동기 시대보다 민무늬토기 시대로 분류된다. 차별화된 시대 구분법 탓에 고조선의 청동 사용 역사가 과소평가된 경향이 있다. 하지만 우리나라의 청동기 역시 고대국가를 세우는 제반으로 명백히 작용했다.

이와 같은 시대적 상황에서 인류는 청동이 아닌 또 다른 금속에 큰 관심을 두게 되었다. 신의 금속으로 여겨지며 인류사를 통틀어 단 한 번도 가치를 무시당한 적 없는 금gold, Au이 그것이다.

금은 여느 금속들과는 매우 다른 독특한 특성 두 가지를 가지고 있다. 첫째, 일반적인 조건에서는 부식되거나 산화되지 않아 처음과 같은 형태 및 광택을 영원히 유지할 수 있다는 점이다.[10,11] 금은 과거 사금이나 금광석 같은 순수한 형태 외에도 엘렉트럼electrum이라는 금-은 합금으로도 발견되었다. 이 합금에 소금NaCl을 넣어 가열해 금과 은을 분리해낸 뒤 귀금속을 만들기도 했다.[12] 소금에 포함된 염화이온Cl^-은 은과 손쉽게 반응해 염화 은AgCl이라는 난용성 물질을

엘렉트럼(호박금)은 자연에서 발견되는 금과 은의 합금이다.

형성한다. 금은 이러한 반응이 일어나지 않기 때문에 합금 형태의 광석에서 금만 분리하는 것이 그리 어렵지 않아 청동기 시대 이전부터 널리 쓰인 정제 방법이었다. 장기간 보관 시 푸른빛의 녹이 슬거나, 공기 중의 산소와 결합해 표면이 산화되어 광택을 잃고 희뿌옇게 변하는 은과 달리, 금은 어떤 환경에서도 처음의 자태를 유지했으며 이는 영원함의 표출로 여겨졌다.

둘째, 선명한 노란색과 광택을 지니고 있다는 점이다. 얼핏 생각하면 별다를 게 없는 금의 외견이지만, 우리 주위에 있는 여러 종류의 금속을 떠올려보면 금처럼 선명한 노란빛을 띠는 금속이 없다는 것을 알 수 있다. 노란색은 금 원자 자체의 에너지 준위 특성 때문에 발현되는 현상이다. 금의 이런 빛나는 색깔이 고대인에게는 태양이 떠오를 때 관찰되는 아침노을 색과 똑같다고 느껴졌을 것이다. 인간

금은 세상을 밝히는 태양과 같은 색을 띠어 과거부터 신의 금속으로 추앙받아왔다.

금은 사회, 경제, 종교 등 모든 분야에서 권위의 상징이었다. 대표적인 예로 러시아 상트페테르부르크에 위치한 성 이삭 성당(Saint Isaac's Cathedral)의 내부 장식, 이탈리아 롬바르디아의 철관(Corona Ferrea Langobardiae, Iron Crown of Lombardy), 태국 왓 뜨라이밋(Wat Traimit)의 황금 부처상, 이집트 투탕카멘(Tutankhamun)의 황금마스크 등을 들 수 있다(왼쪽 위부터 시계 방향으로).

을 비롯한 동식물의 생명 활동에 필수적 요소인 빛과 온기를 제공하는 태양은 다양한 문명의 고대 신앙에서 신적 객체로 자연스레 자리매김했다. 여러 고대 신앙이 태양을 숭배했는데 이집트 문명에는 각각 아침과 정오, 저녁의 태양신인 케프리Khepri, 라Ra, 아툼Atum이 있었고,[13] 메소포타미아에는 샤마시Shamash,[14] 그리스-로마에는 아폴로Apollo가 있었다. 이처럼 태양신은 어느 문명권에서든 매우 귀하고 높은 대우를 받았다. 특이한 색깔과 영원히 변하지 않는다는 특성에서 드러나듯이, 금은 태생적으로 추앙받을 수밖에 없는 신의 금속이었다.

영어와 독일어로 금을 뜻하는 '골드gold'는 '빛나다'라는 의미의 산스크리트어에서 유래했으며, 원소기호인 Au 역시 '금' 또는 '빛나는 새벽'을 뜻하는 라틴어에서 유래했다. 종교계에서 가장 상징적이고 유명한 유물이나 예배당은 모두 금과 보석으로 치장되었다는 사실만 떠올려봐도 사회와 종교계에서 금의 위치 및 권위가 어느 정도였는지 짐작할 수 있다. 결과적으로 금은 종교 발달, 계급주의 형성, 물질주의 탄생 모두에 핵심적으로 기여했으며, 이는 후에 살펴볼 연금술의 형성과 발달 과정에서 매우 중요한 요건으로 작용한다.

철기, 혹은 철강 시대:
가장 흔한 금속을 다루기까지

우리는 흔히 철기 시대에 대한 환상을 품고 있다. 아나톨리아Anatolia(소아시아) 중북부의 부족국가 히타이트Hittites가 청동으로 군림하던 주변 국가들을 정벌하고 제국을 세우는 과정에서 발명한 철이 하나의 새로운 시대를 열었고, 곧 역사적 전환점으로 작용했다는 것이다.[15] 하지만 철 자체는 과거에 그리 대단할 것 없는 금속이었다. 다른 어떤 금속과 비교해도 지각에 풍부했다(무려 63,000ppm에 달했다. ppm은 100만 분율로, 어떤 양이 전체의 100만 분의 몇을 차지하는지를 나타낼 때 사용한다). 청동기의 핵심이던 구리(68ppm), 금(0.0031ppm), 은(0.08ppm), 주석(2.2ppm)과는 비교할 수 없을 정도로 많이 존재했고, 모든 원소를 통틀어도 네 번째로 흔한 원소였다.[16]

심지어 철은 역사적으로 청동보다 더 이른 시기부터 사용되었다. 인간이 사용한 최초의 철은 흔히 운철meteoric iron로 불리는 종류였다. 운철은 철과 니켈 등의 함량이 높은 운석이 지구 대기권을 통과할 때 공기와 마찰하면서 자연적으로 정련되어 지표에 도달한 금속이다.[17] 밤하늘에서 별이 떨어지는 것을 보고 찾아간 그곳에서 지구상에 없는 새로운 금속을 발견하게 되었다니, 언뜻 생각해도 상서로운 일이 아닐 수 없다. 운철은 이 때문에 천상의 금속metal of heaven으로 귀하게 취급되었지만, 그것을 얻을 수 있는 장소가 제한적인 데다 모두가 만족할 만큼 충분한 양을 확보하는 일도 쉽지 않았다. 그런 이유로 당시에는 철기가 널리 보급되기 어려웠다.

운철은 대기권을 통과하면서 자연적으로 정련이 이루어졌다.

철의 보편적 사용이 지체된 또 다른 이유는 원소 철의 녹는점

(1,538도)이 높았기 때문이다. 당시 숯을 연료로 사용하던 가열로의 한계는 1,200도 내외였다. 물론 이것만으로도 구리(1,085도)나 주석(231.9도), 금(1,064도), 은(961.8도), 납(327.5도) 등을 녹이는 데는 충분했지만, 철을 다루기에는 역부족이었다. 모든 물질은 특정 온도를 기준으로 고체와 액체, 기체 상태로 변화하게 된다. 겨울철 영하의 기온에 쌓인 눈이 승화sublimation되어 서서히 수증기로 날아갈 수는 있지만 물이 되어 흐를 수는 없고, 99도의 물은 증발할 수는 있으나 온도가 1도 더 올라가지 않으면 끓을 수 없는 것과 마찬가지다. 다시 말해 당시에는 철을 얻기는 쉬워도 주조는 할 수 없었다. 아무리 얻기 쉬운 물질이라 해도 녹일 수 있는 기술이 없으니 형태를 잡아 도구로 만드는 것은 현실적으로 불가능했다.

그럼에도 불구하고 당시 철을 정련하는 데 성공했다는 몇몇 역사 기록이 전해진다. 기원전 3000년 무렵 메소포타미아와 시리아 북부 지방에서 산화 철이 함유된 구리 광석을 정련하던 도중 철이 형성되었으며,[18] 아프리카 쿠시Kush 왕국도 기원전 2000년쯤 철을 정련했다.[19] 이는 정련 과정에서 다른 물질들이 표면에 엉겨 붙어 형성된 막이 열 방출을 억제해 예상보다 높은 온도를 만들었기 때문이다. 하지만 이런 방식으로 얻은 철은 스펀지 같은 약한 구조를 가지거나, 다른 조성이 존재하지 않는 순수한 형태였다. 그래서 실생활에서 사용하기는 어려웠다. 이로부터 약 800년의 시간이 더 지나고 나서야 인류는 본격적으로 철기를 사용할 수 있었다.

철은 강도가 매우 높은 금속으로 알려져 있다. 하지만 순수한 형태의 철은 높은 강도와 낮은 탄성력 때문에 효용 가치가 청동보다 떨어질 수밖에 없었다. 제련 기술이 발달해 양질의 청동을 생산할 수 있게 된 후기 청동기 무렵에는 이 차이가 두드러졌다. 청동검과 철검을 맞부딪치면 휘거나 구부러지는 데 그치는 청동검과 달리 철검은 두 동강이 나는 경우가 흔했다. 결국 녹이기 힘들고 사용하다 부러지기는 쉬운 철은 상대적으로 큰 관심을 받지 못했다.

이후 시간이 흘러 히타이트와 힌두 지방에서 탄소가 함유된 철광석으로 강steel을 만들어내면서 진정한 철기 시대가 시작되었다. 철강은 청동과 마찬가지로 합금으로 구분되는데, 철이 대부분이고 다른 금속이나 비금속 원소가 소량 혼합된다. 이 시대를 우리는 철기 시대Iron Age라고 칭한다. 그러나 잠시 성행했다 사라진 구리 시대Copper Age, B.C. 4000~B.C. 3000(일명 동기 시대)보다 청동기를 더 주요한 시대로 보는 것과 마찬가지로, 엄밀하게는 철강 시대라고 표현하는 것이 화학과 물질 측면에서 더 정확하다.

현대는 어떤 물질의 시대일까

지금까지 살펴본 석기, 청동기, 철기 시대의 핵심 물질인 돌, 청동, 철강을 물질의 화학구조 관점에서 논한다면 세라믹ceramic과 합금alloy으로 구분할 수 있다. 세라믹은 우리에게 반죽을 구워서 만드는 도자기의 한 종류로 친숙하다. 이를 구조적 측면에서 조금 더 자세히 정의한다면 금속 원소와 비금속 원소가 전하를 가지는 이온 형태(금속 양이온과 비금속 음이온)로 서로 단단히 연결된 비금속 결정성 고

옛 토기(왼쪽)와 현대 사회의 양자점은 모두 화학구조상 세라믹으로 분류된다.

체 물질이라고 할 수 있다. 유리와 도자기뿐 아니라, 절삭 공구와 부품을 만들 때 사용하는 금속 탄화물carbide, 질화물nitride이 모두 세라믹에 포함되며, 전자 기기와 태양광발전 설비에 쓰이는 반도체나 양자점quantum dot을 비롯한 첨단 물질도 모두 세라믹의 일종이다. 세라믹은 석기 시대부터 현재까지 줄곧 애용되어온 것이다. 기본적으로 높은 강도를 보이며, 에너지를 가했을 때 형형색색의 빛을 내뿜거나 전자의 흐름을 형성해 전기를 만들어내기도 한다. 과학 기술이 발달하면서 활용도는 더욱 높아지고 있다.

또한 한 종류의 금속에 다른 종류의 금속이나 비금속 원소를 소량 첨가해 만드는 균질한 금속 물질인 합금은 청동기와 철기 시대에 가능하던 조합을 넘어 오늘날 수많은 조합이 존재한다. 간혹 주석 광석에 텅스텐tungsten, W을 혼합하면 찌꺼기처럼 오염이 발생해 물성이 악화되는 부정적 사례들도 있지만, 대부분은 각 원소의 기능이 결합해 우수한 소재의 합금을 형성한다. 크로뮴cromium, Cr이나 몰리브데넘molybdenum, Mo 등이 포함되어 표면에 막을 형성하는 철강인 스테인리스 강stainless steel은 녹이 슬지 않고,[20] 베릴륨 동beryllium bronze은 금속끼리 부딪쳐도 불꽃이 발생하지 않아 폭발 위험성이 높은 극한 환경에서도 사용 가능한 공구를 만들 수 있다. 이 밖에도 합금은 구성 원소들 간 조합에 따른 독특한 특성 덕분에 다양한 분야에서 활용되고 있다.

세라믹과 합금의 발전은 이를 구성하는 원소들이 분리되고 연구되었기에 가능한 일이었다. 이 모든 것이 화학에서 유래한 업적이라고 할 수 있다. 이것들은 뒤에 살펴볼 플라스틱plastic과 함께 가장 중요한 첨단 소재 세 가지에 속하며, 그 자체로 현대 사회를 구성하는 핵심 물질이다.

그렇다면 우리가 살아가는 이 시대는 어떤 물질의 시대로 정의하는 것이 적합할까? 이 물음에 대해서는 세라믹 시대나 플라스틱 시대 등 여러 답이 나올 수 있다. 그러나 현대 사회 역시 건물이나 운송수단 등에 철이 기반이 된 합금을 가장 많이 사용한다는 점을 고려해 여전히 철기 시대의 연장이라고 보는 사람도 꽤 있다. 물론 인류 역사에 영향을 미친 물질은 철 말고도 많다.

과거 냉병기Cold Weapon(무기 중 화약의 힘을 이용하지 않는 것들의 총칭) 위주의 전쟁 판도를 바꾸고 봉건제도의 멸망을 이끈 화약, 농경 생활의 기존 한계를 뛰어넘어 놀라운 효율을 가져온 비료, 질병을 극복하게 해 인구 증가에 지대한 공을 세운 항생제 등이 대표적이다. 이것들이 인류 역사에 큰 영향을 미치긴 했지만 현대 사회 자체를 구성하고 유지하거나, 그 존재가 사라지면 사회제도가 붕괴할 만큼 핵심적으로 작용한 것은 아니다.

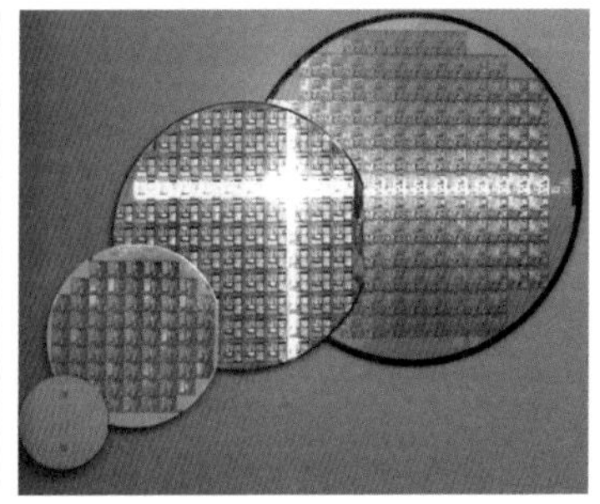

모래(왼쪽)에서 시작된 반도체 문명은 현대를 제2의 석기 시대라고 부르는 데 타당성을 부여하고 있다.

이런 관점에서 현대 사회를 '제2의 석기 시대'라고 부르는 빈도가 높아지고 있다. 생각해보면 지금 우리 삶에서 가장 큰 부분을 차지하는 것이 반도체다. 전자 기기를 기반으로 사회 전체 시스템과 고성능 장치들이 운영되고 있고 즉각적이고 효율적인 정보 교환과 습득도 이루어지는 만큼, 그것에 관여하는 가장 중요한 핵심 부품인 반도체의 역할을 무시할 수 없다. 실제로 지금 당장 반도체 기반의 모든 전자 기기가 사라진다면 인류는 농경 생활이나 목축 생활로 돌아가야 할지도 모른다. 집을 지어 생활하는 것 외에는 현대 삶의 이기와 관련 있는 차별화된 모든 체재를 잃고 철기 시대와 다를 바 없이 생활해야 할 수도 있다. 이 반도체를 구성하는 핵심 요소가 규소이며, 규소는 모래로부터 얻는다. 그래서 지금을 제2의 석기 시대라고 하는 주장이 설득력을 얻는다.

화학적 원리가 삶의 질을 끌어올리다

이외에도 화학물질은 역사적으로 중요하게 사용되어왔다. 대표적으로 비누를 들 수 있다. 우리는 누구나 비누에 꽤 복잡한 화학적 원리가 적용된다고 생각할 것이다. 그리고 중세 시대나 산업혁명 전후로 발명되어 보급되었으리라 여기지만, 놀랍게도 비누는 무려 기원전 2800년쯤부터 사용되었다.[21] 그도 그럴 것이 비누는 매우 간단한 화학반응을 통해 만들 수 있다. 식물성이든 동물성이든 상관없이 지질lipid을 모은 후 흔히 염기성 용액으로 불리는 알칼리 물질을 혼합해 가열하기만 하면 비누가 만들어진다. 최근까지 환경 보호를 위해 폐식용유를 모아 직접 세탁용 비누를 만들어 쓴 것을 생각하면 이해가 쉬울 것이다.

이때 나타나는 비누화saponification는 연소, 발효와 더불어 초기 인류 역사에서 가장 중요한 화학반응 중 하나로 꼽힌다. 비누는 지질로 만들어 물에 잘 녹지 않지만 기름때를 제거할 수 있는 소수성疏水性(물과 친하지 않은 성질)과 염기와의 반응을 통한 친수성親水性(물과 친한 성질)이 공존하는 화학구조를 갖는다. 이 화학구조는 물에 잘 녹지 않는 유성 물질이 물에 쉽게 녹을 수 있도록 돕는 역할을 한다.

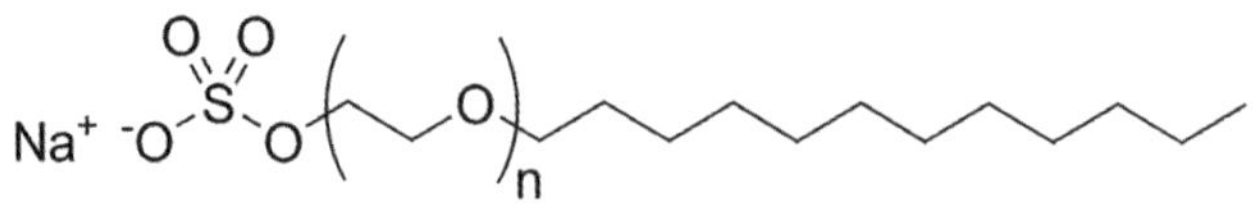

비누의 화학구조

분리된 물과 기름을 하나의 상태로 섞기 위해 비눗물을 넣는 간단한 실험을 통해서도 그 효과를 확인할 수 있다. 세탁 세제에 포함된 계면활성제surfactant 역시 이와 동일한 화학구조로 이루어져 있다.

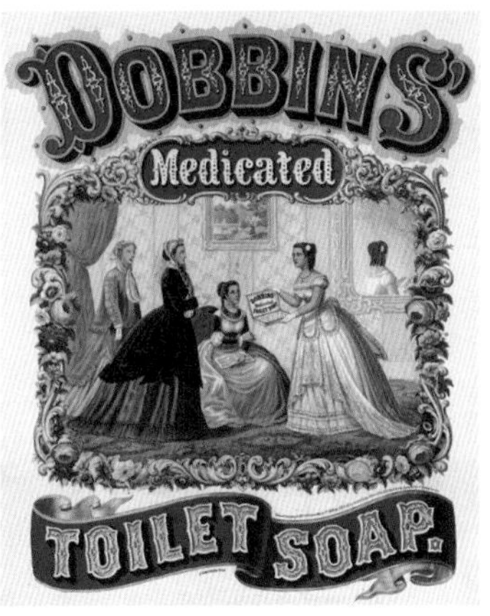

19세기 약용 비누 상업 광고

고대에 비누를 사용한 위생 사례와 초기 의약품 연구 개발에 대한 기록은 수메르인에게서 찾을 수 있으며, 바빌로니아인은 이를 문서로 기록해 남겼다. 질병과 죽음이 곧 죄에 대한 천벌이라는 시각이 지배적이던 당시 사회에서 비누나 천연 치료약을 제조할 수 있는 치료사는 하나의 계급을 이루었고, 이들은 훗날 연금술사와 화학자로 활동하게 된다.

한편 몸을 치장하고자 하는 인간의 오랜 욕망은 다양한 천연염료와 화장품 발명으로 이어졌다. 과거 이집트인들은 현재 가장 비싼 향신료 중 하나인 사프란saffron에서 노란색 염료를 추출했으며, 꼭두서니Rubia tinctorum에서는 붉은색 염료madder를 뽑아내 염색에 사용했다. 아시리아인들은 기원전 17세기쯤부터 가시나무에 기생하는 연지벌레Coccus cacti 암컷을 짓이겨 선홍색의 연지kermes를 만들었다. 기원전 1600년 무렵 페니키아 지방 사람들은 뿔고둥murex spiral shellfish에서 보라색 천연염료를 추출했다. 그러나 효율은 극도로 좋지 않았다. 약 1만 2,000마리에서 단 한 방울의 염료만 얻을 수 있었기 때문에 오랜 기간 왕가에만 사용이 허용되었다. 로열 퍼플royal purple이라

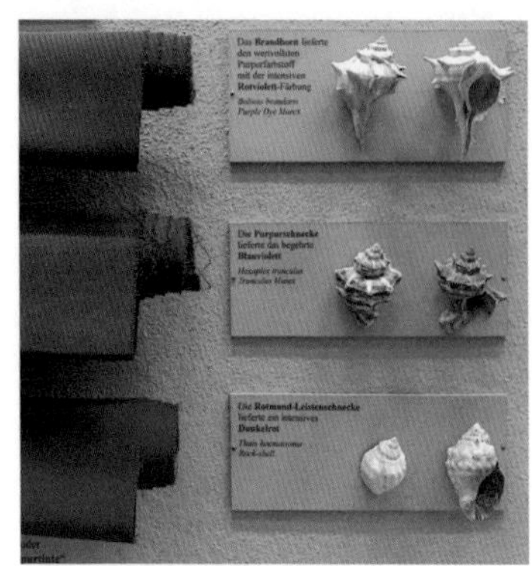

뿔고둥과 이로부터 추출한 로열 퍼플 염료

고 부르며 귀하게 취급한 것도 그런 이유에서였다. 뒤에서 살펴보겠지만 먼 훗날 보라색 합성염료가 발명되었고, 이는 곧 유기화학 발전에 크게 기여했다.[22]

유리 역시 생각보다 오래전부터 사용해온 물질이다. 유리를 구성하는 산소와 규소는 지각에서 각각 첫 번째와 두 번째로 풍부한 원소다. 그러니 비교적 만들기 쉬웠으리라 생각할 수도 있지만, 모래를 녹여 유리를 만들려면 무려 1,700도 고온이 필요하다. 이것은 철을 녹이는 온도보다 더 높기에 적어도 철기 시대는 되어야 생산이 가능했을 것이다. 하지만 기록에 따르면 유리는 후기 신석기 시대 이집트 문명에서 처음 발명되었다. 메소포타미아 지역에서도 기원전 3600년부터 원활하게 생산되었음을 기록으로 확인할 수 있다.

불가능에 가까웠던 유리 제조가 가능해진 것은 간단한 화학적 원리 덕분이었다. 나트론natron으로도 불리는 탄산 소듐Na_2CO_3을 첨가하면 더 낮은 온도에서 모래가 녹는다는 것을 알아냈고, 그 덕분에 유리를 성공적으로 제조할 수 있었다. 다만 이렇게 만들어진 유리는 화학적 안정성이 낮아 물에 닿으면 녹는다는 단점이 있었다. 이후 석회암limestone을 안정제로 추가해 질이 조금 더 좋은 소다-라임 유리를 만들어냈다.[23] 이뿐 아니라 산화 주석SnO_2이나 납 주석 산화물$Pb_2Sb_2O_7$, 금을 함께 녹여 각각 백색, 황색, 적색의 색유리를 만드는

프랑스 파리 생트샤펠(Sainte-Chapelle) 성당의 스테인드글라스. 색유리를 이어 붙인 스테인드글라스는 과거부터 널리 사용되었다.

방법까지 연구되었다. 즉 유리는 청동만큼이나 오래전부터 사용되어온 세라믹 화합물이다. 먼 훗날 깔끔한 판유리를 제조할 수 있게 되면서 청동기 시대 주역이던 주석이 다시금 유용하게 쓰였다. 중세 시대 판유리는 유리 덩어리를 단순히 다리미로 눌러 펴서 만들었는데, 이후 용융된 액체 주석 위에 주석보다 상대적으로 밀도가 낮아 표면에 떠오를 수 있는 액체 상태의 뜨거운 유리를 올림으로써 평평하게 만드는 효과와 함께 유리 내부에 포함된 주석을 통해 강도를 향상시키는 플로트float 제조법이 발명된 덕분이었다.[24]

여러 원소로 이루어진 다양한 물질은 기술 발전은 물론, 의식주 전반의 편의성과 생산 효율도 개선했다. 이 모든 과정은 기록으로 후대에 전해졌으며, 이후 교육과 활용을 통해 인간이 노동에 투입해야 하는 시간은 줄어들고 여유 시간은 늘어나는 효과를 가져왔다. 생활의 질이 향상되고 시간적으로 여유로워진 상황은 단순히 개인의 삶에만 영향을 끼친 것이 아니다. 홀로 생각하고 더 나은 방법을 고찰하는 장인artisan들을 중심으로 물질과 자연 자체에 대한 탐구에 깊이가 더해졌다. 그리고 이는 곧 철학자philosopher의 등장으로 연결되었다.

물질은 시대와 문명의 탄생부터 유지, 쇠락까지 모든 부분에 관여했으며, 그런 까닭에 우리는 물질을 기준으로 과거를 돌아보고 구분한다. 이 과정에서 인류는 무의식적으로 화학을 활용했고, 경험을 통해 발명을 이어갔다. 유일한 문제는 아직까지 인류가 물질을 구성하는 기본 요소가 원소와 원자라는 사실을 눈이나 장비로 직접 들여다보지 못했다는 점이다. 이것을 발견하기까지는 너무나도 긴 시간이 남아 있다는 것을 어렴풋이 알았을 뿐이다. 그러므로 우리가 이 여정에서 본격적으로 화학을 마주하기 위해서는 우선 이제 막 탄생하기 시작한 철학을 거쳐 연금술과 과학, 종교와 화학의 복잡한 주도권 경쟁을 따라가야만 한다.

제3장

철학적 사유의 탄생

T H E C H R O N I C L

: 원소설과 원자설

O F C H E M I S T R Y

철학은 인류 역사에서 언제나 가장 중요한 위치에 있었다. 오랜 인류 역사에서 과학을 비롯한 여러 분야에 나아갈 방향을 제시한 학문이었으며, 때로는 한 시대의 절대적 가치로 여겨지기도 했고 때로는 이단으로 취급되기도 했다. 자연과학과 인문학이라는 양대 산맥의 시작이자 과정이었으며, 어떤 의미에서는 미래를 알려주는 조언자이기도 했다. 지금도 우리는 철학을 통해 과거부터 오늘에 이르기까지 발전 과정은 물론, 우리의 삶과 다양한 대상물에 대해 사고하는 방식을 배운다. 화학이라는 학문이 정립되는 과정에 철학이 끼친 영향도 결코 적지 않다.

물질의 근원을 탐구한 이오니아 철학자들

여기 〈아테네 학당Scuola di Atene〉이라는 명화를 들여다보자. 이 그림은 르네상스 시대 이탈리아의 거장 라파엘로Raffaello Sanzio da Urbino,

라파엘로의 〈아테네 학당〉(1511). 중앙에 이데아(idea)를 설명하듯 손가락으로 하늘을 가리키는 인물이 플라톤이고, 지상을 가리키며 현실 세계를 논변하는 듯한 인물은 아리스토텔레스다.

1483~1520가 교황의 개인 서재인 '서명의 방'에 그린 프레스코화 중 일부다. 라파엘로의 방으로도 불리는 이 공간의 네 벽면은 각각 철학, 신학, 법학, 예술을 주제로 삼은 벽화가 장식되어 있다. 소실점을 활용한 원근법으로 유명한 〈아테네 학당〉은 이 가운데 철학을 주제로 한 그림이다. 성 베드로 대성전의 화려한 내부를 배경으로 중앙에는 고대 그리스의 가장 영향력 있는 철학자인 플라톤과 그의 제자 아리스토텔레스가 자리하고, 초기 그리스와 헬레니즘 시대에 활동한 철학자, 천문학자, 수학자 54명의 모습이 그려져 있다. 이들 중 절반가량은 만물의 구성 요소인 원소와 원자에 관한 통찰을 제시한 철학자였다. 세상을 구성하는 요소에 대한 논제가 어떻게 변해갔는지 그

흐름을 따라간 후 이 그림을 다시 들여다보면 당시 물질과 자연의 기본 원리를 밝히고자 했던 철학자들의 열망이 얼마나 거대했는지, 우리에게 남겨진 학문이 얼마나 뿌리 깊은지 짐작할 수 있다.[1]

고대 그리스 문명은 기원전 2000년 무렵 미노아Minoan 지방 크레타Creta섬에 처음으로 세워졌다. 크레타섬보다 크고 육지에 더 가까운 키프로스Cyprus섬은 양질의 구리 광석이 주된 상품이었는데, 이 구리 광석은 로마 시대까지 상등품으로 대접받았다. '키프로스섬의 금속'이라는 뜻을 가진 라틴어 쿠프룸cuprum으로부터 원소기호 Cu가 유래했을 정도다. 그만큼 키프로스섬이 지중해 인근의 금속 문명 발달에 이바지한 바가 크다고 볼 수 있다.

그리스 문명에서 특히 유명한 것이 건축물이다. 그리스인은 콘크리트와 세라믹을 다루는 기술이 뛰어났으며, 자연스레 건축 양식의 발달에도 기여했다. 아테네 파르테논Parthenon 신전은 중후한 도리아 양식Doric order을 대표하는 건축물이고, 지금은 몇 개의 기둥과 터만 남아 있는 올림피아 제우스 신전Olympieion은 아칸서스acanthus 잎 모양을 본뜬 코린트 양식Corinthian order으로 화려하게 장식되었다. 이번 장에서 다룰 물질과 원소에 대한 철학적 이야기는 이 두 양식 사이 시간대에 형성된 섬세한 이오니아 양식Ionian order의 이오니아로부터 시작된다.

그리스의 경제적 번영은 노예 제도를 기반으로 이루어졌다고 해도 과언이 아니다. 고대 그리스는 전쟁으로 점령한 나라들에서 많은 노예를 데려왔고, 이들이 노동을 담당했다. 전체 인구의 약 30퍼센트에 해당하는 노예들이 노동을 전담함으로써 일반 시민은 더욱 자유롭게 시간을 활용할 수 있었다. 그 덕분에 정신적인 부분을 탐구하고 조금 더 오랫동안 사색에 잠기는 것이 가능했다. 즉 철학이 발생할 수 있는 기본 요건이 갖추어진 셈이었다.

본격적으로 철학이 시작된 곳은 소아시아 에게해 근방의 이오니아 도시국가였던 밀레투스Miletus다. 이곳에 최초 철학자로 여겨지는 탈레스Thales of Miletus, Θαλῆς ὁ Μιλήσιος, B.C. 623?~B.C. 545?가 등장했다.[2] 탈레스는 물질과 원소 측면에서 중요한 첫 화두를 던졌다. 훗날 아리스토텔레스는 『형이상학Metaphysics』에서 "탈레스가 자연을 이루는 기본 요소가 물이라고 주장했다"고 밝혔다.[3] 액체 상태의 물이 증발하면 기체인 수증기가 되고 얼면 고체인 얼음이 되는 등 물질의 어떤 상태로도 변화할 수 있고, 우리가 사는 세상이 물 위에 떠 있는 형태

최초의 철학자인 탈레스(왼쪽)와 그의 세계관을 담은 그림

로 이루어져 있으며, 파도가 바위를 부수거나 옮겨 땅을 만들고, 생명(삼엽충 화석) 역시 물에서 기원했다는 점 등이 탈레스가 물을 핵심 요소로 추론한 근거였다. 탈레스를 기점으로 흔히 이오니아 철학자로 불리는 일련의 분파가 형성되어 발전했으며, 이들은 자연을 구성하는 기본 요소에 대한 고찰을 이어나갔다.

밀레투스 출신 철학자 아낙시만드로스Anaximandros, Ἀναξίμανδρος, B.C. 610~B.C. 546? 또한 이오니아학파이자 탈레스의 제자였다. 탈레스는 자연과 인간에 대한 수많은 사색과 고찰을 시도했지만, 본인이 직접 저술한 기록은 남아 있지 않다. 그의 모든 주장을 기록한 사람이 바로 제자 아낙시만드로스였다. 과학은 어떤 대상을 연구하거나 탐구한 사실을 분석하고 기록해 전달하는 일련의 과정이다. 이런 측면에서 우리는 아낙시만드로스를 인류 최초의 과학자로 간주한다.

아낙시만드로스 역시 그의 스승처럼 물질과 세상의 근원에 대해 고민했는데, 탈레스와는 조금 다른 관점의 해석을 남겼다. 그는 물이나 공기처럼 관측이 가능하고 인지할 수 있는 요소가 아닌, 무한을 의미하는 다소 추상적인 아페이론apeiron이라는 요소가 우주의 근원이라고 주장했다. 아페이론은 '없다'라는 의미의 아a, ἀ와 '끝'을 뜻하는 피라르peirar, πεῖραρ가 합쳐진 용어로, 무한정자無限定子로도 불린다. 아낙시만드로스의 이 주장은 아페이론이 생성되고 소멸하면서 세상이 구성되고 원소들의 회전 운동이 발생해 우주가 지탱된다는 다소 추상적인 개념이었다.[4] 아낙시만드로스는 근원이 다른 것들이 서로 대립하거나 결합하면 물질의 안정성이 깨진다고 봤기에 이 모든 것을 아우르는 더욱 기본적인 근원이 있어야 한다고 생각했

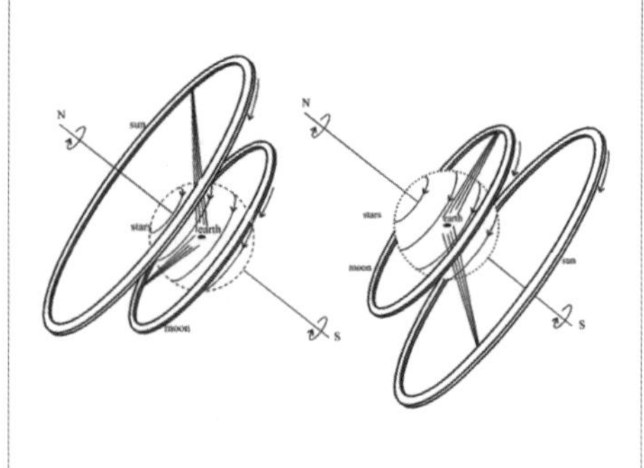

철학자 아낙시만드로스(왼쪽)와 그의 우주론을 표현한 그림

다. 우주와 회전의 개념이 처음 언급된 아페이론은 훗날 천동설이 탄생하는 계기가 되었으니, 아낙시만드로스의 주장은 물질적 관점뿐 아니라 다른 분야에서도 그 의미가 결코 작지 않다.[5]

이오니아 철학자 계보는 아낙시만드로스의 제자이자 친구인 아낙시메네스Anaximenes of Miletus, Ἀναξιμένης ὁ Μιλήσιος, B.C. 585?~B.C. 528?로 이어졌다. 아낙시메네스는 또 다른 물질을 가장 주된 원소라고 주장했는데, 바로 공기다.[6] 일상적으로 입에서 빠르게 뿜어져 나오는 바람은 차가운 느낌이 들고, 천천히 나오는 바람은 반대로 따뜻하게 느껴진다. 아낙시메네스는 이 현상을 예로 들면서 공기가 불의 성질이나 물의 성질로 바뀔 수 있다는 개념을 펼쳤다. 하나의 원소를 기준삼아 물질의 근원을 설명하려 했다는 점에서는 탈레스와 유사하지만, 성질의 '변화'라는 부분을 고려했다는 점에서는 그 의미가 다르다. 즉 변화와 관계를 중요시하는 화학적 관점에서 조금이나마 진보하기 시작했다고 해석할 수 있다.

공기에 주목한 철학자 아낙시메네스(왼쪽)와 불을 만물의 핵심이라고 생각한 철학자 헤라클레이토스

이 밖에도 철학자 헤라클레이토스Heraclitos of Ephesus, Ἡράκλειτος ὁ Ἐφέσιος, B.C. 540?~B.C. 480?는 불이 만물의 핵심이라고 생각했고,[7] 아낙사고라스Anaxagoras, Ἀναξαγόρας, B.C. 500?~B.C. 428?는 하나의 특정 원소를 주장하는 대신 만물에는 그것을 이루는 종자seed가 있다고 여겼다. 아낙사고라스는 이 종자들이 새로 생겨나거나 소멸하지 않고 모든 물질과 성질을 구성하는 근원이 된다고 주장했는데, 이로부터 원자설과 원자론의 가장 기초적 단계의 발상이 시작되었다고도 볼 수 있다. 한 가지 차이점은 원자가 화학적으로 더는 나눌 수 없다는 관점과 달리, 그가 말한 종자는 무한으로 나눌 수 있었다는 것이다.[8]

페르시아가 밀레투스를 침략하면서 이오니아 철학자 계보는 아낙사고라스로 막을 내렸다. 이 시기에 많은 이오니아 철학자가 그리스의 다른 지역으로 이동했는데, 이를 통해 오히려 그리스 철학이 더 널리 전파되고 확산되었다는 점은 역사의 아이러니다. 참고로 이오니아 철학자들의 이름에 공통으로 나오는 아낙스Anax는 리더나 왕

오귀스탱 루이 벨(Augustin-Louis Belle)의 〈아낙사고라스와 페리클레스(Anaxagoras and Pericles)〉. 페리클레스는 페르시아 전쟁 이후 아테네가 주축이 된 델로스 동맹의 지배를 강화한 고대 아테네의 정치가이자 장군이다.

을 의미하는 그리스어Ἄναξ다. 아낙시만드로스는 넓은 토지의 왕, 아낙시메네스는 인내의 왕, 그리고 아낙사고라스는 그리스 도시국가의 광장이자 직접 민주주의의 상징인 아고라의 왕이라는 뜻이다.

이원론과 공간에 대한 탐구가 시작되다

이오니아학파 외에도 물질의 기본 요소를 논한 철학자들이 있었다. 이탈리아 엘레아Elea 지방에서 활동한 엘레아학파가 그중 하

철학자 크세노파네스(위)와 그의 제자 파르메니데스

나다. 크세노파네스Xenophanes of Colophon, Ξενοφάνης ὁ Κολοφώνιος, B.C. 560?~B.C. 478?는 하나가 아닌 두 가지 근원이 공통으로 작용한다는 이원론을 설파했다.[9] 즉 흙과 물이 만물의 근원이라고 주장한 것이다. 농작물 경작이나 동물의 생존에 땅과 물이 필수적이라는 사실을 떠올린다면 충분히 합리적인 접근이었다고 볼 수 있다.

크세노파네스의 제자 파르메니데스Parmenides of Elea, Παρμενίδης ὁ Ἐλεάτης, B.C. 515~B.C. 450는 사물의 다양성과 여러 형태, 그리고 움직임은 모두 변하지 않는 실체의 각기 다른 모습일 뿐이라고 주장했다. 즉 관찰되는 여러 현상을 구성하는 하나의 본질적 실체가 존재한다는 해석과 함께 모든 것이 하나라는 '파르메니디언 원칙Parmenidean principle'을 바탕으로 형이상학과 본질을 해석하는 다른 관점을 제시하기도 했다.[10]

그런데 처음으로 모든 것의 근원이 아닌, 배치와 연결성에 의구심을 가진 철학자가 있었다. 바로 제논Zenon of Elea, Ζήνων ὁ Ἐλεᾶ́της, B.C. 495?~B.C. 430?이다. 우리에게는 아킬레우스Achilleus와 거북이의 경주 이야기가 담긴 '제논의 역설Zenon's paradoxes'로 더 잘 알려진 철학자다. 발이 빠른 아킬레우스가 거북이를 잡으려고 뒤쫓아 가는 동안 거북이도 계속해서 이동하기 때문에 아킬레우스는 영원히 거북이를 따라잡을 수 없다는 역설이다. 이를 단순히 물리적 요인을 적용하지 않진실과 거짓의 문을 보여주는 제논(위)과 '제논의 역설'을 나타내는 한 예. 아리스토텔레스는 제논을 변증법 (dialectic)의 선구자로 소개했다.

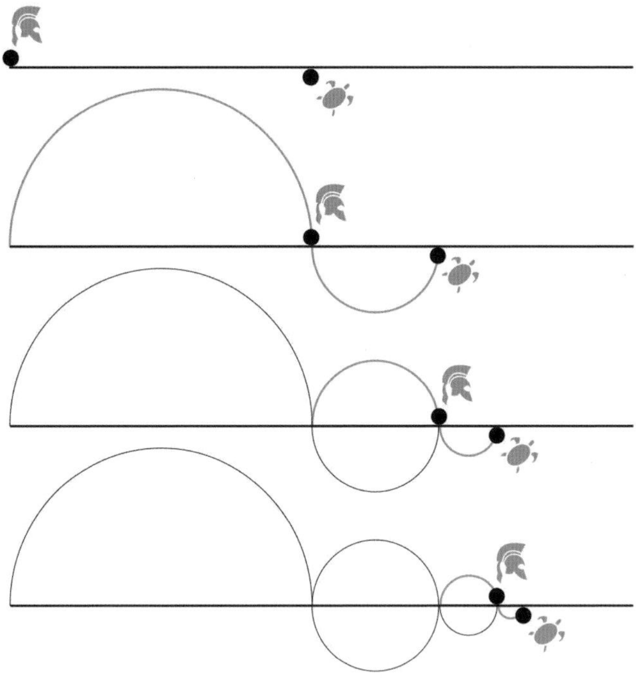

진실과 거짓의 문을 보여주는 제논(위)과 '제논의 역설'을 나타내는 한 예. 아리스토텔레스는 제논을 변증법 (dialectic)의 선구자로 소개했다.

은 논리적 오류로 치부할 수도 있다. 그러나 이 역설의 핵심은 물질이나 물질을 구성하는 요소는 모두 연결되어 있으며, 진공이나 빈 공간이 존재할 수 없다는 부분에 있다.[11] 제논의 이 주장은 우주를 포함한 모든 것이 연속적으로 존재하는지, 혹은 입자나 다른 독립된 객체가 흩어져 있는 형태로 존재하는지를 논하는 데 중요한 역할을 했다.

4원소와 영원불멸한 원자

고대 그리스 철학은 소크라테스Socrates, Σωκρᾰ´της, B.C. 4702~B.C. 399 전과 후로 나눌 수 있다. 소크라테스는 고대 그리스 철학의 전성기를 열고 서양 철학의 기반을 닦은 핵심적인 인물이다. 우리가 탐구하고 있는 원소설과 원자설의 형성 기반을 다진 것은 피타고라스Pythagoras of Samos, Πυθαγόρας ὁ Σάμιος, B.C. 580~B.C. 500를 필두로 한 소크라테스 이전의 철학자들이다.

피타고라스는 이오니아학파의 시초인 탈레스와 아낙시만드로스의 제자로, 수학이 매우 발달한 이집트와 바빌론 지방을 여행하며 공부를 이어갔다. 이후 이탈리아 크로토네Crotone에 자리 잡은 피타고라스학파Pythagorean는 물질과 자연의 구성 요소보다 수와 기하에 대한 고찰에 집중했다. 물론 피타고라스가 물질에 관한 직접적인 이론을 펼친 것은 아니다. 그러나 그의 계산적인 분석 능력과 관점은 후대 철학자들이 원소와 원자를 정의하는 데 많은 영향을 미쳤다.

원소에 대한 가장 실제적인 가설을 제안한 엠페도클레스Empedocles, Ἐμπεδοκλῆς, B.C. 494~B.C. 434가 대표적이다.

이탈리아 시칠리아섬 남동부의 도시 아그리젠토Agrigento(당시에는 아크라가스로 불림)에서 활동한 그리스 철학자 엠페도클레스는 화학에 별로 관심이 없는 사람도 들어봤을 '4원소classical elements설'을 주장한 것으로 유명하다. 그는 선대 철학자들이 만물을 구성하는 가장 근원적 요소로 생각한 불, 물, 흙, 공기를 모두 중요하게 여겼을 뿐 아니라 이 요소들을 온/냉, 습/건 네 가지 성질로 표현했다. 이 과정에서 엠페도클레스는 우리가 흔히 사용하는 원소elements라는 단어 대신 그리스 신화의 제우스Zeus, 헤라Hera, 네스티스Nestis(페르세포네의 또 다른 이름), 아이도네우스Aidoneus(하데스의 또 다른 이름)로부터 유래한 근원roots으로 표현했다. 이 네 가지 근원에 관한 이야기를 남긴 것만으로도 엠페도클레스는 이후 철학과 연금술의 발달에 엄청난 기여를 했다. 나아가 이들 근원 사이의 관계와 변화를 설명하기 위해 사랑과 미움(혹은 불화)이라는, 언뜻 보면 다소 감성적이고 비과학적인 개념을 도입해 혁신을 이끌어냈다.

네 가지 근원은 영원불변하지만 결합과 분리를 통해 변화를 가져오기도 한다. 이 개념에 따르면 근원들이 서로 섞이고 나뉘는 데 관여하는 것이 우정과 친밀함의 여신 필로테스Philotes, Φιλότης와 불화를 상징하는 영혼 네이코스Neikos, Νεῖκος에서 유래한 신성한 힘이다.[12] 혼돈으로부터 갈라져 나온 추상적 개념의 신 프로토게노이Protogenoi와 신화적 사상이 중심을 이룬 시대라, 근원과의 상관관계에 신화적으로 접근한 것이 그리 특별한 일은 아니었다.

철학자 엠페도클레스(왼쪽)와 그의 4원소설을 표현한 그림. 이 채색 목판화는 루크레티우스의 「사물의 본성에 관하여」에 수록되어 있다.

엠페도클레스의 이론에서 무엇보다 중요한 것은 따로 있다. 서로 가까워지거나 멀어지고자 하는, 즉 사랑/미움의 개념이 현대 화학에서 원자나 분자 간 결합과 분리를 이해하고 설명할 때 사용되는 전자기적 인력/척력과 짝지어진다는 사실이다. 엠페도클레스를 통해 비로소 물질의 기본 요소에 대한 접근뿐 아니라, 이들의 상호작용에 대한 개념이 도입된 것이다.

이렇듯 원소라는 질적 측면에 관한 연구는 다소 진전을 보였지만, 근본적인 입자 혹은 기본 단위에 대한 해석은 아낙시만드로스의 아페이론과 아낙사고라스의 종자 이후 정체되었다. 그러다 기원전 5세기 초중반 활동한 것으로 추정되는 레우키포스Leucippos, Λεύκιππος, B.C. 480~B.C. 420와 그의 제자 데모크리토스Democritos, Δημόκριτος, B.C. 460~B.C. 370에 의해 원자설이 정립되었다. 제논, 엠페도클레스와 동시대에 활동한 철학자 레우키포스는 이오니아학파에 속했다. 그러나 인과관계를 바탕으로 원소를 해석한 이오니아학파의 여느 철학자들과 달리 그는 "모든 일은 그 필요성(본성) 때문에 발생한다"라고 말했을 정도로 필요성의 관점에서 모든 것을 해석했다.[13] 그 덕분에 레우키포스는 원자설의 창시자로 평가받는다.

레우키포스는 세상 모든 것이 파괴되지 않고 나눌 수도 없는 원자라는 요소로 구성되어 있다고 생각했다. 물질의 연속성을 주장한 파르메니데스나 제논과 달리 원자들이 움직이기 때문에 이들 사이에 빈 공간이 있어야만 한다고 주장했지만,[14] 아무것도 없는 공간이 존재한다는 것은 필요성과 무관하기에 진공을 비존재와 동일한 것으로 판단했다.

한편 데모크리토스는 일부 단편적 기록 외에는 한 편의 저서도 남아 있지 않음에도 근대 과학의 아버지로 불린다. 레우키포스의 이론을 이어받아 원소설을 구체화하는 등 여러 업적을 남겼기 때문이다. 데모크리토스의 원자설은 레우키포스의 주장에 비해 항목이 조금 더 세분되어 있다.[15]

- 모든 것은 원자로 이루어져 있다.
- 원자는 물리적으로 더 이상 쪼갤 수 없으며, 파괴되지 않는다.
- 원자들의 사이는 빈 공간으로 이루어져 있다.
- 원자는 항상 운동하고 있으며, 다른 원자와 충돌한다.
- 원자는 모양이 각기 다르며, 이로부터 유래하는 성질도 제각각이다.

철학자 레우키포스(왼쪽)와 그의 제자 데모크리토스

이와 같은 주장은 대부분 현대 화학에서 다루는 '원자론'과 동일하다. 그러나 물질에 따라 원자의 모양과 성질이 다르다는 마지막 주장은 다소 오류가 있다. 데모크리토스는 단단한 철을 구성하는 철 원자는 견고하고 뾰족하며, 물 원자는 부드러우면서 미끈하고, 자유롭게 날아다니는 공기 원자는 소용돌이치는 모양으로 생겼다고 주장했다. 흘려들으면 얼토당토않은 논리라고 생각할 수도 있다. 하지만 원소와 원자를 인식할 수 없었던 시대에 최대 네 가지 원소만을 주장한 여느 철학자들과 달리, 물질 종류만큼이나 다양한 원자가 존재하며 같은 종류의 물질은 같은 원자로 이루어졌다는 해석을 이끌어냈다는 점은 감탄할 만하다.

어떻게 이런 생각을 할 수 있었을까? 데모크리토스는 절대적 진리와 인간의 객관적 인식의 가능성을 의심하고 궁극적인 판단을 하지 않으려는 태도를 지닌 회의론자sceptics였다. 즉 잘못된 인식에서 벗어나 '귀납적 추론'을 통해 진실을 추구했기에 이 같은 발견에 이른 것이다. 그런 의미에서 데모크리토스는 단순한 철학자라기보다 과학 사상가로 간주되기도 한다.

레우키포스와 데모크리토스의 원자설은 어떤 것에도 흔들리지 않는 영혼의 평정 상태인 아타락시아ataraxia를 기반으로 쾌락주의를 주장한 에피쿠로스Epicouros, Ἐπίκουρος, B.C. 341~B.C. 270가 이어받았다. 그리고 훗날 티투스 루크레티우스 카루스Titus Lucretius Carus, B.C. 99~B.C. 55의 장편 철학 서사시 『사물의 본성에 관하여De Rerum Natura』를 통해 원자설을 바탕으로 모든 현상을 물질적으로 해석하는 과정이 완성된다. 여기에서 루크레티우스는 무한하고 영원한 우주 공간에서 최소의 알갱이인 원자가 운동하고 상호작용하면서 일상의 사건들이 발생한다는, 놀라울 정도로 현대적인 우주관을 피력했다. 루크레티우스에 따르면, 우리가 밤하늘을 올려다보며 무수한 별들의 아름다움에 경탄하고 형언할 수 없는 감동을 느낄 때 우리는 신들의 작품이나, 잠시 머무는 이 덧없는 세계와 동떨어진 다른 반짝이는 세상을 보고 있는 것이 아니다. 우리가 보고 있는 것은 우리 자신도 일부이면서 우리를 구성하고 있는 것과 동일한 원소들로 만들어진 물질계다. 여기에는 종합적인 계획도, 신성한 조물주도, 지적인 설계도 존재하지 않는다. 루크레티우스는 이렇게 강조한다. "그 어떤 것도 영원히 지속되지 않는다. 영원불멸한 것은 오직 원자뿐이다."

화학과 물리의 원리에 다가선 소크라테스학파

앞서 말했듯이 소크라테스는 고대 그리스 철학을 전과 후로 가르는 분기점이다. 소크라테스는 물질이나 과학이 아닌 도덕, 정치, 사회 분야에서 활발하게 활동했다. 이 과정에서 사고(정신)를 통해 진리에 도달할 수 있다고 판단해 끝없이 질문을 던지고 답을 찾아가는 변증법을 추구했다. 이 영향으로 그리스 철학에서는 '연역적 사고'가 핵심을 이루었고 실험적 접근을 거부하게 되었다. 엄밀히 말해 이것은 화학이 추구하는 바와 차이가 있다. 하지만 소크라테스의 변증법과 연역적 접근을 따른 그의 제자들을 통해 엠페도클레스의 4원소설이 발전해나갔다.

소크라테스의 제자 중 가장 유명한 플라톤Plato, Πλάτων, B.C. 427~B.C. 347은 기하학, 정치학, 우주론 등에서 영원히 기억될 여러 업적을 남겼다. 이 가운데 화학 영역에서 가장 의미 깊은 것은 엠페도클레스의 4원소설과 기하학적 도형의 짝짓기다. 모든 면이 동일한 정다각형으로 이루어진 입체 도형을 정다면체platonic solid라고 하는데 플라톤은 면이 4, 6, 8, 12, 20개로 이루어진 다섯 가지 정다면체를 규명해내고 이들 중 네 가지 입체에 각각 4원소를 대입했다. 공격적이고 활발한 불은 가장 뾰족한 형태를 이루는 정사면체에, 견고하게 쌓아 올릴 수 있는 흙은 정육면체에, 자유롭게 흐르는 물은 구에 가까운 정이십면체에, 그리고 바람은 정팔면체에 각각 투영했다. 이런 짝짓기는 네 가지 입체가 비교적 쉽게 발견되는 것이기에 가능했

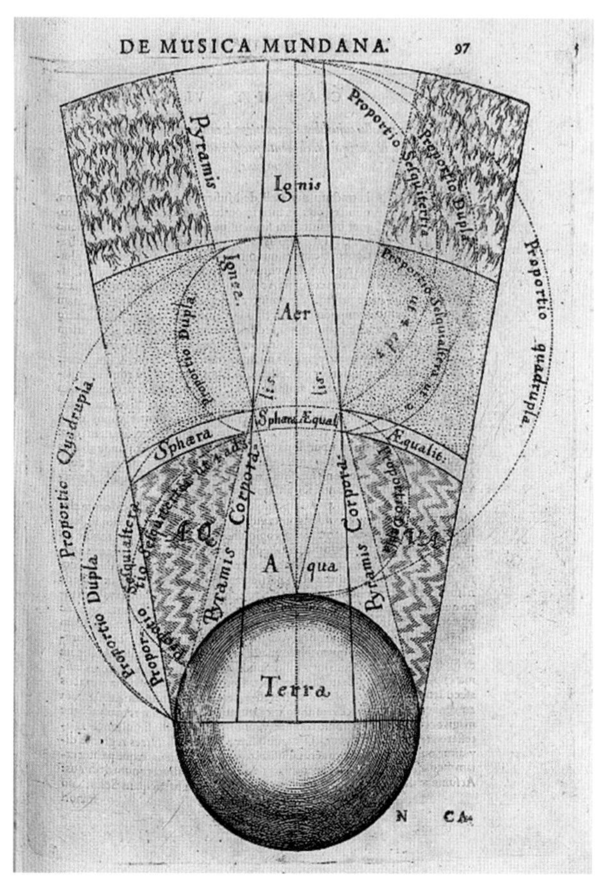

ICOSAHEDRON ▽ 물
OCTAHEDRON 🜁 바람
TETRAHEDRON △ 불
HEXAHEDRON 🜃 흙
DODECAHEDRON ⚙ 에테르

플라톤의 다섯 가지 정다면체와 원소들(아래). 플라톤은 원소 간 비율에도 주목했다(로버트 플러드, 1617).

다. 나중에 발견된 정십이면체에는 또 다른 개념이 도입되는데, 바로 에테르Ether, αἰθήρ(또는 아이테르Aether)로 불리는 세계와 영혼, 그리고 정신적 가치다.[16]

여기에 정신이라는 비과학적 요소가 도입된 것이 다소 의아할 수 있으나, 돌이켜 생각해보면 엠페도클레스가 주장한 사랑과 미움이라는 관계적 요소를 조금 더 포괄적으로 형상화했다고 볼 수 있다.[17] 흥미로운 점은 물질을 이루는 네 가지 기본 근원보다 오히려 정형화할 수 없는 정신적 에테르가 이후 연금술의 발달과 방향성 제시에 크게 기여했다는 사실이다. 이것은 어떤 면에서는 물질의 근원이 모이고 흩어지면서 관계를 맺어 다양한 물질을 형성한다고 본 이전의 해석과 상통한다. 플라톤은 각 원소가 다른 '비율'로 모여 모든 물질을 이룬다고 주장했다.[18] 단순한 관계에 비율이라는 양적 요소를 도입한 것이다. 이는 현재 우리가 알고 있는, 즉 여러 원소가 서로 다른 비율로 모여 결합해 화합물을 만들어낸다는 화학적 원리를 고려할 때 올바른 접근이었다고 할 수 있다.

플라톤은 전문적이고 특별한 훈련을 시키는 아카데미아Academy, Ἀκαδήμεια라는 교육기관을 아테네 성벽 바깥쪽에 설립했다. 이 교육기관은 교사와 학생의 구분 없이 선후배 간 변증적 토론을 바탕으로 학습이 이루어져 중세 교육 모델로 주목받았다. 아카데미아 입구에는 "기하학을 모르는 자, 이 문을 들어서지 말라!"는 문구가 쓰여 있었다고 한다.

이 아카데미아 출신으로 플라톤의 대표적인 제자가 된 인물이 바로 아리스토텔레스Aristotle, Ἀριστοτέλης, B.C. 384~B.C. 322다. 플라톤은 그를 총

애해 '아카데미아의 정신'이라고 불렀다. 아리스토텔레스는 화학사적으로 중요한 변화의 순간에 활동한 철학자다. 그 역시 물질의 근원으로 4원소(엄밀히 말하면 에테르를 포함한 5원소)를 꼽았으며 각 근원의 성질과 운동, 상태에 대한 서술을 추가함으로써 관계와 변화의 관점을 조금 더 강화했다.

아리스토텔레스의 원소설에 따르면 불은 뜨겁고 건조하며, 공기는 뜨겁고 습해 이들은 위쪽 방향으로 운동한다. 반대로 흙은 차갑고 건조하며, 물은 차갑고 습해 아래쪽 방향으로 운동한다. 현대 화학에서 물질을 바라보는 관점상 이것들은 각각 플라스마(불), 기체(공기), 고체(흙), 액체(물)에 대입될 수 있는데, 다섯 번째 근원인 에테르는 신성한 물질로 여겨져 원형 운동을 하는 개념으로 분류되었다.

그렇다면 아리스토텔레스는 어떻게 물리학에서 통용되는 운동 개념을 고려하게 된 것일까? 비록 마찰력까지는 파악하지 못했지만 그는 무거운 물체를 이동시키려면 더 많은 힘이 필요하고, 강한 힘으로 물체를 밀면 더 빠르게 운동한다는 사실을 인식했다. 그리고 이로부터 힘은 질량과 속도의 곱($F=mv$)으로 표현된다고 판단했기에 운동 개념을 적용할 수 있었다. 물론 뉴턴 역학을 기반으로 한 고전역학 측면에서 본다면 이는 잘못된 표현이다. 그러나 학파의 시초인 소크라테스의 연역적 사고에 그치지 않고 실험과 관찰이 뒤따르는 귀납적 접근을 시도한 점, 물질 자체로서 존재가 아닌 원소가 실질적으로 운동할 것이라는 원자설적 개념을 벼려낸 점은 놀라움을 넘어 아름다운 해석이라고 평가할 만하다.

또한 아리스토텔레스는 근원 자체가 다른 근원으로 변화하거나

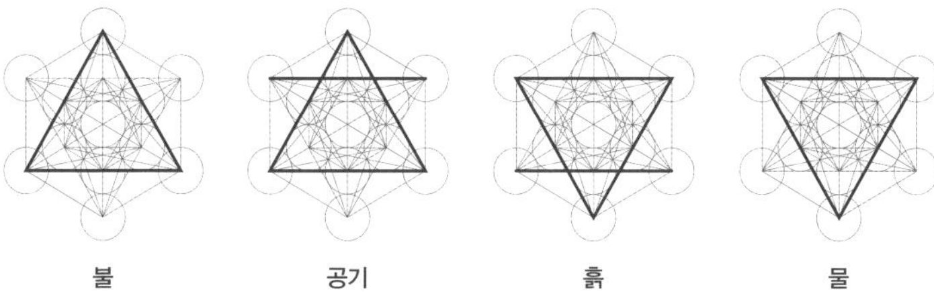

아르투스 올포트(Artus Wolffort)의 〈4원소(The Four Elements)〉(17세기, 위)에서 확인할 수 있듯이 아리스토텔레스의 원소설은 과학, 종교, 문화 등 모든 분야에 영향을 끼쳤다. 아리스토텔레스는 4원소(불, 공기, 흙, 물)를 각 특성과 관계에 주목해 해석했다. 그림 아래는 기하학적 도형의 총체인 메타트론 큐브(Metatron cube)와 4원소의 배치. 메타트론 큐브는 플라톤의 다섯 가지 정다면체 또한 특정할 수 있다.

합쳐진다는 납득하기 어려운 해석에서 벗어나, 각 근원의 성질을 바탕으로 변화가 가능하다고 이해했다. 이 역시 실험적 관찰로 도출한 결론이었다. 예를 들어 나무라는 물질은 연소반응을 통해 불 형태로 불의 근원을 방출하고 공기는 연기로, 물은 흘러나오는 나뭇진resin으로, 그리고 흙은 타고 남은 재로 다시금 분리된다고 보아 모든 것이 네 가지 근원과 신성한 요건으로 구성되고 또 분리된다고 이해한 것이다.[19]

나아가 아리스토텔레스는 부싯돌을 서로 부딪치면 불꽃이 발생하는 현상을 통해 흙이 불로 변화할 수 있고, 웅덩이에 돌을 던지면 공기 방울이 떠오르는 현상을 통해 물과 흙이 만나 공기로 변화한다고도 해석했다. 약간의 오류와 가정이 포함되기는 했지만, 이를 통해 당시 관찰되는 모든 현상을 설명하는 것이 가능해졌다. 아리스토텔레스의 원소설은 수천 년 동안 연금술과 근대 화학을 지배한 가장 기본적 학설이었으며, 이후 기독교 역사의 발달과 변혁에도 지속적인 영향을 미쳤다.

스승인 플라톤은 지상에 있는 모든 것의 완전한 형태와 개념이 하늘에 존재한다고 주장했다. 플라톤의 이 주장은 신학이 받아들이기에 가장 적합하고 자연스러운 개념이었다. 반면 아리스토텔레스는 실제적인 지상의 물체를 살피고 이해하는 과정을 통해 의미와 본질, 개념을 찾을 수 있다고 주장했다. 하늘의 설계와 기적의 존재를 거부하는 아리스토텔레스 사상은 기독교 역사와 애증으로 얽힐 수밖에 없었을 것이다.

아리스토텔레스는 기원전 342년쯤 왕세자 시절의 알렉산드로스 대왕Alexandros III of Macedon, Αλέξανδρος Γ′ ὁ Μακεδών, B.C. 356~B.C. 323을 가르친 것으로도 유명하다. 훗날 스승인 플라톤과 마찬가지로 아리스토텔레스 역시 교육기관의 한 형태를 탄생시켰는데, 아카데미아에 비해 조금 더 대중적인 방식으로 운영된 뤼케이온Lyceum, Λύκειον이다. 지금 남아 있는 저작은 대부분 그가 뤼케이온에서 학생들을 가르친 시기에 작성한 강의 노트다.

목적이 뚜렷한 새로운 학문 '연금술'의 탄생

헬레니즘Hellenism이라는 말은 1836년 독일 역사가 요한 구스타프 베른하르트 드로이젠Johann Gustav Bernhard Droysen, 1808~1884이 자신의 저서 『헬레니즘사Geschichte des Hellenismus』에서 알렉산드로스 대왕이 마케도니아 제국을 건설하고 세운 그리스 문화 혹은 그리스 정신을 표현한 데서 비롯되었다.[20]

필리포스 2세Philippos II of Macedon, Φίλιππος Β΄ ὁ Μακεδών, B.C. 382~B.C. 336의 아들로 태어난 알렉산드로스 대왕은 강인한 전사로 성장하는 동시에 소크라테스학파 철학자이자 원소설을 확립한 아리스토텔레스로부터 문화와 철학을 교육받았다. 이는 후에 알렉산드로스 대왕이 페르시아의 다리우스 3세를 물리치고 그리스와 페르시아 문화를 융합한 헬레니즘 세계를 탄생시키는 중요한 요건으로 작용했다. 비록 군사 정벌로 이루어진 통합이었지만 알렉산드로스 대왕은 피지배

장시몽 베르텔레미(Jean-Simon Berthélemy)의 〈고리디아스의 매듭을 자르는 알렉산더(Alexander Cuts the Gordian Knot)〉(1767)

국가를 상대로 문화 말살 대신 포용 정책을 펼쳤다. 그 결과 그리스의 철학적 전통과 페르시아의 실용적 지식이 융합된 형태로 문화가 발전했다. 혹자는 이를 오리엔트 문화의 유입으로 고대 그리스 문화가 퇴보한 것이라고 해석하지만 서로 영향을 주고받으며 문화가 형성된, 완전히 새로운 시대로 보는 시각이 훨씬 일반적이다.

유일한 문제는 강력한 정복자이자 군주였던 알렉산드로스 대왕이 서른세 살 젊은 나이에 바빌론에서 사망했다는 점이다. 알렉산드로스 대왕이 사망한 후 후계자 자리를 놓고 휘하 장군들이 전쟁을 일으키면서 마케도니아 제국은 분열되고 말았다. 크게 이집트의 프톨레마이오스 왕조, 아시아의 셀레우코스 왕조, 마케도니아의 안티고노스 왕조로 갈라졌고 이외에도 폰토스, 페르가몬, 비티니아, 카파도키아, 아르메니아, 아트로파테네, 파르티아, 박트리아 등 수많은 군소 국가가 생겨났다.

이 중 화학사에 가장 큰 영향을 미친 국가는 동방 원정에 종군했던 알렉산드로스 대왕의 부하 톨레미(프톨레마이오스 1세)Ptolemy I Soter, Πτολεμαῖος Σωτήρ, B.C. 367~B.C. 283가 다스리게 된 이집트다. 톨레미는 고대 문명 발상지인 나일강 하류에 건설된 도시 알렉산드리아Alexandria, Αλεξάνδρεια를 거점 삼아 도서관과 왕실부속연구소Mouseion, Μουσεῖον 등을 세웠으며, 아리스토텔레스의 뤼케이온을 모델로 교육기관을 설립해 학문적 발전을 이루었다.

이 과정에서 화학과 직접적으로 관련 있는 새로운 학문이 등장했다. '연금술'로 불린 이 새로운 학문은 철학적 전통과 실용적 지식이 융합되는 과정에서 뚜렷한 목적을 가지고 탄생했다. 특히 헬레니즘 시대 이집트를 중심으로 기원전 200년 무렵에 등장한 연금술을 알렉산드리아 연금술이라고 하는데, 동시대 다른 지역에서 발생한 연금술에 비해 체계적이었다. '화학을 연습하다'라는 의미로 해석되는 연금술은 인류 문명의 시작 시점부터 중요하게 여겨온 두 가지 측면을 끝없이 탐구하고 관련 지식을 추구했다. 한 가지는 물질적 가치의 최고봉으로 자리 잡은 금을 합성하고 의료적 부분에서 약을 만드는 일이었으며, 다른 한 가지는 낡은 것을 새롭게 하고 육체로부터 영혼을 추구하는 일이었다. 연금술이 이처럼 서로 다른 두 가지 방향으로 발전한 것은 물질의 근원을 네 가지 원소와 정신적 가치로 구분했기 때문에 가능했다.

당시 이집트 장인들은 생활에 필요한 다양한 물품은 물론, 장례를 치르는 데 필요한 미라도 만들어야 했다. 이런 일에 많은 시간을 소요하다 보니 조금 더 빠르고 효율적인 방법을 찾기 위해 노력했고 그 과정에서 기술이 발달했다. 훗날 발견된 파피루스papyrus에서 관련 기록들을 확인할 수 있다. 과거 이집트의 필기 용지였던 파피루스는 특정 계급의 사람이나 목적에 한정되지 않고 쓰였기에 매우 다양한 종류의 코덱스codex가 제작되었다. 파피루스는 단순한 영수증이나 청원서 등 일상의 문서도 다수 전해지지만, 전문가나 장인이 작성한 평민 여성을 위한 법 조항 문서Will of Naunakhte부터 수술Edwin Smith papyrus과 의료 기술Ebers papyrus, 그리고 장례 의식을 다룬 그 유명한 『사자의 서Book of the Dead』까지 고대 이집트 문화와 사회 전반을 해석하는 데 많은 도움을 준 유물이다.

라이덴 파피루스 X(왼쪽)와 스톡홀름 파피루스

그 가운데 외교 과정에서 유럽으로 전파된 파피루스를 분석하던 도중 두 개의 문서에서 화학적으로 유의미한 사실이 관찰되었다. 라이덴 파피루스 X Leyden papyrus X 라는 코덱스에는 염색과 착색 관련 기술이 상세히 기록되어 있었고,[21] 스톡홀름 파피루스Stockholm papyrus에는 구리의 푸른 녹인 아세트산 구리copper acetate를 만드는 방법과 이를 이용한 인공 에메랄드 제조 방법이 쓰여 있었다.[22] 당연히 이것들 모두는 실용주의에 입각한 내용이었고, 이후 중세까지 큰 영향을 끼쳤다.

화학적 기술을 꽃피게 한 알렉산드리아 연금술

연금술은 물질에 대한 고대인의 관점과 근현대 화학을 연결하는 가장 중요한 학문이라고 할 수 있다. 하지만 현시대 사람들은 연금술을 약간 다르게 생각한다. 영화 또는 소설에서 연금술사는 병 안의 정령으로 알려진 인공 생명 호문클루스Homonculous나 죽은 생명체를 살려내는 기술, 혹은 금이나 값비싼 물질을 만드는 기술에 집착하는 광적인 인물로 묘사되곤 한다. 심지어 당시 전능한 물질이라고 믿었던 '현자의 돌Philosopher's stone'을 찾기 위해 인간의 생명을 재료로 쓰는 등 무자비하게 그려지기도 한다. 이 때문에 연금술을 금을 만들기 위한 기술, 물질주의적이고 탐욕적이며 미신적인 학문으로 이해하는 사람이 많다.

사실 연금술은 이런 묘사처럼 해악을 끼치는 학문과는 거리가 멀다. 하지만 화학 실험에서 연상되는 폭발이나 형형색색의 물질들, 자욱한 연기와 지독하고 자극적인 냄새는 집 안에서 나오지 않고 연구에 매진하던 연금술사들을 비정상적이고 두려운 존재로 바라보게 했다. 그들이 만들어낸 강력한 산성 물질과 독성 물질은 용도에 맞게 사용하면 유용했지만 분명 위험하기도 했다. 이에 역병으로 사회 분위기가 좋지 않을 때나 누군가에게 책임을 물을 일이 생겼을 때 지배 계급과 종교적으로 권위 있는 집단에게 연금술사(화학자)는 그야말로 희생양으로 삼기에 가장 적합한 이들이었다.

그럼에도 불구하고 알렉산드리아 연금술은 금 합성과 약 제조를 연구하는 근간이 되었고, 그 덕분에 용해, 융해, 혼합, 증류를 비롯한 다양한 화학적 기술이 꽃을 피웠다.[23] 금을 만드는 과정은 물질적 관점과 정신적 관점으로 나뉘어 탐구되었는데, 물질적 관점은 비율과 근사의 개념을 바탕으로 했다. 만약 어떤 물질이 충분한 양의 금으로 이루어졌다면 이는 사실상 금과 다름없으며, 외관상 보이는 특징으로 구분할 뿐이다. 오늘날 금 함량 99.99퍼센트는 24케이K, 75퍼센트는 18케이, 58.5퍼센트는 14케이라고 칭한다. 금을 제외한 부분은 다른 합금으로 이루어져 가치와 가격 측면에서 차이가 있긴 하지만 우리는 이것들을 동일하게 금이라는 대명사로 통칭하고 거래한다.

알렉산드리아 연금술이 금을 바라보는 관점 역시 이와 같아서 합금 기술이 발달할 수 있었다. 금속을 금으로 감싸는 도금 기술 또한 탄생했는데, 이는 당시에도 귀금속으로 여겨지던 금을 소유하고자 하는 사람들의 욕망을 충족시키기 위한 차선책이었다. 인공 보석 제조 또한 같은 맥락으로 해석할 수 있다.

금을 만들어내는 미신적 혹은 마술적 기법은 물질 근원의 변환이 핵심이었다. 즉 인간과 동식물, 무생물이 모두 동일한 근원에서 유래했다는 관점을 바탕으로 금을 살아 있는 생명체로 여겼고, 금에서 영혼을 분리해 다른 값싸고 흔한 금속에 넣으면 점진적으로 금으로 변하리라는 기대가 근간을 이루었던 것이다. 이에 연금술사들은 금속을 다양한 물질로 처리했다. 그리고 그 과정에서 금에서만 관찰되는 노란색과 유사한 색상이 발현되면 그 물질이 점차 금으로 변하고 있다고 간주했다. 이는 오늘날 도색 기술의 발달로 연결되었다.

화학이라는 용어 역시 이런 측면에 기인하는 것으로 추정된다. 물론 현재까지도 그 기원이 명확하게 밝혀진 바는 없지만 '알렉산드리아 연금술'을 의미하는 알케미alchemy라는 단어에서 유래했다는 설

고대 이집트의 장례 모습

이 가장 유력하다. 이집트의 미라 제작을 예로 들어 설명하면 미라가 만들어지는 과정에서 물질은 여러 번 색상 변화를 거친다. 먼저 검은색으로 바뀐 뒤 또 다른 처리를 통해 황색으로 변하며, 최종적으로 붉은색으로 치장하게 된다. 이집트인은 이 과정을 통해 인간이 궁극적인 구원을 얻는다고 생각했다. 이집트어로 켐khem은 '검은색'을 뜻하는 단어로, 변화 또는 나일강의 검은 흙과 관련 있다. 따라서 이집트 지역에서 사용한 검은 기술이라는 의미로부터 화학이라는 단어가 유래했을 것으로 여겨진다.[24]

연금술로 금을 합성하거나 영혼을 구원하는 일이 실제로 가능할까? 현대인의 시각에서는 좀처럼 이해되지 않거나 불확실한 내용으로 가득 차 있다고 느껴질 것이다. 하지만 부정할 수 없는 사실이 하나 있다. 이 과정에서 증류, 승화, 용해, 융해, 거름, 결정, 하소煆燒를 비롯해 현대 화학에서 사용하는 모든 실험적 기법이 형성되고 발달하기 시작했다는 점이다. 연금이 한자로는 값싼 금속인 납을 금으로 바꾼다는, 즉 왜곡되고 변질된 부정적 의미의 '鉛金'이 아니라, 금을 정련한다는 의미의 '鍊金'이라는 사실만 보더라도 연금술에 내포된 정신적 의미를 배제할 수 없다.

연금술에 신앙적 개념이 도입되었음을 알 수 있는 대표적인 예가 있다. 서양 연금술의 기반이 된 이집트 연금술사 헤르메스 트리스메기스투스Hermes Trismegistus가 남긴 기록 중 가장 중요한 것으로 여겨지는 '에메랄드 태블릿Emerald Tablet'에 관련 내용이 나온다. '세 번 위대한 헤르메스'로 일컬어지는 헤르메스 트리스메기스투스는 반신적 존재, 또는 그리스 신화와 헤르메스 신앙, 이집트 토트 신앙이 결합

이탈리아 시에나 성당(Siena cathedral)에 있는 '세 번 위대한 헤르메스' 모자이크화(왼쪽)와 독일의 연금술적 신비주의자 하인리히 쿤라트(Heinrich Khunrath)가 묘사한 '에메랄드 태블릿'(1606)

된 신으로 보기도 하고, 전설 속 현인으로 상징되기도 한다.[25] 에메랄드 태블릿은 그가 우주 전체를 아우르는 지혜와 철학의 세 조각인 연금술, 점성술, 신성 마법을 완전히 이해하고 있음을 보여준다. 반신적 존재가 된 헤르메스는 진리인 동시에 온 우주의 본질 또한 이해했기에 완전히 변화시키는 기적을 행할 수 있었다. 가장 강한 힘이면서 모든 액체와 고체를 통과할 수 있고, 세상을 창조한 힘의 비밀도 알고 있었던 것이다. 이 기록을 통해 연금술에 종교적 신앙 개념이 단순한 지식의 차원을 넘어 이론적으로 강하게 자리하고 있었음을 알 수 있다.

이처럼 알렉산드리아 연금술은 점차 물질적 측면보다 정신적 가치에 기대는 경향이 커졌다. 금을 만드는 것이 물리적으로, 그리고 현실적으로 불가능했기에 미신적 요소에 관심을 가지는 장인이 늘어났기 때문으로 해석된다. 초기 연금술의 변질 시점과 맞물려 알렉산드리아 연금술은 쇠락하지만 이를 통해 오히려 더 넓은 학문의 장으로 넘어갈 수 있었다.

흔히 화학자들은 연금술을 실용 기술로 발전한 학문이라고 인정하면서도, 불확실하고 미신적 요소에 의존한 측면을 부각해 이를 언급하는 것조차 불쾌해하곤 한다. 하지만 석기 시대부터 시작된 물질과 자연에 대한 관심이 수천 년 세월을 뛰어넘어 근현대 화학으로 갑작스럽게 전환되었을 리는 없다. 이 기간의 공백을 채우고 있던 연금술을 온전히 이해한다면 화학의 이정표를 찾아가는 우리의 여정에 큰 도움이 될 것이다.

슈테판 미헬스파허(Stephan Michelspacher)의 『연금술(Alchemia)』(1654)에 실린 판화 〈철학자의 돌이 있는 숙련자의 산〉. 세상을 구성하는 원소와 화학적 기법을 통해 궁극의 목표에 도달하려는 갈망을 보여준다.

제4장

근대 화학으로 가는 교두보

THE CHRONICL

: 연금술

O F   C H E M I S T R Y

앞서 살펴봤듯이 연금술의 궁극적 목적은 시간이 흐르면서 변질하거나 퇴색하는 물질의 속성을 특수 제련을 통해 영원히 변하지 않는 완벽한 상태로 만드는 것이다. 납이나 구리처럼 매우 흔한 금속을 황금으로 만들려는 시도도 알고 보면 같은 목적이었다. 그러나 금을 합성하는 데 성공한 사람은 없었다. 따라서 이어지는 연금술의 변질은 충분히 예측 가능한 결과였다.

연금술의 변질과 헬레니즘 시대의 종말

알렉산드리아 연금술의 성격이 변한 것은 단순히 금을 합성해내지 못해서만은 아니다. 기원전에서 기원후로 넘어오는 시점 전후로 인류는 두 가지 거대한 역사적 사건을 맞닥뜨린다. 첫 번째는 기원전 30년 8월 프톨레마이오스 왕조의 마지막 통치자인 클레오파트라Cleopatra VII Philopator, B.C. 69~B.C. 30가 몰락해 사망하면서 이집트 통치권

레지널드 아서(Reginald Arthur)의 〈클레오파트라의 죽음(The Death of Cleopatra)〉(1892, 위)과
피에트로 페루지노(Pietro Perugino)의 〈예수의 세례(The Baptism of Christ)〉(1482)

이 로마 제국으로 완전히 복속된 사건이다.[1] 두 번째는 나사렛 예수Jesus of Nazareth, B.C. 4~30가 출현해 로마 제국 변방의 팔레스타인 지역에서 가르침을 전파하기 시작한 사건이다.[2] 로마 제국이 서방 세계를 통치하면서 연금술과 기독교의 복잡하고 은밀한 동거가 시작된 것이다.

이후 100년 무렵부터 기독교가 퍼져나가면서 영지주의靈知主義로 알려진 그노시스주의Gnosticism가 성행했는데, 영지주의의 핵심은 '신만이 지식의 유일한 원천'이라는 믿음이었다. 로마 시대는 정치와 군사 체계는 매우 발달했지만, 철학과 연금술에는 특별한 관심이나 진보가 없는 시기이기도 했다. 그리스 시대 철학자는 쉽게 떠올릴 수 있는 반면 로마 시대 이름난 철학자는 선뜻 꼽기 어렵다는 점만 봐도 알 수 있다. 하지만 실용적 지식을 기반으로 하는 로마 시대에 새롭게 꽃피운 분야가 있었으니, 큰 맥락에서는 연금술과 한 뿌리라고 할 수 있는 의학이다.[3]

초기 의학은 그리스 시대 의학의 아버지로 평가받는 히포크라테스Hippocrates of Kos, Ἱπποκράτης ὁ Κῷος, B.C. 460?~B.C. 377?가 체계화했으며, 이후 클라우디오스 갈레노스Claudios Galenos, Κλαύδιος Γαληνός, 129~199가 그것을 다듬었다. 의학뿐 아니라 철학과 연금술에도 조예가 깊었던 갈레노스는 각 원소의 성질을 고찰한 아리스토텔레스의 4원소설을 의학에 접목했다. 뜨겁고 건조한 성질의 황색 쓸개즙yellow bile(불), 뜨겁고 습한 피blood(공기), 차갑고 건조한 검은 쓸개즙black bile(흙), 차갑고 습한 점액phlegm(물) 등 네 가지로 구성된 4체액four humors론이 그것이다. 이는 히포크라테스의 체액론을 더욱 체계화한 것으로, 원소들처럼 체

의학자이자 철학자 갈레노스(왼쪽)와 그가 주장한 4체액론

액들이 서로 변환되어 몸을 이룬다는 것이 그가 주장한 의학의 핵심 원리였다.[4] 갈레노스는 해부와 생리학을 의술의 기초로 삼았으며, 각종 동물을 이용한 생리 실험 해부 결과를 발표해 명성을 얻었다.

4체액론은 15~16세기 대항해 시대에 가장 큰 걸림돌 중 하나였던 괴혈병과도 관련이 있다. 괴혈병은 비타민 C만 섭취하면 치료할 수 있는 비교적 간단한 병이지만, 당시 사람들은 인체를 구성하는 체액들이 서로 변환된다고 믿었기에 인체에 무언가 부족하거나 넘쳐서가 아니라 균형이 파괴되어 병에 걸리는 것이라고 생각했다. 그래서 인체 외부로부터 필요한 것을 보충하거나 보완해 증상을 개선하려는 노력을 하지 않았다. 그 결과 비타민 C 복용이라는 간단한 해결책을 찾기까지 오랜 시간이 걸렸다.[5]

로마 시대에는 이렇듯 물질과 원소에 대한 고찰은 미미했지만,

연금술을 비롯한 학문의 발달 과정에 핵심 요소로 작용한 것이 탄생했다. 로마 시대 가장 크고 중요한 편찬물로 여겨지는 최초의 백과사전이 만들어진 것이다. 흔히 대大플리니우스로 불리는 가이우스 플리니우스 세쿤두스Gaius Plinius Secundus, 23~79가 편찬한, 37권에 달하는 『박물지Natural History』가 그것이다. 세계 각지에 퍼져 있는 여러 지식을 사실 여부와 관계없이 최대한 수집해 정리한 이 백과사전은 검증과 정확성 면에서는 다소 오류가 있다. 하지만 사장되거나 소실될 수 있는 지식과 이론들이 후대 철학자 및 과학자들에게 전달되는 계기가 되었기에 그 자체로서 큰 의미를 지닌다. 『박물지』를 기점으로 백과사전이 지속해서 편찬되었고, 기록을 통해 지식이 효과적으로 전달되기 시작했다.

자연철학과 윤리학 신봉자인 대플리니우스는 공부 이외의 다른 일은 시간 낭비라고 생각해 학문 연구와 저작에 매진했으며 온갖 지식을 섭렵했다. 작가 100명으로부터 총 2만여 개 주제에 관한 문헌과 서술들을 모아 기록한 그의 백과사전에는 원소설, 중력 이론, 태양계 구조는 물론, 연금술과 자연과학에 관한 내용도 자세히 담겨 있다. 대플리니우스는 79년 일어난 베수비오 화산 폭발을 조사하다 유독 가스에 노출되어 순직했다. 마지막 순간까지 자연현상을 탐구하다 세상을 떠난 것이다. 대플리니우스에 관한 이야기는 그의 조카이자 흔히 소小플리니우스로 불리는 가이우스 플리니우스 카이킬리우스 세쿤두스Gaius Plinius Caecilius Secundus, 61~112의 기록으로 전해졌다. 그의 기록이 준거가 되어 화산쇄설물과 가스가 높이 솟아오르는 형태의 분출 현상을 플리니형 분출Plinian eruption이라고 부른다.

C. PLINII SECUNDI
NATURALIS
HISTORIÆ,
TOMUS PRIMUS.
Cum Commentariis & adnotationibus HERMOLAI BARBARI, PINTIANI, RHENANI, GELENII, DALECHAMPII, SCALIGERI, SALMASII, IS. VOSSII, & Variorum.
Accedunt præterea variæ Lectiones ex MSS. compluribus ad oram Paginarum accurate indicatæ.
Item JOH. FR. GRONOVII Notarum Liber Singularis ad Illustrem Virum *Johannem Capellanum.*

LUGD. BATAV. ROTERODAMI. } Apud HACKIOS, A°. 1669.

박물학자 대플리니우스(왼쪽)와 그가 편찬한 최초의 백과사전 『박물지』

지식과 학문이 발달할 수 있었던 이러한 여건들에도 불구하고 로마 시대는 연금술 발달 과정에서 암흑기로 여겨진다. 특히 영지주의의 영향으로 3~6세기 신플라톤주의Neoplatonism가 성행하자 과학을 무시하고 사상적으로 접근하는 연역적 사고가 다시금 유행했다. 그 결과 실험과 체계성에 기반을 둔 과학이 발달하지 못한 채 지체되고 말았다.

로마 제국의 몰락을 가져온 원소, 납

로마 시대 기독교의 성장과 유대인을 중심으로 한 분란의 씨앗은 헬레니즘의 완전한 종말이라는 결과를 낳았다. 유대인 반란을 진압

하는 과정에서 알렉산드리아의 대다수 시설이 파괴되었다. 화폐 단위 가치와 일정량의 금 가치를 같게 보는 금본위제 문명사회에서 무분별하게 가치 자산을 생산하고 독점하는 행위는 큰 문제를 야기할 수 있다. 그래서 금을 합성하는 것이 목적인 연금술은 로마 지배 계급에게 위험 요소로 인식되었다. 성공 사례는 사실상 전무했지만 희박한 확률로라도 연금술을 통해 금이나 은을 만들어낸다면 막대한 자금이 유대인 반란에 힘을 실어줄 것이 분명했기 때문이다. 사실 연금술에 대한 제재나 탄압은 역사적으로 빈번했다. 1317년 교황 요한 22세John XXII, 1244~1334는 연금술 금지령을 공표했으며, 프랑스의 현왕 샤를 5세Charles V the Wise, 1338~1380와 영국 헨리 4세Henry IV, 1367~1413 역시 연금술을 금지하는 법령을 제정했다.

결과적으로 당시 황제 디오클레티아누스Gaius Aurelius Valerius Diocletianus, 244~311는 위기에 빠진 로마 제국의 혼란을 수습하고 통치 체제를 강화하기 위해 연금술 관련 문건을 파괴하라고 지시했다.[6] 중국의 분서갱유焚書坑儒, B.C. 213(진나라)나 문화대혁명文化大革命, 1966~1976에 비견할 수 있는 이 사건으로 연금술은 직접적인 위기를 맞았다.

이런 극단적 선택은 200년대부터 가속화한 로마 제국의 쇠락과도 맞닿아 있다. 이를 사회적 측면과 화학적 측면에서 들여다볼 수 있다. 사회적 측면에서 로마 제국은 흔히 도덕성 붕괴로 쇠퇴의 길에 들어선 것으로 여겨진다. 일반적으로 알려진 것처럼 당시 로마인은 성적 쾌락, 음주가무 외에도 잔혹한 폭력과 사치품 수집, 목욕 등 유흥을 즐겼다. 사회 규범은 약해질 대로 약해졌으며, 계층 간 불화도 깊었다. 그런데 로마인들이 이렇게 생활한 이유를 화학적 측면에서도 생각해볼 수 있다.

하나의 원소가 문명의 흥망성쇠에 관여할 수 있을까? 나는 그렇다고 본다. 우리는 앞에서 이미 핵심 물질을 기준으로 한 시대 구분을 통해 이 같은 사실을 접한 바 있다. 그러나 엄밀히 말해 로마 제국의 경우 앞서 살펴본 청동이나 철처럼 사회와 경제 전반을 구성하는 핵심 물질이 이전보다 더 우수한 것으로 대체되었다고는 할 수 없다. 어쩌면 원소의 반란으로 보는 편이 타당하다. 위대한 로마 제국의 몰락을 가져온 원소는 바로 납lead, Pb이다. 납은 모양을 손쉽게 바꿀 수 있고 사용하기에도 편리한 금속이기에 기원전부터 다양하게 활용되었다. 그렇다면 이것이 어떻게 로마 제국을 멸망시켰을까?

로마 제국의 멸망과 납의 연관성은 1965년 미국 역사학자 길필런S. C. Gilfillan이 처음으로 발표하면서 관심을 끌기 시작했다.[7] 인체에 유입된 납은 중금속 중독을 일으켜 중추신경계 손상을 비롯한 여러 장애를 유발한다.[8] 로마인이 납에 노출된 경로로 화폐, 화장품, 그릇, 페인트 등 많은 물품이 지목되었지만, 그중 가장 대표적이고 유력한 원인은 상수도와 와인(감미료)이다.

수많은 수도관을 통해 분수대와 공중목욕탕은 물론, 로마 제국 전역에 물 공급을 가능하게 한 우수한 상수도 시설은 현재까지도 가치 있는 문화유산이다. 그런데 문제는 상수도 시설을 기다란 관 형태로 만들기 위한 금속으로 납을 선택했다는 점이다. 납은 소금처럼 빠르게 용해되는 염은 아니어서 매우 서서히, 적은 양만 상수를 통해 유출되었을 테고, 물이나 공기와 닿은 납에 산화 납PbO으로 이루어진 막이 형성되어 추가 유출 또한 최소화되었을 것이다. 그러나 지속적으로 인체에 유입되어 쌓인 납이 중독 문제를 전혀 유발하지 않았다고 보기는 어렵다.

로마 시대의 상수도 시설이 아무리 뛰어나고 물 공급이 원활했다고 해도 다른 유럽 지역과 마찬가지로 만성적인 수질 문제는 여전히 존재했다. 석회가 다량 함유된 토양 때문에 지하수에도 석회 성분이 많았던 것이다. 로마인은 이런 물을 식수로 마시는 것을 선호하지 않아 포도주를 즐겼다. 그런데 포도주를 납으로 만든 용기에 보관하면 과발효된 포도주 속 아세트산이 납과 반응해 단맛을 내는 아세트산 납lead acetate으로 변화한다. 아세트산 납은 질이 떨어지는 포도주나 오래 숙성되어 삭은 포도주도 먹기 편하게 변화시켰고 로마인은 곧 이를 즐기게 되었다. 더 나아가 납 냄비에 포도주를 넣고 가열해 만든 감미료를 요리에도 사용했으니 지속적인 납 노출은 피할 수 없는 문제였다.[9]

4체액론과 의학 저술가 아울루스 코르넬리우스 켈수스Aulus Cornelius Celsus, B.C. 25~50의 의학 지식이 지배하던 당시 환경에서는 납 독성에 대한 체계적 연구가 이루어질 수 없었다. 오늘날 알려진 납 중독의 수많은 증상 중에는 과민성과 폭력성 증가도 있다는 점에 유념하자. 우리는 로마 시대 후기에 여러 폭군이 출현했다는 사실을 잘 알고 있다. 그들의 유별나고도 과도한 반사회적 행동을 고려할 때 납 중독이 높은 확률로 여기에 관여했다고 볼 수 있을 것이다.

사실 납 중독의 역사적 사례는 이것 말고도 흔하다. '악성樂聖' 베토벤Ludwig van Beethoven, 1770~1827 역시 대표적인 희생자 중 한 명으로 꼽힌다. 잘 알려진 것처럼 베토벤은 20대 초반부터 복통에 시달렸고,

30대 초반 청각장애가 나타나기 시작해 마흔두 살에 청력을 완전히 잃었다. 베토벤은 점점 더 신경질적으로 변했고 우울증에 시달렸다. 그의 사인을 두고도 논란이 많았는데, 과거에는 매독이 베토벤의 유력한 사망 원인으로 추정되었다. 하지만 당시 유일한 매독 치료제였던 수은이 검출되지 않은 사실(이는 후에 살펴볼 연금술의 한 이야기다)로부터 이것이 잘못된 추측임이 밝혀졌다.[10] 훗날 발달한 기술 덕분에 남아 있는 베토벤의 모발을 분석할 수 있었는데, 그 결과 일반인의 100~300배에 달하는 납이 검출되었다. 생전에 베토벤은 납 성분의 유약을 바른 중국산 도자기를 즐겨 사용했으며, 납 감미료를 넣은 포도주를 자주 마신 것으로 알려졌다. 또 증상을 완화하고자 납이 함유된 약물을 과다 사용하기도 했다.

로마인은 납이 건강 문제를 일으킨다는 사실을 알고 있었을까? 설령 위험성을 인식했다고 해도 이미 일상생활에서 너무나 다양한 용도로 광범위하게 사용되고 있고 대체재가 없는 형편이라 그 영향을 심각하게 고려하지는 않았을 것이다.

티투스 베스파시아누스(Titus Flavius Sabinus Vespasianus, 재위 69~79) 통치 시대에 사용한 납 상수관의 모습(왼쪽). 로마 시대에는 납을 주사위나 보관함을 비롯해 여러 물품에 사용했다.

기독교와 로마 제국의 결합으로 내리막길을 걷기 시작하다

나사렛 예수의 가르침으로 발생한 기독교는 사도 바울Paul the Apostle, 5~67을 통해 로마 제국 전역으로 빠르게 전파되었다. 당시 로마에 뿌리내리고 있던 고대 페르시아와 바빌론의 철학은 기본적으로 금욕주의와 미신에 집중해왔다.[11] 미신은 유일 신앙monotheism인 기독교가 말살하고자 한 최우선 대상이었기에 기독교의 보급 및 성장은 연금술과 화학 발전에 치명적인 저해 요소로 작용했다. 또한 발생 초기 단계인 기독교의 입장에서는 그리스 시대부터 맥을 이어온 아리스토텔레스나 플라톤식의 질문법과 사상적 파고들기가 아직 완성되지 않은 기독교 교리의 허점을 드러낼 위험성이 있어 철학적 사고를 극히 경계한 측면도 있다.

기독교와 로마는 첫 기독교인 로마 군주 콘스탄티누스 1세Constantinus I, 272~337 때 공식적으로 화합했다. 기독교 역사에서는 콘스탄티누스를 대제the Great로 통칭하고, 동방정교회에서는 성인으로 추대해 성 콘스탄티누스라고 부른다. 콘스탄티누스 1세는 313년 밀라노 칙령을 발표해 기독교를 국교로 공인했으며, 325년 제1차 니케아 공의회를 열어 교리를 체계화하는 등 기독교 발전에 기여했다. 또한 천년 제국의 수도 콘스탄티노플(현 이스탄불)을 건설하는 등 로마와 이후 서양 문명 발달에도 큰 영향을 미쳤다. 정치적 측면에서는 관료제와 군제, 화폐제도를 정비하고 분열된 로마를 통일함으로써 '새로운 로마' 시대를 연 로마 제국의 재건자라는 평가를 받는다. 영국 역사가 존 줄리어스 노리치John Julius Norwich, 1929~2018는 저서 『비잔티움 연대기Byzantium』에서 콘스탄티누스 황제만큼 '대제'라는 칭호가 완벽하게 어울리는 인물은 없다고 했다.

그러나 콘스탄티누스 1세가 철학과 연금술에 미친 영향은 일반적 평가와는 궤를 달리한다. 그가 기독교에 실어준 힘은 초기에는 우상 숭배를 금지하고 미신을 경계하는 방식으로 연금술을 배척했다. 이후 유스티니아누스 1세Justinianus I, 482~565와 교황 레오 3세Leo III, 750~816, 콘스탄티누스 5세Constantinus V, 718~775 등이 공표한 황제령과 칙령을 통해 로마 제국의 이런 정책은 점차 강화되었다. 그리스의 마지막 철학자이자 여성 철학자로 유명한 히파티아Lady Hypatia, 360~415가 길거리에서 군중으로부터 잔인하게 살해당했고, 알렉산드리아 대도서관과 약 900년간 이어져온 아테네의 철학 학교도 폐쇄되었다. 기독교와 결합한 로마의 지배 계급은 연금술을 금지하고 우상을 파괴할 것을 명령했다. 일련의 사건들을 기점으로 헬레니즘과 알렉산드리아 연금술은 로마 제국 시대에 완전하게 막을 내렸다.

찰스 윌리엄 미셸(Charles William Mitchell)의 〈히파티아〉(1885)

흥미로운 사실은 철학과 연금술이 사멸하지 않은 이유 역시 기독교에 있다는 점이다. 콘스탄티노플 대주교 네스토리우스Nestorius, 386?~451는 예수의 신성과 인성을 구분할 것을 주장하다 알렉산드리아 주교 키릴로스Kyrillos of Alexandria, 375?~444?와 대립하게 되었다. 이후 431년 개최된 제1차 에페소스 공의회Council of Ephesos에서 이단으로 선고받아 파문과 추방을 당했다.[12] 네스토리우스와 그의 추종자들은 시리아 지역으로 도망쳐 그리스식 학교를 복원했다. 로마에 남은 철학자들과 네스토리우스 일파는 페르시아로 망명한 뒤 그리스 철학 문건들을 복구하고 번역해 보급하는 데 힘썼다. 천문학, 점성술, 의학, 연금술의 명맥이 이를 통해 다시금 이어질 수 있었다.

500년대에 이르기까지 연금술은 줄곧 내리막길을 걷는 것으로 묘사되지만, 이 시기에도 몇몇 학자는 연금술의 실용적 측면을 중심으로 탐구를 이어갔다. 특히 원자에 대한 뛰어난 통찰력을 보여준 데모크리토스의 이름을 빌린 연금술사가 60년 무렵 등장해 활동했다. 그는 데모크리토스라는 필명으로 네 권의 책을 남겼는데, 염색과 착색을 비롯한 여러 실용적인 내용을 담고 있다. 작성 기간을 고려할 때 이 네 권을 동일인이 모두 집필했다고 판단하기는 어려워 현재 이 책의 저자는 '또 다른 데모크리토스Pseudo-democritos'라는 정체불명의 연금술사로 불리고 있다.[13,14]

여성 연금술사인 선지자 마리아Maria the Jewess 또한 이 시기에 활동했다.[15] 그녀는 마리Mary, 마리아Maria, 미리암Miriam 등 다양한 이름으로 알려져 실존 여부와 생존 시기에 대해 논란이 있었다. 그러나 이집트 태생의 그리스 연금술사이자 그노시스 신비주의자로서 연금술 관련 책을 처음 정리한 것으로 알려진 조시모스Zosimos of Panopolis, 300?~?가 선지자 마리아의 존재에 대해 기술한 내용이 있어 실제로 활동한 인물이었을 개연성이 높다. 선지자 마리아는 100도가 넘지 않는 온도에서 물질을 가열하는 물중탕 기법에 사용할 이중 냄비를 고안한 것으로 전해진다. 현재도 프랑스에서는 뜨거운 물이 담긴 냄비 안에 다른 그릇을 넣어 그 안의 음식을 천천히 데우거나 익히는 데 쓰는 용기를 '뱅마리bain marie'라고 부른다.

그런가 하면 조시모스 또한 3~4세기에 수많은 업적을 남긴 유명한 연금술사였다.[16] 납과 구리처럼 상대적으로 가치가 낮은 금속이 귀금속인 은이나 금으로 변화하는 과정을 주로 연구해 금속 변성에 관한 기록을 많이 남겼다. 이 과정에서 염료액이나 증류기, 도가니, 초자硝子(유리)류 같은 실험 기법과 기기를 도입했다. 그는 초기 그리스 철학자들이 제안하고 이후 알렉산드리아 연금술로 이어진 정신적 가치를 중요하게 여겼으며 이것이 내면의 정화, 인간적 향상과 관련 있다고 해석했다.

알렉산드리아 연금술은 이후 히파티아의 제자 시네시우스Synesius of Cyrene, 373~414를 거쳐 마지막 알렉산드리아 연금술사인 올림피오도루스Olympiodorus the Younger, 495?~570로 계승되었다.[17]

그런데 한 가지 생각해볼 점이 있다. 만약 알렉산드리아 연금술에 미신적 요소가 없었다면 종교와 별다른 갈등 없이 정상적으로 번성했을까? 연역적 사고를 바탕으로 한 그리스 철학이 성행하는 풍조에서 실용주의 측면이 대두되며 알렉산드리아 연금술이 탄생했지만, 연금술의 궁극적 목표는 평범한 금속을 금으로 변환하는 것이었다. 이 최종 목표는 달성할 수 없었고, 그로 인해 최초의 변질을 겪으면서 미신적 요소가 강화되어 지속적인 탄압과 경계의 대상이 되고 말았다.

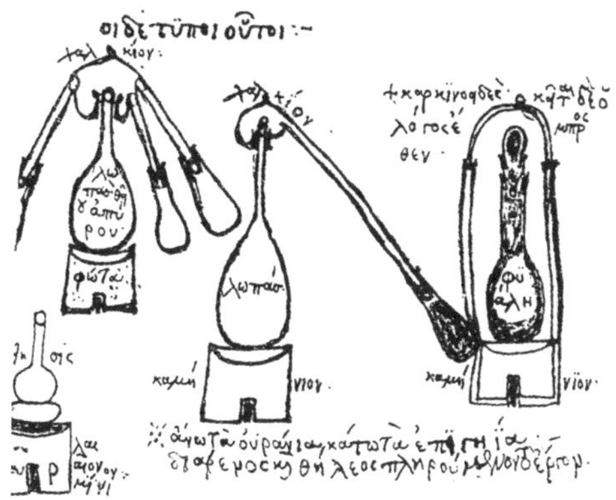

여성 연금술사인 선지자 마리아와 이중 냄비(위), 그리고 조시모스(가운데)와 그의 실험 장치를 표현한 도식

"역사에 만약(가정)은 없다"라는 말은 과거의 다른 가능성을 일축하기도 하지만, 학문 발달의 역사에서 한 번쯤 가정은 해봄 직하다. 역사에서 세계정신Weltgeist의 작용을 다룬 게오르크 빌헬름 프리드리히 헤겔Georg Wilhelm Friedrich Hegel, 1770~1831이나 생산 발달을 기반으로 사적 유물론historical materialism을 주장한 마르크스와 같이 연금술의 실용적 측면(염료, 정련, 합금, 물질 등)은 진보에 영향을 미치거나 그 진보의 일부로 기억될 것이다. 아주 먼 과거에는 식량과 생명을 기른다는 측면에서 숭고하게 여겨졌을 행위이자 연구 대상이었을 농경이 시대 흐름에 따라 하나의 기술이 되었다는 점을 떠올릴 수 있다. 물론 농업 과학 기술은 생명과학과 결합해 다른 형태로 변화했지만 말이다. 연금술 역시 미신적 요소가 없었다고 하더라도 로마 제국 통치하의 지중해권 실용주의적 세계에서는 또 다른 기술 형태로 환원되었을 것이다. 오히려 다른 지역으로 전파되고 형태를 바꾸어 발전하는 과정에서 하나의 학문으로 자리 잡게 된 것은 아닐까?

지적 탐구의 기반에서 자체적으로 발생한 인도의 연금술

지금까지 살펴본 것처럼 헬레니즘 시대를 관통하는 학문인 연금술은 철학적·실용적 측면에서 다양한 결과와 가치를 남겼다. 그렇다면 연금술은 오직 그리스를 비롯한 지중해 연안에서만 발생한 지역적 현상이었을까? 그렇지 않다. 연금술은 물질과 변화에 대한 관심 및 목적이 생겨나면서 전 지구적으로 발생한 학문이자 현상이다.

일반적으로 연금술이 발생하는 데는 두 가지 전제 조건이 필요했다. 바로 기후와 금 가치에 대한 사회적 합의다. 신화와 토속신앙이 성행한 핀란드나 노르웨이 같은 북유럽 지역에서는 연금술이 자연적으로 발생하지 않고 나중에 유입되는 방식으로 전해졌다. 북유럽 지역은 혹독한 추위와 가혹한 기후 탓에 식재료 확보가 언제나 우선순위였으며, 그만큼 사색과 연구에 시간을 투자하기 어려운 환경이었다. 철학이 성행한 고대 그리스와 연금술이 발달한 이집트의 경우 노예가 노동 인력을 대체하고 작업에도 숙달되어 시민들이 여가 시간을 충분히 누렸다는 점을 고려하면, 북유럽 지역에서 연금술이 발달하지 않은 이유를 어느 정도 이해할 수 있다.

반대로 기원전 2000년 무렵부터 철기 제련 기술을 습득한 남아프리카 지역은 연금술 발생에 필요한 기후와 기술적 요건이 충족되었다. 문제는 금 가치가 상대적으로 낮았다는 데 있다. 수렵이 생활의 큰 부분을 차지하던 이 지역에서는 사냥에 활용할 수 없을 만큼 무른 금은 가치가 낮았다. 따라서 금을 만드는 것이 가장 중요한 목표였던 연금술은 그다지 매력적인 학문이 아니었다. 파나마를 비롯한 중미나 과거 잉카 제국이 자리 잡았던 남미 지역에서는 금이 너무 흔해 특별히 의도적으로 만들 필요가 없었다. 그래서 연금술이 발달하지 못했다.

한편 그리스와 로마에서 동쪽으로 고개를 돌리면 다른 형태로 남겨진 연금술의 흔적을 찾을 수 있다. 인더스 문명이 발생한 곳을 중심으로 트라키아Thracia와 갈리아Gallia까지 아우르는 광범위한 지역을 떠돌며 살아온 집시들이 지중해 연안의 연금술을 전파한 것이다. 유랑하는 장인 집단이라고 할 수 있는 집시 덕분에 인도에서도 본격적으로 연금술이 시작되었다.

물론 인도의 연금술은 외부에서 유입되기 전 자체적으로 발생하기도 했다. 기원전 1000년 무렵 기록된 힌두교 경전 『베다Vedas』에는 물질의 기본 요소가 흙, 물, 공기, 빛과 에테르(정신)라고 적혀 있다.[18] 이는 시기적으로 엠페도클레스나 아리스토텔레스가 4원소설을 주장하기 이전에 해당한다. 이 기록을 보면 고대 인도 사람들은 인간을 비롯한 생명이 살아가는 데 반드시 필요한 요소가 곧 물질을 구성하는 핵심적 근원이라고 인식했음을 알 수 있다.

이후 인도에서는 탄트라교Tantrism가 형성되었다. 탄트라가 산스크리트어로 '지식의 보급, (혹은) 확산'을 의미하는 만큼 다양한 측면

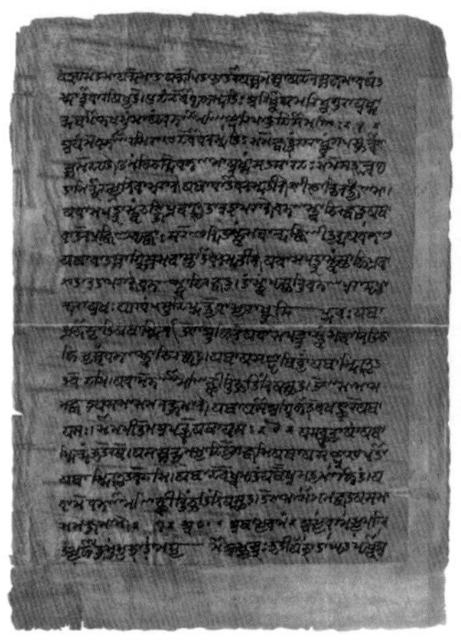

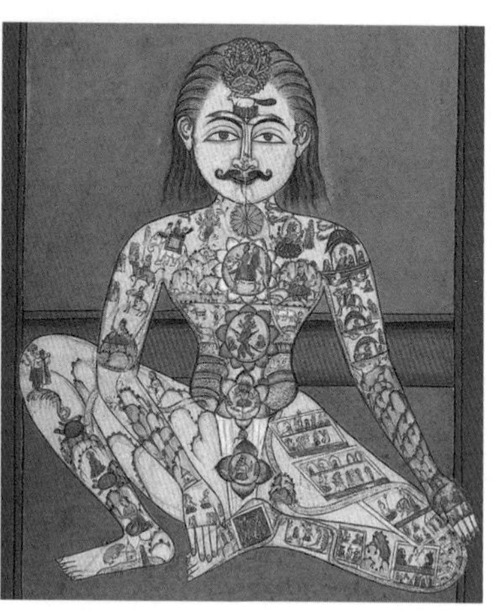

산스크리트어로 쓰인 힌두교 경전 「베다」 중에서도 주술을 본질로 하는 「아타르바베다(Atharvaveda)」(왼쪽)와 연금술적 요소가 결합된 만트라, 요가, 차크라

에서 활발한 지적 탐구가 이루어졌다.[19] 특히 우주의 근원적 힘을 상징하는 샤크티Shakti를 절대 신으로 추앙하는 탄트라교는 창조와 에너지를 중요하게 여겼고, 이를 바탕으로 명상 때 사용하는 기하학적 도형이나 그림인 만다라, 수행의 일종인 요가 등이 계속해서 발달했다. 이것들은 정신적 가치를 추구하는 연금술과도 맞닿아 있다.

음과 양을 모두 보여준 중국의 연금술

A.D. 100년쯤 발생한 유대인의 대이동인 디아스포라Diaspora를 통해 유럽과 연결망이 만들어지면서 중국에 연금술이 유입되기 시작했다. 다만 중국은 서양과 달리 의약 분야에서 발전이 있었다. 즉 구체적인 과학적 원리가 규명되지 않았는데도 빈혈 환자에게 철분을 처방하거나, 고령토 등을 활용해 설사를 치료했으며, 마약성 물질을 진통제나 마취제로 사용했다.

당시 중국 사회는 공자의 유교儒教가 중심을 이루고 있었다. 하지만 우리가 주목해야 할 사상은 유교에 비해 규모는 작았으나 화학에 명백한 영향을 끼친 도교道教다.[20] 도교는 자연주의자들이 발전시켜온 학문으로, 인도 탄트라교와도 비슷한 측면이 있다. 또 서양에서 4원소설로 세상과 물질의 근본을 구분하려 했던 것과 마찬가지로 화火, 수水, 목木, 금金, 토土 오행과 이들을 아우르는 음陰과 양陽으로 세상이 이루어졌다고 해석했다.[21]

초기 도교는 장수를 목표로 자기 수련을 추구하는 학문이었다.

하지만 후에 연금술이 맹목적으로 금을 만들어내는 데 집착하는 형태로 변질되었듯이, 중국 도교도 장수를 넘어 불사不死를 추구하는 형태로 변화하게 된다. 이 과정에서 불로장생약인 '금단金丹'을 찾아 헤매는 연단술Chinese alchemy이 탄생했다.

서양의 연금술과 동양의 연단술은 물질과 원소 측면, 그리고 발달 측면에서 많은 유사성을 띤다. 그 가운데 구석기 시대 동굴 벽화에서 살펴본 황화 수은에 주목해보자. 진사辰砂로도 불리는 황화 수은은 붉은색 광석인데, 여기에 열을 가하면 한 가지 흥미로운 현상이 일어난다. 금속 광석의 표면에서 은빛 광택을 띠는 금속이 액체 형태로 맺혀 흘러내리는 것이다. 이는 상온에서 액체로 존재하는 유일한 금속이자 오랜 기간 인류사에 긍정적 또는 부정적으로 관여해온 수은Hg이다. 수은을 다시 황S과 섞으면 덩어리진 황화 수은 형태로 되돌아가는 화학반응이 일어난다. 액체 상태의 금속은 그 자체로 신비한 존재로 여겨졌으며, 물질 형태를 달리해 변화하는 모습은 자연 순환으로도 해석되었다. 근원과의 관계와 변환으로부터 영원한 순환을 찾으려 한 당시 사람들에게는 매혹적인 현상

붉은색 광석인 진사, 즉 황화 수은은 열처리를 하면 액체 상태 금속인 수은으로 변화한다.

이 아닐 수 없었다.[22] 이 과정에 관여하는 황 또한 상태에 따라 관찰되는 성질이 달라지는 신비한 물질로 여겨졌다. 고체 상태에서는 노란색 광석으로 존재하지만, 열을 가해 녹이면 붉은색 액체로 변했고, 불을 붙여 연소시키면 일반적인 붉은 화염이 아닌 푸른 불꽃을 내며 활활 타올랐기 때문이다.

이후 수은과 황은 아라비아 연금술의 발달 시기부터 모든 물질의 새로운 근원으로 꼽히는 두 가지 원소로 자리매김하며 1,000년 넘는 세월 동안 주목받았다. 수은은 다른 금속과 접촉하면 아말감amalgam이라고 하는 화합물을 만드는데 철, 백금, 텅스텐, 탄탈럼tantalum, Ta 등 일부 금속 원소를 제외한 모든 금속과 접촉해 아말감화 반응을 일으켰고, 함량에 따라 액체나 크림 또는 고체 형태로 변환되기도 했다. 그렇다 보니 수은이 연단술과 연금술에서 물질을 변화시키는 핵심 요소로 고려된 것은 당연한 일이었다.[23]

이제 연단술의 목표는 진사에서 추출한 수은을 먹어 불로불사의 신선이 되는 것이었고, 연금술의 목표는 가치 없는 금속과 수은을 반응시켜 최종적으로 금을 만들어내는 것으로 정형화되었다. 그리

황은 고체, 액체, 그리고 연소 상태에서 극단적으로 다른 모습을 보이는 매력적인 물질이다. 인도네시아 이젠(Ijen) 화산의 푸른 불꽃은 다량의 황이 연소하면서 생긴 것이다(왼쪽부터).

고 이는 곧 연단술과 연금술의 왜곡 및 변질을 재촉했다. 오늘날에는 수은이 매우 높은 독성을 지니고 인체에 쌓이면 위험하다는 사실을 누구나 알고 있다. 그러나 과거에는 수은으로 인한 단편적 증상에 자칫 현혹되기 쉬웠다.

중국 역사상 가장 유명한 황제로 꼽히는 진시황秦始皇, B.C. 259~B.C. 210이 바로 그랬다. 진시황은 중국을 통일한 후 본격적으로 불로불사를 추구했다. 부하들을 세계 각지로 보내 불로초와 불로장생약을 찾아오게 했음은 물론이고, 도교에 깊은 관심을 보이며 전폭적으로 지원해 연단술 발달에도 영향을 미쳤다. 그러나 신비의 약에 집착한 진시황의 결말은 수은 중독이었다.

진시황은 수은으로 된 연못을 만들어놓았고, 수은을 먹거나 몸에 바르기도 한 것으로 전해진다. 수은을 몸에 바르면 피부에 일부 흡수되는데, 이것이 근육을 경직시켜 모세혈관의 혈류를 저해한다. 그러면 낯빛이 창백해지고 피부 주름이 부분적으로 펴지는 현상이 나타난다. 중금속의 체내 축적 원리를 알지 못한 채 단순히 현상만 본다면 변색되고 주름진 피부가 밝고 탄력 있게 바뀌는 느낌이 든다. 서양에서도 납과 수은이 함유된 화장품이 피부 미백에 흔히 사용되었으며, 영국 여왕 엘리자베스 1세Elizabeth I, 1533~1603처럼 납과 수은에 중독되어 여러 부작용을 겪은 사람이 많았던 것으로 전해진다. 진시황 또한 이런 단편적 변화에 만족해 수은에 중독되고 만 것이다. 진시황릉 주변 토양에서 높은 수치의 수은이 검출된 것도 수은에 대한 진시황의 병적인 집착을 보여주는 증거라고 할 수 있다.

수은은 환경 및 보건 측면에서 크고 작은 사회적 문제를 일으켜

왔으며, 지금도 여전히 위험한 금속으로 여겨진다. 하지만 역설적으로 연금술과 의학의 발달은 수은 없이는 결코 이루어질 수 없었다고 해도 과언이 아니다. 하나의 물질이 보여주는 양면적 성질은 역사적으로도 계속해서 논란을 야기해왔다. 로마 제국을 무너뜨린 납, 눈 화장에 쓰였지만 강한 복통과 구토, 설사를 유발한 안티모니, 그리고 해충 박멸에 효과가 있어 농업에도 사용되었으나 환경오염과 암을 유발하는 것으로 알려진 DDTdichlorodiphenyltrichloroethane 등 예는 얼마든지 있다. 중요한 사실은 이 물질들의 유용한 장점을 찾아낸 것도, 경계해야 할 문제적 요소들을 찾아낸 것도, 그리고 단점을 장점으로 활용할 수 있는 가능성을 찾아낸 것도 화학과 연금술이라는 점이다. 한 예로 '영원의 알약everlasting pill'으로 불리는 안티모니는 구토와 설사를 일으킨다는 단점이 있지만, 잘못 섭취한 음식물을 배출하거나 기타 소화기 질환을 완화하는 데 사용되기도 했다.

제5장

역사의 파고에 올라탄 화학

THE CHRONICL

: 격동기

O F C H E M I S T R Y

일식solar eclipse은 한때 사람들에게 두려움을 유발하는 우주적 공포cosmic horror이자 재앙의 징조였지만 지금은 흥미롭고 장대한 이벤트가 되었다. 이것과 마찬가지로 선하다거나 악하다는 이분법적 평가는 언제나 상대적이다. 실제로 현 세계에서는 이보다 더 복잡한 개인의 사정과 단체의 관점, 그리고 국가 차원의 입장 등 다양한 상황이 얽히고 대치된다.

연금술도 마찬가지여서, 우리가 지금 연금술에 대해 살펴보고 있다고 해서 그것이 꼭 역사적 학문이어야 하는 것은 아니다. 또한 종교가 연금술 발전에 저해 요인으로 작용하거나 어느 지역에서 연금술이 발전하지 못하도록 완전히 막아놓았다고 해서 그것을 해악이나 장애물로 여길 필요는 없다. 단지 역사의 무대가 지중해에서 아라비아 지역으로 옮겨갔을 뿐, 이 둘은 흡사 살아 있는 생물체처럼 다시금 또 다른 입장에서 대립하게 된다.

이슬람 황금기를 맞아 꽃핀 아라비아 연금술

비잔티움 제국과 사산왕조 페르시아 사이에 자리하고 홍해와 페르시아만에 둘러싸인 아라비아반도를 거점으로 아라비아 연금술이 형성되었다. 초기에는 독립적으로 연금술이 발달했지만 이후 알렉산드리아 연금술에 관한 지식이 유입되면서 빠르게 성장했다. 이 지역에서는 이슬람교를 기반으로 연금술뿐 아니라 철학, 의학 등 다양한 학문 분야가 황금기를 맞았다. 특히 연금술은 뿌리는 같으나 이후 갈래가 진 기독교와 이슬람교를 통해 가치의 차이를 보이게 된다.

기독교와 이슬람 각각의 기록에 따르면 '믿음의 조상'으로 불리는 아브라함Abraham은 『타나크Tanakh』(구약성경, 유대교 경전)와 『꾸란Koran』(이슬람교 경전) 양쪽에 모두 등장하는 인물이자 히브리인과 아랍인의 공통된 조상으로 기독교, 이슬람교, 유대교의 뿌리로 통한다. 아브라함은 말년에 맞아들인 후처 그두라Keturah 이전에 본처 사라Sarah와 몸종 하갈Hagar을 아내로 두었다. 사라의 아들 이삭Issac과 하갈의 아들 이스마엘Ishmael은 각각 히브리인과 아랍인의 민족, 종교와 밀접한 관련이 있다. 사라, 이삭과 갈등을 빚던 하갈과 이스마엘이 쫓겨난 후 히브리인과 아랍인의 갈래가 생겨나기 시작한 것이다. 쫓겨난 이스마엘의 후손이 바로 이슬람 예언자이자 성사인 무함마드Mohammed, 570~632다.

비록 뿌리는 같지만 갈라져 나온 두 민족과 그들의 종교는 연금술을 포함한 지적 가치에 대한 사고에서 확연히 다른 양상을 보였

하갈과 아들 이스마엘은 아브라함에 의해 쫓겨났으며(위), 이스마엘의 후손 무함마드로부터 이슬람교가 시작되었다.

다. 이슬람교 경전인 『꾸란』과 이슬람법을 구성하는 4대 원천으로 무함마드의 말, 행동 등을 기록한 책 『하디스Hadith』에는 "학자의 잉크는 순교자의 피보다 더 신성하다The ink of the scholar is holier than the blood of the martyr"라는 가르침이 쓰여 있다.[1] 이러한 풍조는 『꾸란』을 탐구하는 과정의 특이성에 그 원인이 있다. 일반적으로 종교 지도자의 설교나 가르침을 통해 전파되고 탄탄하게 뿌리내린 기독교와 달리, 이슬람교는 개별적으로 『꾸란』을 공부하고 이해하는 방식으로 체제가 유지되었던 것이다. 결국 열렬한 지식 추구를 인정하는 이슬람 사회에는 모든 학문이 발전할 수 있는 여건이 형성되었고, 이러한 사회 전반적인 분위기에서 연금술과 화학적 기법 역시 예외는 아니었다.

630년 무함마드가 메카를 점령하고 아라비아반도를 통일한 이후 그의 가르침이 널리 퍼져나갔다. 그의 사후에는 선거를 통해 뽑힌 이슬람 사회의 정치·종교 지배자 칼리프caliph가 제국을 다스렸다. 정통 칼리프 시대와 첫 번째 세습 이슬람 제국인 우마이야 칼리프조Umayyad Caliphate 시대에 이슬람은 빠르게 영토와 세력을 확장했으며, 그 덕분에 아랍인은 사산왕조 페르시아와 시리아, 이집트는 물론이고 이베리아반도와 북아프리카까지 점령할 수 있었다. 이 과정에서 이슬람 세력은 마케도니아의 알렉산드로스 대왕처럼 피지배국 문화를 적극적으로 받아들이고 흡수했다. 그 결과 피레네산맥에서부터 히말라야까지 광대한 지역을 아우르는 총합 문화가 형성되었으며, 이는 후에 서구의 중세 및 르네상스 문화에 큰 영향을 미쳤다.

특히 바그다드를 중심으로 이슬람 황금기가 도래했다. 유럽과 아시아, 아프리카의 중앙이라는 지리적 이점 덕분에 세계 모든 지식이 이슬람 세계로 흘러들어 왔고 인도, 중국, 서양의 연금술과 연단술도 전해졌다. 이렇게 각국에서 수집한 지식들을 번역하기 위해 많은 번역가와 지식인이 1004년 수도 바그다드에 설립된 번역 기관 및 도서관인 '지혜의 집House of Wisdom'으로 모여들었다. 갈레노스의 의학서와 프톨레마이오스의 『알마게스트Almagest』, 에우클레이데스Eucleides, B.C. 450?~B.C. 380?(일명 유클리드)의 『원론Stoicheia, Στοιχεῖα』 번역서도 이때 처음 나왔다. 결국 각국에서 수집한 온갖 지식들을 바탕으로 이슬람 세계의 자연과학과 의학은 점점 더 발전했다.[2]

이슬람 세력의 지식 습득과 활용 능력은 이후 비잔티움 제국을 침공할 당시 접한 '그리스의 불Greek fire'에서 확인할 수 있다. '그리스

1004년 이슬람 세계의 중심 바그다드에 설립된 '지혜의 집'

의 불'을 처음 발명한 사람에 대해서는 구체적으로 전해진 바가 없는데, 아테나 철학자 프로클로스Proclos, 412~485가 해전에서 배를 태우기 위해 황을 사용하라고 조언했다는 견해가 있고,[3] 알렉산드리아 연금술 학교에서 다수 학자의 협력을 바탕으로 만들어졌다는 견해도 있다. 분명한 사실은 '그리스의 불'이 인류 역사상 해전에서 가장 유용하게 사용된 발화 무기라는 것이다. 구체적인 제조법은 전해지지 않지만, 후대 연구에 따르면 황과 석유, 비튜멘bitumen(아스팔트와 동의어)이 주된 재료이고 암염, 생석회, 부싯돌 등 다양한 물질을 첨가해 만들었을 것으로 추정된다.[4] 보편적으로 과거 해상전에서는 인화성 물질을 투척한 뒤 불화살을 쏘아 발화시키는 방식이 가장 유용했다. 그런데 '그리스의 불'은 물에 닿아도 사그라지지 않고 오히려 계속해서 연소를 일으켰다고 전해진다. '그리스의 불'은 비잔티움 제국의 발화 무기였으며, 이슬람 세력이 침공했을 당시 콘스탄티

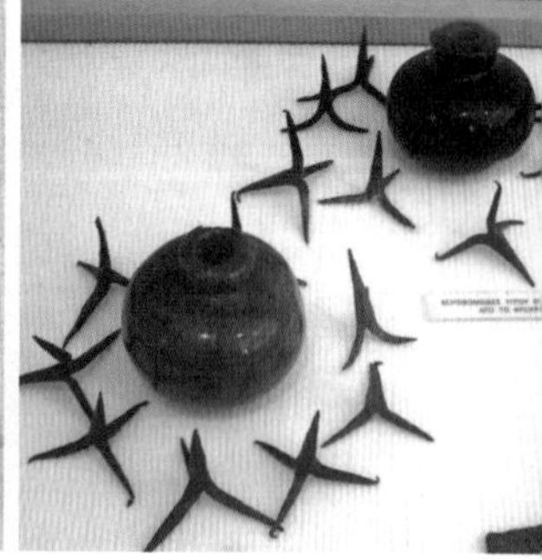

9세기 비잔티움 제국 군사 사령관 토마스 호 슬라보스(Thomas ho Slavos)는 제국에 대항해 대규모 반란을 일으키면서 '그리스의 불'을 사용했다(왼쪽). 이후 투척 무기로 개량된 '그리스의 불'은 현재 박물관에서 볼 수 있다.

노플을 방어하는 데도 쓰였다.[5] 이처럼 이슬람 제국군을 일차적으로 물리치는 데 기여한 '그리스의 불'은 역설적으로 이후 이슬람 제국이 십자군을 상대할 때 사용되었다.

화학 형성의 이정표가 된 이슬람의 연금술사

그동안 사라질 위기에 처했던 알렉산드리아 연금술은 철학자들과 네스토리우스 일파, 그리고 무역상들을 통해 다양한 서적과 정보가 전해지면서 아라비아 연금술이라는 형태로 다시 활기를 찾았다. 게베르Geber로도 불리는 아부 무사 자비르 이븐 하이얀Abu Musa Jabir ibn Hayyan, 721~815은 아라비아 연금술을 대표하는 인물이다.[6]

근대 화학과 약학의 기초를 닦은 연금술사로 알려진 하이얀은 과거 모호한 4원소 개념에서 탈피해 금속의 구성을 새롭게 정의했다. 특히 그는 연금술 및 연단술에서 중요한 물질로 떠오른 수은과 황에 초점을 맞추었다. 황과 수은을 실질적인 원소의 의미로만 해석하지 않고, 불을 일으키는 근원(황)과 움직일 수 있는 요소(수은)로 주목한 것이다. 이 중 뜨겁고 건조한 성질의 유황과 차갑고 습한 성질의 수은이 결합하면 안정적인 금속이 만들어진다는 부분은 아리스토텔레스의 이론으로부터 파생된 것으로 보인다.[7] 하이얀은 유황과 수은에 다른 불순물이 첨가되거나 합성 비율이 균형을 이루지 못하는 경우 납, 주석, 철 같은 물질을 형성한다고 믿었다. 또한 비율의 균형을 바로잡고 불순물을 제거하면 가장 완벽한 금속인 금을 얻을 수

아라비아 연금술을 대표하는 자비르 이븐 하이얀(왼쪽)과 『자비르 전집』에 묘사된 실험 도구. 조시모스를 비롯한 초기 연금술사들의 흔적이 보인다.

있다고 믿었다. 이러한 균형과 불순물 문제를 해결해주는 것이 바로 영약이자 묘약인 엘릭시르elixir였다. 이를 계기로 아라비아 연금술은 물질의 구성 요소에 대한 고찰을 넘어 변화를 조절할 수 있을지에 대한 도전에 돌입했다.

한편 하이얀은 집필 활동에도 열성을 기울여 자신이 관심 있는 분야에 관해 총 1,300여 권의 책을 남긴 것으로 전해진다. 그중 『자비르 전집The Jabirian Corpus』이 대표적인 연금술 서적이다. 하지만 하이얀은 모든 책을 일종의 암호화된 형태로 서술했다. 중세 연금술사들이 자신의 지식을 다양한 기호로 왜곡해 표현하던 풍조가 하이얀으로부터 시작되었다고 보면 맞을 것이다.

하이얀 이후 아라비아 연금술을 대표하는 인물은 무함마드 이븐 자카리야 알라지Muhammad ibn Zakariya al-Razi, 854~932다. 알라지가 활약한 시기는 이슬람 제국이 본격적으로 확장될 무렵이라 그는 당시 유입된 다양한 지식을 구분하고 정리하는 데 큰 영향을 끼쳤다. 현대 화학에서 물질은 구성 원소의 종류나 형태, 구조에 따라 유기물과 무기물로 나뉘고 결정성 고체, 콜로이드colloid, 유리질 등 굉장히 세분화되어 있다. 알라지가 활동하기 전 시대에는 알려진 물질의 종류가 한정적이라 굳이 구분할 이유가 없었지만 변화에 대한 본질적 탐구가 이루어진 이 시기에는 조금 더 실제적인 구분이 필요했다. 이에 알라지는 물질을 여섯 가지 종류로 구분했다. 육체로 분류되는 금속, 정신으로 분류되는 비금속, 돌(암석), 산, 붕소, 그리고 물에 녹을 수 있는 다양한 화합물인 염salt이 그것이다.[8]

수은과 황을 기준으로 삼은 하이얀은 물질의 구성 요소에 대한 개념을 변혁했고, 알라지는 물질을 분류해 구분했다. 이들의 활약은 이후 유럽 연금술이 발달하고 과학과 화학이 본격적으로 형성되는 과정에서 하나의 이정표로 작용했으며, 조금 더 수월하게 체계화하는 바탕이 되었다. 이들 외에도 이슬람의 장대한 역사에서 최초 이슬람 철학자로 알려진 알킨디al-Kindi, 801~873, 철학과 의학을 탐구한 이븐 루시드Ibn Rushd, 1126~1198, 그리고 갈레노스 이후 의학 연구에서 핵심이던 이븐 시나Ibn Sina, 980~1037를 비롯해 다양한 학자가 존재감을 드러냈다. 이들은 학문의 연결고리로 활약하며 이슬람 황금기를 이끌었다.[9]

이슬람 제국 역시 이전 문명들처럼 흥망성쇠를 이어갔다. 작게는 우마이야 칼리프조가 아랍어를 공용어로 제정해 비아랍인을 차별하는 정책으로 쇠락하기 시작했고 크게는 스페인, 이집트를 비롯한 점령 국가들의 독립과 외세의 침략으로 눈에 띄게 국운이 기

4차 십자군이 점령한 콘스탄티노플(1204, 위)과 몽골의 바그다드 공성전(1258). 계속된 십자군 전쟁과 몽골의 침공은 이슬람 제국을 쇠락으로 이끌었다.

울었다. 특히 일곱 차례에 걸친 십자군 전쟁과 칭기즈칸Chingiz Khan, 1167?~1221을 필두로 한 몽골의 침공으로 이슬람 제국은 물론, 지적 가치를 추구하던 시대는 완전히 저물게 된다. 화려한 이슬람 제국 시대가 막을 내리면서 연금술과 화학의 무대 또한 그것들을 주도적으로 배척하던 유럽으로 다시금 옮겨갔다.

교회의 성장과 철학의 부활로 내려진 치명적 선고

당시 유럽은 모든 면에서 기독교가 중심이었다. 더욱이 비잔티움 제국이 켈트Celts, 고트Goths, 반달Vandals 등 외세 침략으로 무너져 정세가 복잡해지자 이를 안정화하는 데 기독교 교리라는 하나의 의지만큼 안성맞춤인 것도 없었다. 이 과정에서 교회가 정의의 집행, 정보의 기록과 보관, 지식 보존이라는 옛 제국의 역할을 물려받아 과거에 비해 더욱 강한 권위와 조직력을 갖추게 되었다.

교회 권위가 강화되었음을 보여주는 대표적인 사건들이 있다. 교황이 샤를마뉴Charlemagne, 742~814를 신성로마제국 황제로 임명한 사건과 여러 차례에 걸친 십자군 전쟁이다. 1000년 말부터 기독교를 기반으로 한 유럽 여러 나라는 이슬람 제국에 비해 강대해진 자신들의 국력을 자각하기 시작했다. 이에 718년부터 1492년까지 약 7세기 반에 걸쳐 가톨릭 국가들은 이슬람 세력에 빼앗긴 영토를 회복하는 레콩키스타Reconquista(국토 회복 전쟁)를 진행했다. 1085년에는 톨레도Toledo, 1091년에는 시칠리아Sicily를 탈환했는데, 톨레도에서

1085년 톨레도를 탈환한 레온(León)과 카스티야(Castile) 왕국의 용맹왕 알폰소 6세(Alfonso VI)

이슬람 도서관이 발견된 이후 학문사에 변혁이 일어났다.[10]

이슬람 제국에서 발달한 의학, 수학, 천문학, 철학, 연금술에 관한 문헌들, 그리고 인도와 중국으로부터 유입되어 보관된 다양한 정보의 가치와 중요성을 깨달은 유럽 국가들은 미신 혹은 이단을 이유로 관련 자료들을 모두 파괴했던 과거와 달리 이를 번역하고 보존하는 데 많은 노력을 기울였다. 이들은 십자군 전쟁 기간에도 지속적으로 이슬람 문헌과 지식을 약탈해 수집했다. 이슬람 제국 황금기와 마찬가지로 유럽 국가들 역시 새롭게 확보한 지식을 활용하기 위해서는 어떤 직업군이 절대적으로 필요했다. 바로 전문 번역가였다.

아테네의 철학 학교 같은 교육기관이 과거 이미 폐쇄되었기에, 교육 형태도 달라질 수밖에 없었다. 교육의 중추적 역할은 수도원이 담당했다. 하지만 수도원 교육은 종교적 교리를 엄격하게 수행하는 것을 제일 목표로 삼았기에 학문 측면에서는 이상적인 교육이 이루어지기 어려웠다. 특히 십자군 전쟁 이후 이교와 이민족에 대한 편견이 더욱 강해진 만큼, 여전히 미신적 요소들로 가득해 보이는 연금술이 성장할라치면 교회가 가장 먼저 이를 억제하곤 했다. 그러던 중 1100년 무렵 도시가 발달하면서 각 도시에 현재의 대학과 동일한 교육기관들이 들어서기 시작했다.[11] 모든 지역의 도시를 수도원이 관리하는 것은 거의 불가능했기에 교육기관 역할은 점차 수도원에서 대학으로 이전되었다. 이들 대학은 교회가 허용하지 않았는데도 은연중에 고대 그리스 및 아라비아의 문헌과 서적을 번역했고, 이를 바탕으로 수학, 철학, 천문학, 의학, 그리고 연금술이 다시금 학자와 학생들의 관심 영역으로 들어가게 되었다.

그러나 이런 학문적 자유로움은 오래가지 않았다. 이내 화학(당시에는 연금술)에 대한 치명적 선고가 내려졌다. 그리스 시대에 탄생해 물질의 세계관을 전체적으로 지배하고 있던 아리스토텔레스의 철학과 관련 번역서를 교회가 맹렬히 비난하고 나선 것이다. 번역서가 보급되면서 아리스토텔레스의 철학이 재발견되고, 결과적으로 합리주의 사상이 움트던 시기였다. 그러나 당시 기독교의 중심 교리는 자연의 모든 것을 성서로 규정했으며, 이를 연구하고자 하는 것을 인간의 불순한 욕망으로 여겼다. 『형이상학』의 첫머리에서부터 지식에 대한 인간의 욕망을 자연스러운 것으로 규정한 아리스토텔레스 사상은 그 자체로 위험 요소였다. 그리고 세상을 이루는 물질이 모두 근원적 원소들의 변화와 순환을 통해 구성되어 영원히 유지

아리스토텔레스의 저서 『영혼에 관하여(De Anima)』에 대한 논평. 13세기, 특히 1210~1277년에는 교회를 중심으로 아리스토텔레스의 철학을 비난하고 금기시했다.

된다는 접근법은 사후 처벌이나 보상을 전제로 한 기독교 교리와는 정반대되는 개념이었다. 그러니 이런 사고가 적대적으로 취급되는 것은 당연했다.[12] 아리스토텔레스의 철학적 사상과 물질의 근원에 대한 학설은 플라톤의 『티마이오스Timaios』를 토대로 피조물로서의 관점을 넘어 스스로 완성해가는 자연을 추구하고 신의 기적을 거부했다. 대학에서 자라기 시작한 이런 지식의 씨앗은 교회를 중심으로 한 시대적 판결로 다시금 사라질 위기에 처하고 말았다.

합리주의와 스콜라 철학의 불편한 동거

종교는 아리스토텔레스의 철학을 부정했지만, 역설적 사실은 가장 유용해 보이는 여러 서적을 수도사들이 번역했다는 점이다. 독일 스콜라 철학자이자 도미니크회 수도사 겸 주교였던 성자 알베르투스 마그누스Albertus Magnus, Saint Albert the Great, 1193~1280가 대표적 인물이다. 그는 당시 수도사들 가운데 가장 합리적이고 현실적인 행보를 보였다. 그를 단순히 종교인으로 규정하는 것은 부적절하다. 이름에 '위대한'이라는 뜻의 '마그누스'가 붙을 정도로 신학 이외 다른 분야에서도 수많은 업적을 남겼기 때문이다. 지식을 추구하는 그의 성향을 말해주는 일화가 있다. 젊은 수도사 시절 성모 마리아(또는 천사)의

비센테 살바도르 고메스(Vicente Salvador Gómez)의 〈알베르투스 마그누스에게 나타난 성모 마리아(Aparición de la Virgen a San Alberto Magno)〉(1660). 알베르투스 마그누스는 성모 마리아에게 철학을 갈구한 것으로 전해진다.

환영을 만났는데, 성모 마리아가 그에게 신학과 철학 중 하나의 축복을 내려주겠다고 했을 때 그는 당당히 철학을 선택했다는 이야기다. 그 정도로 그는 지식을 갈구했다. 알베르투스는 논리, 신학, 식물학, 천문학, 연금술, 심지어 미학까지 통달한 백과사전적 지식인으로서 다양한 저술도 남겼는데, 단순히 아리스토텔레스의 서적을 번역하는 데 그치지 않고 자신의 해석과 각주를 덧붙여 체계화했다.

알베르투스는 또한 원소를 확인하고 분리하는 데 성공한 역사상 첫 인물이기에 실질적 결과를 남긴 연금술사로도 여겨진다. 1250년 그는 현대 사회에서 유용하면서도 위험한 원소로 통하는 비소As를 분리해냈다. 비소는 산소와 결합한 산화물 형태로 흔히 관찰되는데,

중독사를 유발하는 맹독성 물질 삼산화 비소As_2O_3가 대표적이다. 삼산화 비소는 속칭 '상속 가루inheritance powder'로도 불렸다. 손자가 재산 상속을 빨리 받으려고 할아버지의 포도주에 몰래 삼산화 비소 가루를 넣는 일이 종종 발생했기 때문이다. 네로Nero Claudius Caesar Augustus Germanicus, 37~68 역시 황제가 되기 위해 의붓형제 브리타니쿠스Tiberius Claudius Caesar Britannicus, 41~55를 암살할 때 이것을 사용했다. 이처럼 삼산화 비소는 예부터 재산을 상속받는 시점을 앞당기려는 목적으로, 또는 정치 및 종교계에서 세력 싸움이 벌어졌을 때 악용된 사례가 많았다.

동양에서도 마찬가지였다. 흔히 비상砒霜이라고 하는 산화물(백신석) 혹은 황화물(홍신석) 형태로 사약에 사용한 기록을 쉽게 찾아볼 수 있다. 비소는 실제로 매우 위험한 물질이다. 옛 시대가 배경인 영화나 드라마를 보면 은으로 된 식기류를 사용해 음식물에 들어 있을지 모를 독극물을 확인하는 장면이 나오곤 한다. 은이 황화 비소As_2S_3와 화학반응을 일으켜 황화 은AgS이라는 검은색 물질로 변화하는 성질을 이용한 것이다. 현대에도 간혹 건강을 고려해 은 식기류만 사용하는 사람들이 있다. 하지만 황과 은이 화학반응을 일으킬 때 변색이 일어나기 때문에 최근에 문제시되는 환경호르몬이나 중금속, 계면활성제가 들어 있는지 여부를 확인하는 데는 유용하지 않다. 오히려 달걀노른자처럼 황이 풍부한 식품과 반응해 변색이 일어나곤 한다.[13]

다시 알베르투스로 돌아가보자. 그는 철학과 연금술을 포함해 다방면에서 뛰어난 업적을 남겼다. 그리고 비소를 분리하는 등의 업적

알베르투스 마그누스가 분리하는 데 성공한 원소인 비소(오른쪽)와 얀 마테이코(Jan Matejko)의 〈보나 여왕의 독살(The poisoning of Queen Bona)〉(1859). 독성이 강한 삼산화 비소(As_2O_3)는 권력자 혹은 부유층의 독살에 사용되곤 해 '상속 가루'로 불렸다.

을 바탕으로 사후 1622년 시복(교회가 공경할 복자로 선포하는 일)되었고 1931년 교황 비오 11세Pios XI, 1857~1939 때 성자로 추대되었다. 철학·과학과 기독교가 서로를 무척 경계하던 중세에 신학자인 동시에 철학자로도 활동한 알베르투스는 가톨릭교회가 정한 기독교 역사상 신학과 교리, 학식에 가장 뛰어난 36명의 교회 박사Doctor of the Church 중 '만물박사Doctor Universalis'로 지정될 만큼 위대한 '자연과학의 성자'로 칭송받았다.[14] 이후 그의 제자이자 또 다른 교회 박사인 '천사박사Doctor Angelicus' 토마스 아퀴나스Thomas Aquinas, 1225~1274는 과학철학을 옹호하며 새로운 흐름을 가져왔다. 아퀴나스는 인간 이성의 능력으로 신을 탐구하려는 자연 신학자 관점을 사실상 최초로 지지한 신학자로 여겨지는데, 이를 바탕으로 스콜라 철학Scholasticism이 세워졌다.

스콜라 철학은 얼핏 기적과 초자연적 요소, 영혼 불멸성을 부정하는 아리스토텔레스주의Aristotelianism, 그리고 그리스도의 인성과 신성을 엄격히 구분해야 한다고 주장한 네스토리우스와 유사한 이단적 접근으로 보인다. 그러나 스콜라 철학은 이것들과 명백한 차이를 지닌다. 아퀴나스는 모든 철학적·과학적 근거와 신앙이 동일한 신성으로부터 유래한다고 봤다. 따라서 피조물인 인간이 지성을 통해 본질의 실재를 구별하는 것은 당연히 용납된다고 여겼다. 그동안 의문을 품었지만 탐구는 불가능하던 신성의 영역에 인간의 지성이 개입할 근거를 마련한 것이다. 스콜라 철학의 핵심을 간단하게 정리하면 "최고의 주장은 인정된 권위에 의해 뒷받침된다"는 것이다. 여기서 권위란 기독교의 『성경Bible』을 의미한다. 결과적으로 스

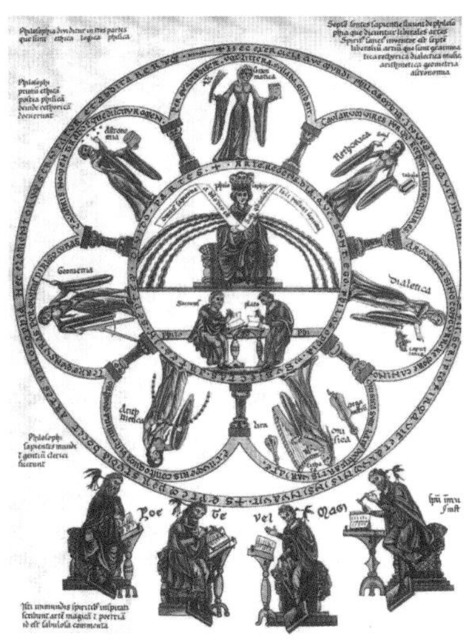

자연 신학자 토마스 아퀴나스는 한 손에는 교회를, 다른 한 손에는 책을 든 모습으로 종종 묘사된다(왼쪽). 12세기 프랑스 알자스(Alsace) 지방 수녀 헤라드 폰 란츠베르크(Herrad von Landsberg)의 『즐거움의 정원(Hortus deliciarum)』에 삽입된 〈철학과 일곱 가지 인문학(Philosophia et septem artes liberales)〉은 철학과 신성의 연결을 보여준다.

콜라 철학이 등장함으로써 신앙의 대상인 절대자를 인정하면서도 인간의 이성을 통해 철학적으로 탐구하고 인지·인식 문제를 합리적으로 고찰할 수 있는 환경이 만들어졌다.[15,16]

당시는 마르코 폴로Marco Polo, 1254~1324를 위시한 수많은 인물이 새로운 무역 길을 지속적으로 확보해나가는 시기이자, 유대인과 이슬람 상인들을 통해 지식과 문물이 끝없이 유입되는 시기였다. 중국으로부터는 화약이나 발사체에 대한 새로운 지식이 도입되었고, 고도로 발달한 인도의 의약 및 연금 기술도 홍수처럼 쏟아져 들어왔다. 게다가 십자군 원정이라는 미명하에 문물 약탈과 파괴도 계속해서 이어졌다. 마침내 지역 패권을 완전히 차지한 유럽에 이처럼 모든 분야의 지식이 유입되고 확산되는 와중에도 신앙의 권위에 의존한다는 대전제는 좀처럼 무너지지 않았다. 이로 인해 학문은 과학적 방법과 체계적 연구를 통한 발전이 지체되었다. 화학 역시 마찬가지 상황이었다.

지적 발전을 선도한 경험론자들의 등장

이 무렵 유럽 사회는 전체적으로 신앙의 권위에 기대고 있었지만, 모든 이론을 연역적으로 사고해 받아들이는 것은 인간 본연의 호기심이 허락하지 않았다. 그만큼 실험과 경험을 기반으로 한 접근 방식에 관심을 가지는 이가 점점 많아졌다. 그 결과 철학적 직관을 거부하고 지식의 근원을 경험에서 찾으려 하는 '경험론자Empiricist'들이 출현하게 되었다.

초기 경험론자로는 로저 베이컨Roger Bacon, 1220~1292을 꼽을 수 있다. 베이컨은 '경이적 박사Doctor Mirabilis'로도 불린 영국 철학자이자 자연과학자다. 그는 빛을 연구하는 아라비아 광학을 접한 이후 관찰과 실험의 중요성을 느꼈고, 본격적으로 자연과학의 경험적 연구를 선도해나갔다. 아리스토텔레스의 번역서를 계기로 스콜라 철학에 입문한 그는 문득 교육 방식에 문제가 있다는 사실을 깨달았다. 자신이 아닌 다른 누군가 번역하고 그 사람의 해석이 들어간 문헌을 바탕으로 지식을 받아들인다면, 문헌 자체의 실제적 내용과 주장이 왜곡될 수밖에 없지 않을까? 그는 이런 의문을 품고 어떤 학문이든 학

초기 경험론자를 대표하는 '경이적 박사' 로저 베이컨

자의 첫 문헌을 원어 그대로 읽고 본인의 경험을 통해 받아들이는 교육 방식이 올바르다고 강조했다.[17] 이 과정에서 그는 현대 과학 분야에서는 당연하고 자연스러운 개념인 실험과학을 처음으로 도입했다. 비록 연금술보다 광학이나 과학철학에 대한 학술 활동을 주로 했지만, 후대 과학자들이 사물을 보고 실험적으로 접근하는 방법론을 선택하는 데 기여한 것만으로도 중추적 역할을 했다고 평가된다.

라몬 률Ramon Llull, 1232~1316 또한 대표적인 초기 경험론자다. 그는 신학과 철학 분야에서 눈에 띄는 활약을 했다. 특히 수학의 중요성에 초점을 맞추었다는 점에서 중요한 인물로 꼽힌다. 현대 과학에서는 계산 과학을 강조해 논리 체계를 구상하는데, 률의 접근법은 이런 계산 과학과 정보 과학의 시작점으로 인정받고 있다.

비록 비화학적 분야에 기여한 대표적인 초기 경험론자 두 명만

초기 경험론자를 대표하는 '깨달은 박사' 라몬 룰(왼쪽 위). 룰의 『과학 나무(L'arbre de ciència)』는 학문 및 지식에서 관찰과 실험의 중요성을 강조했다(아래). 연금술의 모든 기술을 총칭하는 '아르스 마그나(Ars Magna: 위대한 예술)'는 신(중앙의 A)을 둘러싼 신성과 지혜를 비롯해 가치들(B부터 K까지)을 기하학적으로 표현하기도 했다.

살펴봤지만, 당시 연금술 분야(학문으로서 화학이 형성된 것은 몇 세기 후 일이다)의 경험론자들은 과학 혁명 이전 시기에 최대의 지적 발전을 이루었다. 황화물sulfide, 질화물nitride, 염화물chloride 등 다양한 광석에 포함되어 순수한 금속과 결합된 상태로 존재하는 비금속 원소들로부터 광물 산mineral acids을 만들어낼 수 있다는 사실이 밝혀지면서 당시에는 최적화된 화학적 기법들이 보고된 것이다. 이를 통해 물질 변화를 이끌어내거나 극단적인 산성 조건을 만드는 데 흔히 활용되는 황산, 질산, 염산을 저렴하면서도 간단하게 합성할 수 있었다.

심지어 극히 높은 내산성으로 산화나 변질이 일어나지 않는 금조차 녹일 수 있는 산성 혼합물인 왕수王水, aqua regia 제조법도 개발되었다. 황금이나 백금은 기존에 사용하던 일반적인 산에는 녹지 않고 반응성도 매우 낮아 귀금속noble metal이라는 별칭으로 불렸는데, 이런 '귀족' 금속을 녹일 수 있는 액체인 왕수는 진한 질산과 진한 염산을 1 대 3 부피 비율로 혼합한 결과물이다.[18] 왕수는 아라비아 연금술사인 알라지의 저서에 최초로 언급되었지만, 순수한 형태의 왕수를 만들어내는 방법은 1280년쯤 개발된 것으로 알려졌다.

금을 합성해내려고 노력하는 과정에서 금을 비롯한 모든 금속을 녹일 수 있는 액체도 발견되었다. 액체 상태로 녹은 금은 몇 가지 화학적 처리를 거치면 붉은 색상의 염화 금$AuCl_3$ 결정으로 분리되는데, 후대 연금술사들은 이를 '용의 피dragon's blood'라는 은유적 이름으로 표현했다. 왕수는 여느 산성 용액과 달리 반응성이 높아 염소 기체Cl_2와 일산화 질소 기체NO로 분해되었고, 그래서 미리 제조해 보관

왕수 속에서 금이 용해되는 과정. 왕수는 금 같은 귀금속을 녹이는 강산 용액으로, 이후 화학 발전에 중요한 역할을 했다.

하는 것이 불가능했다. 원하는 순간에 신선한 왕수를 제조해 사용할 수 있다는 점은 분명 연금술에 큰 도움이 되었다.

이와 관련해 제2차 세계대전이 한창일 무렵 헝가리 화학자 게오르크 카를 폰 헤베시Georg Karl von Hevesy, 1885~1966와 얽힌 유명한 일화가 있다. 엑스X선 회절에 대한 연구로 1914년 노벨 물리학상을 받은 독일계 유대인 과학자 막스 테오도어 펠릭스 폰 라우에Max Theodor Felix von Laue, 1889~1960와 전자 충돌 연구로 1925년 노벨 물리학상을 받은 제임스 프랑크James Franck, 1882~1964의 메달을 적군에 빼앗기지 않기 위해 헤베시가 그것들을 왕수에 녹여 은닉했고, 종전 후 노벨재단이 다시 메달로 만들어 돌려주었다는 이야기다.[19]

산성 용액 제조법뿐 아니라 고순도 알코올을 분리하는 분별 증류법 역시 1280년 무렵 개발되었다. 기원전 1만 년 무렵부터 발효 반응을 통해 맥주나 와인 형태로 만들어진 알코올을 증류 방식을 이용해 순수한 알코올로 따로 추출할 수 있게 된 것이다. 고순도 알코올은 세균을 사멸시키는 효능이 있어 살균과 소독에 매우 효과적이었고 의학 분야에서 널리 활용하기 시작했다. 하지만 아직 알코올이라는 용어가 만들어지기 전이라 생명수water of life로 불리며 만병통치약처럼 사용되었다. 오랜 부상의 경우 환부를 통해 세균 감염이 일어나 이차적으로 발생하는 패혈증과 쇼크가 주요 사망 원인이 되곤 한다. 이런 상황에서 알코올을 이용한 소독과 살균은 많은 생명을 구하는 신기술이었기에 생명수라는 별칭이 과하다고 할 수는 없다. 알코올을 추출하는 증류는 깨끗한 용기에서 많이 가열하는 방식으로 이루어졌으며, 자연스럽게 초자류의 질적 향상과 제조 기법의 발달로 이어졌다. 그만큼 연금술사의 실험적 접근 또한 용이해졌다.

다양한 물질의 발견과 활용은 기원전부터 13세기까지 계속 진보해왔으나, 연금술사 수만큼이나 체계화되지 않은 제조법들이 통용되고 있다는 것이 문제였다. 이 시대에는 비록 왕수와 알코올 두 가지만 개발되긴 했어도 실험 및 경험을 통한 접근으로 공용화된 제조법이 등장한 만큼 지적 발전이 최고점에 달한 시기로 평가된다.

살기 위해 선택한 연금술사들의 비밀 표식

세상 만물의 흐름과 마찬가지로, 학문 발달 역시 상승기와 정체기, 하락기를 반복한다. 경험적 과학철학이 탄생하고 광물 산과 알코올 제조법을 개발해 지적 발전이 최고조에 달한 이후, 14~15세기는 화학의 정체와 쇠락이 끝없이 이어지는 암흑기였다. 사회적으로는 1300년대에 들어서면서 유럽 전역에 기근이 계속되었고, 1347~1350년 흑사병black plague으로 유럽 인구의 절반가량이 사망하는 대재앙이 일어났다.[20] 이런 혼란 속에서 당시 유럽 핵심 국가였던 영국과 프랑스는 116년간이나 백년전쟁Hundred Years' War, 1337~1453을 치렀다. 그 직후에는 붉은 장미와 하얀 장미를 각각 상징으로 삼는 영국 랭커스터Lancaster 가문과 요크York 가문이 벌인 장미전쟁War of the Roses이 30년간 지속되었다. 전쟁과 질병, 기근은 사람들이 기독교에 더욱 의존하는 결과를 낳았다. 이전까지 역사를 보면 기독교 권위가 높아질수록 미신적 요소를 배제하지 못한 연금술과 화학의 성장은 지연되었다. 이 사실로부터 당시 화학의 시대적 위상이 참담했으리라는 것을 어렵지 않게 짐작할 수 있다.[21]

이 시대에는 모든 문제를 종교적 위세와 신앙적 요인에 기반해 해석하고 판단했다. 따라서 문제가 죄악으로부터 생겨나는 것이라는 현실적 도피는 마녀사냥과 종교재판의 성행으로 이어졌다. 이런 일들이 두려웠던 연금술 분야의 경험론자들은 더는 공개적으로 활동하거나 일상적으로 연구 및 저술 행위를 영위할 수 없었다. 그래서 자신들의 철학이나 연구 내용을 다양한 기호와 은유로 숨기기 시작했다. 하늘을 나는 새는 승화나 증류 같은 기법을 의미하고, 탐욕스러운 사자나 여우는 광물 산과 부식성 물질을 은유했다. 뱀 또는 용은 물질의 불완전한 상태를 표현했으며, 남자와 여자의 결혼이나 결합은 화학반응을 나타냈다. 연금술사들은 이처럼 직관적으로는 유추하기 어려운 방식으로 실험 과정과 조건을 감추었으며, 이는 개개인의 지식과도 직결되어 체계와 용어 측면에서 점차 혼란을 가중했다.[22]

당시에는 기독교 신앙을 전제로 한 스콜라 철학이 학문적 기반을

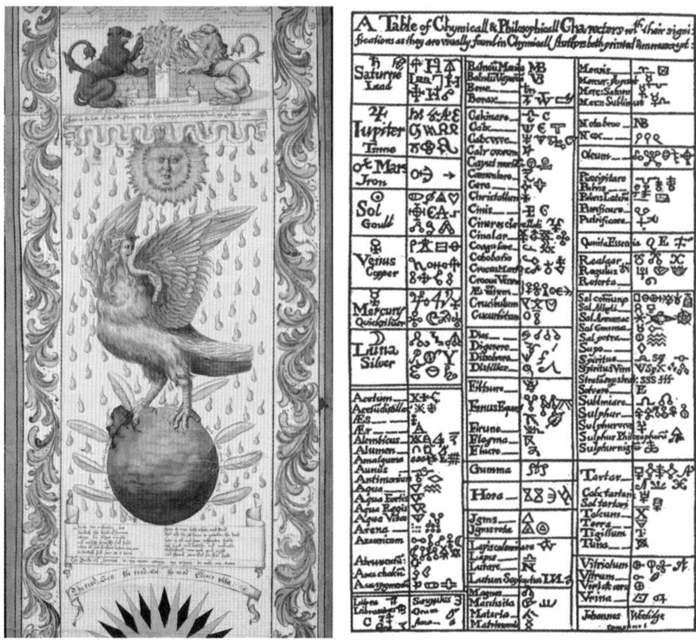

연금술사 조지 리플리 경(Sir George Ripley)의 두루마리(scroll)에 묘사된 도식(왼쪽)과 바실리우스 발렌티누스의 『마지막 의지와 유언(The last will and testament)』에 기재된 연금술 기호들. 이처럼 연금술사들은 암호화된 방식으로 지식을 기록했다.

이루었기에 대다수 연금술사가 수도사였고, 연금술사들의 비밀 언어에도 기독교적 색채가 스며들었다. 물질을 구성하는 세 가지 근원으로 정리된 황, 수은, 소금을 기독교의 성부·성자·성령을 의미하는 삼위일체trinity로 기록한 것이 대표적 예다. 아라비아 연금술에서는 성부·성자·성령을 별도의 세 신으로 봤기 때문에 기독교적 재해석이 포함된 중세 연금술이라고 할 수 있을 것이다. 연금술사들은 자신의 연구 내용과 실험 방법 외에도, 사용한 여러 물질을 천체 기호를 비롯한 다양한 문자로 표현했다. 이것이 현대 화학에서 사용하

는 원소기호의 기원이다.[23]

이때부터 쓰인 연금술사들의 비밀 표식이 15세기 독일의 저명한 연금술사 바실리우스 발렌티누스Basilius Valentinus, 1394~1450가 쓴 『아조트AZOTH』(사후 1613년 편찬)와 『바실리우스 발렌티누스의 열두 개의 열쇠The twelve keys of Basil Valentine』(사후 1599년 편찬)에 언급되어 있다. 'AZOTH'는 아랍어로 '수은'을 뜻하는 아조크azoc에서 변형된 중세 라틴어다. 따라서 수은을 의미라는 시적 용어로 쓰였지만, 연금술 자체를 가리키는 단일성의 최소 단위인 단자monad로도 통용되었다. 알파벳의 시작인 A와 마지막인 Z로부터 혼돈을 통해 완성되는 것들을 뜻한다. 발렌티누스는 다수의 목판화로 여러 자료와 설명도 남겼는데, 실험 기법뿐 아니라 장비 및 이론까지 그림과 설명으로 풀어

『바실리우스 발렌티누스의 열두 개의 열쇠』 중 두 번째 열쇠(The second key). 삽화는 1602년 인쇄판부터 수록되었으며, 역사가이자 판화가 마테우스 메리안(Matthäus Merian)이 작업했다.

놓았다. 후에 로버트 보일Robert Boyle, 1627~1691이나 아이작 뉴턴Isaac Newton, 1642~1727 등이 실험과 이론에 관한 정보를 얻고자 이를 진지하게 연구한 것으로 알려졌다.[24,25]

발렌티누스의 연금술 기호를 요약해보면 그 나름의 체계와 표현의 복잡성을 알 수 있다. 보통 연금술 기호는 정삼각형이나 역삼각형의 큰 틀 안에 표시된다. 각 꼭짓점의 글자 'ANIMA', 'SPIRITUS', 'CORPUS'는 태양과 달, 결정 형태의 그림과 함께 적혀 있으며 각각 연금술의 삼원론인 황, 수은, 소금을 의미한다. 왼쪽에 홀과 방패를 들고 있는 남성은 태양의 왕으로 이성과 권위를 상징한다. 반대편에서 활과 화살을 들고 고삐를 쥔 채 거대한 물고기에 올라탄 여성은 달의 여왕으로 감성적 측면을 표현한다. 이 둘은 위쪽에 있는 불타는 용이나 새 등을 통해 조정된다. 왕과 여왕의 결합으로 탄생한 연금술사는 정중앙에 두 다리로 땅과 물을 딛고 선 채 한 손에는 횃불을, 반대편 손에는 공기를 의미하는 깃털을 들고 있다. 아랫부분부터 순서대로 숫자가 매겨진 돌출들은 각각 에메랄드 공식을 따른 연금술적 처리 기법을 가리킨다. 구체적으로 하소calcination, 분리separation, 결합conjugation, 발효fermentation, 증류distillation, 응고coagulation 등 고대에서부터 현재까지 발전해온 기법과 그 기호들이다.[26]

연금술사들이 비밀 기호와 그림을 사용한 것은 결국 자신의 시간과 노력의 산물을 빼앗기지 않기 위해서였고, 또한 시대적 혼란 속에서 마술사나 마녀로 몰려 처벌받지 않기 위해서였다. 비밀스러운 기록과 표현은 계속 심화했으며, 이 때문에 연금술에 대한 이미지는 더욱 악화되었다. 그런데 이 부분에서 의아한 점이 생긴다. 연금술

다니엘 스톨시우스(Daniel Stolcius)의 『화학 극장(Theatrum Chymicum)』(1614)에 수록된 비트리올(vitriol) 삽화

사들이 자신의 비밀을 차츰차츰 늘려나가고 있었다면 연금술 지식은 도대체 어떻게 전달되고 유지될 수 있었을까? 역설적으로 이 모든 비밀스러운 내용은 서적으로 제작, 판매되었다. 금을 만들어내는 일은 사실상 불가능했고, 산이나 알코올 같은 유용한 물질의 제조법은 이미 공개되어 연금술만으로는 생계를 유지하는 데 한계가 있었다. 이에 연금술사는 대부분 다른 연금술사들에게 자신의 지식을 담은 서적을 팔아 생계를 유지할 수밖에 없었다.

1400년대 중반부터 지적 무기력에서 탈피하고 시대적 변혁이 일어날 단서들이 모이기 시작했다. 특히 1450년 요하네스 구텐베르크Johannes Gutenberg, 1397~1468가 금속활자를 발명하면서 인쇄 기술을 통해 지식을 더 쉽게 전달하고 보존할 수 있게 되자 지식 세계는 엄청난 격동기를 맞이했다. 1453년에는 오스만 제국Ottoman Empire이 콘스탄티노플을 함락해 1,100여 년 역사를 지닌 비잔티움 제국이 멸망하고 말았다. 오스만 제국이 공성전에서 사용한 우르반 대포Urban's Bombard를 모델 삼아 1464년에는 다르다넬스 대포Dardanelles Gun가 만들어졌다. 아라곤Aragon 왕국의 페르디난트 2세Ferdinand II 와 카스티야-레온 연합왕국의 이사벨라 공주Isabella I의 결혼으로 에스파냐 왕국이 통일되었고, 700년간 이어진 레콩키스타가 어느 정도 성공했으며, 크리스토퍼 콜럼버스Christopher Columbus, 1451~1506가 신대륙도 발견했다. 이런 역사적 사건들이 유럽을 격동기로 이끌었다.

국지전에서는 대포를 비롯한 발사 무기들이 적극적으로 사용되기 시작했다. 유럽 전역에서 기사 계급이 몰락하고 봉건제도가 쇠락했으며, 세력 간 싸움이 격화함에 따라 자금 확보가 가장 시급한 문제로 떠올랐다. 상황이 이렇다 보니 실용주의와 합리주의에서 벗어나 금 합성 방법을 찾기 위해 미신적 요소에 집착하게 된 연금술이 해결책으로 떠올랐다. 금 수요가 증가하고 연금술사의 기술에 투자하려는 이가 늘어나자 연금 사기꾼alchemical swindler까지 등장했다. 기본적인 화학 반응으로 사람들을 현혹하고 거액의 투자금을 받자마자 도주하는 범죄가 기승을 부린 것이다.[27,28] 대표적으로 미리 물감을 칠해 둔 금 못을 액체에 담가 금이 드러나도록 꾸미거나, 금과 다른 금속의 합금 또는 도금으로 제작한 동전을 질산 같은 산성 용액에 넣어 금화가 만들어진 것처럼 하는 방식이었

에드워드 켈리(Edward Kelley)는 금속을 금으로 바꿀 수 있으며 현자의 돌을 소유하고 있다고 주장한 대표적인 연금 사기꾼이다.

다. 이와 같은 연금 사기꾼들이 쓴 도구는 현재도 박물관에 전시되어 과거의 혼란스러운 역사를 증명하고 있다. 고대부터 주된 관심사였던 금을 다루는 연금술은 이제 사기꾼을 의미하는 용어로 전락해 완전히 쇠퇴하고 말았다.

하지만 금과 함께 연금술의 핵심 목표였던 의약은 본격적으로 주목받으며 주요 연구 주제로 떠올랐다. 중국과 인도, 유럽에서는 의화학Iatrochemistry이라는 학문이 탄생해 번성했다. 현대 학문 분야 가운데 의약화학Medicinal chemistry과 유사한 느낌이지만, 의약화학은 화학적 기술을 통해 치료약을 개발하고 질환을 효과적으로 제어하는 학문이다. 반면 의화학은 연금술 지식과 철학을 치료에 적용한 학문으로, 이 둘은 접근법부터 다르다고 할 수 있다.

이 시대를 격동기라고 부르는 것은 그동안 좀처럼 무너뜨리기 힘들던 기독교 권위가 여러 개혁적 사상과 철학 기술의 발달로 흔들리고 대체재도 나왔기 때문이다. 독일 종교개혁가 마르틴 루터Martin Luther, 1483~1546는 굳건하게 확립되어 있던 가톨릭교회의 종교적 권위를 거부하며 프로테스탄트(개신교)로 갈라져 나왔다. 이후 구교로 알려진 가톨릭과 신교로 알려진 프로테스탄트 사이에 또 다른 관계가 형성되었다. 중세 시대의 지적 암흑기에서 르네상스Renaissance 시기로 넘어가는 과정에서 새로운 학문과 기술, 철학들이 쏟아져 나왔고 학문적 재정립이 이루어졌다.

의화학은 연금술적 요소에 기반을 둔 새로운 학문이었는데, 발타사르 판 덴 보세(Balthasar van den Bossche)의 〈실험실의 연금술사(An alchemist in his laboratory)〉(위)와 〈의화학자(The iatrochemist)〉를 보면 그 연관성을 확인할 수 있다.

제6장

권위에 대한 항변

T H E C H R O N I C L

: 과학 혁명

O F C H E M I S T R Y

혁명은 기존 권력이나 조직 구조를 깨뜨리고 새로운 것을 급격하게 세우는 일을 뜻한다. 역사적으로 정치, 사회, 문화, 예술 등 어느 분야에서든 몇 번의 혁명이 일어나 기존의 것을 뒤집었다. 하지만 현대 사회에서는 다분히 주관적 관점에서 강조하고 싶은 사건이나 변화까지 혁명이라고 표현해 그 의미를 남용하는 사례가 흔하다. 그렇다면 과학 혁명은 어떨까? 조금은 조심스럽게 객관성 측면에서 살펴봤을 때 한 차례의 과학 혁명은 분명히 발생했으며 화학 역시 그 큰 흐름에서 예외가 아니었다. 우리는 이를 권위에 대한 항변이자 시대의 경계라고 말한다.

갈레노스의 의서를 태우고 켈수스를 넘어선 자

파라켈수스Paracelsus라는 이름을 들어본 적 있는지 모르겠다. 연금술과 화학, 의학 역사상 가장 독특하고 신비하며 유능한 학자 가운데 한 명이다. 그는 독일계 스위스인 의사이자 약사이며 연금술사이자 점성술사였다. 파라켈수스라는 이름은 '켈수스를 넘어서다'라는 뜻에서 20대 중반 그가 자신에게 붙인 이름이다. 그전까지는 필리푸스 아우레올루스 테오파라투스 봄바스투스 폰 호엔하임Philippus Aureolus Theophrastus Bombastus von Hohenheim, 1493~1541이라는 긴 이름으로 불렸다. 의사 아들로 태어난 그는 의학을 공부하고 연구했다. 당시는 히포크라테스를 위시한 이름난 의학자들보다 『의학De Medicina』이라는 책을 남긴 켈수스가 더 유명한 시기였다. 파라켈수스가 켈수스를 비교 대상으로 삼은 것도 그런 이유에서다.

파라켈수스는 극한의 경험론자였다. 열네 살 때부터 독일과 유럽 지역의 대학교들에서 다양하게 공부한 끝에 '지식은 경험에서 비롯되며 대학은 바보를 만들어내는 곳'이라는 결론에 도달했다. 이후로는 한 장소에 길게 머무르지 않고 유럽 전역을 떠돌며 남녀노소, 신분 고하를 막론하고 배울 만한 내용이 있으면 배움을 청했다.[1] 거리를 떠돌면서 체득한 그의 치료법은 큰 인기를 끌었다.

화학사에서 파라켈수스가 중요한 인물로 거론되는 것은 왜일까? 그의 경험론이 지식을 구하고 이해하는 데 국한되지 않고 실용적 측면에서 치료제와 치료법을 개발하는 일에 쓰였으며, 기술 수준을 몇 단계나 끌어올렸기 때문이다. 특히 그는 독성학Toxicology이라는 분야를 개척한 인물로 높이 평가받는다. 당시 의학은 갈레노스의 4체액론에 굳게 갇혀 있었다. 그러나 파라켈수스는 외부에서 무엇인가가 몸속에 침투해 질병이 생기는 것이라고 주장했고, 물질의 독성과 기타 효과를 주의 깊게 탐구했다. 그는 "모든 것은 독이다. 독이 없는

독일 마르부르크대학교 교수이자 연금술사 오스발트 크롤(Oswald Croll)의 『화학 공회당(Basilica Chymica)』 채색본(1629). 헤르메스 트리스메기스투스(이집트)와 이븐 시나(아랍)가 상단에 자리하고 있으며, 모리에네스(Morienes, 로마 비잔티움)와 로저 베이컨(영국)이 중간에, 그리고 라몬 룰(스페인)과 파라켈수스(독일)가 하단에 그려져 있다.

물질은 없으며, 단지 용량에 따라 독성 효과에 차이가 있을 뿐이다" 라는 말을 남겼다.[2,3]

연금술이 의화학으로 넘어가는 과정에서 파라켈수스 외에도 의학에 연금술을 적용할 수 있다고 생각한 사람들이 분명히 있었다. 변화 관점에서 금을 취급했듯이, 연금술적 과정을 통해 상처 입고 병든 살점을 건강한 살점으로 변화시키고자 했던 프랑스 프란체스코 연금술사 장 드 로케타이야드Jean de Roquetaillade, 1310~1362도 그중 한 명이다.

다만 파라켈수스가 그들과 다른 점은 실제적인 치료법을 다수 개발해 방랑 생활을 하면서 직접 실험해보고 대중에게 베풀었다는 것

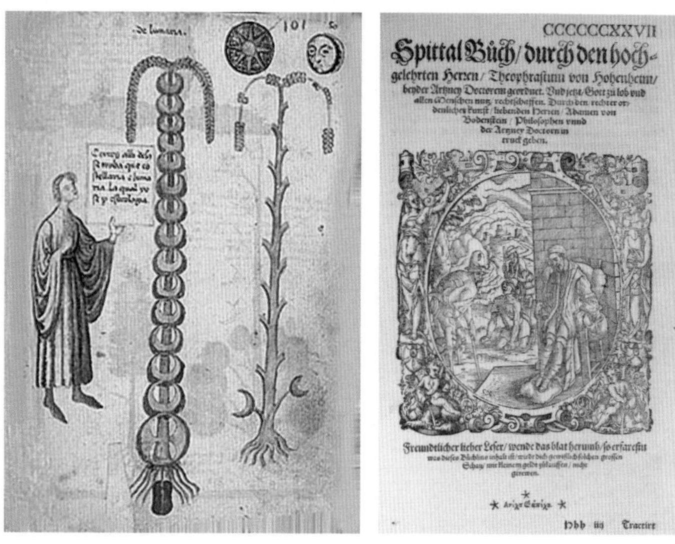

장 드 로케타이야드의 필기(왼쪽). 로케타이야드는 증류를 통한 알코올 농축을 시도했으며 연금술적 방식을 의료에 적용하기 시작했다. 『외과 수술(Opus Chyrurgicum)』(사후 1565년에 편찬)을 저술한 파라켈수스는 이보다 실험적이고 실제적인 방법을 찾는 시도를 이어나갔다.

이다.[4] 특히 그는 여러 치료제를 개발하는 데 혁신적인 업적을 남겼다. 간질(황화 수은HgS), 근시(황화 아연ZnS), 비장 질환(황화 납PbS), 당뇨(황화 철FeS), 불안감과 거북증(산화 수은HgO) 같은 질병 치료에 다양한 무기물질을 활용했다. 이는 기존 민간요법이나 고대 동서양의 치료법이 약초, 동물 등 유기물질에 기반을 둔 것과는 큰 차이가 있었다.[5]

파라켈수스의 최고 업적은 당시 불치병으로 여겨지던 매독을 수은 화합물로 치료한 것이다(히포크라테스, 갈레노스 등 이전 모든 의학자가 약초로 매독을 치료하려 시도했지만 성공하지 못했다).[6] 연금술이 널리 퍼지는 단계에서는 수은의 독성을 알지 못해 많은 문제가 발생했다. 하지만 독성학 창시자인 파라켈수스는 수은의 독성을 정확히 인지하고 있었고, 납이 체내에 농축되면 중독이나 종양을 유발할 수 있다는 이론을 펼치기도 했다. 그런데 당시 매독 환자는 순차적으로 증세가 심해지는 현재와 달리 매우 급격히 악화해 사망에 이르는 경우가 많았다. 그러다 보니 매독 환자들은 수은의 중독 위험성을 알면서도 조금이라도 생존 가능성을 높이고자 파라켈수스의 수은 화합물을 복용한 것으로 알려졌다. 파라켈수스의 수은 화합물 이외에 매독 치료 물질은 1900년대에 들어설 때까지 전혀 발견되지 않았다. 파라켈수스는 수은뿐 아니라, 인체에 독성을 보이는 납이나 비소를 매독 치료에 적용한 연구도 문서로 남겼다. 훗날 독일 세균학자이자 의학자 파울 에를리히Paul Ehrlich, 1854~1915는 파라켈수스와 마찬가지로 비소 화합물 살바르산salvarsan으로 화학요법을 시도해 매독 치료에 성공했다. 그가 화학요법의 창시자가 된 순간이다.[7]

파라켈수스는 다양한 화합물을 다루고, 또 쉼 없이 연구했기에 연금술사로서 능력도 세간에 널리 알려졌다. 그는 "연금술은 대부분 금이나 은을 만들기 위해 사용된다. 그러나 나는 그것이 목표가 아니다. 단지 약에 어떤 미덕과 힘이 있는지를 알고 싶을 뿐이다"라는 말을 남기기도 했다. 즉 연금술을 바라보고 활용하는 파라켈수스의 관점은 일반 사람들과 달랐던 것이다.[8]

일찍이 14세기 무렵 분별 증류 및 농축 방법이 본격적으로 개발되어 소독과 살균에 활용되었다. 생명수로 불리던 이 소독·살균 물질에 알코올alcohol이라는 명칭을 붙인 사람도 파라켈수스였다. 가장 고순도 물질이라는 의미인 알-쿨al-kuhl 또는 알-코홀al-kohol에서 이름을 따온 것으로 알려졌다. 파라켈수스는 알코올을 그 누구보다 능숙하게 사용했는데, 알코올로 양귀비의 덜 익은 꼬투리에서 아편 성분을 추출해 로더넘Laudanum이라는 진통 연고를 만들기도 했다. 또한 천연물질에서 핵심 성분을 뽑아낸 에센스, 물약으로 사용하는 팅크처tincture 등도 제조해 연금술과 의학 발전에 크게 이바지했다. 게다가 그는 발육 부진 질환인 크레틴병cretinism을 관찰해 그것이 갑상샘증과 관계있다는 사실을 추론해냈다. 선천적인 갑상샘저하증은 크레틴병의 원인이 되기도 한다. 이런 사실을 16세기에 오로지 관찰과 통찰로 추론해낸 것만으로도 파라켈수스가 얼마나 뛰어난 의학자였는지 알 수 있다.

파라켈수스를 포함한 많은 경험론자와 연금술사 덕분에 16세기 말에 이르러 관련 분야가 학문적으로 발달할 수 있었다. 독일 화학자이자 의사 안드레아스 리바비우스Andreas Libavius, 1555~1616는 2,000쪽

파라켈수스는 알코올이라는 명칭을 처음 고안했으며, '기적의 박사'로 불린 제자 레온하르트 투르나이서(Leonhard Thurneysser)는 만능 용매를 뜻하는 '알카헤스트(alkahest)'라는 용어로 가상의 범용적 용매가 가진 순수성과 기능을 강조했다.

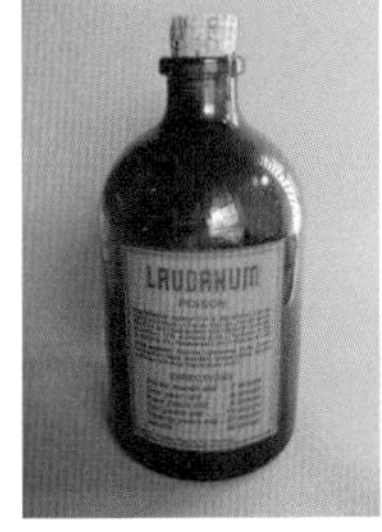

파라켈수스는 알코올을 사용해 양귀비의 덜 익은 꼬투리(왼쪽)에서 아편 성분을 추출해내 진통 연고 로더넘을 탄생시켰다.

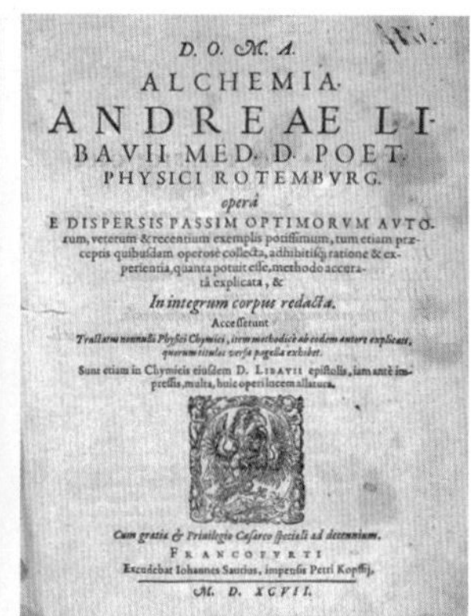

D. O. M. A.
ALCHEMIA
ANDREAE LI-
BAVII MED. D. POET.
PHYSICI ROTEMBVRG.
operâ
E DISPERSIS PASSIM OPTIMORVM AVTO-
rum, veterum & recentium exemplis potissimum, tum etiam præ-
ceptis quibusdam operosè collecta, adhibitisq; ratione & ex-
perientia, quanta potuit esse, methodo accura-
tâ explicata, &
In integrum corpus redacta.
Accesserunt
Tractatus nonnulli Physici Chymici, item methodicè ab eodem autore explicati,
quorum titulos versa pagella exhibet.
Sunt etiam in Chymicis eiusdem D. Libavii epistolis, iam antè im-
pressis, multa, huic operi lucem allatura.
Cum gratia & Privilegio Cæsareo speciali ad decennium.
FRANCOFVRTI
Excudebat Iohannes Saurius, impensis Petri Kopffij.
M. D. XCVII.

파라켈수스의 영향을 받았지만 전통적인 아리스토텔레스주의자였던 안드레아스 리바비우스(왼쪽)는 최초의 화학 교과서 『알키미아』를 저술했다.

에 달하는 최초의 화학 교과서를 집필해 라틴어로 연금술을 뜻하는 『알키미아Alchymia』라는 제목을 붙여 출판했다.[9] 또한 현대 유기화학에서 다루는 탄소를 핵심 골격으로 한 유기 합성물도 처음으로 발견했다. 독일 의사이자 식물학자 발레리우스 코르두스Valerius Cordus, 1515~1544는 당시 발효와 증류로 얻을 수 있었던 유일한 유기 화합물 에탄올ethanol, CH_3CH_2OH을 진한 황산과 함께 가열해 새로운 합성 유기물인 다이에틸 에터diethyl ether, $CH_3CH_2OCH_2CH_3$를 최초로 만들어냈다.[10]

물론 그때는 이것이 정확히 어떤 물질인지, 어떤 원리로 만들어지는지 전혀 알 수 없었지만, 어쨌든 결과물은 원재료인 에탄올과 명백히 달랐다. 코르두스는 다이에틸 에터 특유의 달콤한 향기와 대기 중으로 날아가는 성질, 그리고 물과 섞이지 않고 분리되는 특징을 종합해 이 물질에 '황산의 달콤한 기름oleum dulci vitriol'이라는 이름을 붙였다. 먼 훗날 용어가 체계화되면서 이것은 에터ether라는 화합물 종류로 구분되었다. 이는 최초의 합성 유기물이 가볍고 공기 중으로 날아가는 성질을 지녀 원소설과 연금술에서 정신, 영혼, 우주적 가치를 대표하는 에테르와 관련 있다고 해 붙은 이름이다. 화학과 철학이 얼마나 연관되어 있는지를 다시금 떠올리게 되는 대목이 아닐 수 없다.

독자적인 분야로 발돋움을 시작한 과학

17세기에 들어섰지만 여전히 화학은 탄생하지 않았고 연금술은 한 측면에서는 쇠락을, 다른 측면에서는 발전을 거듭하고 있었다. 영국에서는 국왕 찰스 1세Charles I, 1600~1649가 참수되고 1660년 다시 왕정이 들어섰다. 유럽 전역이 매우 혼란스럽고 복잡한 시기였다. 해상 무역의 중요성이 점차 커지면서 지리상 새로운 발견이 이어졌고, 해상 무역의 이점과 신세계에서 가져온 물품으로 상공업도 흥했다. 영국, 독일, 프랑스, 네덜란드, 이탈리아 등에서는 오랜 상업적 전통을 기반으로 응용과학이 발달하기 시작했다. 그리고 과학은 경험론을 바탕으로 마침내 혁명을 이루는 데 성공했다.

초기 르네상스 시기의 과학은 여전히 엠페도클레스와 아리스토텔레스, 프톨레마이오스 등 압도적 존재감을 자랑하는 선구자들의 권위와 그들이 세운 고전적 개념에 얽매여 있었다. 따라서 과학 혁명의 대상은 고전 철학적 사고와 스콜라 철학이었다고 볼 수 있으며, 정확히는 철학과 신학의 권위에 대한 도전으로 요약된다. 아무리 존경스럽고 경이로운 대상이라도 절대적으로 의존하는 것은 옳지 않으며, 정밀한 관찰과 분석을 통해 실험적이고 경험적으로 진리를 탐구해야 한다는 것이 핵심이었다. 과학 혁명이라는 용어는 영국 역사학자 허버트 버터필드Herbert Butterfield, 1900~1979가 『근대 과학의 탄생Origins of Modern Science』(1949)에서 중세와 근대를 나누는 기준점 중 하나라고 주장한 데서 비롯했다.[11]

과학 혁명을 이끈 인물로는 프랑스 근대 철학자이자 수학자이며 과학자 르네 데카르트Rene Descartes, 1596~1650와 영국 근대 철학자이자 정치인 프랜시스 베이컨이 대표적이다. 베이컨은 화학을 직접 연구하지는 않았지만 경험주의의 아버지로 불릴 만큼 근대 교육과 학습 체계를 확립하는 데 중요한 역할을 했다. 그는 저서 『노붐 오르가눔Novum Organum』(1620)에서 과학이 다른 분야들과 어떻게 연관되어 있

과학 혁명을 이끈 르네 데카르트(왼쪽)와 프랜시스 베이컨

는지, 그리고 과학의 목적에 도달하기 위한 근본 원리를 찾아내는 방법은 무엇인지 서술했다. 책 제목 '노붐 오르가눔'은 아리스토텔레스의 오르가논Organon의 다음으로 넘어가고자 한다는 의미를 담고 있다. 실험과 분석을 도구 삼아 자연과학을 연구하는 새로운 토대를 마련한 베이컨이 남긴 "아는 것이 힘이다"라는 격언은 그의 사상을 가장 잘 표현하는 말이라고 할 수 있다. 베이컨이 강조한 과학적 방법론과 실험 철학에 대한 그의 기여는 18세기까지 계속해서 영향을 미쳤다.[12]

한편 데카르트는 현재까지도 유용하게 쓰이는 카르테시안 좌표Cartesian coordinates(일명 데카르트 좌표로, 일반적으로 x, y, z축을 이용한 좌표계에서 공간상 한 지점의 위치를 나타내는 좌표)를 비롯해 수학·과학적 업적을 다수 남겼다. 그는 화학 분야에서 옛날부터 제논과 엠페도클레스 같은 철학자들이 고민해온 부분, 즉 "원자 사이는 과연 진공인가? 혹은 무엇인가로 가득 차 연결되어 있는가?"라는 질문을 다시금 던졌다. 당시 덴마크 천문학자 튀코 오테센 브라헤Tyge Ottesen Brahe, 1546~1601와 독일 천문학자 요하네스 케플러Johannes Kepler, 1571~1630는 행성의 운동을 규명하기 시작했으며, 데카르트는 행성이 어째서 일정 궤도를 돌면서 운동하는지를 설명하기 위해 와류 이론vortex theory을 만들었다. 아주 작은 에테르 입자들이 혹성이나 태양 주위에 거대한 회전인 와류渦流를 형성해 이로부터 천체가 이동하고 존재한다는 내용이었다. 이 이론은 후에 뉴턴에 의해 부정되지만, 19세기 무렵 원자 와류 이론으로 발전해 많은 종류의 원자가 존재하는 이유를 설명하려는 시도로 이어졌다.[13,14]

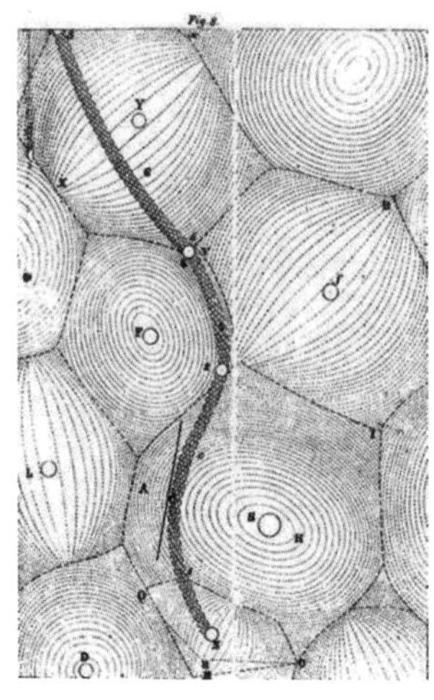

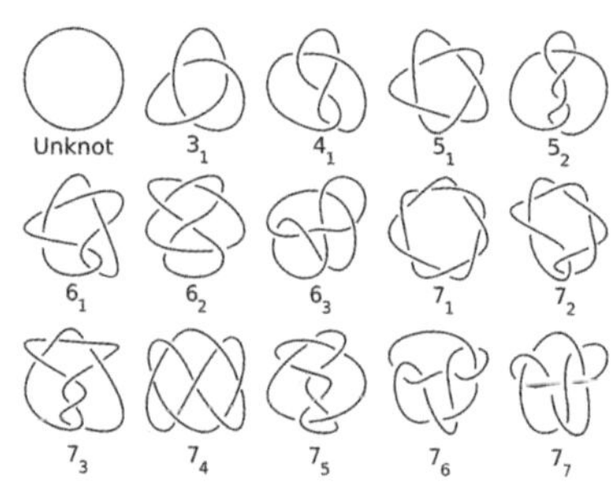

데카르트의 와류 이론은 『철학 원리(Prinzipien der Philosophie)』에서 천체 운동을 에테르를 통해 설명하는 데 사용되었으며(왼쪽), 이후 에테르 속에서 매듭을 가지는 소용돌이 형태로 많은 원자 종류를 설명하는 시도에 적용되기도 했다.

데카르트를 위시한 입자론자들은 에테르는 물론 원자까지 입자적 관점에서 설명하려 했다. 이는 결과적으로 원자설이 원자론으로 확립되고 그것에 기반해 물질의 구성과 변화를 서술하는 밑거름이 되었다.

베이컨과 데카르트의 경험론은 분명히 스콜라 철학을 대상으로 혁명을 이루어냈다. 하지만 아쉽게도 여전히 고전 철학의 권위를 벗어던지지는 못했다. 데카르트는 사물을 구성하는 원자들 사이에 오감으로 인지할 수 없는 다른 특성의 무엇인가(플리넘plenum)가 채워져 있다고 이해했으며, 그것은 불, 공기, 흙 세 원소로 구성되어 있다고 주장했다.[15] 비록 흐름과 운동에 착안해 더 많은 것을 바라보게 되었지만, 여전히 아리스토텔레스 사상의 영향 아래 있었던 것이다. 그럼에도 "나는 생각한다, 고로 존재한다Cogito ergo sum"라는 말을 남긴 데카르트로부터 신의 존재 증명이 이루어졌고, 철학사의 패러다임이 중세에서 근대로 전환되었으며, 근대 과학이 탄생했다는 사실은 의심의 여지가 없다.

이 역사적 과학 혁명을 베이컨과 데카르트라는 두 명의 거인만 이끈 것은 아니다. 철학자 바뤼흐 스피노자Baruch Spinoza, 1632~1677, 정치철학자 토머스 홉스Thomas Hobbes, 1588~1679, 철학자이자 수학자 고트프리트 빌헬름 라이프니츠Gottfried Wilhelm Leibniz, 1646~1716 등 각 분야에서 활동한 유명인들이 적극적으로 스콜라 철학에 대항했다. 이들은 권위에 의존하기를 거부하고 분석과 통찰을 통해 학문을 열어가려고 시도했다. 과학 분야에서는 이름이 널리 알려진 아이작 뉴턴과 갈릴레오 갈릴레이Galileo Galilei, 1564~1642가 우주와 물리적 운동에 대한 거시적 관찰을 바탕으로 자연 현상을 이해하기 시작했다.[16] 하지만 화학 분야에서는 아직까지 구체적인 발전이 없었다. 망원경이 발명되고 수학적 체계가 발전하면서 물리적 현상을 이해할 수 있는 도구는 진보했지만, 화학의 근원이라고 할 수 있는 원소와 원자를 분석하고 바라볼 어떠한 도구나 이론도 아직 나오지 않은 것이다.

그런 와중에도 실험적 접근을 통해 아주 오랜만에 새로운 원소가 발견되었다. 독일 연금술사 헤닉 브란트Hennig Brand, 1630~1710가 자그마치 5,500리터에 달하는 대량의 소변을 처리해 약 120그램의 인phosphorus, P을 발견한 것이다. 인은 인체를 비롯한 여러 생명체에 필수적으로 존재하는 비금속 원소로, 공기 중에서 간단히 발화해 불빛을 만들어낸다. 그런 특성 때문에 도깨비불 현상을 일으킨다고 알려졌다. 브란트가 발견한 인 역시 빛을 만들어냈으며, 이로부터 '빛을 가져오는 자'라는 뜻에서 원소에 포스포러스phosphorus라는 이름을 붙였

펠릭스 파라(Félix Parra)의 〈파도바대학교에서 새로운 천문학 이론을 시연하는 갈릴레오(Galileo Demonstrating the New Astronomical Theories at the University of Padua)〉(1873, 위). 갈릴레오 갈릴레이의 망원경은 거시적 세계를 과학적으로 바라볼 수 있는 눈이 되었다.

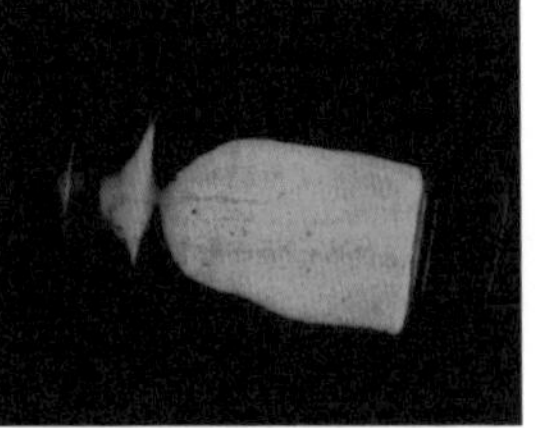

헤닉 브란트와 인은 조지프 라이트(Joseph Wright)의 유화 〈현자의 돌을 찾는 연금술사(The alchemist in search of the philosopher's stone)〉를 통해 널리 알려졌다(왼쪽). 브란트는 대량의 소변을 처리해 빛나는 원소인 인을 발견했다.

다.[17] 과거 매력적인 특징을 가진 수은과 황에 의해 연금술과 연단술이 발달한 것처럼, 이 빛나는 새로운 원소로부터 어떠한 물질 변환이든 이끌어낼 수 있는 '현자의 돌'을 얻게 될 가능성이 열린 셈이었다. 이로써 원소의 발견과 화학의 진보가 서서히 시작되었다.

보이지 않는 기체를 연구하고 증명하다

이 시대에는 가톨릭교회가 신학 체계를 재정립하는 과정에서 이전까지 배척해오던 아리스토텔레스 철학을 다시 도입하며 옹호하는 상황이었다. 이런 분위기와 더불어 경험론과 과학적 실험 방법이 확산하면서 연금술 역시 새롭게 부흥할 전기가 마련되는 것처럼 보였다. 하지만 이미 연금술은 사람들의 관심에서 멀어진 지 오래였다. 연금술은 매력이나 쓸모를 잃었고, 연금술사는 이제 완전히 사기꾼을 의미하는 말이 되어버렸다. 의학 역시 생명체에 체계적으로 접근하기보다 여전히 민간요법과 미신을 결합한 치료 방식이나 파라켈수스의 기술에 의존하는 형편이었다.

그러나 다른 한편에서는 의약품을 비롯해 유용한 화학물질을 만드는 초기 화학자들이 생겨나고 있었다. 화학자들은 처음에는 대중의 필요를 만족시키는 단순한 약품 생산 수준의 역할에 머물렀지만, 기체 관련 연구가 시작되면서 본격적으로 화학이라는 학문을 개척하는 일에 몰두했다. 보편적 조건에서 관찰되는 물질의 상태는 고체, 액체, 기체 세 가지다. 이 가운데 금속과 암석, 염 형태로 많은 연구가 이루어진 고체나, 용매와 산, 용액의 형태로 쉽게 접할 수 있는 액체와 달리 기체는 미지의 물질이었다. 사람들은 여전히 기체를 만물의 근원 중 하나인 공기로 여겼으며, 어디에나 존재하는 당연한 상태로 인식했다.

본격적인 기체 연구는 벨기에 화학자이자 파라켈수스의 제자로 스스로 불의 철학자라고 칭한 얀 밥티스타 판 헬몬트Jan Baptist van Helmont, 1577~1644가 처음 시행했다. 그는 약 45.4킬로그램의 버드나무 묘목을 심어 5년간 물을 주며 키웠다. 5년 뒤 무게를 다시 한 번 측정한 결과 버드나무는 약 74.4킬로그램으로 무거워졌으나 흙은 단 57그램밖에 줄어들지 않았다. 판 헬몬트는 이 실험을 통해 물이 나무로 변한 것이라는 결론을 내렸다. 물론 매일 버드나무에 준 물의 양을 측정하지 않았고, 다른 요인도 전혀 고려하지 않았다는 점에서 체계적으로 실험을 수행했다고 보기는 어렵다.[18] 하지만 판 헬몬트는 이 과정에서 공기가 물질 변화에 관여하고 있다는 실마리를 잡고 공기 종류에 관심을 가지기 시작했다. 이후 탄산염과 산이 반응할 때 발생하는 기체, 발효나 연소 과정에서 발생하는 기체가 동일한 성질을 띤다는 사실을 알아냈다. 그는 정체를 알 수 없는 새로운 기체를 지칭하기 위해 혼돈을 의미하는 카오스chaos로부터 가스gas라는 용어를 창안해 처음 사용했다. 흔히 '버드나무 실험'으로 불리는 이 실험은 모든 현상을 실제 경험으로 확인하고 정밀한 측정과 분석을 통해 해석하려는 과

메리 빌(Mary Beale)의 〈얀 밥티스타 판 헬몬트〉(1674)

학 혁명의 산물이 아닐 수 없다.

이후 이산화 탄소로 확인된 판 헬몬트의 가스를 제외하고, 일상적으로 관찰되는 모든 종류의 기체는 '거친 영혼'이라는 뜻의 스피리투스 실베스트리스spiritus sylvestris로 불렸다. 당시 실험용 초자류는 완벽하지 않은 수준이었고 기체를 모으는 과정에서 많은 양이 주입되면 깨지거나 터지는 현상이 흔히 나타났기 때문이다.[19]

화학자들이 점차 기체에 관심을 보이면서 실험과 연구를 위한 전제 조건이 확립될 필요가 있었다. 무엇보다 세 가지 문제를 먼저 해결해야 했다. 원하는 장소(공간)에서 기체를 만드는 법, 누출이나 초자류의 파손 없이 기체를 모으는 법, 그리고 반대로 공기를 제거해 진공을 형성하는 법이 그것이었다.

유체역학 분야에서 중요한 업적을 남긴 스위스 수학자 요한 베르누이Johann Bernoulli, 1667~1748가 처음으로 기체를 만들어내는 데 성공했다. 유리 플라스크에 넣은 화약을 렌즈로 집약한 태양광으로 가열해 연소시키는 방식이었다. 볼록 렌즈를 이용해 태양광으로 가열하는 방식은 매우 간단한 과학적 원리에 불과하지만, 이는 특정 용기에서 밀봉 조건을 유지하며 연소시키는 최초의 시도였다. 화약은 곧 숯이나 목재처럼 연소되는 다른 종류의 물질로 대체되었고, 초자는 밀봉 여부처럼 조절할 수 있는 조건이 점점 늘어났다. 이에 베르누이의 방법은 기체 생성 문제를 해결하는 시작점이었다고 할 수 있다.

용액에 기체를 녹이는 방법도 다양해졌다. 그중 역사적으로 가장 큰 파급력을 보인 것은 베네딕트교 수도사 동 피에르 페리뇽Dom Pierre Pérignon, 1638~1715이 샴페인 제조에 활용한 방법이었다.[20] 페리뇽은 판 헬몬트가 관심을 가졌던 이산화 탄소 '가스'를 유리병에서 떡갈나무 껍질과 함께 와인 안에 녹이는 데 성공했다. 이것이 탄산이 포함된 샴페인의 시초였다. 모엣 샹동Moet & Chandon에서 제조하는 동 페리뇽이라는 빈티지 샴페인의 브랜드명이 여기서 유래했다.

마지막으로 정밀한 실험에서 가장 중요하고도 어려운 과제였던 기체의 완전한 제거와 진공 형성에도 성공했다. 독일 물리학자이자 마그데부르크Magdeburg시 시장이던 오토 폰 게리케Otto von Guericke, 1602~1686가 진공 상태를 처음으로 만들어냈다. 게리케는 공기를 제거한 구의 진공 환경에서 대기압의 존재를 확인하기 위해 1654년 마그데부르크의 반구 실험을 설계했다. 초기 형태의 공기 펌프를 발명해 금속 반구 두 개를 붙여 만든 구형 공간에서 공기를 제거하는 실험이었다. 진공 상태가 된 두 개의 반구는 외부의 대기압에 눌려 매

오토 폰 게리케(왼쪽)가 공기 펌프를 발명한 이후 기체의 힘에 대한 연구가 본격적으로 이루어졌다. 특히 그가 시행한 마그데부르크의 반구 실험은 역사적인 공기 관련 실험으로 여겨진다.

우 단단히 붙어 있었고 반구를 다시 떼어놓으려면 각각 말 여덟 마리가 반구의 양방향으로 전력을 다해 끌어당겨야 했다. 반구 실험을 통해 대기가 가진 잠재력과 힘을 확인할 수 있었다.[21]

이 시기 세 명의 과학자로 대표되긴 하지만 더 많은 과학자의 노력 끝에 공기의 생성과 제거, 포집 방법 개량 등 화학사에서 중요한 진보를 이루었다. 이들의 성과는 곧이어 공압화학자Pneumatic chemist의 활약과 화학 혁명에 불을 붙이는 도화선이 되었다.

기체를 연구한 화학의 첫 번째 아버지, 보일

흔히 한 분야에서 선구자 역할을 하거나 그것에 준하는 엄청난 업적을 남긴 사람을 그 분야의 아버지라고 부른다. 앞서 살펴본 의학의 아버지 히포크라테스, 독성학의 아버지 파라켈수스, 경험주의의 아버지 베이컨 같은 학자들이 그 예다. 그렇다면 화학의 아버지는 누구일까?

학문 분야마다 대표되는 한 명의 학자를 아버지라고 칭송하는 것과 달리, 화학에는 특이하게도 여러 명의 아버지가 있다. 화학의 첫 번째 아버지는 아일랜드 출신 화학자 로버트 보일Robert Boyle, 1627~1691이다. 보일은 이제까지 연금술이 쌓아온 뒤죽박죽인 언어와 이론 체계에 경종을 울림과 동시에 본격적인 기체 연구의 시작을 알렸다.[22]

보일은 남겨진 여러 초상화에서 드러나듯이 병약한 편이었다. 그럼에도 당시 많은 화학자처럼 새로운 화합물이나 물질의 특성을 확

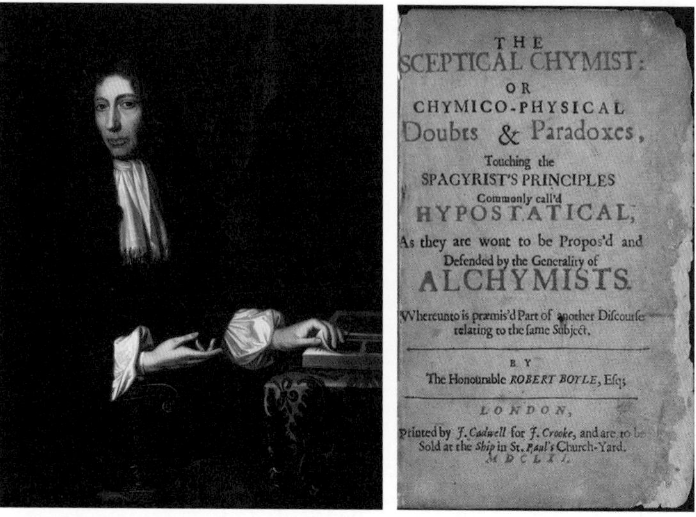

THE
SCEPTICAL CHYMIST:
OR
CHYMICO-PHYSICAL
Doubts & Paradoxes,
Touching the
SPAGYRIST'S PRINCIPLES
Commonly call'd
HYPOSTATICAL,
As they are wont to be Propos'd and
Defended by the Generality of
ALCHYMISTS.
Whereunto is præmis'd Part of another Discourse
relating to the same Subject.

BY
The Honourable *ROBERT BOYLE*, Esq;

LONDON,
Printed by *J. Cadwell* for *J. Crooke*, and are to be
Sold at the *Ship* in St. *Paul's* Church-Yard.
MDCLXI.

화학의 첫 번째 아버지로 불리는 로버트 보일(왼쪽)의 저서 「회의적 화학자」는 화학 역사상 가장 중요한 책 가운데 하나로 꼽힌다.

보일의 수많은 업적 가운데 가장 먼저 떠올릴 수 있는 것이 리트머스 이끼로 만든 산성도 테스트 용지인 리트머스 시험지다.

인하기 위해 직접 냄새와 맛을 보며 연구에 몰두했다. 리트머스 이끼*Roccella tinctoria* 용액을 사용해 리트머스 시험지litmus paper를 처음 발명한 사람도 보일이다. 만약 병약하던 그가 이른 나이에 세상을 떠났다면 화학 발달 측면에서 너무나 큰 타격이었을 것이다.

그는 뛰어난 조수와 협업해 기체 연구에서 빠른 진전을 이루었는데, 그 제자가 바로 로버트 훅Robert Hooke, 1635~1703이다. 훅은 약 8년간 보일의 조수로 일하면서 본격적인 기체 연구가 가능하도록 도왔다. 진공 상태를 만드는 데 쓰이는 게리케의 공기 펌프를 개량했고, 최초로 그레고리 망원경Gregorian telescope을 제작해 화성과 목성의 자전을 관찰했으며, 현미경으로 식물을 들여다본 뒤 세포cell라는 용어를 처음 만들어 사용했다.[23] 또한 용수철의 탄성력을 연구해 자신의 이름이 붙은 법칙을 발표하기도 했다. 용수철과 같이 탄성이 있는 물체가 외력에 의해 늘어나거나 줄어드는 변형이 일어났을 때 원모습으로 돌아오려고 저항하는 복원력의 크기와 변형 정도의 관계를 나타내는 '훅의 법칙Hooke's law'이 그것이다.[24] 화학 이외에도 훅은 고생물학과 천문학을 포함해 수많은 분야에서 뛰어난 업적을 남겼다. 영국 과학의 중심이던 왕립학회Royal Society에서 큐레이터로 일하면서 학회에 보고하기 위해 제출된 여러 아이디어와 연구 결과 등을 확인하는 활동도 했는데(보일은 왕립학회 창립자 중 한 명이었다), 이후 뉴턴의 광학 연구에 부정적인 결론을 내려 돌이킬 수 없는 악연을 맺기도 했다.

이런 훅의 도움에 힘입어 보일은 기체에 관한 두 가지 큰 연구 결과를 논문으로 작성해 왕립학회에 보고했다. 진공에서는 소리가 전달되지 않는다는 내용에 관한 첫 번째 논문,[25] 그리고 온도가 같을

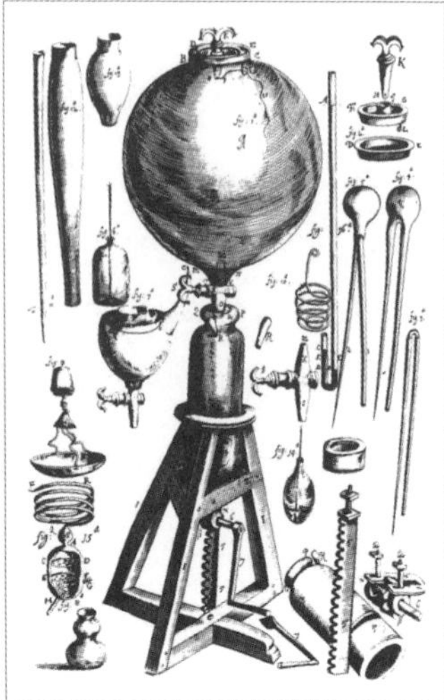

로버트 훅(왼쪽)은 보일의 조수이자 위대한 과학자로, 공기 펌프를 개량해 연구에 사용했다.

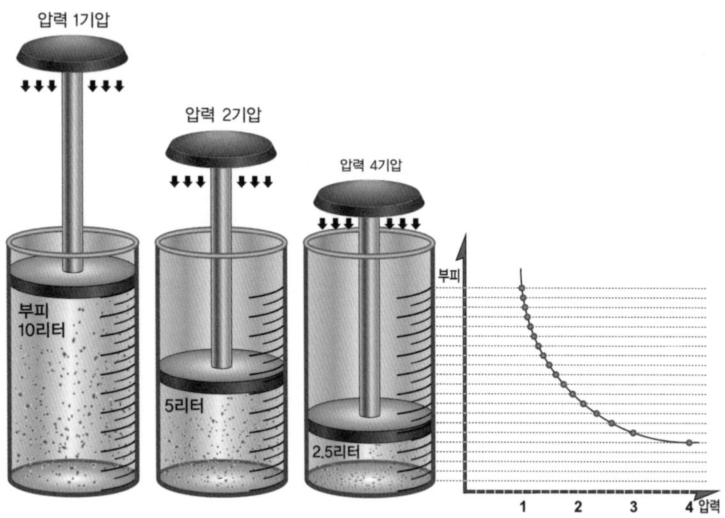

보일은 기체의 압력(기압)과 부피(리터)는 반비례한다는 '보일의 법칙'으로 잘 알려져 있다.

때 관찰되는 압력과 기체 부피 간 상관관계를 규명한 두 번째 논문이다. 이 가운데 두 번째는 '보일의 법칙Boyle's law'으로 잘 알려져 있다.[26] 공기가 들어 있는 풍선이나 공, 혹은 반대쪽 끝이 막힌 주사기를 힘을 주어 누르면 내부 공기가 압축되고 부피는 줄어드는 현상이 일어나는데, 그것이 수치상 반비례 관계에 있다는 사실을 밝혀낸 것이다. 이 결과는 경험론과 과학이 화학 분야에서 거둔 첫 번째 성과라고 할 수 있다. 보일은 베이컨이 제안한 실험과학과 체계에서 벗어나지 않았으며, 철저히 이성적이고 분석적으로 현상을 관찰해 올바른 결론을 도출해냈다.

이처럼 사람들은 공기에 대해 조금씩 더 많은 사실을 알게 되었지만, 여전히 '가스'를 제외하면 모두 한 종류로 이루어진 동일한 물질이라고 여겼다. 현재와 같이 공기가 78퍼센트의 질소와 21퍼센트의 산소, 그리고 그 외 다양한 기체가 균일한 형태로 섞인 무색, 무취의 혼합 기체라는 사실을 발견하기에는 정보가 너무나도 부족한 상황이었다. 하지만 보일은 공기가 하나의 물질이 아니라, 화학적으로 매우 불균일한 '혼합물'이라는 사실을 쉽게 발견했으며, 아무도 화두를 던지지 않았던 그 부분이 잘못되었음을 명확히 지적했다. 이것이야말로 보일이 화학의 아버지로 불리는 이유다. 또한 화학이 철학이나 의학과 분리되어 독립적인 학문으로 구분되는 시점으로 통용되는 이유이기도 하다.

보일은 1661년 『회의적 화학자The Sceptical Chymist』라는 책을 발표했다. 회의론자 카르네아데스Carneades, B.C. 214?~B.C. 129?, 화학자 존 필로포누스John Philoponus, 490~570, 아리스토텔레스주의자 테미스티우스Themistius, 317~387, 판사 엘레우테리우스Eleutherius, 그리고 서술자까지 총 5명의 인물이 등장해 대화체 형식으로 소체주의Corpuscularianism부터 입자의 운동과 혼합물의 형성까지 이야기하는 내용이다. 보일은 이 책에서 아리스토텔레스의 4원소설(불, 물, 흙, 공기)과 파라켈수스의 삼원론(수은, 황, 소금)을 부정했다. 모든 것이 한 가지나 두세 가지의 기본 단위로만 이루어졌다면 모든 물질이 근본적으로 같은 성분으로만 구성되었다는 의미이므로 논리적으로 모순이라는 것이었다. 그는 이것들보다 작은 미립자들이 서로 다른 종류와 개수로 모여 물질을 형성한다는 개념을 제시했다. 또한 스콜라 학파의 자연철학을 부정하고 실험과학을 옹호했으며, 연금술 시대부터 이어져온 화학과 의학을 분리해놓았다. 그리고 엉망진창으로 뒤섞인 연금술사들의 용어, 이론, 체계를 모두 정리하자고 주장했다.[27]

그동안 화학은 다양한 방식으로 종교와 관계를 맺어왔다. 고대 신앙에서 화학은 물질에 가치와 의미를 부여하고 체계를 형성하는 협조자 역할을 했고, 이슬람 세계에서는 개인의 지적 탐구를 통해 신의 가르침에 통달하는 것을 매우 높이 평가하는 분위기 속에서 서로 독립적으로 성장했으며, 기독교 세계에서는 교리에 대한 관점의 불일치 탓에 오랜 세월 배척받았다. 그리고 점차 화학이 과학의 한 종류로 독립해감에 따라, 신학과 화학은 다시금 새로운 관계로 얽히기 시작했다.

보일은 당대 많은 과학자처럼 신학에 관심을 가졌다. 부유한 귀족 집안의 자제로 태어난 데다 동인도회사 이사이기도 했던 보일은 자신의 관심사를 연구하는 것에 별 어려움이 없었다. 그는 경험과 실험이 바탕이 되는 과학적 방법을 통해 『성경』 속 주장들과 신의 존재를 증명할 수 있다고 믿었고, 『성경』에 나오는 부활을 과학적으로 증명하려는 시도를 했다. 그가 『자연 사물의 궁극적 원인에 대한 논고Disquisition about the Final Causes of Natural Things』를 비롯해 여러 권의 기독교 관련 저서를 남긴 이유다. 동인도회사 이사로 활동하며 얻은 수익의 상당 부분을 『성경』 번역과 책 인쇄에 사용하기도 했다. 사람들이 실생활에서 주로 쓰는 언어로 『성경』을 공부하고 해석해야 한다고 생각한 그는 아일랜드어로 『성경』을 번역하고 인쇄했는데, 이는 아일랜드어를 천박하게 여기던 당시 사람들과는 차별되는 실용적 태도였다. 과학이 실험과 증명 위주의 전문성을 갖추어가면서 점차 신앙의 관점과 대척점에 섰던 것과 달리, 보일은 신학 분야에도 경험주의와 실용주의 정신으로 다가가려 했던 것이다.

공압화학자들이 밝혀낸 공기에 관한 진실

본격적인 기체 연구의 성과가 쏟아지는 시기에 활동한 화학자들, 공기 압력과 특성을 활용해 공기 자체에 대한 연구를 주도적으로 수행하는 사람들을 '공압화학자'라고 부른다. 보일이 가장 활발하게 연구 업적을 쌓아갈 시점에 알려진 기체 종류는 두 가지에 불과했다. 순수하게 한 종류의 공기라고 여긴 대기 중 공기와 판 헬몬트가 실험을 통해 구분해낸 특이한 공기인 가스(이산화 탄소)가 그것이다.

그렇다면 베르누이의 실험 방법을 기준으로 할 때 공기를 만들어내는 가장 간단한 반응이자, 인류 역사상 가장 오랫동안 연구되어온 반응이며, 화학의 시작이라고 할 수 있는 연소를 바라보고 이해하는 시각은 얼마나 진보했을까? 과거 아리스토텔레스는 연소를 물질이 불의 근원을 방출하는 현상이라고 표현했으며, 파라켈수스는 물질에 포함된 황이 불을 만들어낸다고 설명했다. 이와 같은 해석들에 의하면 연소를 통해 물질은 무언가를 잃어버리거나 구성 요소가 변하는 정도의 간단한 변화만 일어난다. 결론적으로 물질의 무게는 변하지 않거나 처음보다 가벼워지는 결과만 성립하는 것이다.

사실 목재 등 물질이 연소한 후에는 기체 형태로 많은 것이 사라져 가벼워진다. 그런 현상은 가장 일반적으로 관찰되는 결과론이다. 그런데 이와는 반대되는 현상이 관찰되기 시작했다. 공기 중에서 가열된 금속은 오히려 무게가 증가한다는 사실이 새롭게 밝혀진 것이다. 이는 후에 연소를 규명하고 정의하는 것뿐 아니라, 화학사에서 가장 애매모호하던 개념이 해결되는 실마리로 작용하게 된다.

역사상 공압화학자로 구분되는 최초의 인물은 존 메이오John Mayow, 1640~1679다. 메이오는 본격적으로 연소와 폭발, 공기에 관한 연구에 관심을 가지기 시작했는데, 공기가 제거된 용기 안에서 가열한 금속판 위에 가연성 물질을 떨어뜨렸을 때 대기 중에서와 달리 변화가 없다는 사실을 알아냈다. 공기가 존재하는 경우에는 동일한 실험을 할 때 당연히 폭발이 일어났다. 이로부터 공기가 물질 연소에 핵심적으로 작용하는 요인이라는 사실을 추론해냈다. 공기가 연소에 필수적이라는 것은 보일이 이미 밝힌 바 있지만, 메이오의 연구 설계와 추론은 기본적으로 보일의 연구 내용을 기반으로 하면서 그 외

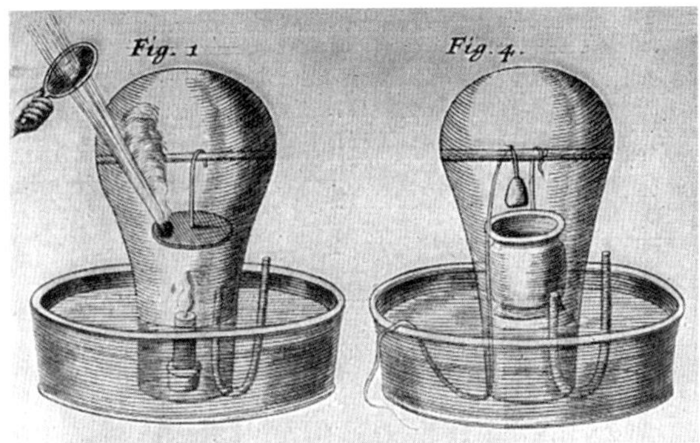

존 메이오(왼쪽)는 실험을 통해 연소에 관여하는 공기와 그러지 않는 공기가 존재한다는 사실을 밝혀냈다.

에 부가적인 해석이 덧붙었다. 바로 공기는 연소에 관여하는 활성active 부분과 그러지 않는 부분으로 구분된다는 것이었다. 그는 단순히 진공 상태의 관찰에 그치지 않고 초석nitre, KNO_3을 활용해 발생시킨 공기로 초자 내부를 채워 동일한 실험을 진행했다(이 공기는 후에 질소로 밝혀졌다). 그런데 이 공기는 연소나 폭발에 전혀 관여할 수 없었다. 쥐를 대상으로 한 실험에서도 호흡에 사용될 수 없는 공기 종류라는 사실이 증명되었다. 양초와 쥐를 이 공기가 들어 있는 용기 안에 넣고 관찰하자, 촛불이 꺼진 후 쥐가 죽는다는 사실이 확인되었다. 결과적으로 그는 연소와 호흡에 관여하는 공기가 같은 물질이라는 점을 깨달을 수 있었다. 메이오는 또한 금속인 안티모니를 공기 중에서 가열할 때 무게가 증가하는 현상도 발견해냈다.

제7장

폭발하는 뇌관

T H E   C H R O N I C L

: 화학 혁명

O F C H E M I S T R Y

혁명적 변화는 평소 중요하게 여기지 않던 사소한 것에서 갑작스럽게 시작되어 거세게 휘몰아친다. 우리 주변에 흔한 모래와 유리를 구성하는 원소인 규소로부터 비롯된 반도체 문명을 예로 들 수 있다. 어디에나 있는 탄소가 신소재로 각광받으면서 첨단 기술을 견인하는 것 역시 마찬가지다. 일상적이고 자연스러운 화학반응인 연소의 본질적 의미에 대한 고찰, 그리고 어디에나 존재하는 공기와 기체 상태를 이루는 물질에 대한 관심은 화학 혁명의 뇌관으로 작용했다. 이전까지 하나의 학문으로 온전히 자리 잡지 못하던 화학은 이제 연금술과 차별화되고, 철학과는 멀어지며, 의학과 분리되어 폭발적으로 발전하기 시작했다.

화학 현상을 지배한 물질, 플로지스톤

이 시기에 물질의 연소에 관여하는 핵심적 개념으로 플로지스톤

phlogiston이라는 가상의 요소가 제안되었다.[1] 이 용어는 고대 그리스어로 '불'을 뜻하는 플록스phlóx, φλόξ로부터 유래한 '불타다'라는 의미의 플로지스톤φλογιστόν에서 파생한 것으로, 독일 연금술사 요한 요아힘 베허Johann Joachim Becher, 1635~1682가 1667년 『지하 세계의 물리Physica Subterranea』라는 책에서 최초로 언급했다.[2] 베허는 고전적인 물질의 근원 가운데 불과 공기를 배제하고 가연성과 연관된 '테라 핑귀스terra pinguis'가 연소의 핵심 물질이라고 생각했다. 테라 핑귀스는 '기름기가 많은 흙'이라는 뜻으로 베허는 이것이 연소를 일으킨다고 판단한 것이다. 이후 베허의 제자 게오르크 에른스트 슈탈Georg Ernst Stahl, 1660~1734이 이 주장에 매료되어 '플로지스톤설'을 주장했다. 하지만 이는 1783년 라부아지에의 근대적 연소 이론으로 사실이 아님이 증명되었다.

라부아지에가 새롭게 증명하기 전까지 플로지스톤설은 근대 화학에서 거의 정론처럼 굳어 있었다. 물론 사실이 아닌 것으로 밝혀지긴 했지만, 근대 화학에서 플로지스톤설을 잘못된 개념으로부터 연역적 고찰로 얻어낸 결과물이라고 평가절하할 수만은 없다. 당시는 경험론과 실험과학적 기법이 이미 확립된 시기였고, 슈탈 역시 실험과 관찰을 통해 자신의 주장에 걸맞은 데이터로 이를 입증했다. 무엇보다 플로지스톤이라는 요소가 방출되면 연소반응과 물질의 변화가 일어난다는 것이 하나의 전제 조건이었는데, 이와 같은 슈탈의 논리적 접근법은 다음의 과정으로 이해할 수 있다.[3]

기존의 대표적인 연소반응 중 하나는 황을 사용해 황산을 만들어내는 것이었다. 플로지스톤설은 이 기본적인 연소반응을 통해 황에

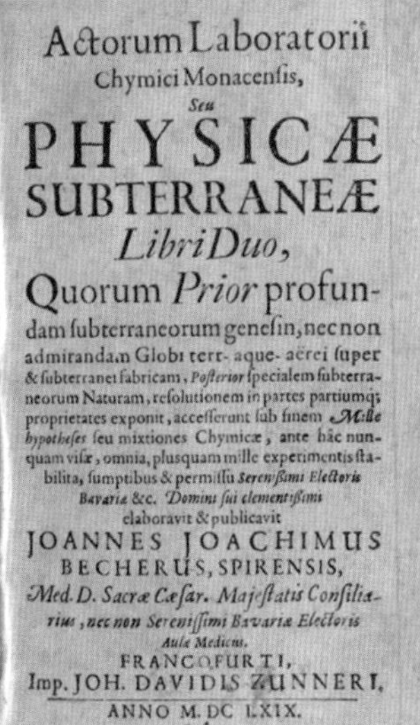
Actorum Laboratorii
Chymici Monacensis,
Seu
PHYSICÆ
SUBTERRANEÆ
Libri Duo,
Quorum *Prior* profundam subterraneorum genesin, nec non admirandam Globi terr- aque- aërei super & subterranei fabricam, *Posterior* specialem subterraneorum Naturam, resolutionem in partes partiumq; proprietates exponit, accesserunt sub finem *Mille hypotheses* seu mixtiones Chymicæ, ante hâc nunquam visæ, omnia, plusquam mille experimentis stabilita, sumptibus & permissu *Serenissimi Electoris Bavariæ &c. Domini sui clementissimi* elaboravit & publicavit
JOANNES JOACHIMUS
BECHERUS, SPIRENSIS,
Med. D. Sacræ Cæsar. Majestatis Consiliarius, nec non Serenissimi Bavariæ Electoris Aulæ Medicus.
FRANCOFURTI,
Imp. JOH. DAVIDIS ZUNNERI,
ANNO M. DC LXIX.

요한 베허(위 왼쪽)와 게오르크 슈탈. 베허는 광물과 연소에 관한 책 『지하 세계의 물리』(아래)에서 연소의 핵심 개념을 플로지스톤이라는 용어로 설명했고, 슈탈은 그것을 플로지스톤설로 정립했다.

포함된 플로지스톤이 방출되어 황산으로 변화한다는 것이 전제였다. 또 숯을 비롯해 탄소로 이루어진 물질은 연소반응이 일어난 후 부피와 무게가 매우 적은 재만 남는다. 이 관찰을 통해 탄소는 대부분 플로지스톤으로 이루어진 물질이라고 여기게 되었다. 금속 정련 과정에서 탄소가 첨가되는 기술적 과정을 고려한다면, 탄소에 포함된 다량의 플로지스톤은 이미 연소해 플로지스톤이 고갈된 금속 산화물로 이동하게 될 것이다. 이에 따라 플로지스톤이 금속을 재생한다는 결론이 도출되었다.

슈탈은 플로지스톤이 제거된 황산에 플로지스톤이 다량 포함된 탄소를 넣어 열을 가하면 플로지스톤의 이동이 일어나 황산이 황으로 변화할 것이라는 가정하에 실험을 진행했다. 그런데 이 실험에서는 황이 아닌 적갈색 물질이 형성되었다. 훗날 이 물질은 다황화 포타슘potassium polysulfide으로 밝혀졌지만, 정확한 조성을 파악할 수 없었던 당시에는 처음에 가정한 것처럼 플로지스톤의 이동이 일어났다고 여겼다. 과거 연금술사들도 금을 만드는 시도를 하다 물질에 어떤 변화가 일어나면 그것을 물질의 변환 과정이나 불완전한 반응으로 이해했다. 마찬가지로 플로지스톤이 완전히 이동하지 못했을 뿐이지 이동 과정상의 산물이 확인되었다고 생각한 것이다.

슈탈은 생물을 구성하는 유기물은 무생물을 이루는 무기물과는 다른 요소와 원리로 형성된다는 생기론Vitalism주의자이기도 했다. 플로지스톤설은 이런 주장을 설명하는 데 매우 유용한 도구였다.[4] 즉 플로지스톤설에 따르면 생명체는 공기 중에서 플로지스톤을 호흡하고 흡수해 살아가며, 공기는 자발적으로 연소하지 않고, 식물이 불

생명에 대한 관심은 언제나 뜨거웠다. 실험론자 라몬 률은 '마음의 상승과 하강 사다리(Ladder of ascent and descent of the mind)'(왼쪽)를 통해 존재(생명체)의 거대한 연결고리를 주장했다. 생기론 이후에는 종교적 가르침과 과학적 이해의 양립을 인정하는 '유신론적 진화(Theistic evolution)'가 주를 이루었다.

타오를 수 있었다. 명확히 규명되지 않던 소화, 영양, 대사의 복잡한 과정도 모두 플로지스톤이라는 하나의 요소에 힘입어 연관성을 가지게 되었다.

그러나 슈탈의 플로지스톤설은 치명적인 한계를 안고 있었다. 앞서 언급했다시피 금속을 가열할 때 무게가 증가하는 현상을 설명할 수 없었다.[5] 당시 안티모니, 납, 주석 같은 금속성 물질을 가열하면 산화물을 형성하며 무게가 증가한다는 사실이 널리 알려져 있었다. 슈탈은 이에 대해 따로 언급하지 않았고, 플로지스톤주의자들은 플로지스톤이라는 규명되지 않은 미지의 핵심 요소 중에 질량이 없거나 음의 질량을 갖는 종류도 있다는 식으로 대응할 수밖에 없었다. 그렇다면 이런 한계에도 플로지스톤설이 뿌리내리게 된 이유는 무엇일까?

그 답은 슈탈의 제자 요한 하인리히 포트Johann Heinrich Pott, 1692~1777에게서 찾을 수 있다. 그는 플로지스톤이 입자가 아니라, 물질에 있는 본질적 요소이자 원리 자체이기 때문에 이를 어떤 물질에서 분리해내거나 뽑아낼 수 없다는 전제 조건을 붙였다. 그리고 특정 물질은 연소반응 후 플로지스톤이 빠져나가도 질량이 감소하지 않고 오히려 증가한다는 사실을 관찰한다. 그는 오랜 시간 가열해야 그런 현상이 나타나며, 물체의 입자가 더 조밀해지고 부피가 감소하기 때문이라고 설명했다. 그것이 아니면 분말형 산화 아연zinc oxide, ZnO처럼 무거운 공기 입자가 끼어 있을 수 있다고 부연했다. 포트는 플로지스톤에 대해 모든 무기물이 움직이는 핵심 원리라고 주장했다. 색상의 기본도 플로지스톤이고, 발효가 일어나는 데도 플로지스톤이 작용한다는 것이었다. 한마디로 그는 평범한 사람의 일상 속 모든 현상을 플로지스톤으로 설명하고자 노력했다.

포트는 이외에도 무기질을 체계적으로 연구하고 조사해 상세하게 표로 정리했다. 특히 그는 금속 수에 대한 전통적 개념이 바뀌던 시기에 실험을 통해 이 분야의 지식을 넓혀나갔다. 오래전부터 황동을 이루는 성분으로 사용된 아연은 이 무렵이 되어서야 연구가 가능할 정도로 분리되었다. 포트는 아연을 독특한 금속이라고 전제한 뒤 황산 아연을 포함한 여러 화합물을 준비해 백색 황산염이 아연과 황산의 화합물임을 보여주었다. 용광로에서 가열로 얻어지는 모든 종류의 물질과 혼합물에 대해 3만 번 이상 실험을 수행했으며, 그 결과를 자세한 도표로 남겼다. 이 지루한 작업에서 그는 실험물에 나타난 반응에 대해서도 정교한 기록을 남겼는데, 작업 성과와 별도로 그의 이런 작업 방식은 화학 분석 분야에 지대한 공헌을 한 것으로 평가받는다.

어쨌든 플로지스톤설은 폐기되기까지 100년에 달하는 시간 동안 유럽 화학을 지배한 개념이다. 과거 학자들이 플로지스톤설에 미혹되는 바람에 올바른 해석과 이해가 이루어지지 못하고 학문 발전 역시 지연되었다고 주장할 수도 있다. 그러나 이를 통해 과학적 고찰과 해석이 진보했다는 점은 오히려 긍정적 요인으로 평가할 수 있을 것이다.

고정된 공기, 이산화 탄소

금과 약을 만드는 데 집중한 17세기 이전 연금술은 과학 혁명을 계기로 본질적 원리에 대한 탐구로 노선을 변경했다. 하지만 저변에 깔린 기초 이론은 여전히 예전과 동일한 수준에 머물러 있었다. 실험화학을 시도하고 발전시켜가는 과정에서 물질에 대한 아리스토텔레스와 파라켈수스의 이론이 부분적으로 부정되기 시작했지만, 플로지스톤설은 다시금 이를 유지시키는 요소로 작용했다.

본격적인 공기 관련 연구는 스코틀랜드 의사 겸 화학자 조지프 블랙Joseph Black, 1728~1799에 의해 가속화되었다. 그는 의학자로서 탄산마그네슘$MgCO_3$의 화학반응을 관찰하다가 그것이 산과 반응했을 때 기체가 발생하는 현상을 확인했다.[6] 이후 밀폐된 용기에서 포집한 기체를 측정한 결과, 화학반응 전 물질들의 질량 합과 반응 후 질량합이 동일하다는 사실을 발견했다. 훗날 화학반응 전과 후 물질의 질량이 동일하다는 '질량 보존의 법칙law of conservation of mass'을 이끌어 낼 단편적 증거가 나타난 것이다. 당시 탄산 마그네슘은 화합물로서 의미를 가지기보다 설사약 같은 약제로 사용되는 경우가 많았다. 블랙은 의학자로서 학위 논문을 연구하려고 실험을 진행했으며, 이 실험은 당연히 물질의 질량에 관한 내용보다 화학반응으로 모인 기체가 무엇인지 탐구하는 방향으로 진행되었다.

블랙은 이 기체가 판 헬몬트 등이 연소나 호흡, 발효를 통해 얻은 기체와 동일한 종류가 분명하며 연소반응에 부정적 영향을 끼치는 무거운 기체라고 생각했다. 그래서 이를 '고정된 공기fixed air'라고 명명했다. 명확히 규명되지 않은 상태의 이산화 탄소를 발견한 셈이다. 이와 같이 블랙이 생명 반응이나 연소가 아닌 화학반응으로 생성되는 이산화 탄소를 분리해냄으로써 후대 화학자들이 화학반응과 기체의 관계에 주목하는 계기가 마련되었다.

이산화 탄소를 발견한 조지프 블랙(왼쪽)은 제임스 와트와 토론하며 그에게 영향을 미치는 등 공기와 열에 대한 여러 연구를 견인했다.

고정된 공기를 발견한 것 외에도 블랙은 화학사에 중요한 몇 가지 업적을 남겼다. 훗날 열역학이라는 분야가 시작되는 바탕이 된 비열specific heat(어떤 물질 1그램의 온도를 1도 올리는 데 필요한 열의 양)과 온도나 압력은 변하지 않는 상태에서 물질의 상이 변화할 때 열이 이동하는 현상인 잠열latent heat을 발견한 것이 대표적이다.[7] 열에 관한 블랙의 개념은 이후 영국 공학자 토머스 뉴커먼Thomas Newcomen, 1663~1729의 증기기관 효율을 혁신적으로 개선한 영국 화학자 겸 발명가 제임스 와트James Watt, 1736~1819가 열역학을 연구하는 중요한 시작점이 되었다.

대기 중에 가장 많으면서도 뒤늦게 발견된 질소

질소는 대기 중에서 78퍼센트를 차지하는 만큼 손쉽게 찾아냈을 것으로 생각할 수 있지만, 극히 안정한 원소의 특성 때문에 반응이 잘 일어나지 않아 쉽게 발견하지 못했다. 질소의 존재는 18세기 화학자들의 실험에서 불확정 요소를 가중하는 방향으로 작용하기도 했다. 질소는 고에너지 하에서 공기 중의 기체와 반응하면 산화되고 물에 용해되어 질산HNO_3 형태의 산성 용액을 형성하곤 한다. 질소가 가질 수 있는 산화수oxidation number는 꽤 다양하다. 결국 물이 순수한 물질이고 두 종류의 원소로 이루어졌다는 사실이 밝혀지기 전까지 질소가 관여해 일으키는 부반응은 실험에서 확신을 가질 수 없는 원인이 되었다.

최초로 질소를 발견한 사람은 영국 의사이자 화학자 대니얼 러더퍼드Daniel Rutherford, 1749~1819다. 러더퍼드 역시 처음 관심을 가진 부분은 질소가 아니라, 블랙의 고정된 공기에 관한 연구였다. 러더퍼드는 고정된 공기를 해로운 공기라고 규정했다. 이산화 탄소로 가득 찬 용기에 쥐를 넣으면 산소 결핍으로 죽게 되는데, 이것이 호흡할 수 없어 일어난 현상인지, 그 외의 독성 요인 때문인지 이해할 수 없었기에 이와 같은 결론을 내린 것이다. 이후 러더퍼드는 연소반응을 통해 공기 중에 존재하는 산소를 모두 고정된 공기로 변하게 한 뒤 이를 석회수(수산화 칼슘이 물에 녹은 용액)에 통과시켜 이산화 탄소가 탄산 칼슘$CaCO_3$ 형태로 소모되도록 처리해 질소를 얻었다. 대기 중에는 약 78퍼센트의 질소와 약 21퍼센트의 산소를 제외해도 아르곤을 포함한 몇 가지 기체가 존재하기 때문에 러더퍼드가 얻은 기체가 순수한 질소라고는 할 수 없었다. 하지만 이들 미량의 기체가 20세기에 이르러서야 발견되었다는 점을 고려한다면 비교적 높은 순도의 질소를 합리적인 실험 방법을 통해 얻어냈다고 볼 수 있다.

러더퍼드는 고정된 공기에 관한 실험과 마찬가지로, 확보한 질소가 담긴 용기에 쥐를 넣은 뒤 생존 여부를 관찰했다. 그 결과 질소 역시 해로운 기체라는 판단을 내렸다.[8] 질소의 영어 명칭 나이트로젠nitrogen은 '탄산 소듐'을 의미하는 그리스어 니트론Nitron, Nìτρον과 '만들다'라는 뜻을 가진 접미어 제네스-genes, -γενής의 합성어에서 유래했다. 질소가 초석을 비롯한 질소 함유 물질의 주성분이기 때문에 이런 이름이 붙은 것이다. 이에 반해 우리말 명칭인 질소窒素는 '호흡에 사용할 수 없다'는 러더퍼드의 결론에서 유래해 질식窒息과 같이

'숨이 막힌다'라는 의미를 내포한다.

물론 이런 질소의 존재를 발견한 화학자는 동시대에 여럿 있었다. 그러나 공식적으로 석사 학위 논문을 통해 가장 먼저 보고한 러더퍼드를 최초의 질소 발견자로 인정하고 있다. 과거 자신이 탐구한 내용을 처음 기록으로 남긴 아낙시만드로스를 최초의 과학자라고 생각하는 것과 마찬가지다.

대니얼 러더퍼드는 첫 질소 발견자로 통한다.

질이 좋은 탈플로지스톤화 공기, 산소

생명체인 인간에게 가장 중요한 대기 중 기체로 분류되는 산소는 발견보다 생성을 통해 규명되었다. 산소를 처음 만들어낸 영국 화학자이자 신학자 조지프 프리스틀리Joseph Priestley, 1733~1804는 본인 의지와 상관없이 후에 이어질 화학 혁명과 근현대 화학 단체의 형성에서 가장 중요한 역할을 했다. 프리스틀리는 백조목 플라스크에 산화 수은HgO과 산화 납Pb_3O_4을 넣고 이를 각각 가열하면 기체가 발생한다는 사실을 알아냈다. 이 각각의 공기가 지닌 특성을 확인하는 가장 기본적이고 필수적인 방법은 연소와의 상관관계를 밝힐 실험을 하는 것이었다. 그 점을 고려하면 프리스틀리는 아마도 처음으로 연소에 긍정적 영향을 미치는 물질을 찾아냈다는 황홀감을 만끽한 화학자였을 것이다.

하지만 그는 자신이 찾아낸 기체의 가능성을 알아채지 못한 채 플로지스톤설을 바탕으로 이를 설명했다. 실험 과정에서 산화 수은 또는 산화 납과 결합해 있던 산소가 배출되었는데 이는 슈탈이 관찰한, 즉 금속 산화물이 금속으로 돌아가는 현상과 일치하는 결과였다. 그러자 프리스틀리는 공기 중에 존재하던 플로지스톤들이 금속 안으로 흡수되었다고 판단했다. 결국 남겨진 공기인 산소는 플로지스톤을 잃어버린 공기라는 결론이 나왔다. 프리스틀리는 이 기체를 '탈플로지스톤화 공기dephlogisticated air'라고 칭했다.[9,10] 이 탈플로지스톤화 공기의 정체는 알 수 없었지만 연소가 더욱 활발하게 일어나도록 돕고, 숨을 들이마실 때 정신이 맑아지면서 상쾌한 기분이 들기에 그는 일반 공기보다 질이 좋다고 생각했다.

프리스틀리는 산소를 찾아냈지만 이를 명확히 규명하지 못해 최초 발견자라는 명예는 얻지 못했다. 하지만 질화 공기nitrous air(일산화 질소NO), 알칼리 공기alkaline air(암모니아NH_3), 산성 공기acid air(염화 수소

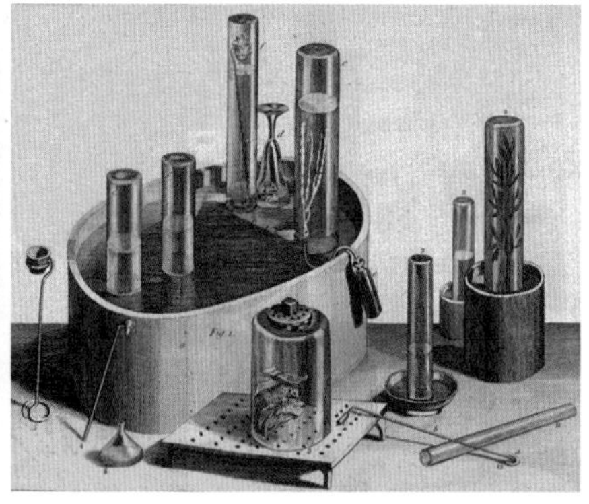

탈플로지스톤화 공기, 즉 산소는 조지프 프리스틀리(왼쪽)가 실험을 통해 처음으로 분리했다.

HCl), 탈플로지스톤화 질화 공기dephlogisticated nitrous air(아산화 질소N_2O), 황산 공기vitriolic acid air(이산화 황SO_2)와 일산화 탄소CO를 분리해 확인하는 등 기체 연구에 매진했다. 또한 블랙이 발견한 고정된 공기인 이산화 탄소를 물에 녹여 최초로 탄산수를 만들어냈다. 그는 탄산수가 생기를 보충해주어 당시 뱃사람들이 가장 두려워하던 질병인 괴혈병을 치료할 수 있을 것이라고 믿었다. 그래서 미지의 남쪽 대륙을 탐험하고자 2차 항해를 떠나는 영국 탐험가 제임스 쿡James Cook, 1728~1779 일행에게 탄산수를 가져가게 했으나 효과가 없었다.

그런데 1783년 독일 시계공 요한 야코프 슈베페Johann Jacob Schweppe가 프리스틀리의 탄산수 생성법을 바탕으로 사업에 성공했다. 슈베페의 탄산수 사업이 성공한 것은 프리스틀리와 영국 생물학자 찰스 다윈Charles Darwin, 1809~1882의 조부 이래즈머스 다윈Erasmus Darwin, 1731~1802 덕분이라 해도 과언이 아니다.[11] 당시 슈베페는 이산화 탄소가 첨가된 탄산수를 의학적 용도의 관점에서 접근했다. 실험으로 얻은 대량의 탄산수를 지역 의사들에게 나눠주어 환자들에게 시험해보게 했고, 상업적 가능성을 발견한 슈베페는 스위스 제네바에 회사를 설립했다. 건강 음료로 어느 정도 알려진 후 그는 탄산수의 이점을 칭찬한 한 저명 교수의 편지를 들고 영국 런던으로 향했다. 런던에서 사업은 예상과 달리 그리 순탄하지 않았다. 그런데 저녁식사 사교 모임인 '버밍엄 루나 소사이어티Lunar society of Birmingham'의 회원이던 이래즈머스 다윈이 이 새로운 건강 음료를 칭찬하는 이야기를 하고 다니면서 탄산수가 선풍적인 인기를 끌기 시작했다. 루나 소사이어티는 학문이나 새로운 발명품, 사업 이야기를 두루 나누는 오피니언

리더 모임이었다. 그러니 탄산수가 성공의 길에 들어서는 것은 당연했다. 심지어 빅토리아 여왕Victoria, 1819~1901은 이 음료를 영국 왕실에 공식적으로 납품할 수 있도록 왕실 조달 허가증을 발급해주기도 했다. 참고로 이래즈머스 다윈은 자연 철학자이자 박물학자였는데, 1794년부터 1796년에 걸쳐 출간한 『동물생리학Zoonomia』을 통해 생물 진화에 대한 추측을 제안했다. 그의 손자 찰스 다윈은 진화론을 완성하고 약칭 『종의 기원On the Origin of Species』이라는 책을 남겼다.

탄산수 사업에 지대한 영향을 끼친 프리스틀리는 이후 미국으로 옮겨가 그곳에서 일생을 마쳤다. 프리스틀리 사후 70주년이자 산소 발견 100주년인 1874년 4월, 그를 추모하고자 프리스틀리 생가에 모인 인물들이 단체를 하나 결성했는데, 이것이 바로 현대 화학 분야에서 가장 큰 규모와 활동을 자랑하는 미국 화학회American Chemical Society, ACS다.[12]

최초의 산소 발견자라는 명예를 두고 프리스틀리와 함께 언급되는 인물은 칼 빌헬름 셸레다. 셸레는 당시 학문의 중심지라고는 할 수 없는 스웨덴에서 태어나 그곳에서 평생을 보낸 화학자다. 재정적으로 여유가 없었고 시대적 상황 또한 열악했지만, 그는 타고난 실험 설계와 분석 능력을 바탕으로 불가능하다 싶을 정도의 성과를 거두었다. 셸레는 프리스틀리와 유사한 방식으로 산소를 생성했다. 산화 수은뿐 아니라 이산화 망가니즈, 질산 마그네슘$Mg(NO_3)_2$, 탄산 은Ag_2CO_3 같은 염을 가열했고 여기에서 얻은 기체에 '불의 공기fire air'라는 이름을 붙였다. 분명 셸레가 산소를 생성한 시기는 1771년으로 프리스틀리(1774)나 라부아지에(1775)보다 빨랐지만, 1777년까

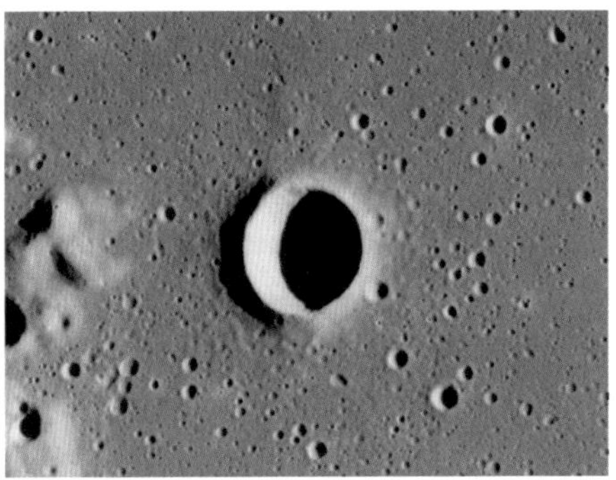

칼 빌헬름 셸레(왼쪽)는 어려운 상황에서도 수많은 원소를 발견해냈다. 달 표면 제이사분면, 제삼사분면에 위치한 '폭풍우의 바다(Oceanus Procellarum)' 충돌 분화구 중 남위 9도 24분, 서위 37도 48분은 셸레의 이름을 본떠 명명되었다.

지 이 사실을 보고하지 않았다. 이뿐 아니라 1772년부터 1778년 사이 바륨barium, Ba, 망가니즈, 몰리브데넘을 포함한 여러 원소를 최초로 발견한 것으로 전해지지만, 마찬가지로 학계에 늦게 보고하는 바람에 최초 발견자의 영예를 빼앗기거나 공동 발견자로 알려지게 되었다.[13]

셸레는 실험에 사용하는 모든 화합물의 맛을 보며 연구한 열정적인 화학자로, 화합물 중에는 1782년 발견한 시안화 수소HCN도 포함되어 있었다. 흔히 시안화 포타슘KCN의 일본어 독음에서 유래한 '청산가리'가 체내에 유입될 때 생성되는 시안화 수소는 인체에 극독성을 보이는 물질이다. 이외에도 비소, 수은, 납, 플루오린화 수소HF를 비롯한 여러 독성 물질이 그의 신체에 심각한 이상을 유발했다. 산소의 생성보다 위대한 업적으로 여겨지는 염소chlorine, Cl와 염소의 표백 작용도 발견했는데, 그 역시 셸레의 건강에 문제를 일으킨 요인

중 하나였을 것이다.[14]

그렇다면 셸레가 자신의 연구 내용과 실험 결과를 발표하는 데 소극적이었던 이유는 무엇일까? 아마도 본인의 성격과 관련 있었겠지만, 경제적 여건이나 북유럽 스칸디나비아반도 동북부에 치우친 스웨덴의 접근성 또한 하나의 원인으로 작용했을 테다. 분명한 사실은 셸레가 한정된 조건에서도 철저한 과학적 접근을 통해 수많은 발견을 해냈다는 점이다. 하지만 그 또한 플로지스톤설의 벽을 넘는 데는 실패했다.

가볍고 강렬한 인화성 공기, 수소

수소는 우주와 원소의 탄생에서 시작을 의미한다. 하지만 지구 대기 속에 너무나 희박하게 존재하는 탓에 생성을 통해 존재를 규명할 수밖에 없었다. 이에 다양한 종류의 기체를 분리하고 확인하는 데 성공한 프리스틀리의 실험 체계와 방법은 당시 화학 연구에서 표준이 되어가고 있었다.

수소를 발견한 영국 자연 철학자이자 화학자 헨리 캐번디시Henry Cavendish, 1731~1810 역시 프리스틀리의 실험 체계를 계승하고 발전시켰다. 어떠한 물질과 산이 격렬하게 반응하는 과정에서 기체가 발생하는 현상은 당시 연구에서 흔한 일이었다. 이로부터 이산화 탄소를 비롯한 몇몇 기체가 확인되었듯이, 수소는 금속에 산을 떨어뜨리는 과정에서 발견되었다. 수소를 확인할 수 있는 가장 직접적이고 간단한 방법은 공기 중에서 불과 접촉시켰을 때 폭발 여부를 관찰하는 것이다. 캐번디시 역시 이 방식으로 가연성 여부를 확인했고 이를 '인화성 공기inflammable air'라고 칭했다.[15] 금속과 산의 반응으로 가연성 기체가 발생한다는 사실은 이미 수 세기 전 혁명적 연금술사인 파라켈수스가 밝혀냈으며, 17세기 보일 역시 철가루와 산을 반응시켜 동일한 기체를 발견한 바 있다. 그런데도 캐번디시를 최초 수소 발견자라고 규정하는 이유는 화학반응으로 발생하는 기타 가연성 기체와는 다른 하나의 화학 원소로 지각한 사람이 캐번디시뿐이었기 때문이다.[16]

캐번디시는 프리스틀리, 와트와 함께한 실험에서 인화성 공기인 수소를 탈플로지스톤화 공기인 산소와 혼합해 연소반응을 일으키면 물이 발생한다는 사실을 알아냈다. 비록 수소가 연소되는 과정에서 공기가 응축해 물이 생성되었다는 잘못된 결론을 내렸지만, 당시 맹목적으로 플로지스톤설을 신뢰하던 다른 화학자들의 추론에 비하면 합리적인 편이었다. 그리고 그는 플로지스톤이 제거된 공기와 연소반응을 일으켰다는 사실로부터 인화성 공기인 수소가 곧 플로지스톤 자체일 것이라는 추측을 내놓았다. 양성자와 전자가 각각 한 개만으로 이루어진 가장 간단한 원소라서 그 어떤 물질보다 가볍고, 또 폭발성이 있을 만큼 강렬한 반응을 유발하기에 이렇게 착각하는 것도 이상한 일은 아니었다. 게다가 캐번디시는 이제까지 알려진 공기 종류를 대기 중에서 제거했을 때 항상 1퍼센트가량 공기가 남아 있다는 사실을 눈치챌 정도의 안목도 있었다. 참고로 남아 있는 그 공기는 20세기에 들어서 아르곤으로 밝혀졌다.[17]

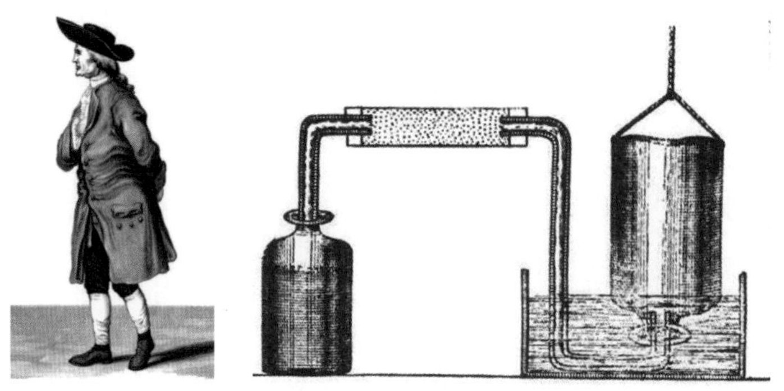

헨리 캐번디시(왼쪽)는 용기 안에서 금속과 산의 반응으로 발생하는 수소를 분리해 모으는 데 성공했다.

사실 캐번디시라는 거인을 단순히 수소 발견자로만 소개하는 것은 아주 작은 일부로 전체를 표현하는 셈이나 마찬가지다. 그는 데번셔Devonshire 공작가 출신으로 막대한 유산을 상속받아 당시 영국에서 가장 부유한 사람 중 한 명이었지만, 비사회적이고 신경질적인 성격 탓에 평생을 외롭게 살다 세상을 떠났다. 하지만 학자로서 캐번디시는 매우 뛰어났다. 그는 관심사가 상당히 넓었다. 특히 기체에 관심이 많아 실험을 통해 수소가 독립된 원소로 존재한다는 사실과 물이 화합물이라는 사실을 발견했고, 물에 존재하는 석회질 성분이 이산화 탄소를 녹인 물에도 들어 있다는 것을 알아냈다. 그 외에도 화학 분야에 뉴턴의 관점을 받아들여 입자의 운동과 열의 관련성을 탐구해 최초로 정리했다. 그는 지구 밀도도 계산했는데, 이는 물리학에서 '캐번디시 실험'으로 알려져 있다. 그리고 전기전도도electric conductivity나 저항에 대해서도 수많은 실험과 탐구를 진행했다.

캐번디시는 엄청나게 정확하고 엄밀하게 실험을 진행하고 논문도 남겼지만, 연구 논문 중 겨우 4분의 1만 발표해 그의 연구는 그다지 많이 알려지지 않았다. 그렇게 캐번디시는 잊히는 듯했다. 그런데 그가 사망하고 1세기 뒤 데번셔 공작의 허락으로 영국 물리학자 제임스 클러크 맥스웰James Clerk Maxwell, 1831~1879이 공개되지 않은 캐번디시의 나머지 연구 논문들을 편집해 출간하면서 그의 선구적 실험들이 알려졌으며 과학적 업적도 인정받았다. 한마디로 캐번디시는 자신의 다양한 관심사를 실험과 연구를 통해 밝혀내고 과학을 한 단계 끌어올린 인물이라고 할 수 있다.

화학의 두 번째 아버지 라부아지에가 이끈 혁명

16세기 과학 혁명이 기존 스콜라 철학과 연역적 사고에 대항해 발생했다면, 이어지는 화학 혁명은 연금술의 미신적 요소와 아리스토텔레스가 남긴 전제주의적 철학의 망령에 대한 저항이자 화학 체계 및 제도의 성립이라고 할 수 있다. 경험론자들이 도입한 정밀한 분석과 측정, 실험 설계, 이론적 고찰은 화학 혁명의 가장 큰 무기였으며, 기체에 대한 공압화학자들의 관찰 결과가 밑거름이 되었다.

그중에서도 실질적인 화학 혁명을 이끈 인물은 프랑스 화학자이자 화학의 두 번째 아버지로 여겨지는 라부아지에다. 라부아지에는 파리 고등법원의 법률 고문으로 활동한 장 앙투안 라부아지에의 장남으로, 태생적으로 부유한 귀족 집안 자제였다. 뛰어난 두뇌와 우수한 교육 덕분에 젊은 시절부터 특출했다고 알려졌다. 당시 파리가로등의 효율을 개선하는 방법을 제안해 메달을 받은 일화가 유명하다. 이 덕분에 스물다섯 나이로 명예로운 왕립학회 부회원 자격을 얻었고 1년 후에는 정회원으로 승격했다.[18]

화학에 대한 라부아지에의 탐구는 물 연구에서 시작되었다. 물의 증발과 응결을 통해 형성되는 매우 높은 순도의 증류수는 당시에도 기본적인 염을 용해할 때 용매로 흔히 사용되었다. 하지만 물이 과연 순수한 물질인지에 대한 의문은 여전히 남아 있었다. 이러한 의문이 생겨난 이유는 물을 가열해 증발시키면 초자에서 정체를 알 수 없는 고체 가루가 발견되는 현상이 빈번했기 때문이다. 화학자들은 아리스토텔레스의 원소설에 기반해 물이 흙의 성질로 변하는 반응이 존재한다고 해석했다.

라부아지에는 이를 명확히 검증하기 위해 무게를 측정한 증류수를 유리 용기(초자)에 담고 밀봉한 후 101일 동안 쉼 없이 가열했다. 이후 다시 무게를 측정하자 실험 전후 전체 무게에 변화가 없었다. 그는 이 사실을 바탕으로 외부로부터 물질이 유입되거나 내부에서 유출되지 않는다는 점을 명확히 밝혀내고 추가 분석을 시도했다. 초자와 물, 생성된 고체의 질량을 각각 측정한 결과, 물의 질량은 전혀 변하지 않았지만 초자의 질량이 일부 감소한 사실이 드러났다. 또한 생성된 고체의 질량은 감소한 초자의 질량과 동일했다. 아직은 현대 화학에서 사용하는 고순도의 붕규산염borosilicate 초자류가 개발되지 않은 상태라, 당시 초자에는 다양한 불순물이 포함된 경우가 흔했다. 즉 가열 처리로 불순물이 녹아 빠져나온 뒤 응집되어 고체가 형성되는 현상을 라부아지에가 처음으로 확인한 것이다.[19] 이는 곧

습하고 차가운 물이 따뜻하고 건조한 불에 의해 그것들과는 다른 차갑고 건조한 성질의 흙으로 변할 수 있다는 아리스토텔레스의 4원소설이 적용되지 않는 결과를 실험으로 도출해낸 셈이다. 이때부터 라부아지에는 '순수한 물질이란 무엇인가?'를 본격적으로 고민하기 시작했다.

이후 라부아지에는 본인 인생에서 가장 현명한 결정이자 비극적인 선택을 하게 된다. 세금징수조합 관리자로 일하게 된 것이다. 부유한 귀족 집안에서 태어났으나 전적으로 실험만 하기에는 한계가 있었고, 화학 연구로 생계를 유지하기도 현실적으로 어려웠기에 내린 결정이었다. 당시 세금징수조합은 오늘날과 마찬가지로 국가가 정한 세금을 징수하는 역할을 하는 사기업이었는데, 직원들은 세금 납부액을 제외한 추가적인 징수 금액을 수입으로 삼았다. 그러다 보니 세금을 과도하게 징수하는 행태로 악명이 높았다. 관리자가 된 라부아지에는 먼저 밀수 차단 방법을 개발하는 일을 주도적으로 수행했다. 대표적인 밀수 품목인 담배의 질을 분석해 순도를 파악한 뒤 농장에서 만든 담배에 밀수 담배를 섞어서 판매하는 사기 행위를 적발한 것이다. 또한 비공식 경로로 유입되는 밀수품을 차단하기 위해 파리시를 둘러싸는 장벽을 설치하고 지정된 출입구에서만 물품을 조사한 뒤 반입을 허가하는 방식을 제안해 많은 수익을 올렸다.[20]

라부아지에는 스물여덟 나이에 세금징수조합장 딸인 열세 살의 마리안 피에레테 폴즈 라부아지에Marie-Anne Pierrette Paulze Lavoisier, 1758~1836와 결혼했다. 마리안 라부아지에는 매우 뛰어난 두뇌와 재능을 가진 여성이었다. 언어 능력이 특출하고 그림에도 재주가 있어, 라부아지에의 연구를 보조하면서 결과를 정리해 학계에 보고하는 일도 성심껏 돕는 등 연구 및 저술 활동의 가장 뛰어난 동반자로 일생을 함께 했다.[21]

당시 연구에 필요한 산화 수은 등을 구입하고자 유럽을 방문한 프리스틀리는 라부아지에에게 새롭게 발견한 탈플로지스톤화 공기의 특징을 알려주고 심도 있는 토론을 이어갔다. 이후 라부아지에는 탈플로지스톤화 공기를 금속 등 여러 물질과 반응시키면 나중에 밝혀질 산화반응을 통해 각각 무게가 증가한다는 사실을 발견했다. 이를 연구 논문으로 보고하는 과정에서 화학 혁명의 큰 시작과 도전이 이루어졌다. 바로 당시 학계의 주류 이론이던 플로지스톤설을 전혀 인용하지 않은 채 반응을 거친 물질은 무게가 증가한다는 사실을 논한 것이다. 탈플로지스톤화 공기와 비금속 원소의 반응을 통해 형성된 물질들은 모두 무게가 증가한다는 점 외에도, 물에 용해되어 산성을 보인다는 공통점이 있었다. 이것으로부터 산은 모두 이 공기와 결합해 형성된다는 결론이 나왔고, 플로지스톤을 기반으로 명명이 이루어진 기체는 이제 '산oxy을 만든다genes'는 의미에서 산소oxygen라는 이름이 붙게 되었다.

라부아지에는 프리스틀리, 캐번디시, 와트와 마찬가지로 탈플로지스톤화 공기와 인화성 공기의 연소 실험을 독립적으로 진행했다. 라부아지에 이전에 산소와 수소로 물을 생성하는 실험을 한 화학자들은 산소와 수소를 스파크로 연소시키는 과정에서 함께 산화된 질소가 물에 녹아 산성 용액이 만들어지자 이를 순수한 물과는 다른

자크루이 다비드(Jacques-Louis David)의 〈화학자 라부아지에와 그의 아내 마리안 피에레테 폴즈의 초상화(Portrait of Monsieur de Lavoisier and his Wife, chemist Marie-Anne Pierrette Paulze)〉(1788)

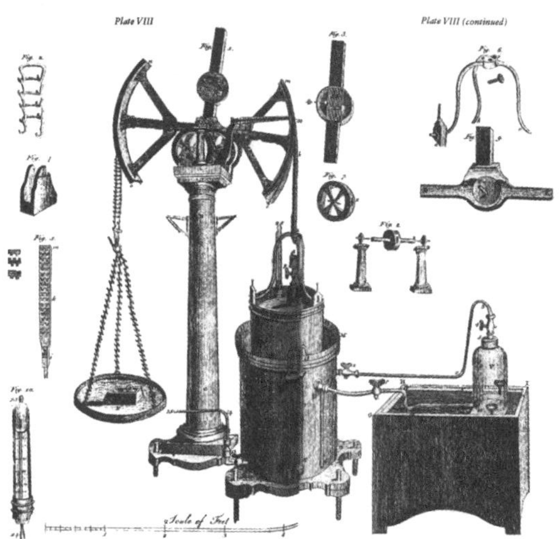

앙투안과 마리안 라부아지에 부부는 연구 및 저술 활동의 동반자로, 특히 마리안은 연구 결과를 삽화로 표현하는 데 능숙해 『화학 원론』에 실리기도 했다.

종류라고 생각했다. 이에 논문으로 보고하지 않았다. 하지만 라부아지에는 연구 시작 단계에서 이미 물은 순수한 물질이고, 고체 형성이나 산성화 같은 특이한 현상에 물 이외의 요인이 관여한다는 사실을 알았기에 훨씬 정확하게 현상을 해석해냈다. 캐번디시의 인화성 공기는 '물hydro을 만드는genes 공기'임이 자명했기에 수소hydrogen라는 명칭이 붙었다.

라부아지에는 물이 생성되는 과정에만 관심을 두지 않고, 이에 대한 재검증 혹은 역반응에 대한 시도로 정밀하면서도 파격적인 실험을 설계했다. 1785년 과학자 약 30명이 입회한 가운데 그는 높은 열을 가해 물을 수소와 산소로 분리해내고, 반대로 수소와 산소 기체를 이용해 물을 생성해 보이기도 했다. 기체들을 연소시켜 물을 생성한 뒤 이를 뜨겁게 달군 총열에 떨어뜨려 기화 과정에서 일어나는 반응을 추적함으로써 물의 구성 요소를 증명해낸 것이다. 물을 구성하는 요소 중 산소는 뜨거운 철과 반응해 산화 철을 형성했으며, 수소는 기체 형태로 다시금 발생했다.[22] 물은 한 종류의 원소가 아닌, 두 종류의 원소가 모여 만들어진 화합물임이 밝혀진 순간이었다. 이로부터 플로지스톤설을 반격할 근거가 탄생했다.

이후 라부아지에는 적극적으로 플로지스톤설에 대항했다. 특히 1785년 논문 「플로지스톤설에 대한 성찰Réflexions des le phlogistique」을 통해 플로지스톤설은 일관성과 명확성이 부재하다며 맹렬히 비난했다. 반면 슈탈은 물질이 산소와 결합하는 연소와 산소가 광석 등 고체로부터 배출되는 탈산소의 경우 플로지스톤설로 설명할 수 없으므로 이 둘은 별개의 반응이라고 주장하면서 약점을 회피했다. 이

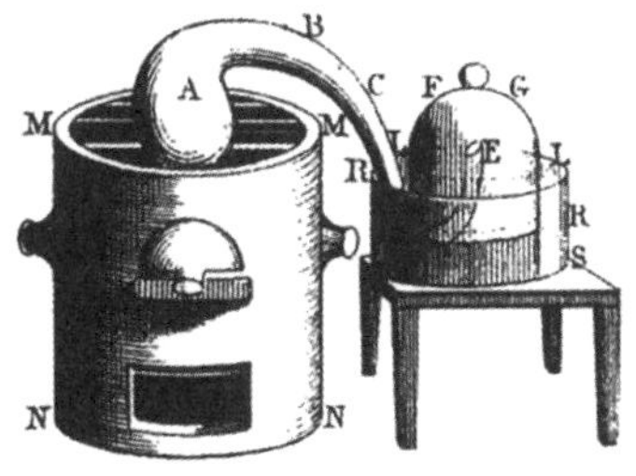

공기를 연구하기 위한 라부아지에의 실험 장치(오른쪽)와 이것을 사용하는 모습을 담은 삽화

에 라부아지에는 연소와 탈산소 모두 금속과 산소 사이에 일어나는 동일한 반응으로, 산소가 유입되고 나가는 방향성이 다를 뿐이라고 설명했다.

또한 플로지스톤설에서는 금속 산화물이 금속으로 정련되는 환원반응이 플로지스톤과 결합해 일어나는 결과라고 봤다. 반면 라부아지에는 금속 산화물에서 산소가 떨어져 나와 금속만 남는 반응일 뿐, 플로지스톤은 불의 원소가 아니며 존재하지 않는 허무맹랑한 물질이라고 주장했다. 플로지스톤설을 기반으로 이론을 정립해오던 당시 학자들은 당연히 라부아지에의 의견에 반박하기 시작했다. 이는 화학 역사에 길이 남을 저서이자 화학 교과서인 라부아지에의 『화학 원론Traité Élémentaire de Chimie』(1789)이 출간되는 계기가 되었다. 결과적으로 라부아지에는 플로지스톤설을 깨뜨리는 데 성공했지만, 아직 아리스토텔레스의 4원소설을 뒤엎을 수는 없었다. 원소와 원자에 대한 이해나 확신이 없는 상태에서 그것은 불가능한 일이기도 했다.[23]

하지만 라부아지에의 성과는 이것이 끝이 아니다. 그는 생명 반응, 지질학, 화학량론Stoichiometry을 비롯해 여러 업적을 남겼다. 그중 또 하나 주목할 만한 부분은 열에 관심을 보이고 관련 연구에 씨앗을 뿌린 블랙과 캐번디시의 견해를 바탕으로 열량에 관해 정량적 연구를 시작했다는 점이다. 라부아지에는 훗날 저명한 수학자로 이름을 알린 피에르 시몽 드 라플라스 후작Pierre-Simon, Marquis de Laplace, 1749~1827과 협력해 화학반응으로 방출되거나 흡수되는 열의 양을 측정하는 열량계colorimeter를 개발했다. 그리고 이 장비를 사용해 숯이 연소되어 이산화 탄소로 변할 때 발생하는 열량, 기니피그의 호흡에서 생성되는 열량 등을 체계적으로 측정했다.[24] 연소와 호흡이 모두 산화반응에 의해 일어난다는 사실을 간접적으로 확인한 것이다. 하지만 열이 무엇인지에 대한 해석은 각자 달랐다. 수학과 물리학에 조예가 깊던 라플라스는 열을 물질 입자들의 운동으로부터 관찰되는 기계적인 결과라고 해석한 데 반해, 화학자인 라부아지에는 열 또한 하나의 물질이라는 잘못된 해석을 남겼다.[25] 라틴어로 '열'을 뜻하는 칼로르calor라는 단어에서 '열을 구성하는 물질'을 의미하는 칼로릭calorique이 유래했는데, 현재 열량 단위로 칼로리calorie가 통용되는 계기가 되었다고도 볼 수 있다.

이후 라부아지에는 원소와 물질에 관한 이론, 그리고 열과 빛에 대한 연구를 바탕으로 이전에 보일이 『회의적 화학자』에서 지적한 화학 이론과 체계, 혼용되던 복잡한 용어들을 재정립하는 첫걸음을 뗐다. 라부아지에와 뜻을 함께한 화학자는 클로드 루이 베르톨레Claude Louis Berthollet, 1748~1822, 루이베르나르 기통 드 모르보Louis-Bernard Guy-

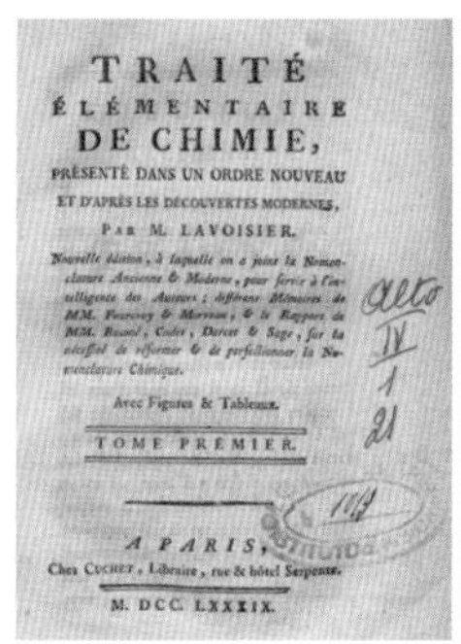

TRAITÉ
ÉLÉMENTAIRE
DE CHIMIE,
PRÉSENTÉ DANS UN ORDRE NOUVEAU
ET D'APRÈS LES DÉCOUVERTES MODERNES,
PAR M. LAVOISIER.

Nouvelle édition, à laquelle on a joint la Nomenclature Ancienne & Moderne, pour servir à l'intelligence des Auteurs; différens Mémoires de MM. Fourcroy & Morveau, & le Rapport de MM. Baumé, Cadet, Darcet & Sage, sur la nécessité de réformer & de perfectionner la Nomenclature Chimique.

Avec Figures & Tableaux.

TOME PREMIER.

A PARIS,
Chez CUCHET, Libraire, rue & hôtel Serpente.

M. DCC. LXXXIX.

라부아지에의 명저 『화학 원론』(왼쪽), 그리고 피에르 라플라스와 함께 발명한 최초의 열량계

ton de Morveau, 1737~1816, 앙투안 프랑수아 푸르크루아Antoine-François Fourcroy, 1755~1809다. 라부아지에는 이들과 함께 화학 명명법chemical nomenclature을 확립했다.[26] 이때 만들어진 화학 명명법은 현대 화학에서도 그대로 사용하고 있으며, 이를 기점으로 화학 연구 체계의 효율성이 대폭 상승했다. 대표적인 예는 다음과 같다.

- 화합물 명칭은 그것을 구성하고 있는 원소들의 종류와 기능성을 바탕으로 명명

  예) 이산화 탄소(CO_2): 탄소와 산소

- 금속(A)과 비금속(B)이 이루는 화합물은 A B-ide(한국어 A화 B) 형태로 명명

  예) sodium(Na)+chlorine(Cl) = NaCl: sodium chlor<u>ide</u>(염<u>화</u> 소듐)

- 산은 산소와 결합한 원소 조성에 기반해 명명

  예) H_2<u>S</u>O_4: <u>sulfur</u>ic acid(<u>황</u>산)

- 산으로부터 유래한 염은 구분이 가능하도록 접미어 '-ate'를 사용

예) Na_2SO_4: sodium sulf**ate**(황산 소듐)

- 산소의 개수가 다른 산은 혼동되지 않도록 접미어로 구분

예) H_2SO_3: **sulfurous** acid(**아황**산)

이로써 전체적인 화학 명명법이 일정 체계를 갖추어 편의성과 명료성이 높아졌다. 이외에도 더는 나눌 수 없는 물질들simple substances을 원소라고 칭했고, 당시까지 발견된 모든 기준 원소를 하나의 표로 정리했다. 이 표는 라부아지에가 원소라고 판단했던 열과 빛lumiére이 포함된 총 33개 목록으로 이루어졌다.[27] 물론 원소 간 상관관계를 함께 고려한, 뒤에 살펴볼 '주기율'은 도입되지 않았다.

공기와 기체를 나타내는 용어 역시 이 시점에 정립되었다. 이산화 탄소가 탄소와 산소의 화합물로 입증되었기에 판 헬몬트가 정한 가스라는 용어는 더는 쓰이지 않았으며, 그 대신 모든 종류의 기체 상태를 가스라고 지칭했다. 이와 반대로 대기 중에 존재하는 일상적인 공기는 아리스토텔레스의 원소 명칭과 같은 공기air로 확정되었다.

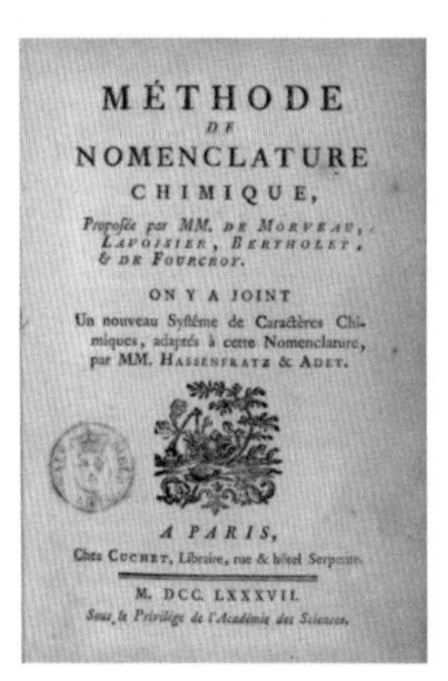
MÉTHODE
DE
NOMENCLATURE
CHIMIQUE,
Proposée par MM. DE MORVEAU, LAVOISIER, BERTHOLET, & DE FOURCROY.
ON Y A JOINT
Un nouveau Système de Caractères Chimiques, adaptés à cette Nomenclature, par MM. HASSENFRATZ & ADET.
A PARIS,
Chez CUCHET, Libraire, rue & hôtel Serpente.
M. DCC. LXXXVII.
Sous le Privilège de l'Académie des Sciences.

루이베르나르 모르보, 라부아지에, 클로드 루이 베르톨레, 그리고 앙투안 프랑수아 푸르크루아가 저술한 『화학적 명명법(Méthode de Nomenclature Chimique)』

이후 화학 분야의 눈부신 발전과 무관하게 시대 흐름이 격변하면서 라부아지에는 매우 곤란한 상황에 놓이고 말았다. 초기 프랑스 대혁명을 이끈 법률가이자 혁명 정치가 막시밀리앙 프랑수아 마리 이지도르 드 로베스피에르Maximilien François Marie Isidore de Robespierre, 1758~1794와

장 폴 마라Jean Paul Marat, 1743~1793에게 라부아지에는 업적과 무관하게 적대적 인물이었다. 정확히 말하자면 저명한 과학자를 꿈꾸던 마라에게 라부아지에는 끝없는 악연으로 얽힌 상대였다. 자신이 뉴턴에 버금가는 과학자라는 환상을 품고 있던 마라는 1784년 논문 「광학에 대한 소고Notions élémentaires d'optique」를 통해 뉴턴의 광학을 비판할 만큼 저돌적이었다. 이전에 마라는 프랑스 과학학술원에 가입하길 희망하며 1780년 논문 「불에 관한 물리적 연구Recherches physiques sur le feu」를 발표한 적이 있다. 그런데 플로지스톤설에 반대하던 라부아지에가 이를 신랄하게 비판하면서 그에게 회원 가입 자격이 없다고 단언했고, 마라의 원한은 이때부터 싹텄다.

마라는 프랑스 대혁명 기간에 라부아지에를 비판하고 나섰다. 라부아지에의 세금징수조합 활동, 그리고 태양로를 구입해 천연 다이아몬드를 연소시켜 그것이 탄소로 이루어졌다는 사실을 확인하는 과정에서 발생한 막대한 낭비 등 다양한 내역을 들먹였다.[28] 그런데 마라가 1793년 프랑스 화가 자크 루이 다비드Jacques Louis David, 1748~1825의 명화 〈마라의 죽음The Death of Marat〉에 남겨진 것처럼, 귀족 영애이자 혁명가인 마리안 샤를로트 드 코르데 다르몽Marie-Anne Charlotte de Corday d'Armont, 1768~1793에게 암살당하면서 대혁명은 극단적 방향으로 흘러갔다. 그리고 화학 분야에서 최종 결과는 프랑스 최고 두뇌로 칭송받던 라부아지에가 1794년 쉰 살 나이에 단두대에서 처형된 것으로 귀결되었다.

라부아지에의 동료 화학자들은 프랑스 대혁명에 동조하거나 망명하는 등 각자 자신의 길을 선택했고, 이 때문에 화학 표준화 작업

자크루이 다비드의 〈마라의 죽음〉 (1793, 위), 그리고 라부아지에와 그의 제자 엘뢰테르 이레네 듀폰

은 완전한 성공을 거두지 못한 채 멈추고 말았다. 먼 훗날 이야기이긴 하지만, 라부아지에의 제자이자 조수였던 엘뢰테르 이레네 듀폰Éleuthère Irénée du Pont, 1771~1834은 1802년 대혁명을 피해 미국으로 망명한 뒤 실업가로 변신했다. 특히 듀폰Dupont사를 설립해 탄약, 원자폭탄, 나일론 같은 현대 화학물질을 발명하는 데 중추적 역할을 했다.

라부아지에는 플로지스톤설에 의심을 품고 처음으로 대항한 사람은 아니었으며, 반응에서 질량 보존을 관찰한 첫 번째 화학자도 아니다. 산소와 수소의 존재를 가장 먼저 발견한 것도 아니고, 생명 반응과 연소, 호흡, 공기, 원소 등에 관해 가장 혁신적 업적을 남긴 인물도 아니다. 하지만 라부아지에는 탈플로지스톤화 공기, 즉 산소가 당시 학계를 지배하고 있던 플로지스톤설을 깨뜨릴 단서라는 사실을 알아챈 단 한 명의 인물이었다. 화학 발달은 체계를 정립하고 표현과 의사소통의 기준을 만들어낸 라부아지에 전후로 나뉜다 해도 과언이 아니며, 그런 까닭에 우리는 이것을 화학 혁명이라고 말한다.

제8장

원소 대발견의 시대

THE CHRONICL

OF CHEMISTRY

현재까지 발견된 원소는 오가네손oganesson, Og까지 총 118개다. 이들 원소 각각의 발견 과정에 얽힌 일화는 언제나 흥미롭다. 그중 광물에서 비교적 손쉽게 분리할 수 있는 원소를 제외한다면 18세기부터 발견되기 시작한 원소들은 화학반응으로 발생하는 전기라는 새로운 힘을 통해 예상치 못한 곳에서 하나씩 모습을 드러냈다. 모래에서, 오염된 약에서, 바닷물에서 분리된 원소는 각각 첨단 전자기기의 반도체로, 발광다이오드Light Emitting Diode, LED와 태양 전지, 디스플레이에 활용되는 양자점으로, 그리고 뜨거운 불 속에서도 버텨내는 방염복 재료 등으로 활용되고 있다. 우리 주위에 늘 있어온 원소들이 화학 분야에서의 발견을 통해 존재를 드러냈고, 그 원소들이 새로운 모습으로 우리의 일상생활에 다시 녹아들어 삶의 질을 높이고 있는 것이다.

점점 더 구체화되는 화학반응식

프랑스 혁명파와 반혁명파 간 대립이 극심한 상황에서 『플루타르코스 영웅전(원제는 『비교열Bioi Paralleloi』)』을 즐겨 읽던 코르시카Corsica 섬의 작은 거인 나폴레옹 보나파르트Napoléon Bonaparte, 1769~1821는 혁명 정부의 명을 받아 화학 역사에 한 획을 그은 사건인 이집트 원정을 떠났다. 총 5만 명의 병력에는 특이하게도 학자와 지식인들이 포함되어 있었다. 나폴레옹이 이집트를 침공하고 1년 만인 1799년 이집트 고대사를 밝혀줄 로제타석Rosetta Stone 등 역사적 발견이 잇따랐지만, 우리가 여기서 주목해야 할 것은 군부대에 속한 화학자이자 라부아지에와 함께 화학 명명법 확립에 핵심적 역할을 한 베르톨레가 알아낸 흥미로운 현상이다.

베르톨레는 이집트 내륙 바하리야Bahariya 사막의 소금 호수를 둘러보던 중 호수 가장자리에 나트론 결정이 석출되어 쌓여 있는 것을 봤다.[1] 건조한 사막에 자리하고 염분 농도도 높은 소금 호숫가에서 염화 소듐$NaCl$ 결정을 찾아냈다면 별다른 일이 아니겠지만, 그곳에 쌓여 있는 것이 탄산 소듐Na_2CO_3인 나트론이라는 점이 특이했다. 일반적으로 실험실에서 관찰되는 화학반응은 물에 잘 녹는 염의 일종인 염화 칼슘$CaCl_2$과 탄산 소듐이 수용액에서 만나, 난용성 침전물이자 석회동굴의 핵심 물질인 탄산 칼슘$CaCO_3$ 침전물과 소금인 염화 소듐 용액을 형성하는 것이다. 이를 화학반응식으로 표현하면 다음과 같다.

클로드 루이 베르톨레(왼쪽)는 이집트 원정에서 내륙 소금 호수를 조사해 화학반응에 대한 단서를 찾아냈다. 아프리카 차드(Chad)공화국의 티베스티(Tibesti)산맥에는 천연 나트론 광석이 쌓여 있다.

$$CaCl_2\ (aq) + Na_2CO_3\ (aq) \rightarrow CaCO_3\ (s) + NaCl\ (aq)$$

화학식 뒤쪽 괄호에는 해당 화학반응에 관여하는 각 물질의 상태를 기록해 조금 더 상세한 정보를 전달한다. 여기서는 각각 수용액aqueous, aq과 고체 침전물solid, s을 뜻하며, 위 화학반응식에는 기재되어 있지 않지만 순수한 액체liquid, l와 기체gas, g도 표현할 수 있다. 화살표는 반응 방향을 의미한다. 보통은 방정식의 등호(=)와 같다고 할 수 있지만, 위와 같이 방향성이 일방통행식이라면 등호와는 다르게 화살표 우측의 생성물이 좌측의 반응물로 되돌아오는 것이 불가능하다. 하지만 베르톨레가 이집트에서 알아낸 것은 일방통행식 화학반응, 즉 좌측에서 우측으로의 '정반응'이 특이하게도 우측에서 좌측으로 되돌아오는 '역반응'으로 나타났다는 점이다. 베르톨레는 약 2년간 이집트에 머물면서 이에 대해 연구했다. 그리고 염분이 극히 많은 사해에서는 생성물의 농도가 높아 반응이 역으로 일어나며,

따라서 가용성이어야 할 탄산 소듐이 석출되어 결정으로 발견되었다는 결론에 이르렀다.[2] 이것이 바로 화학반응의 방향성에 대한 첫 확인이었다. 화학반응은 두 가지 방향으로 일어날 수 있고 물질의 양에 따라 평형equilibrium을 이룬다는 결론을 통해 화학반응식은 다음과 같이 조금 더 구체화되었다.

$$CaCl_2\ (aq) + Na_2CO_3\ (aq) \rightleftharpoons CaCO_3\ (s) + NaCl\ (aq)$$

이는 50년 후 노르웨이 수학자이자 물리학자 카토 막시밀리안 굴드베르그Cato Maximilian Guldberg, 1836~1902와 노르웨이 화학자 페테르 보게Peter Waage, 1833~1900가 화학반응에 물질의 질량이 관여한다는 '질량 작용의 법칙law of mass action'을 만들어내는 데 중요한 역할을 한다.

이후 베르톨레는 화합물을 이루는 각각의 원소가 다양한 비율로 존재할 수 있다고 주장했다. 그런데 이를 계기로 '일정 성분비의 법칙law of definite proportions'을 주장한 프랑스 화학자 조지프 루이 프루스트Joseph Louis Proust, 1754~1826와 첨예하게 대립하게 되었다. 염화 소듐을 예로 들면 이렇다. 베르톨레는 소듐Na과 염소Cl가 1 대 1 혹은 2 대 3 또는 3 대 4 등 다양한 비율로 결합해도 결과적으로 동일한 물질이 된다고 주장한 반면 프루스트는 언제나 1 대 1 정해진 비율로만 화합물을 만들 수 있다는 의견을 피력했다.[3] 결과적으로는 베르톨레의 주장이 잘못된 것으로 밝혀졌다. 하지만 전이 금속 화합물의 경우 다양한 결합 비율이 존재하는데(Fe_2O_3와 Fe_3O_4 등), 이렇게 일정 성분비의 법칙이 들어맞지 않는 화합물을 현재도 베르톨라이드

Berthollides 라고 부른다.[4,5]

라부아지에의 뒤를 이어 당시 화학계 권위자로 군림하던 베르톨레의 이론을 프루스트가 뒤엎을 수 있었던 것은 화학 혁명으로 불붙은 실험을 통한 확인과 분석으로부터 결과를 도출해낸 덕분이다. 이런 기조를 바탕으로 베르톨레는 염소Cl_2와 염소산 포타슘$KClO_3$을 표백에 적용할 수 있다는 사실을 알아냈고, 프루스트는 포도 주스에서 당분을 관찰해 포도당glucose이라고 이름 붙이는 등 학술적 발견에 기여했다.

적철석(Fe_2O_3, 왼쪽)과 자철석(Fe_3O_4)은 철과 산소로만 이루어진 무기 화합물이라는 공통점이 있지만 관찰되는 특성은 확연히 다른 베르톨라이드에 속한다.

명쾌하게 정의된, 더는 나눌 수 없는 원자

이 시대에는 더는 나눌 수 없는 물질 구성 요소인 원소의 종류와 이들 간 결합으로 형성된 화합물에 대한 여러 사실이 속속들이 밝혀졌다. 또한 화학반응 개념이 정립되고 그것에 영향을 미치는 물질의 양, 온도, 압력 등 외부 요인의 작용이 규명되면서 고대 그리스에서부터 이어져온 원소설이 변혁을 맞이하게 되었다. 다만 당시 과학기술로는 원소를 구성하는 모든 물질의 기본 단위라는 원자를 직접 관찰하거나 실험으로 확인하는 것이 불가능했기에 여전히 가설로만 남아 있었다.

이때 신실한 퀘이커Quakers 교도이자 존경받는 일생을 보낸 영국 화학자 존 돌턴John Dalton, 1766~1844이 원자설을 재정립해 하나의 이론으로 확립했다.[6] 원자론 제창이라고 표현하지 않은 이유는 데모크리토스의 초기 원자설, 소체주의자인 데카르트가 제안한 입자로서 원자, 그리고 보일의 법칙을 바탕으로 베르누이가 해석한 기체 입자의 용기 벽면 충돌로 나타나는 압력적 관점 등 기존 이론들을 재정립한 것이었기 때문이다. 단, 이 과정에서 돌턴은 원자에 대해 추상적 혹은 관념적 접근을 시도하지 않았으며, 오로지 물리적 관점으로 입자로서 원자를 정립했다.[7]

- 원자는 더는 나눌 수 없는 입자다.
- 원자는 새로 생겨나거나 사라지거나 바뀌지 않는다.
- 같은 원소의 원자들은 서로 동일한 종류이며, 이로부터 유래하는 특성 역시 동일하다.
- 화합물은 다른 원소들의 원자들이 일정한 정수비로 결합해 이루어진다.
- 화학반응은 원자들이 자리를 바꾸어 발생하는 조합의 차이다.

위의 각 명제는 우리가 앞서 살펴본 원자에 대한 해석, 즉 나눌 수 없는 입자, 물질의 기본 요소, 화합물의 일정 성분비, 화학반응에서 질량 보존 및 구조적 측면 등을 명쾌하게 정의한 것이라고 볼 수 있다. 이를 바탕으로 돌턴은 앞서 라부아지에가 기록한 것과 유사하게 원소들을 나열한 표를 새로 만들었는데, 바로 이 과정에서 최초의 원소기호가 등장했다. 사실 원소기호는 중세 연금술사들이 사

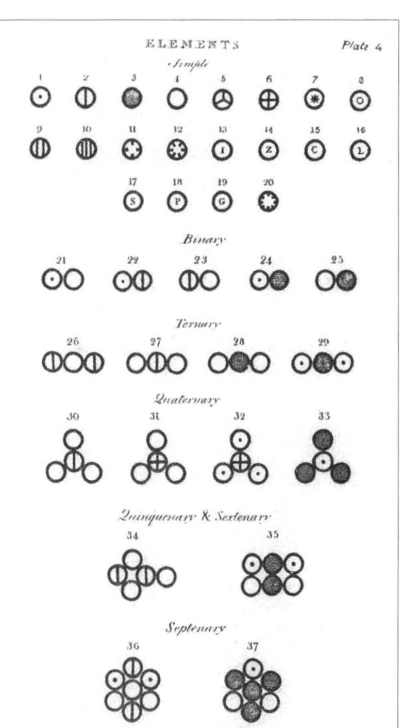

존 돌턴(왼쪽)은 원자론을 재정립했으며, 연금술사들의 은밀한 표식(아래)에 비해 간결하고 직관적인 원소기호를 고안해 「화학철학의 새로운 체계(A New System of Chemical Philosophy)」(1808)에서 처음 사용했다.

↜	>⊖	>⦶	>⊕	🜃	⊖v	⊖^	SM	🜍	☿	♄	♀	☽	♂	♕	🜄
⊖v	♃	♂	🜎	>⊕	>⊕	>⊕	>⊖	⊖v	☉	☽	☿	♄	♕	♂	🜈
⊖^	♕	♀	⊖v	>⦶	>⦶	>⦶	>⊕	♂	☽	♀	PC	♀	☽♀♄	☽♀♄	⊖
🜃	♀	♄	⊖^	>⊖	>⊖	>⊖	>⦶	♀	♄						
SM	☽	☿	🜃		🜊		🜊	♄	♀						
	☿	☽	♂		🜍			☽	Ƶ						
			♀					♕	♕						
			☽					☿							
	☉							☉							

↜ Esprits acides.
>⊖ Acide du sel marin.
>⦶ Acide nitreux.
>⊕ Acide vitriolique.
⊖v Sel alcali fixe.
⊖^ Sel alcali volatil.

🜃 Terre absorbante.
SM Substances metalliques.
☿ Mercure.
♕ Regule d'Antimoine.
☉ Or.
☽ Argent.

♀ Cuivre.
♂ Fer.
♄ Plomb.
♃ Etain.
Ƶ Zinc
PC Pierre Calaminaire.

🜍 Soufre mineral. [Principe.
🜎 Principe huileux ou Soufre
🜊 Esprit de vinaigre.
🜄 Eau.
⊖ Sel [dents.
🜈 Esprit de vin et Esprits ar-

용한 자신만의 은밀한 표식이 근원이었다. 이에 일관성 있고 간결한 원소기호의 필요성을 느낀 돌턴은 새로운 원소기호를 고안해냈다. 돌턴의 원소기호는 물질을 이루는 기본 입자를 원으로 표현하고 그 속에 문자나 그림을 넣는 방식이었다. 즉 등방성 원형 구조를 골격으로 하며 화합물을 표현할 때도 각 원자가 있을 것으로 예상되는 위치에 원소기호를 그려 넣음으로써 직관적 표현이 가능했다.[8]

그런데 여기에는 화합물을 구성하는 원소의 조합 비율 측면에서 오류가 있었다. 돌턴이 원자 관련 이론을 깔끔하면서 간결하게 재정립하고 직관적인 원소기호를 도입해 화합물 표기의 신기원을 열긴 했지만, 실제 원자량을 파악하기에는 이론적 기반이 부족한 시기였다. 한 예로 돌턴의 원소기호 표에서 물H_2O은 실제와는 다른 하나의 수소와 하나의 산소HO로 구성되어 있다.

전기와 전지의 발견으로 대중에게 한 걸음 더 가까이

아리스토텔레스의 원소설과 데모크리토스의 원자설이 각각 합리적인 근대 화학 이론으로 재정립된 이후 화학자들은 다양한 화합물뿐 아니라, 완전히 새로운 원소를 발견하는 일에 도전했다. 과거 연금술사들이 금을 찾는 과정에서 성취한 원소의 발견이 이제는 과정이 아닌 목적으로 변모한 셈이다. 그런데 화학자들이 그토록 원하던 원소를 발견하는 문은 기존처럼 열을 가하거나 여러 물질을 혼합 또는 분리하는 방식이 아닌, 전기의 활용을 통해 열리게 되었다.

전기electricity라는 단어는 나무 수지樹脂가 굳어서 된 보석의 일종인 '호박amber'을 뜻하는 그리스어 일렉트론elektron, ἤλεκτρον에서 유래했다. 탈레스가 장식용 호박에 붙은 먼지를 양모로 털어내는 과정에서 정전기가 발생했고, 더 많은 먼지가 달라붙는 현상을 통해 전기를 발견한 것으로 알려졌다.[9] 전기의 실질적인 첫 포집은 1752년 미국 과학자 벤저민 프랭클린Benjamin Franklin, 1706~1790이 비 오는 날 하늘에 연을 날려 라이덴병leyden jar(하전된 입자를 축적해 방전 실험을 하는 장치)에 전기를 모음으로써 성공했다. 이로부터 전기에 대한 본격적인 연구가 시작되었다.[10]

호박의 마찰로부터 발생한 정전기는 전기 발견의 시작이었다(왼쪽). 벤저민 웨스트(Benjamin West)의 〈하늘에서 전기를 끌어오는 벤저민 프랭클린(Benjamin Franklin Drawing Electricity from the Sky)〉(1815). 프랭클린은 뇌전을 포집하는 데 최초로 성공해 전기 연구의 계기를 마련했다.

직접적인 전기 포집이나 정전기를 활용한 방식이 아닌, 화학적 현상에서 전기를 발견한 사람은 이탈리아 해부학자 루이지 갈바니 Luigi Galvani, 1737~1798다. 어느 날 갈바니는 개구리 하체를 분리한 뒤 구리로 만든 갈고리에 꿰어 철조망에 걸어두고 건조시키고 있었다. 그런데 놀랍게도 분리된 개구리 하체가 경련을 일으켰다. 물론 이것과 달리, 정전기 실험을 하던 테이블에서 개구리를 해부하는 중 전하가 대전된 수술용 메스가 좌골신경sciatic nerve에 닿았고, 그 순간 개구리 다리가 강하게 움직였다는 이야기도 전해진다. 아무튼 갈바니는 이 현상에 '동물 전기animal electricity(일명 생체 전기bioelectricity)'라는 이름을 붙이고 관련 내용을 논문 「전기가 근육 운동에 미치는 영향에 대한 해설De Viribus Electricitatis in Motu Musculari Commentarius」을 통해 발표했다.[11]

하지만 문제가 하나 있었다. 프랭클린 등의 실험으로 전기에 대해서는 알고 있었으나, 전기가 전자의 흐름에서 유래한다는 사실은

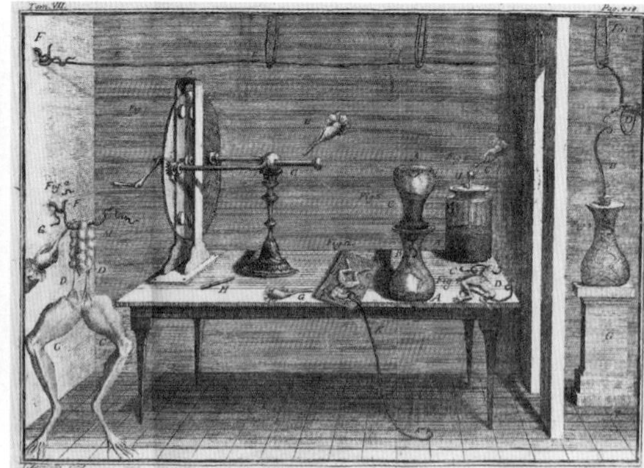

루이지 갈바니(왼쪽)는 화학반응으로 발생한 전기에 '동물 전기'라는 이름을 붙여 처음 발표했다.

전혀 알려지지 않았으며 심지어 전자의 존재조차 몰랐다는 점이다. 게다가 갈바니는 해부학 분야에는 박식한 반면 화학적 실험을 설계하고 해석하는 데는 능숙하지 못했다. 이런 점 때문에 갈바니의 우연한 발견은 현상에서 더 나아가지 못했다. 그런데 동시대에 활동한 이탈리아 물리학자이자 화학자 알레산드로 주세페 안토니오 아나스타시오 볼타Alessandro Giuseppe Antonio Anastasio Volta, 1745~1827가 갈바니의 논문에 주목하고 그 안에 숨은 원리를 파악하기 위해 실험을 설계했다.

동물 전기는 개구리뿐 아니라 다른 종의 동물들에서도 확인할 수 있었다. 심지어 곤충의 경우 머리가 없는 풀벌레가 우는 현상까지 관찰되었다. 이에 갈바니는 동물 몸에서 이루어지는 신경 활동을 통해 전기가 발생하거나, 동물 몸속에 전기를 발생시키는 기관이 따로 있을 것이라고 판단했다. 반면 볼타는 다른 전기 발생 요인이 있다고 의심했다. 그래서 갈고리나 철조망, 해부용 메스 등 다양한 금속 재질 도구들을 사용해 실험을 이어갔다. 그 결과 동물 전기가 동물에서 유래하는 것이 아니라 서로 접촉하는 금속들로부터 일어나는 현상임을 규명해냈다. 또한 당시에는 전해질과 전류의 개념이 아직 정립되지 않았지만, 그는 동물의 체액이나 몸속 조직이 전기가 흐르도록 돕는 역할을 한다고 여겼다.

동물 전기에 대한 모든 논란은 1800년 처음으로 전지battery가 만들어지면서 종식되었다.[12] 볼타가 개발한 '볼타의 파일Voltaic pile'이라는 최초의 전지는 금속판을 층층이 쌓은 탑 구조로, 구리판과 아연판 사이에 묽은 황산에 적신 천을 끼워 넣는 방식이었다. 구리판과 아연판을 이루는 각 원소가 다르기에, 산화되기 쉬운 아연에서

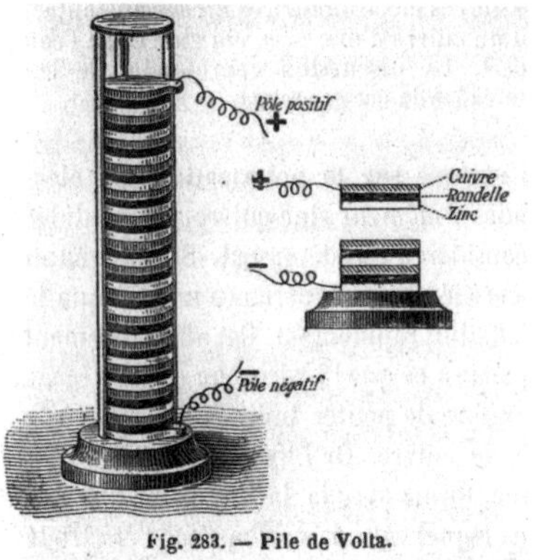

알레산드로 볼타(왼쪽)는 갈바니의 연구 논문을 참고해 최초의 전지인 '볼타의 파일'을 발명했다.

나온 전자가 묽은 황산 용액을 지나 환원되기 쉬운 구리로 들어가면서 전자 흐름, 곧 전류가 형성되는 원리였다. 하지만 이 형태로는 강력한 전압이 만들어지지 않았다. 이에 볼타는 금속판을 이용한 단일 전지 구조를 흔히 직렬연결이라고 부르는 형태로 반복적으로 배열했고, 이로써 충분히 높은 전압을 만드는 데 성공했다.

볼타는 해당 연구 결과를 왕립학회에 보고했으며, 이는 영국 외과의사 앤서니 칼라일Anthony Carlisle, 1768~1840의 검증 실험을 통해 인정받았다.[13] 칼라일의 검증 실험은 소금물에 적신 판지를 은판과 구리판 사이에 끼워 넣어 적층하는 방식이었다. 이 연구 결과로 볼타는 황제 나폴레옹으로부터 메달을 받았다. 그야말로 전기화학Electrochemistry이 본격적으로 시작되는 순간이었다.

전지와 전기화학의 활용은 생각보다 빠르게 이루어졌다. 먼저, 볼타의 파일을 검증한 칼라일은 화학 분야 동료이자 친구인 윌리엄

전기에 대한 연구 결과로 황제 나폴레옹으로부터 메달을 수여받는 볼타의 모습을 주세페 베르티니(Giuseppe Bertini)가 그림으로 남겼다(1801, 왼쪽). 전기의 발명은 과학계를 포함해 사회 전반에서 큰 관심을 받았으며, 메리 셸리의 『프랑켄슈타인』이 탄생하는 계기가 되었다.

니컬슨William Nicholson, 1753~1815과 함께 생성된 전기를 활용해 물의 전기 분해electrolysis를 선보였다.[14] 과학자뿐 아니라 일반 사람들의 관심도 점점 높아졌다. 특히 전기로 사체死體를 움직이게 하고, 전기가 화학적 변화를 유발할 수 있다는 사실은 대중의 흥미를 끌기에 충분했다. 대표적으로 영국 작가 메리 셸리Mary Shelley, 1797~1851가 1818년에 쓴 책 『프랑켄슈타인: 현대의 프로메테우스Frankenstein; or, The Modern Prometheus』의 내용만 봐도 사회적 분위기가 어떠했는지 짐작할 수 있다. 볼타의 실험 결과는 그만큼 반향이 컸다. 오늘날 전압 단위가 볼트Volt, V라는 사실 또한 볼타의 위업을 증명한다.

산업혁명이 낳은 새로운 사회 계층, 전문 화학자

18세기 중반은 기술적 진보와 더불어 항로 개척과 무역 확대가 이루어진 시기였다. 그만큼 다양한 생산품에 대한 수요가 각국에서 급증했다. 가내수공업이나 소규모 생산 방식으로는 수요를 충족할 수 없을 정도였다. 이에 상공업자들이 만든 상호 부조적인 동업조합 길드guild와 여러 공장을 중심으로 물품을 대량 생산할 수밖에 없었다. 이 과정에서 인간의 노동력을 넘어선 강하고 지속적이며 저렴하고 안전한 방식의 에너지원이 개발되었고, 산업혁명이 성공하는 바탕으로 작용했다. 그 핵심은 모든 것의 근원에서 출발해 세상을 이루는 기본으로 자리매김한, 단 두 가지 원소로 이루어진 순수한 물질 '물'이다.

공압화학자들이 공기에 포함된 기체들을 규명하고 탐구하는 과정에서 이른바 탈플로지스톤화 공기와 인화성 공기의 연소반응을 통해 만들어진 물은 곧이어 많은 관심을 받았다. 당시에는 가열이나 연소 같은 열처리 방식이 기체 연구에서 흔히 사용되었는데, 이 과정에서 열 관련 이론이 하나 둘 등장하기 시작했다. 화학자 블랙이 확인한 비열과 잠열, 캐번디시의 열 이론 등이 대표적이다.

물과 증기의 힘은 과거부터 관심의 대상이었다. 가열한 물을 이용한 가장 오래된 장치는 1세기 무렵 헤론Heron of Alexandria, Ἥρων ὁ Ἀλεξανδρεύς, 10~70이 고안한 '아에올리스의 공Aeolipile'으로 알려졌다. 증기의 힘과 간단한 물리 법칙을 기반으로 한 이 장치는 수증기 분출을 통해 회전하는 원리였다. 이후 진공과 증기 등 공기의 힘을 활용한 장치가 꾸준히 개발되었다. 그중 근대 증기기관의 시작점으로 평가받는 것은 1663년 에드워드 서머시Edward Somerset, 2nd Marquess of Worcester, 1603~1667가 발명한 증기 펌프다.

일반적으로 물을 가열하면 나오는 기체 상태의 수증기를 활용해 물리적 힘을 얻는 근대 증기기관은 1705년 영국 발명가 토머스 뉴커먼Thomas Newcomen, 1663~1729이 최초로 고안한 것으로 전해진다. 그런데 엄밀히 말하면 그것은 토머스 세이버리Thomas Savery, 1650~1715의 증기 펌프가 원류로, 세이버리의 증기 펌프는 서머시의 발명품과 많은 부분에서 유사했다. 1698년 발명된 세이버리의 증기 펌프는 보일러에서 가열한 증기를 활용해 용기의 물을 상향으로 옮기는 방식이었다. 물의 힘을 사용했다는 공통점이 있으나 피스톤 같은 작동 장치가 거의 없는, 기관보다는 단순한 기계 장치에 가까웠다. 그럼에도 세이버리의 증기 펌프는 개발 당시 '소방차 법'이라는 신설 의회법으로 보호받았다. 증기기관이 개발되고 발전하면서 특허권의 중요성이 점차 커졌기 때문이다.

'아에올리스의 공'과 세이버리의 증기 펌프를 거쳐 18세기 증기기관이 탄생했다.

뉴커먼의 증기 장치는 실린더 안에 피스톤이 들어 있는 실질적인 기관 형태였다. 하지만 시장에서 파급력은 그다지 없었다. 세이버리가 증기를 활용한 모든 기계 장치의 특허권을 독점하고 있는 데다, 그의 증기 펌프는 가격도 저렴하고 경량화·소형화까지 가능했기 때문이다. 뉴커먼의 증기 장치가 기존 증기 펌프 시장을 파괴하는 일은 일어나지 않았다.[15]

증기 장치의 특허가 만료된 1733년 무렵, 증기기관은 이제 필수 기계 장치로 자리매김하고 있었다. 이에 프리스틀리, 캐번디시와 함께 공기와 물을 연구하던 와트는 증기기관 응축기를 분리하는 아이디어로 1765년 더욱 향상된 증기기관을 발명해냈다. 기존에는 기계를 작동하려면 실린더를 냉각시켜야 해 열 손실이 동반되었지만, 와트가 고안한 기관 분리 형태는 실린더 온도를 일정하게 유지할 수 있어 효율성이 크다는 것이 장점이었다.

산업혁명과 생산품 수요 증가는 원재료 및 가공품의 수요 역시 연쇄적으로 끌어올렸다. 기초적인 공정이나 처리에 사용하는 산과 염, 화합물도 예외가 아니었다. 실험 기반의 과학이 보급되면서 정해진 공정과 방식에 따라 물품을 생산할 필요가 있었다. 화학자들의 역할이 중요한 시대가 열린 것이다. 과거 연금술사 수만큼이나 다양하고 복잡한 합성법이 존재하던 시절은 이미 끝났다. 특히 종교적 이유나 미신적 요소 탓에 은둔 생활을 이어나가던 연금술사와 달리, 화학자들은 하나의 학문으로 자리매김한 화학 덕분에 일종의 물질을 다루는 장인으로 대우받았다. 산업 분야에서 활동하며 부를 축적하는 화학자들도 생겨났다. 또한 이론과 실험적 사실을 전수하는 교육 분야에도 종사하면서 화학자가 새로운 사회 계층으로 떠올랐다. 이른바 '전문 화학자professional chemist'가 등장한 것이다.

산업혁명으로 사회에 물자가 넘치고 기계 소리가 가득했다. 하지만 한편에서는 여러 사회·경제 문제가 대두되었다. 영국 소설가 찰스 디킨스Charles Dickens, 1812~1870는 『올리버 트위스트Oliver Twist』 『크리스마스 캐럴A Christmas Carol』 『위대한 유산Great Expectations』 등 명저를 통해 산업화와 도시화 과정에서 발생하는 오염 및 빈부격차 문제를 비판하기도 했다.[16] 그럼에도 이 시대 전문 화학자의 등장과 전기 에너지의 발견은 인류를 새로운 장으로 이끌었다.

1881년 독일 루트비히스하펜(Ludwigshafen)에 위치한 바스프 본사의 공장(위)과 헨리카 샨텔(Henrika Šantel)의 〈화학자(Kemičarka)〉(1932). 산업혁명은 물품의 수요 증가와 더불어 전문 화학자의 출현을 이끌었다.

원소 발견에 영향을 미친 낭만주의

18세기 말 서유럽에서 시작된 문예사조·예술운동인 낭만주의Romanticism는 이내 유럽 모든 나라로 번져나갔다. 그리고 다소 의아하지만 화학 발달에도 매우 큰 영향을 미쳤다. 라부아지에의 원소 목록을 기준으로 할 때 당시 실질적 원소로 분류할 수 있는 것은 29개에 불과했다. 이 29개를 발견하기까지 원소에 대한 인간의 추상적 관심이 형성된 단계로부터 2,400여 년이라는 시간이 걸렸다. 그런데 낭만주의와 함께한 1848년에는 원소 개수가 62개로 증가했다. 이런 사실만 봐도 당대 화학자들의 열망과 열정이 어느 정도였는지 짐작할 수 있다. 이는 단순히 원소 발견의 필요성이나 가치가 급등했기 때문이라기보다, 새로운 것을 찾아내고자 하는 도전적이고 모험적인 행위 자체에 사람들의 관심이 쏟아진 결과라고 할 수 있다. 낭만주의 풍조와 맞물려 새로운 길을 개척하려는 연구자들의 시대가 본격적으로 열린 것이다.

이 시대 화학자들은 예상하지 못한 곳에서 원소를 발견했다. 한 예로 독일 화학자이자 약사 프리드리히 슈트로마이어Friedrich Stromeyer, 1776~1835는 의약품으로 쓰이던 산화 아연의 일부가 질환을 유발한다는 소식을 듣고 약재상을 돌아다니며 일일이 검사했다. 그러다 오염된 산화 아연을 분석하는 과정에서 현대에도 극독성 중금속 중 하나로 분류되는 미량의 원소를 찾아냈다. 이후 그는 이 원소를 다량 포함하고 있는 광물인 칼라민calamine의 라틴어명 카드미아cadmia에서 이름을 따 원소 목록에 카드뮴cadmium, Cd을 새롭게 추가했다.[17] 이렇게 원소 발견에 얽힌 여러 일화가 당시 매체를 통해 퍼져나가 또 다른 화학자들에게 동기 부여를 하기도 했다. 슈트로마이어는 원소 발견에 그치지 않고, 녹말을 사용해 아이오딘iodine, I 함량을 분석하는 방법도 새롭게 제안했다.

프랑스 약사이자 화학자 루이 니콜라 보클랭Louis Nicolas Vauquelin, 1763~1829은 청록색을 띠는 귀한 광물인 녹주석beryl을 분석해 베릴륨beryllium, Be을 발견했다. 또한 닭에게 석회를 먹인 뒤 닭이 낳은 달걀의 껍데기를 분석해 성분을 확인하는 등 분석 기술 발달에도 영향을 미쳤다.

이렇듯 물질에 들어 있는 원소를 발견하기 위해서는 더욱 정밀하고 효과적인 물질 분석 방법이 필요했고, 그만큼 분석 방법을 개발하고 발전시키는 것이 중요할 수밖에 없었다. 바야흐로 새로운 물질 검출과 발견에 특화된 하나의 화학 분야가 탄생하는 토양이 만들어진 것이다. 이 토양 위에서 분석화학Analytical chemistry과 분석화학자가 출현하게 되었다.

존경받는 화학의 세 번째 아버지, 베르셀리우스

화학의 세 번째 아버지는 현대 화학 창시자 옌스 야코브 베르셀리우스Jöns Jacob Berzelius, 1779~1848라고 할 수 있다. 그는 같은 스웨덴 출신 화학자 셸레의 산소 발생 실험을 계기로 화학 연구에 입문한 뒤 볼타 전지 제작에 매진했다. 볼타 전지를 통해 생성한 전기가 환자에게 어떤 영향을 미치는지 관찰해 의학 연구 논문을 집필하기 위해서였다. 그런데 50여 명의 환자 가운데 유의미한 반응을 보인 것은 경련 증상을 보인 한 명뿐이었다. 질병 혹은 질환과 전기 자극의 상관관계를 찾아내지 못한 채 의학 연구는 실패로 끝나고 말았다. 이후 칼라일이 니컬슨과 함께 볼타의 실험을 재현하는 과정에서 전기분해 현상을 발견했다는 소식을 접한 그는 새로운 아이디어가 하나 떠올랐다. 물에 용해된 물질을 원소 형태로 분리해내는 것이었다.

갈바니와 볼타가 전기를 만드는 효과적인 방법을 찾아낸 것은 사실이다. 그러나 이를 가장 유용하게 활용한 사람은 동시대 원소 발견 분야에서 가장 큰 라이벌로 평가받은 베르셀리우스와 영국 화학자 험프리 데이비Humphry Davy, 1778~1829다. 당시 발견된 원소의 수는 비록 적었지만, 새로운 원소를 찾아내는 것은 매우 어렵고 힘든 일일뿐더러 많은 행운과 노력이 뒤따라야 하는 작업이었다. 베르셀리우스는 막 태동한 전기화학과 분석화학을 활용해 화학자 대부분이 평생 단 한 개도 찾아내지 못한 원소를 무려 5개나 발견했다. 바로 세륨cerium, Ce, 1803, 셀레늄selenium, Se, 1817, 토륨thorium, Th, 1824, 지르코늄zirconium, Zr, 1824, 타이타늄titanium, Ti, 1824이다. 이 원소들은 오늘날 합금 또는 세라믹 형태로 사용되고 있다. 특히 그가 최초로 분리하는 데 성공한 금속성 단결정 규소silicon, Si는 현대 사회에서 반도체를 만드는 가장 중요한 재료이기도 하다. 하지만 이것이 베르셀리우스가 원소 사냥꾼이 아닌, 현대 화학의 아버지로 칭송받는 이유라기에는 부족하다.[18]

베르셀리우스는 보어나 라부아지에와 마찬가지로 다양한 화학

옌스 야코브 베르셀리우스(왼쪽)가 분리하는 데 성공한 규소는 현대 반도체 산업에서 핵심 재료다.

체계를 새롭게 만들고 확립하는 데도 크게 공헌했다. 예를 하나 들면 어떠한 화학반응이 일어나는 것, 즉 반응물들이 생성물로 변환되는 이유가 단순히 생성물이 더 안정한 물질이기 때문이라는 설명은 근거가 빈약하다. 그렇다면 무엇이 필요할까? 화학반응마다 다른 높낮이의 에너지 장벽이 존재하는데, 우리는 그것을 활성화 에너지activation energy라고 부른다. 나무가 연소반응을 통해 재로 바뀌는 과정은 지구상에서 일반적으로 일어날 수 있는 자발적이고 자연스러운 현상이다. 하지만 연소가 시작되기 위해서는 충분히 높은 온도의 발화원이 있어야 한다. 또한 수소 기체H_2와 질소 기체N_2가 반응하면 암모니아NH_3가 형성되는데, 지구 대기에 존재하는 이 기체들이 서로 반응해 생성물로 변환되는 일은 결코 일어나지 않는다. 변환을 위해서는 매우 높은 온도와 압력이 주어져야 하고, 효율적으로 반응이 일어나려면 높은 에너지 장벽을 피해 다른 경로로 우회해야 하기 때문이다. 그래서 실질적인 암모니아 합성 공정에서는 화학반응을 위해 표면을 철로 만든 공간과 이 높은 장벽을 우회할 수 있는 길을 마련해놓는다. 그럼 결과적으로 반응 속도가 빨라져 목표 물질을 효율적으로 생성할 수 있다. 이 과정을 촉매화catalysis라고 하며, 화학반응을 매개해 반응을 빠르게 하거나 늦추는 일을 하는 물질을 촉매catalyst라고 한다. 이 개념과 용어를 처음 만들어낸 사람이 바로 베르셀리우스다.[19]

한편 동일한 원소 종류와 개수로 이루어졌지만 다른 형태로 결합된 화합물을 이성질체isomer라고 하는데, 이 용어 역시 베르셀리우스가 처음 사용했다.[20] 이성질체는 현대 의약 및 화학 분야에서 높은 치료 효과를 자랑하는 신약을 개발할 때 쓰이는 등 활용도가 크다. 그리고 이전에 라부아지에가 실험에 거금을 들여 확인한 다이아몬드와 숯의 관계는 1841년 베르셀리우스가 동소체allotrope라는 용어로 정의했다.[21] 탄소 나노튜브carbon nanotube, CNT, 흑연, 다이아몬드와 같이 동일한 원소로 이루어진 물질이 다른 형태의 결합 구조를 띠면서 완전히 다른 특성을 보이는 경우가 이에 해당한다. 동소체는 그리스어로 '변하기 쉬움' 또는 '가변성'을 의미하는 알로트로피아Allotropia, ἀλλοτροπία에서 유래했다. 심지어 그는 1838년 7월 10일 네덜란드 화학자 헤르하르뒤스 요하네스 뮐더르Gerardus Johannes Mulder, 1802~1880에게 보낸 편지에서 동식물을 구성하는 가장 중요한 네 종류의 생물질 중 하나이자 아미노산들의 연결체로 구성된 물질을 처음 단백질protein이라고 표현했다. 이 단백질이라는 학술용어는 이제 누구나 아는, 일상에서도 흔히 사용하는 익숙한 단어가 되었다.[22]

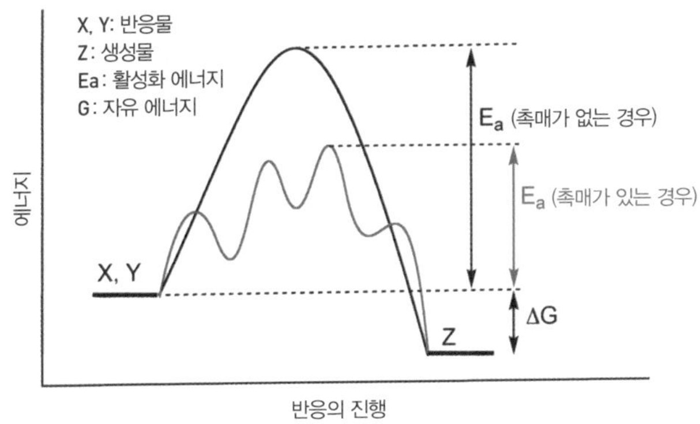

시스플라틴, 항암 효과 우수

트랜스플라틴, 항암 효과 없음

흑연

다이아몬드

베르셀리우스는 수많은 화학적 발견에 성공했다. 반응 속도를 조절할 수 있는 촉매(위), 동일한 원소 종류와 개수로 이루어진 서로 다른 성질의 물질인 이성질체(가운데), 그리고 같은 원소들이 다른 형태로 결합해 만들어지는 동소체(아래)가 대표적 예다.

이처럼 화학과 관련된 유용한 용어들을 정리한 베르셀리우스는 중요한 실험 기구를 다수 발명한 것으로도 유명하다. 실험실 하면 가장 먼저 떠오르는 비커beaker, 유리 깔때기, 거름종이, 고무 튜브 같은 장비들이 그의 연구실에서 탄생했다.

용어를 정리하고 실험 기구를 개발하는 와중에도 새로운 원소는 계속 발견되었고, 그만큼 그것들을 표기하기 위한 기호의 필요성도 점점 커졌다. 연금술사들이 사용한 각각의 기호는 그 나름 의미가 있고 꽤 그럴듯해 보였지만, 직관적인 정보 전달의 효용성은 떨어졌다. 결국 화학자들이 선호하게 된 것은 돌턴이 고안한 원형 원소기호였다. 이 방식은 물질을 이루는 각 원소의 원자들이 실질적으로 결합한 형태까지 평면 공간에 나타낼 수 있다는 장점이 있었지만, 원소 종류가 늘어남에 따라 표현에 한계가 생겼다.

이에 베르셀리우스는 매우 단순하면서도 혁신적인 방식으로 원소기호를 정립했다. 생물 분류학과 계통학의 창시자로 여겨지는 스웨덴 식물학자 칼 폰 린네Carl von Linné, 1707~1778의 '이명법binomial nomenclature'에서 영감을 받아 원소 이름의 첫 알파벳 한두 개를 이용하는 방식을 채택한 것이다. 즉 라틴어를 바탕으로 분류상 학명을 지정한 것과 마찬가지로, 원소의 라틴어명을 기준 삼아 원소기호를 정했다. 예를 들어 질소nitricum는 N, 산소oxygenium는 O로 정했으며 금aurum이나 은argentum처럼 첫 철자가 같은 경우에는 각각 Au, Ag 등과 같이 두 글자로 표기했다. 베르셀리우스의 원소기호는 원소 이름과 기호 간 연관성이 높아 기억하기 쉽고 쓰기에도 편했다. 지금까지도 이 원소기호를 사용하고 있으며, 새로 추가되는 원소기호 역시 마찬가지 방식으로 정하고 있다.

여기에 더해 화합물의 조성을 표현할 때 원소기호와 아라비아 숫자를 병기하는 방식 또한 베르셀리우스가 처음 제안했다. 오늘날과 유일한 차이점은 H^2O, CO^2처럼 원자 개수를 위첨자로 표기한 것 말고는 없다. 이는 후에 독일 화학자 유스투스 리비히 남작Justus Freiherr von Liebig, 1803~1873과 독일 물리학자 요한 크리스티안 포겐도르프Johann Christian Poggendorff, 1796~1877에 의해 현재와 같은 아래첨자로 변경되었다.[23]

베르셀리우스는 이외에도 화학계 권위자로서 관련 내용을 체계적으로 정리한 『화학 교과서Lehrbuch der Chemie』를 집필했으며, 정밀한 원자량 측정에도 성공했다. 또한 염소chlorine, Cl, 브로민bromine, Br, 아이오딘iodine, I의 특성을 연구해 이것들이 같은 '화학적 그룹'에 속한다는 사실을 추론했을 뿐 아니라, 실제로 그룹으로 묶는 과감한 결단을 내렸다. 모든 종류의 금속과 쉽게 반응을 일으키고 염을 형성한다는 특성에 주목해 '염halo을 만든다genes'라는 뜻의 그리스어에서 따와 할로젠halogen이라는 그룹을 설정한 것이다. 주기율표 작성의 첫 단추가 끼워지는 순간이었다.

대중 화학의 시작을 알린 데이비

화학은 인간의 삶과 밀접하게 연결된 영역에서 탄생한 학문임에도 발달하면 할수록 대중으로부터 점점 더 멀어져갔다. 실험실에서 벗어나 산업 및 공업 분야로 뻗어나가고 다양한 생산품도 만들어냈지만, 일반 사람들과는 거리가 멀고 어려운 학문이라는 인식이 여전히 강했다. 그런데 낭만주의 풍조를 타고 화학 분야에서 새롭게 발견된 물질과 원소들이 대중의 호기심을 자극하기 시작했다. 라돈radon, Rn이 처음 등장했을 때를 떠올려보면 쉽게 이해할 수 있다. 당시 라돈은 건강 증진에 도움이 되는 특별한 힘을 지닌 원소로 받아들여졌고, 이를 첨가한 화장품이나 일상용품은 더 비싼 가격에 팔려나갔다(지금은 방사선 때문에 각별한 주의가 필요한 원소로 알려졌다). 새로운 원소에 대한 대중의 호기심은 이야깃거리를 만들어낼 때뿐 아니라, 장사 수완을 발휘하는 데도 아주 유용한 도구였다. 이에 호기심을 자극할 만한 흥미진진한 이야기를 들려주는 화학자들이 등장하기 시작했다.

공기보다 가볍거나 무거운 기체로 호흡기를 채우면 평소 말하는 발성 에너지로도 조금 더 빠르거나 느린 진동수를 만들어낼 수 있어 목소리가 변조된다. 예를 들어 가벼운 헬륨 기체를 마셨을 때 목소리가 높아지는 도널드 덕 효과와 무거운 크립톤krypton, Kr 기체를 흡입했을 때 괴물처럼 목소리가 낮아지는 현상이 그것이다.[24] 영국 화학자이자 성공한 대중 강연자인 험프리 데이비는 1799년 아산화질소를 흡입하면 기분이 좋아지고 고통에 둔감해진다는 사실을 발견하고, 한 강연에서 대중에게 이를 체험해볼 기회를 제공했다. 흔히 '웃음 가스laughing gas'로 불리는 아산화 질소는 데이비의 발견을 통해 화학의 대중화를 촉진했다. 이후 의료계가 치과 치료나 수술 분야에서 그것의 활용 가능성에 주목하는 등 활용 범위도 넓어졌다.[25]

험프리 데이비(왼쪽)는 위대한 화학자이자 훌륭한 대중 강연자였다. 웃음 가스를 주제로 대중 강연을 하고 있는 데이비를 묘사한 제임스 길레이(James Gillray)의 풍자만화(1802)가 전해질 정도다.

데이비는 또한 식물의 호흡 기제를 추론하고, 열을 물질이 아닌 운동의 일종이라고 이해하는 등 다방면에서 연구 활동을 이어가며 유의미한 결론들을 도출했다. 그중에서도 그를 대표하는 가장 중요한 업적은 전기화학을 이용한 원소의 발견이다. 그는 다양한 종류의 염을 가열해 액체 상태로 용융하고 그것에 볼타 전지의 전극을 연결한 뒤 양극과 음극에서 물질이 생성되는 것을 확인했다. 1807년에는 흔히 양잿물을 만드는 데 쓰이는 식물의 재(포타쉬potash)를 전기분해해 포타슘potassium, K을 얻었다. 또한 염분을 다량 함유한 식물인 퉁퉁마디를 태운 재soda ash를 전기 분해해 소듐sodium, Na을 발견했다.

칼륨kalium과 포타슘, 그리고 나트륨natrium과 소듐으로 혼용되는 이 두 원소는 이름과 원소기호 역시 각각 병행해 사용되는 등 국내에서는 여전히 사회적 혼란이 남아 있다. 이는 다양한 요인에서 파생된 결과다. 데이비가 식물 재료로부터 발견한 알칼리성 물질 포타쉬와 소다, 그리고 경쟁자이자 동료인 베르셀리우스가 찾아낸 광물성 알칼리 물질 칼리kali와 나트론은 당시 동일 물질이 아니었다. 각각 식물성과 동물성 요인에서 유래한 알칼리 물질이고 동일한 원소가 포함된 정도로만 여겨졌기에 원소 이름이 달리 정해진 것은 그 나름 당위성이 있었다. 이후 데이비가 발견한 원소에 대해 1809년 독일 화학자 루트비히 빌헬름 길베르트Ludwig Wilhelm Gilbert, 1769~1824는 칼쿰kalkum과 나트로늄natronium이라는 이름을 제안했다.

라틴어를 기반으로 원소 이름을 붙이는 방식을 기준으로 한다면 데이비가 발견한 원소는 칼륨과 나트륨이라고 부르는 것이 합당하다. 하지만 세계대전 이후 원소와 화합물 이름의 국제 표준을 제정한 국제순수·응용화학연합International Union of Pure and Applied Chemistry, IUPAC은 영어식 표기를 원칙으로 했기 때문에 원소 이름을 포타슘과 소듐으로 확정했다.[26] 그리고 원소를 발견한 데이비가 영국 출신이니 영어식으로 포타슘과 소듐이라고 부르는 것이 옳다고 본다. 다만 원소기호 K와 Na는 라틴어를 기반으로 한 것으로 지금도 그렇게 쓰고

소듐(왼쪽)과 포타슘은 이름 및 기호를 정할 때 혼선이 가장 컸던 원소들이다.

있다.

데이비는 이름 문제로 첨예하게 논쟁이 이어진 두 원소 외에도 새로운 원소를 단기간에 많이 발견했다. 1808년 한 해 동안 광물과 알칼리성 용액들을 용융해 전기 분해로 바륨barium, Ba, 칼슘calcium, Ca, 스트론튬strontium, Sr, 마그네슘magnesium, Mg을 찾아냈다. 1809년에는 붕소boron, B를 발견해 원소 발견의 대가로 명성을 날렸다.

종종 데이비를 전기 분해라는 한 가지 방법만으로 근대 화학 초기에 운 좋게 여러 원소를 발견한 화학자라고 오해하는 경우가 있다. 하지만 데이비는 불꽃 주위를 철망으로 감싸 연료 누출을 막는 방식으로 탄광에서 폭발 위험 없이 사용할 수 있는 램프를 개발했다. 현재 난로(풍로)에서 볼 수 있는 불꽃을 감싸는 구멍 뚫린 철망도 여기서 유래했다. 그는 또한 해양 시설이나 선박의 부식을 막기 위해 아연을 희생 양극犧牲陽極으로 사용하는 방법도 고안해냈다. 철이나 구리가 녹스는 것을 방지하기 위해 더 간단하게 산화될 수 있는 금속을 부착하는 방식으로, 현재도 유용하게 사용되고 있다. 이런 많은 업적을 바탕으로 그는 1818년 영국 남작 작위를 받았다. 그보다 앞서 기사 작위를 받은 베이컨과 뉴턴을 제외한다면 과학 분야에서 남작 작위를 받은 최초의 인물이다.[27]

그런데 데이비는 폭발성 화합물인 삼염화 질소NCl_3를 가지고 실험하던 중 심각한 부상과 시력 손상을 당하고 말았다. 이 사고는 데이비를 선망하던 소년에서 그의 조수로 변신하고 이후 학계 동료가 된 뛰어난 과학자이자 과학의 대중화를 이끈 마이클 패러데이Michael Faraday, 1791~1867와의 본격적인 인연으로 이어졌다.

패러데이는 위인들의 이야기에서 종종 볼 수 있는 것처럼, 정식 교육을 거의 받지 못했는데도 역사상 가장 영향력 있는 과학자로 성공한 인물이다. 어린 시절 제책소에서 일한 그는 여러 종류의 책을 원 없이 읽을 기회가 많았는데, 거기에는 화학 서적도 포함되어 있었다. 특히 그는 유명 여성 과학 저술가인 제인 마르셋Jane Marcet, 1769~1858의 『화학과의 대화Conversations on Chemistry』(1832)를 접한 후 화학자 및 대중 과학자의 꿈을 키우기 시작했다. 그러던 어느 날 제책소를 방문한 손님이 그에게 당시 최고 인기였던 데이비의 대중 강연 티켓을 선물로 주었다. 심지어 강연 당일 자신이 직접 제본한 책을 들고 데이비를 만날 기회까지 주어졌다. 그 자리에서 패러데이는 조수를 하게 해달라고 했지만, 데이비는 그 부탁을 정중하게 거절하면서 과학과 독서를 모두 놓지 말라고 당부했다. 그런데 부상을 당해 더는 활동이 어렵고 거동에도 어려움이 생기자 데이비는 어리지만 열정적인 과학 지망생으로 기억에 남아 있던 패러데이를 조수로 채용해 함께 연구를 시작했다.[28] 전기를 매개로 한 실험을 통해 원소를 발견하는 일에 집중한 데이비와 그것을 해석하는 데 주력한 패러데이는 훌륭한 연구 동반자였다.

이후 패러데이는 두 가지 중요한 법칙을 발견했다. 첫 번째는 용액 속 화합물을 대상으로 한 전기 분해가 용액을 통과하는 전기의 양에 비례해 일어난다는 것이다. 두 번째는 전기반응을 통해 전극에 생성된 물질의 질량은 원자량을 전하로 나눈 값과 비례한다는 것이다. 이를 종합해 정리하면 전기의 양과 화학반응 사이에 명확한 관계가 형성되어 있다는 결론이 나온다. 이 발견을 바탕으로, 전기 분

마이클 패러데이(왼쪽)는 역사상 가장 영향력 있는 과학자 중 한 명이다. 패러데이는 영국왕립연구소의 크리스마스 과학 강연을 통해 대중에게 과학을 알리는 데 크게 공헌했다. 당시 모습을 알렉산더 길리스 블레이클리(Alexander Gillis Blaikley)가 석판화(1856)로 남겼다.

해에 쓰인 전기의 양을 나타내는 단위를 그의 이름에서 따와 패러데이Faraday, F라고 하게 되었다.

전자기에 대한 업적에 가려져 있긴 하지만, 패러데이의 화학적 기여는 무시할 수 없다. 전기가 흘러 들어가거나 나오는 단자를 뜻하는 전극electrode이라는 용어를 처음 고안한 사람이 바로 패러데이이며, 그는 이로부터 각각 양극anode과 음극cathode이라는 단어도 만들어냈다. 양극(+)과 음극(-)은 지금도 건전지를 비롯한 전기 소자들의 특정 단자를 지칭하는 용어로 사용되고 있다. 그는 또한 용액 속에서 이동하며 전기를 옮기는 물질을 설명하기 위해 그리스어로 '방랑자'를 뜻하는 이온ion이라는 단어를 생각해냈으며, 마찬가지로 양과 음의 전하를 갖는 이온을 구분해 각각 양이온anion과 음이온cation이라고 지칭했다. 각 이온이 얼마나 많은 양의 전하를 띠는지 표현

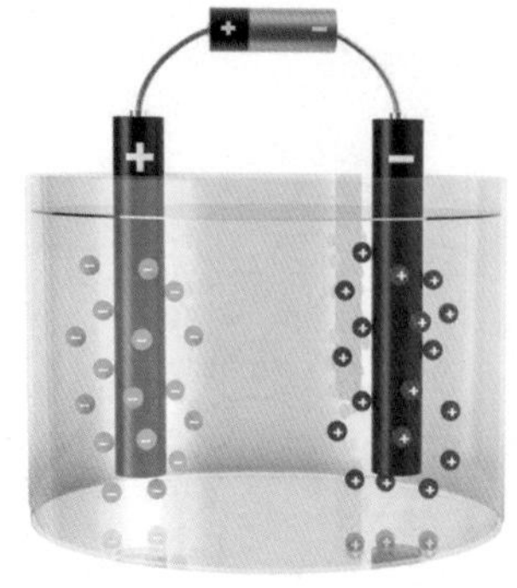

패러데이는 전기화학 용어를 확립하는 데도 크게 기여했다. 산화반응이 일어나는 양극(+)과 환원반응이 일어나는 음극(−) 또한 패러데이가 처음 제안한 단어다.

하는 산화수 체계 역시 패러데이가 처음 고안한 방법이다.[29]

비록 정규 교육을 받지는 못했지만 패러데이는 탁월한 통찰력과 수학적 감각으로 많은 업적을 남긴 뛰어난 과학자였다. 전자기 이론의 선구자인 제임스 클러크 맥스웰은 패러데이의 수학적 능력에 감탄했으며, 모두가 아는 천재 물리학자 알베르트 아인슈타인Albert Einstein, 1879~1955은 자신의 방에 뉴턴과 맥스웰, 패러데이의 사진을 걸어두었던 것으로 알려졌다.

드디어 맞춰지는 마지막 퍼즐

원소와 원자란 무엇인가? 그리고 이것들은 어떻게 작용하는가? 이 물음에 대한 답은 오랜 세월을 거치면서 어느 정도 밝혀졌다. 어떤 식으로 분리해 확인할 수 있는지, 그리고 그러한 접근법이 어째서 가능한지 역시 전기의 적용과 관계 규명을 통해 다소 해소되었다. 하지만 당시 감조차 잡을 수 없었던 부분은 과연 물질이 몇 개의 원자로 이루어졌는지를 구체적이면서도 정량적으로 해석할 수 있는지 여부였다.

양적 관계에 처음 주목해 실마리를 남긴 인물은 아메데오 아보가드로다. 그는 법률가 집안에서 태어나 자연스럽게 법을 공부했지만 물리학과 수학에 매력을 느껴 후에 이탈리아 토리노대학교 물리학 교수로 재직했다.

우리는 일반적으로 1몰mole 단위의 원자 혹은 분자 개수를 나타내는 $6.02214076 \times 10^{23}$이라는 숫자를 '아보가드로 상수Avogadro constant' 혹은 '아보가드로수Avogadro's number'라고 한다. 몰이라는 단위는 너무나도 많은 개수를 표현하고자 할 때 쓰는 대체 단위로 이해할 수 있다. 연필 한 다스는 12자루, 고등어 한 손은 2마리를 의미하듯이, 1몰은 $6.02214076 \times 10^{23}$을 의미하는 것이다.

명칭을 보고 아보가드로가 구체적인 숫자를 발견한 것으로 오해할 수 있지만, 실제적인 값은 프랑스 물리학자 장 바티스트 페랭Jean Baptiste Perrin, 1870~1942이 뒤늦게 계산해냈다. 아보가드로수는 액체나 기체 안에 떠 있는 작은 입자의 불규칙한 운동인 브라운 운동Browian motion을 알아야 이해할 수 있다. 1827년 스코틀랜드 식물학자 로버트 브라운Robert Brown, 1773~1858이 현미경으로 꽃가루를 관찰하던 중 움직이는 현상을 발견한 데서 브라운 운동이 탄생했다. 사실 이와 관련해서는 60년 무렵 이미 루크레티우스가 원자들의 추진력과 타격에 의해 움직이는 공기 속 먼지들을 관찰한 내용을 자신의 저술에 남긴 바 있다. 이후 1905년 아인슈타인은 원자 수준에서 브라운 운동을 이론적으로 설명했고, 브라운 운동과 아보가드로수를 정확히 연관 지었다. 페랭은 이를 실험적으로 확인하는 데 성공했다.[30] 즉 아인슈타인이 얻은 것보다 더 정확하게 아보가드로수를 구했고, 그 결과 돌턴에 의해 재정립된 원자론이 더는 의심받지 않게 되었다. 페랭은 이 연구로 1926년 노벨 물리학상을 수상했다.

아보가드로는 비록 구체적인 수를 내놓지는 않았지만 '아보가드로의 법칙Avogadro's law'을 제안하며 이 모든 연구가 이루어질 수 있는 시작을 열었다. 1808년 프랑스 화학자 조제프 루이 게이뤼삭Joseph Louis Gay-Lussac, 1778~1850은 질량 및 부피가 동일한 기체들은 종류와 무관하게 온도가 상승할수록 압력이 높아진다는 관찰 결과를 발표했는데, 아보가드로는 이로부터 놀라운 제안을 하나 던졌다. 같은 온도와 압력 아래에서 모든 기체는 종류와 무관하게 같은 부피 안에 같은 수의 분자가 존재한다는 내용이었다. 이것이 바로 아보가드로의 법칙이다. 비록 분자의 개념이 아직 명확하지 않아 원자와 분자라는 단어를 특별히 구분하지 않고 사용하던 때라 아보가드로는 원자 대신 분자라는 표현을 썼다. 아보가드로의 법칙은 후에 원자 개념이 명확해져 화학자들이 모든 것을 원자로만 설명하던 돌턴의 이론으로부터 자유로워지는 계기가 되었다.

하지만 불운하게도 당시 아보가드로의 법칙은 아무런 관심을 받지 못했으며 학계도 받아들이지 않았다. 원자와 분자의 차이, 그리고 이것들을 측정하고 확인하는 데 필요한 전자에 관한 내용이 명확하게 밝혀지지 않은 시대라 너무 이른 가설일 수도 있었다. 이후 시간이 흘러 아보가드로의 법칙은 분자 이론 확립을 저해하던 장애물을 제거하는 도구로 사용되었다. 그래서 페랭이 몰 단위에 해당하는 6.02214076×10^{23}을 정확하게 계산해냈음에도 아보가드로수라는 이름이 붙은 것이다. 이렇듯 아보가드로의 법칙은 비록 그의 생전에 빛을 보지 못했지만, 그가 원자·분자 이론의 창시자로 존경받는 밑바탕이 되었다.[31]

당시에는 인정받지 못했지만 아메데오 아보가드로의 법칙은 원자와 분자를 규명하는 계기가 되었다.

국제 회의로 막바지에 이른 화학이라는 탑의 기반 공사

아보가드로의 법칙이 사람들에게서 잊힐 뻔한 위기가 있었는데, 이를 기회로 바꾼 사람이 바로 이탈리아 화학자 스타니슬라오 칸니차로Stanislao Cannizzaro, 1826~1910다. 유기화학자인 그는 본인 이름이 붙은 '칸니차로 반응Cannizzaro reaction', 즉 알칼리의 작용으로 알데히드aldehyde류의 한 분자는 산화해 산이 되고, 다른 한 분자는 환원해 알코올이 되는 반응을 확인한 것으로 명성이 높다. 또한 농업 및 목축 분야에서 유용하게 쓰이고 있는 시안아미드cyanamide의 합성을 발견한 사람도 칸니차로이다. 하지만 우리가 주목해야 할 부분은 유기화학자로서 연구 성과가 아닌, 원자와 분자, 그리고 원자량 문제를 완전히 해결했다는 점이다. 바로 국제 회의를 통해서다.

1860년 9월 3일 독일 바덴뷔르템베르크Baden-Württemberg주의 거대

도시 카를스루에Karlsruhe에서 최초의 국제 화학 회의, 일명 카를스루에 회의Karlsruhe Congress가 열렸다. 보일과 라부아지에로부터 시작된 화학 체계 및 명명법에 관한 문제는 카를스루에 회의에서도 가장 큰 논젯거리였다. 사실상 화학계의 명명법과 표기 문제, 원자량 계측에서 발생하는 문제 등을 해결하기 위한 국제 회의였다. 화학 체계가 완성된 지금은 대수롭지 않은 일처럼 보일 수 있다. 하지만 이 회의에서 당시 화학계 최고 권위자인 프리드리히 아우구스투스 케쿨레 폰 슈트라도니츠Friedrich August Kekule von Stradonitz, 1829~1896가 간단한 유기 화합물인 아세트산을 나타내는 명칭이 19개나 된다는 사실을 지적할 만큼 해결이 시급하고 절실한 문제들이었다.

아직 전화(1876년 특허)가 발명되지 않은 시기였기에 회의 내용과 참석 여부 조사는 화학자들 간 회람판 전달을 통해 이루어졌다. 카를스루에 회의에 참석한 유럽 각국의 저명한 화학자 140명은 원지와 분자량에 대한 협의를 이어나갔지만 별다른 소득이 없었다. 그러다 회의 마지막 날 칸니차로가 아보가드로의 법칙을 바탕으로 관련 인쇄물을 배포하며 강연을 했는데, 그 순간 모든 것이 기적처럼 합의에 도달했다. 한 예로, 카를스루에 회의를 통해 수소는 약 1, 탄소는 12, 질소는 14, 산소는 16 등 당시까지 발견된 원소들의 원자량이 결정되었다. 수소나 염소 같은 기체 분자는 원자 2개가 결합한 형

아보가드로의 가설을 재발견해 문제를 해결한 스타니슬라오 칸니차로는 카를스루에 회의의 주인공이었다. 당시 카를스루에 회의의 주목적은 화학 명명 및 표기를 비롯한 체계 확립이었다.

태로 함께 거동한다는 이해를 바탕으로 원자량에 대한 합의가 이루어진 것이다.[32]

근대 화학자들이 평생을 바쳐 기체와 원자, 그리고 화학반응을 발견해 쌓아온 기록들이 정확히 짜 맞추어지면서 탈레스의 물을 시작으로 약 2,500년 동안 찾으려고 애썼던 원자와 분자의 개념이 드러났다. 또한 질량이라는 가장 본질적이고 중요한 물질량도 확립되었다. 화학이라는 탑을 쌓는 기반 공사가 드디어 막바지에 다다른 것이다. 폭발적인 화학 분야 발전의 마지막 준비는 화약에 관한 화학 이론을 발표한 레온 니콜라예비치 시시코프Leon Nikolajewitsch Schischkow, 1830~1907, 알돌 축합aldol condensation이라는 유기화학반응을 발견하고 낭만주의 음악가로도 활동한 알렉산드르 포르피리예비치 보로딘Aleksandr Porfiryevich Borodin, 1833~1887, 그리고 보로딘의 박사 학위 지도교수이자 러시아 물리화학회 첫 회장이며 유기 화합물인 아닐린aniline과 벤지딘benzidine을 발견한 니콜라이 니콜라예비치 지닌Nikolay Nikolaevich Zinin, 1812~1880과 함께 러시아 상트페테르부르크Sankt Peterburg에서 카를스루에 회의에 참석한 한 명의 화학자에 의해 완성된다.

제9장

주기율표 발명을 둘러싼 분투

T H E   C H R O N I C L

: 무기화학

O F C H E M I S T R Y

화학 교재나 관련 자료집의 맨 첫 쪽은 언제나 주기율표가 차지하고 있다. 사전이라고 하기에는 내용이 너무 적고, 단순한 표로 치부하기에는 공통점이 하나도 없는 복잡한 단어들로 채워져 있어 처음 접한 사람은 이해하기 쉽지 않다. 하지만 화학 역사를 통틀어 가장 뛰어난 학술적 발명을 꼽으라면 단연 주기율표일 것이다. 그렇다면 현재까지 원소 118개가 빼곡하게 자리하고 있는 이 주기율표의 탄생에 관여한 사람이 단 한 명뿐이었을까? 그럴 리 없다. 주기율표 탄생의 시작점으로 거슬러 올라가보면 원소들 사이에 유사성 혹은 연관성이 있다는 사실을 처음 발견한 베르셀리우스가 나온다.

주기율표 발명에 이르는 길

베르셀리우스가 발견한 염소Cl, 브로민Br, 아이오딘I을 화학적 유사성을 바탕으로 하나의 그룹으로 묶으면 원자량 측면에서 흥미로운 관계가 관찰된다. 독일 화학자이자 가스라이터의 시초인 되베라이너 램프(흥미롭게도 성냥보다 라이터가 먼저 발명되었다)를 발명한 요한 볼프강 되베라이너Johann Wolfgang Döbereiner, 1780~1849는 세 원소 중 가장 가벼운 염소의 원자량과 무거운 아이오딘의 원자량 평균이 브로민의 원자량과 거의 같다는 사실을 확인했다.[1] '염을 만든다'라는 뜻의 할로젠 원소들에서만 나타나는 특이적 현상이라면 큰 관심을 두지 않았겠지만, 다른 원소들에서도 유사한 경향성이 발견되었다. 즉 1족group 1A에 속하는 리튬Li과 포타슘K의 평균은 소듐Na과 비슷하고, 2족group 2A인 칼슘Ca과 바륨Ba의 평균은 스트론튬Sr과 유사했다. 16족group 6A의 황S과 텔루륨Te의 평균값은 셀레늄Se과 거의 일치했다. 각각 세 종류의 원소가 원자량과 관련된 규칙성을 보였기에 이것들을 되베라이너의 '삼원소triad'라고 지칭했으나, 이 이상의 분

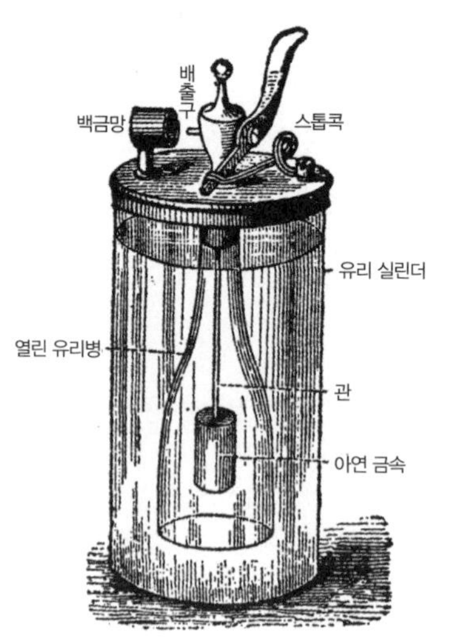

요한 볼프강 되베라이너(왼쪽)는 '부싯깃 통'으로 불리는 최초의 라이터 '되베라이너 램프'를 발명한 것으로 유명하다.

류나 발견은 이루지 못했다.[2]

- 1족 삼원소: {6.94(Li)+39.10(K)}÷2=23.02≡22.99(Na)
- 2족 삼원소: {40.1(Ca)+137.3(Ba)}÷2=88.7≡87.6(Sr)
- 16족 삼원소: {32.239(S)+129.243(Te)}÷2=80.741≡79.263(Se)
- 17족 삼원소: {35.470(Cl)+126.470(I)}÷2=80.470≡78.383(Br)

이후 원자량을 측정하는 데 많은 시간을 바친 프랑스 화학자 장 바티스트 앙드레 뒤마Jean-Baptiste André Dumas, 1800~1884는 되베라이너와 유사한 관찰을 통해 삼원소를 '사원소'로 확장했다. 2족의 칼슘, 스트론튬, 바륨에 더욱 가벼운 마그네슘(원자량 24.305)을 추가해도 어느 정도 연관성이 있다는 것이 드러났고, 17족group 7A의 플루오린(원자량 19.00) 역시 동일한 경향을 보였다.[3] 비록 삼원소를 사원소로 확장하기 했지만, 유의미한 결과는 얻지 못했다. 그럼에도 화학자들은 원자량에 무언가 중요한 것이 숨어 있다는 사실을 직감하기 시작했고, 이후 본격적으로 관련 연구를 시행했다. 그 결과 또 다른 힌트들이 하나둘 나타났다.

프랑스 지질학자 알렉상드르 에밀 베기에 드 샹쿠르투아Alexandre-Émile Béguyer de Chancourtois, 1820~1886는 원자량 순서대로 화학 원소를 배열해본 최초의 인물이다. 그는 1862년 '텔루륨 나선vis tellurique'이라는 도표를 개발했다.[4] 이 도표를 완성했을 때 텔루륨tellurium이 나선의 중앙에 위치해 있어 텔루륨 나선이라는 이름이 붙었다.

텔루륨 나선은 카를스루에 회의가 열리기 전인 1858년 칸니차로

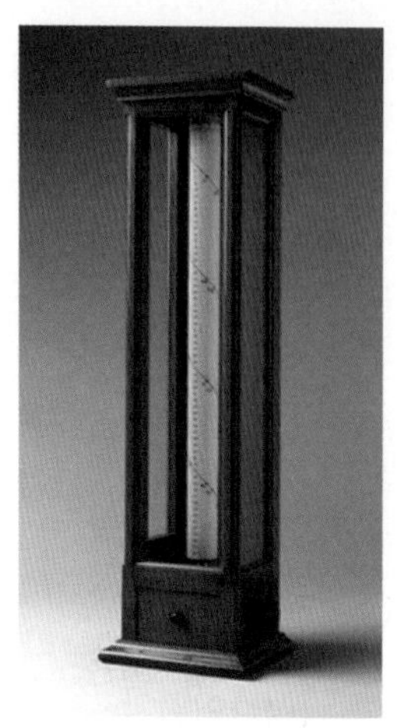
드 샹쿠르투아가 개발한 '텔루륨 나선'의 실제 모습

가 발표한 원자량 관련 논문을 참고한 것으로, 당시로서는 가장 정밀한 원자량을 기준으로 삼았다. 드 샹쿠르투아는 원자량 순서로 배열한 원소들을 원통에 감았는데, 이를 통해 어느 정도 유사성이 있는 원소들이 반복적으로 배열되는 특징을 처음으로 관찰했다. 하지만 그는 화학자가 아닌 지질학자이자 광물학자였고 이것 역시 지질학을 연구하기 위한 접근이었기 때문에 화학자들은 그의 발견을 대수롭지 않게 여겼다. 이렇게 개발 당시에는 인정받지 못했지만, 원자량 순서를 따르는 접근법은 이후 완전한 주기율표의 탄생에 중요한 실마리로 작용하게 된다.

영국 화학자 존 알렉산더 레이나 뉴랜즈는 텔루륨 나선이 개발되고 2년 뒤인 1864년 반복성에 초점을 맞춘 접근에 성공했다. 화합물을 구성하는 원소들의 산화수에서 유사성을 확인하고, 이것들을 원자량 순서대로 배열한 그는 같은 그룹에서 성질이 비슷한 원소들 사이에 7개의 다른 원소가 존재한다는 사실을 알아냈다.[5] 즉 여덟 번째마다 유사한 특성을 가지는 원소가 나타난다는 원소 성질의 규칙을 발견한 것이다. 그는 음악에서 여덟 번째마다 같은 음(도레미파솔라시도)이 나오는 옥타브를 참고해 1865년 '옥타브 법칙law of octaves'을 발표했다. 실제로는 1A부터 8A까지 총 8개 그룹이 존재하므로 아홉 번째마다 유사한 성질의 원소가 나타나야 하지만, 비활성 기체noble gas로 불리는 마지막 18족group 8A은 1900년대에 이르러서야 발견되었기에 이 같은 결과가 나왔다.

존 뉴랜즈는 원소들의 반복성을 처음 발견했다.

물론 전이금속 원소transition metal element의 경우 옥타브 법칙을 만족시키지 않는 예외를 지속적으로 보이는 등 몇 가지 문제점이 있었다. 하지만 이런 단순한 예외적 경향이 존재한다는 아쉬움보다 더 큰 불행이 뉴랜즈에게 닥쳤다. 음악적 요소로부터 영감을 받은 그의 접근 방식이 오히려 화학자들 사이에서 발견 자체를 무시당하는 원인으로 작용한 것이다. 많은 모욕과 조롱으로 수모를 당한 데다 연구 결과까지 인정받지 못한 뉴랜즈는 화학계를 떠나고 말았다. 하지만 완전한 주기율표가 발명된 이후 자신의 기여도를 주장했으며, 마침내 1887년 데이비 메달Davy Medal(1877년부터 영국 왕립화학협회가 험프리 데이비의 이름을 따 매년 화학 분야의 뛰어난 연구자에게 수여하는 상) 수상자로 선정되어 오명을 씻을 수 있었다.

화학의 시작이자 학술적 발명의 최고점, 주기율표

19세기 무기화학의 시작이자 화학에서 핵심인 원소의 마무리는 재능 넘치는 한 시베리아 소년의 발견에서 비롯되었다. (그의 형제자매 17명 중 3명이 세례를 받기 전에 세상을 떠났다고 알려져 있다.) 드미트리 이바노비치 멘델레예프Dmitri Ivanovich Mendeleev, 1834~1907는 어머니의 눈

물겨운 희생으로 재능이 빛을 발한 인물이다.

덕망 높은 교사였던 멘델레예프의 아버지가 어느 날 눈에 부상을 당하는 바람에 경제 활동이 어려워지자 어머니는 집안의 유리 공장을 물려받아 가족의 생계를 이어나갈 수밖에 없었다. 멘델레예프는 어머니의 유리 공장에서 놀면서 모래나 석회가 가열을 거쳐 유리로 변화하는 반응에 큰 흥미를 느꼈고, 직접 선명한 컬러 안경을 만들어내기도 했다. 그런데 열세 살 때 아버지가 세상을 뜨고 삶의 기반이던 유리 공장마저 화재로 전소되는 사고가 발생했다. 생활이 급격히 어려워진 상황에서도 멘델레예프의 과학적 재능을 높이 산 어머니는 열다섯 살 아들에게 고등교육을 받을 수 있는 기회를 주고 싶었다. 그래서 막내아들과 딸 엘리자베스를 데리고 마차, 말, 썰매, 도보 등 모든 이동 수단을 동원해 수천 마일 떨어진 모스크바로 향했다. (참고로 다른 12명의 형제에 대해서는 이야기가 별로 전해지지 않지만, 당시 가장 어린 드미트리와 엘리자베스를 제외하고 이미 성인이 된 형제들은 어머니의 책임에서 벗어난 상황이었던 것으로 보인다.)

그들은 우랄산맥을 가로지르고 약 2,200킬로미터의 거리를 달려 모스크바에 도착했다. 하지만 시베리아인에 대한 시선이 곱지 않던 시절이라 모스크바대학교는 멘델레예프의 입학을 받아들이지 않았다. 그의 어머니는 포기하지 않았고, 모스크바로부터 700킬로미터 떨어진 상트페테르부르크로 다시 이동해 중앙 교육학 연구소Main Pedagogical Institute(현재는 상트페테르부르크주립대학교)에 아들을 입학시켰다. 이후 그간의 고생과 누적된 피로로 건강이 급속도로 악화된 어머니는 10주도 안 되어 결핵으로 세상을 떠나고 말았다.

Д. Менделѣевъ.

ИЗСЛѢДОВАНІЕ

ВОДНЫХЪ РАСТВОРОВЪ

ПО УДѢЛЬНОМУ ВѢСУ.

주기율표를 발명한 드미트리 멘델레예프(왼쪽)는 어머니의 헌신과 희생에 감사하는 마음을 저서에 담아 표현했다.

멘델레예프의 어머니로만 전해지는 그녀의 이름은 마리아 드미트리예브나 멘델레예바Maria Dmitrievna Mendeleeva, 1793~1850로, 가족을 향한 사랑과 헌신으로 가득한 사람이었다.[6] 그녀의 결단이 멘델레예프를 화학자로 만들었으며, 근대 및 현대 화학에서 가장 위대한 발명인 주기율표가 탄생하는 배경이 되었다. 비록 멘델레예프는 성공한 모습을 어머니에게 보여주지 못했지만 1887년 저서 『비중에 따른 수용액의 연구Исследование водных растворов по удельному весу』에 다음과 같은 글을 남겼다.[7]

> 이 연구는 어머니를 기억하기 위해 당신의 막내아들이 바치는 것입니다. 어머니는 여성의 몸으로 공장을 경영하시며 저를 교육하셨습니다. 어머니는 모범을 보이시고, 사랑으로 키우시며, 이 아들을 과학 발전에 바치시고자 시베리아를 떠나 모든 재산과 능력

을 희생하셨습니다. (중략)

드미트리 멘델레예프는 어머니의 유언을 거룩히 여깁니다.

1887년 10월

1860년 멘델레예프는 카를스루에 회의에서 칸니차로가 원자와 분자, 그리고 이들의 질량에 관한 역사적인 발표를 하는 순간 그 자리에 함께 있었다. 회의에서 원자량의 중요성이 강조되고 각 원소의 정확한 원자량이 하나씩 계산되어 발표되었는데, 이는 나중에 멘델레예프가 규칙성을 발견하는 데 큰 역할을 하게 된다.

평소 카드놀이를 즐기던 멘델레예프는 1867년 『화학 원리The Principles of Chemistry』라는 교과서를 집필하면서 조사한 각 원소의 정확한 원자량과 산화수를 기준으로 여러 장의 원소 카드를 만들었다. 그리고 장거리 기차 여행을 하면서 원소 카드의 배열 순서를 고려해 규칙성을 찾던 중 주기율표의 실마리를 잡은 것으로 알려졌다.

이런 과정 때문에 단순한 우연 혹은 놀이 결과로 주기율이 발견되었다고 생각하는 사람도 있지만, 실제로는 원자량과 산화수에 각 원소의 성질까지 모두 고려하고 반영한 매우 복잡한 작업이었다. 예를 들어 베릴륨Be의 원자량은 당시 14로 알려져 있었는데, 이는 2개의 베릴륨이 3개의 산소와 결합한 형태Be_2O_3로 존재할 것으로 추정되었기 때문이다. 멘델레예프는 모든 화학 이론과 발견된 사실들, 그리고 자신의 추리를 바탕으로 산화수를 고려했을 때 베릴륨과 산소는 1개씩 결합한 상태BeO로 존재하며, 실질적인 원자량은 9.4일 것이라고 추론했다.[8] 이를 보면 알 수 있듯이 멘델레예프의 작업은

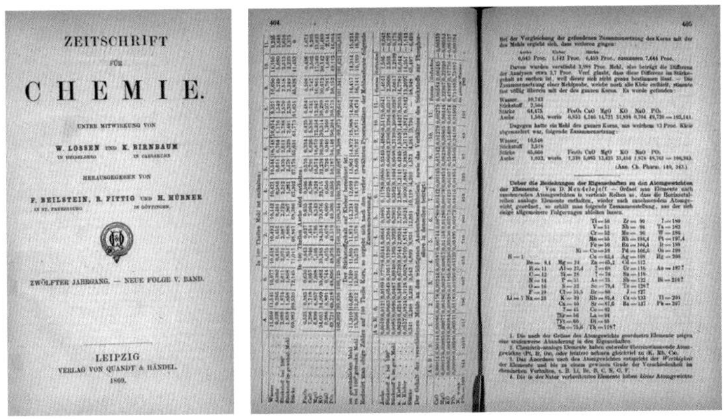

ZEITSCHRIFT

FÜR

CHEMIE.

UNTER MITWIRKUNG VON

W. LOSSEN UND K. BIRNBAUM

HERAUSGEGEBEN VON

F. BEILSTEIN, R. FITTIG UND H. HÜBNER

IN GÖTTINGEN.

ZWÖLFTER JAHRGANG. — NEUE FOLGE V. BAND.

LEIPZIG

VERLAG VON QUANDT & HÄNDEL.

1869.

독일 《화학 저널(Zeitschrift fur Chemie)》(왼쪽)에 실린 멘델레예프의 첫 번째 주기율표

단순한 정보의 재조정이 아닌, 일종의 화학적 빅데이터 연산을 홀로 해내는 엄청난 강도의 일이었으며, 이에 따라 원자량 순서로 줄을 세울 경우 성질의 유사성까지 명확하게 파악할 수 있었다.

1869년 드디어 최초의 주기율표가 탄생했으나, 여전히 몇 가지 문제점이 잔존했다. 가장 간단하고 기본적 원소인 수소H를 어디에 놓아야 할지, 희토류rare earth 원소로 불리는 종류를 어떻게 배열해야 할지가 여전히 해결되지 않은 상태였다. 그러다 1871년 멘델레예프는 다시 개정 주기율표를 만들어냈고, 마침내 주기율표 발명가로 공인되었다. 희토류 원소들의 애매모호함은 여전히 고민거리였지만, 그는 주기율표 추가 개정에 대한 의욕을 잃은 상태였다. 이후 그는 희토류 연구를 체코 화학자 보후슬라프 브라우네르Bohuslav Brauner, 1855~1935에게 맡겼다.

그런데 카를스루에 회의에 참석해 칸니차로의 강연을 들은 또 한

명의 화학자 율리우스 로타르 마이어Julius Lothar Meyer, 1830~1895 역시 비슷한 시기에 거의 동일한 발명을 했다. 1870년 마이어는 자신이 만든 주기율표를 발표하면서 누가 먼저 주기율표를 발명했는지에 대한 명예를 두고 멘델레예프와 경쟁했다. 하지만 멘델레예프의 초기 주기율표가 1869년에 나온 것을 인정하며 한발 물러서 상황은 자연스럽게 해결되었다.

사실 마이어가 발명한 것에 비해 멘델레예프의 주기율표가 더 완벽하다는 점은 몇 가지 사항으로 공공연히 증명되었다. 즉 마이어는 28개 원소에 대해서만 결과를 만들어낸 데 반해, 멘델레예프는 당시까지 발견된 63개 원소 가운데 화학적 성질과 원자량이 밝혀진 42개 원소의 규칙성을 찾아내 반영했다.[9] 또한 마이어는 규칙에 맞지 않거나 발견되지 않은 원소의 경우 표기를 생략했지만, 멘델레예프는 존재가 예측되는 원소들의 위치를 공란으로 하고 후에 발견될 것을 예상해 이 원소들의 원자량과 화학적 성질 등을 매우 구

Reihen	Gruppe I. — R^2O	Gruppe II. — RO	Gruppe III. — R^2O^3	Gruppe IV. RH^4 RO^2	Gruppe V. RH^3 R^2O^5	Gruppe VI. RH^2 RO^3	Gruppe VII. RH R^2O^7	Gruppe VIII. — RO^4
1	H=1							
2	Li=7	Be=9,4	B=11	C=12	N=14	O=16	F=19	
3	Na=23	Mg=24	Al=27,3	Si=28	P=31	S=32	Cl=35,5	
4	K=39	Ca=40	—=44	Ti=48	V=51	Cr=52	Mn=55	Fe=56, Co=59, Ni=59, Cu=63.
5	(Cu=63)	Zn=65	—=68	—=72	As=75	Se=78	Br=80	
6	Rb=85	Sr=87	?Yt=88	Zr=90	Nb=94	Mo=96	—=100	Ru=104, Rh=104, Pd=106, Ag=108.
7	(Ag=108)	Cd=112	In=113	Sn=118	Sb=122	Te=125	J=127	
8	Cs=133	Ba=137	?Di=138	?Ce=140	—	—	—	— — — —
9	(—)	—	—	—	—	—	—	
10	—	—	?Er=178	?La=180	Ta=182	W=184	—	Os=195, Ir=197, Pt=198, Au=199.
11	(Au=199)	Hg=200	Tl=204	Pb=207	Bi=208	—	—	
12	—	—	—	Th=231	—	U=240	—	— — — —

멘델레예프의 두 번째 주기율표(1871)

체적으로 표기해놓았다. 산스크리트어로 '하나'를 의미하는 에카eka라는 단어를 사용해 '다음 공간'이라는 뜻을 전달한 것이다. 예를 들어 알루미늄 다음에 존재할 것이라는 에카알루미늄eka-aluminum, Ea, 규소 다음이라는 에카규소eka-silicon, Es 등 총 4개 원소의 자리를 예측과 함께 비워놓았다.

1875년 프랑스 화학자 폴에밀 르코크 드 부아보드랑Paul-Émile Lecoq de Boisbaudran, 1838~1912이 에카알루미늄으로 예측되던 원소인 갈륨gallium, Ga을 발견하고, 1886년 독일 화학자 클레멘스 알렉산더 빙클러Clemens Alexander Winkler, 1838~1904가 에카규소인 저마늄germanium, Ge을 발견해 멘델레예프 주기율표의 신뢰성은 완벽하게 검증되었다.[10] 특히 멘델레예프의 예측값은 실제 발견된 원소의 특성과 비교할 때 엄청난 정밀도를 보였다. 아래 '표'와 같이 에카알루미늄과 갈륨을 비교해 보면 매우 구체적이고 과학적인 추론을 통해 원소들을 규명했음을 알 수 있다.

특성		에카알루미늄	갈륨
원자량		68	69.723
밀도(g/cm^3)		6.0	5.91
녹는점(℃)		낮음	29.76
산화물	화학식	Ea_2O_3	Ga_2O_3
	밀도(g/cm^3)	5.5	5.88
	용해도	알칼리와 산 모두에서 용해	
염화물	화학식	Ea_2Cl_6	Ga_2Cl_6
	휘발성	휘발성	휘발성

화학사에 길이 남을 대발명의 성취를 거둔 멘델레예프였지만 노벨상 수상의 영예는 그에게 허락되지 않았다. 유력한 수상 후보로 거론되던 1906년 노벨 화학상은 한 표 차이로 플루오린F을 분리하고 고온 가열로를 개발한 프랑스 화학자 페르디낭 프레데리크 앙리 무아상Ferdinand Frédéric Henri Moissan, 1852~1907에게 돌아갔다. 멘델레예프는 이듬해 세상을 떠났고 자신이 평생 그리워하던 사랑하는 어머니 옆에 묻혔다.[11]

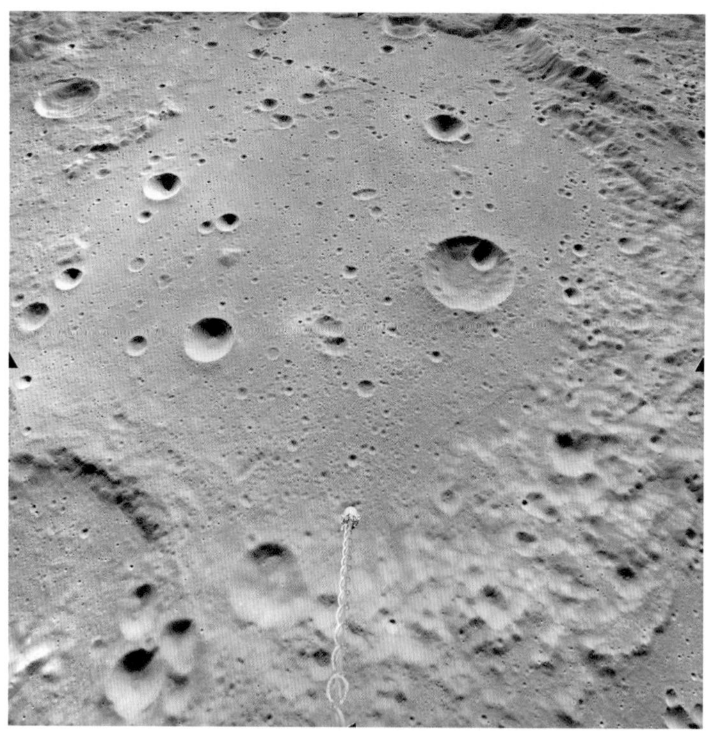

노벨상을 수상하지 못했지만 멘델레예프의 이름은 달에 거대하게 남아 있다. 달의 먼 쪽(The far side of the Moon) 북위 5도 42분, 동위 140도 54분에 위치한 거대 충돌 분화구가 바로 멘델레예프다.

멘델레예프의 의욕마저 꺾은 희토류

주기율 발견에 도전한 화학자들을 고민에 빠뜨린 희토류 원소들은 주기율표 개정에 대한 멘델레예프의 열의마저 빼앗아버렸다. 현대 주기율표에서 희토류 원소는 3족에 자리 잡은 스칸듐scandium, Sc과 이트륨yttrium, Y, 그리고 주기율표 하단에 따로 분리, 구분되어 있는 란타넘족lanthanoids 15개 등 총 17개 원소를 말한다. 이것들은 모두 극명한 성질의 차이보다 매우 유사한 원자량과 특성을 보여 분리 및 구분하는 데 어려움이 있었다. 또한 방사성 원소인 프로메튬promethium, Pm을 제외한 모든 희토류 원소는 단 두 종류의 광석에 혼합된 상태로 존재했기에 발견과 분리가 더욱 어려울 수밖에 없었다.

스웨덴 스톡홀름 인근의 작은 광산마을 위테르비Ytterby에서 하나의 거무튀튀한 광석이 발견되면서 희토류가 세상에 모습을 드러냈다.[12] 핀란드 화학자 요한 가돌린Johan Gadolin, 1760~1852이 첫 희토류 원소인 이트륨을 찾아낸 때가 1794년이었다. 이후 희토류가 하나둘 발견되기 시작했고, 1907년 프랑스 화학자 조르주 위르뱅Georges Urbain, 1872~1938이 루테튬lutetium, Lu을 발견하기까지 무려 113년이라는 시간이 걸렸다. 물론 완전한 발견 종료는 방사성 원소와 핵화학반응을 찾아낸 이후에나 가능했으며, 프로메튬은 이보다 더 늦은 1945년이 되어서야 세상에 알려지긴 했지만 말이다.[13]

희토류 발견의 원천이 된 가돌리나이트(gadolinite, 위)와 세라이트(celite)

뒤섞여 있던 희토류의 발견 및 분리 연구는 뛰어난 인품 덕분에 '모세 신부Father Moses'로 불리던 칼 구스타브 모산더Carl Gustaf Mosander, 1797~1858가 처음 시작했다. 베르셀리우스와 같은 스웨덴 출신으로, 실제로도 베르셀리우스의 이웃에 거주하며 많은 도움을 주고받았다. 모산더의 아내가 베르셀리우스에게 네덜란드어를 알려주고, 베르셀리우스는 모산더에게 화학을 가르치며 화학자로서 기초를 다질 수 있도록 도왔다. 이후 그는 광석을 가열 처리해 염을 생성하고 질산으로 녹여 분리하는 방법을 도입해 란타넘lanthanum, La, 터븀terbium, Tb, 어븀erbium, Er 등 3개의 희토류 원소를 발견했다.[14] 이외의 희토류 원소의 발견과 검증에는 새롭게 탄생한 화학적 기법이 적용되었는데, 바로 분광학Spectroscopy이다.

과학을 한 단계 더 발전시킨 분광학

분광학은 적은 양의 시료를 높은 정밀도로 분석할 수 있어 현대 화학에서 광범위하게 활용하는 화학적 분석 기법의 한 분야다. 분광학의 핵심은 원자, 분자에 의한 빛의 흡수와 복사 스펙트럼을 측정해 물질의 성질을 분석, 연구하는 것이다. 이를 위해서는 먼저 빛을 구성하는 각 파장의 정보를 알아야 하며, 파장을 알려면 빛의 분리와 결합을 이해할 필요가 있다. 일반적으로 우리는 뉴턴의 연구 결과를 바탕으로 빛의 분리와 결합을 이해한다. 즉 태양 빛처럼 연속된 가시광선 파장들이 합쳐진 백색광白色光을 유리 프리즘으로 분리

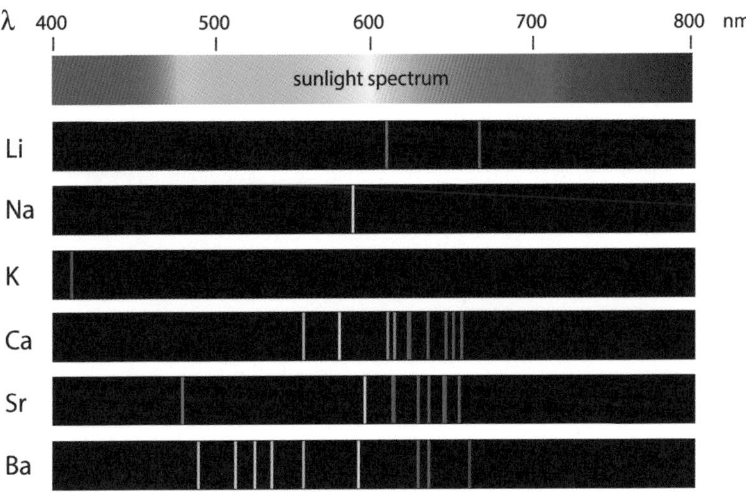

물질은 원소 종류에 따라 특징적인 불꽃 색상을 보이며(위), 불꽃반응의 분광학적 분석은 원소에 따라 특정한 선 스펙트럼을 나타낸다.

하고 또다시 결합시킬 수 있다는 것이다. 역사적으로는 불꽃반응flame test 실험을 통해 물질을 분석했다는 기록이 인도 고대 문헌에 남아 있다.[15] 물질을 구성하는 원소들은 에너지 준위가 다르기에 각 원소는 종류에 따라 특정 파장의 빛을 방출한다. 여기서 나오는 '선 스펙트럼'을 기준으로 조성을 분석하는 것이 불꽃반응의 기본 원리다. 이 특징적인 선 패턴을 확인한다는 목적 아래 분광학이 발달했다.

분광학은 독일 화학자 로베르트 빌헬름 분젠Robert Wilhelm Bunsen, 1811~1899이 본격적으로 시작했다. 그는 카드뮴을 발견한 슈트로마이어의 제자였고, 슈트로마이어는 베릴륨을 발견한 보클랭의 제자였다. 사제지간인 세 사람이 연이어 원소 발견에 핵심적 공헌을 한 셈이다. 분젠이 하이델베르크대학교 교수로 임용된 1852년 무렵에는 거리 조명을 비롯한 대다수 광원에 쓰이는 원료가 석탄 가스였다. 석탄 가스는 탄소 물질인 코크스cokes를 얻기 위해 석탄을 정제하는 과정에서 부가적으로 발생하는 물질이었다. 하지만 그을음이 생기는 데다, 불완전 연소로 불꽃 색상이 복잡하게 얽혀 있어 특정 색상의 빛 신호를 관측하고자 하는 분광학 연구에서는 석탄 가스 광원을 사용할 수 없었다. 이에 분젠은 정확한 연구를 위해서는 무색의 불꽃을 만들어야 한다는 목적으로 실험에 돌입했다. 그 결과 탄생한 것이 '분젠 버너Bunsen burner'로, 현재까지 사용되고 있다.[16]

1854년 분젠은 하이델베르크대학교에 합류한 독일 물리학자 구스타프 로베르트 키르히호프Gustav Robert Kirchhoff, 1824~1887와 함께 연구에 집중해 1859년 역사상 최초의 분광기spectroscope를 완성했다. 초기 분광기는 불꽃을 만들어내기 위한 분젠 버너와 빛을 파장별로 분리

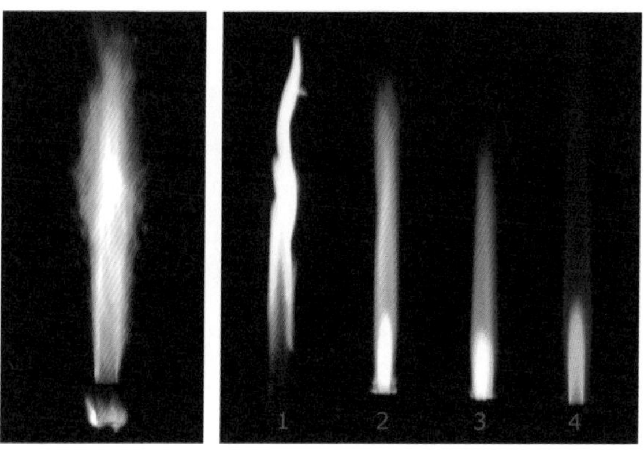

1850년대 연소 광원(왼쪽)으로 사용한 석탄 가스나 목재 가스는 불완전 연소를 해 분광학에는 부적합했으며, 이에 밸브로 연소와 불꽃색을 조절할 수 있는 분젠 버너가 개발되었다.

하는 유리 프리즘, 그리고 빛을 조절하는 데 필요한 렌즈와 관찰 튜브로 이루어져 있었다.[17] 이 분광기가 지구상에 존재하는 원소를 발견하는 연구에 가장 먼저 쓰였을 것 같지만, 실제로는 태양 빛을 관찰하는 데 맨 처음 사용되었다. 지구에 쏟아지는 가장 흔한 빛인 태양광을 분광기로 분석하는 과정에서 소듐Na이 태양에 존재한다는 사실이 밝혀졌다. 곧이어 본격적으로 원소 발견이 이루어졌는데, 1861년 세슘caesium, Cs과 루비듐rubidium, Rb이 이름을 달고 세상에 공개되었다.

이후 분광기는 물리학자 및 화학자들 사이에서 실험을 위한 필수 장비로 자리매김했고, 특히 원소 발견 분야에서 중요하게 사용되었다.[18] 대표적으로 극독성 원소 탈륨thalium, Tl을 발견한 영국 화학자이자 물리학자이며 심령학자(심령 현상을 규명하고 매우 열성적으로 연구한 것으로 알려졌다)인 윌리엄 크룩스 경Sir William Crookes, 1832~1919은 1865

구스타프 키르히호프(왼쪽)와 로베르트 분젠은 최초의 분광기를 발명해 분광학 연구의 시작을 열었다.

년 지구상에 존재하는 헬륨의 선 스펙트럼을 처음 규명할 때 분광기를 사용했다. 이 결과는 3년 후인 1868년 천문학자 피에르 쥘 세사르 장센Pierre Jules César Janssen, 1824~1907이 분광기로 개기일식을 관찰해 태양에 존재하는 헬륨을 분석하는 데도 영향을 미쳤다. 이렇듯 분광기는 과학 발전에 중요한 도구로 활용되었다.[19]

한 명의 화학자가 모두 찾아낸 비활성 기체

주기율표에서 가장 오른쪽 세로줄에 있는 헬륨He부터 라돈Rn까지 6개 원소는 '비활성 기체'로 구분된다. 지금까지 발견된 마지막 원소인 118번 오가네손Og이 가장 아래쪽에 있긴 하지만 충분한 양이 만들어지지 않고 특성도 알려진 바가 없어 비활성 기체로 분류되지는 않는다. 산에 매우 안정적인 백금 같은 원소를 귀금속이라고 칭했던 것과 같이, 비활성 기체 역시 다른 물질과의 화학반응을 통해 염이나 화합물을 만들지 않는다고 인식되어왔다.

하지만 실상은 염을 만드는 반응성이 극히 높은 17족 할로젠 원소들과는 한정적으로 반응하는 것으로 나타났다. 최근 연구까지 종합적으로 판단할 때 그 무엇과도 반응하지 않는 비활성 기체는 존재하지 않는다.[20,21] 그렇다고 이것들이 안정한 다른 화합물 형태로 지구상에서 흔히 관찰되는 것은 아니며, 존재량 역시 적은 편에 속하기에 해당 원소의 발견은 아주 오랫동안 접근이 불가능한 영역이었다. 그리고 이 문제를 해결한 것 또한 분광기였다.

비활성 기체가 발견됨으로써 멘델레예프가 제안한 주기율표는 조금 더 완벽한 형태로 다듬어질 수 있었다. 그가 남긴 유산 위에 후대 화학자들이 화학의 탑을 본격적으로 쌓아 올렸다고 표현할 수 있을 것이다.

비활성 기체의 발견이라는 위업을 달성한 인물은 영국 화학자 윌리엄 램지 경Sir William Ramsay, 1852~1916과 존 윌리엄 스트럿 레일리John William Strutt Rayleigh, 1842~1919다.[22] 처음으로 발견된 비활성 기체는 우주에서 두 번째로 풍부하고 태양의 구성 물질로 확인된 헬륨도, 무거워서 분리나 추출이 간단할 것으로 여겨지는 라돈도 아니었다. 특별할 것 없이 가운데에 위치한 게으른argos 원소인 아르곤argon, Ar이다. 사실 아르곤은 대기 중 공기의 평균 분자량(28.84g/mol)보다 무거운 기체(39.948g/mol)라서 지구 중력으로 잡아두기 쉽고, 대기 중 질량 비율이 1.3퍼센트 정도이기에 발견 가능성이 가장 높은 원소였다. 게다가 이 정체 모를 원소의 존재는 근대 화학 초기 공압화학자들이 시행한 질소와 산소 연구 과정에서부터 늘 추측되어왔다. 전기 방전 및 연소를 통해 공기 중의 질소와 산소를 소모한 후 석회수를 이용해 이산화 탄소와 기체들을 제거했음에도 여전히 약 1퍼센트의 공기가 남아 있는 현상은 설명이 되지 않았다. 또한 질소와 산소 생성 실험에서도 공기 중에서 분리된 질소·산소는 초석 또는 산화수은의 반응으로 발생하는 순수한 질소·산소와 밀도 차이가 있는 것으로 확인되었다.

램지와 레일리는 이 의문점에 무게를 두고 정체 모를 기체를 분리해내 1894년 아르곤의 존재를 세상에 알렸다.[23] 하지만 이들의 발견은 당시에는 간단히 받아들이기 어려운 혁신적 결과였다. 아르곤 발견 시점까지 어떠한 비활성 기체도 확인된 적이 없었기 때문이다. 사실 헬륨도 태양에 존재한다고만 추측되었을 뿐이고, 최초의 헬륨 분리는 1895년 이루어졌다. 게다가 멘델레예프의 주기율표에 비활성 기체를 위한 빈 공간이 없었기에 아르곤을 인정하기까지는 약간의 시간이 소요되었다. 하지만 그 결과는 강렬했다. 레일리는 아르곤의 발견으로 1904년 단독으로 노벨 물리학상을 받는 명예를 누렸고, 램지 역시 비활성 기체 원소 발견과 주기율표 확장으로 같은 해 노벨 화학상을 단독 수상했다.

윌리엄 램지(왼쪽)와 존 레일리는 최초로 비활성 기체 아르곤을 발견했다.

이후 비활성 기체의 발견은 분광학을 통해 꽤나 빠르게 진행되었다. 아르곤을 발견하고 2개월 후 램지는 희토우라늄광cleveite을 분석하는 과정에서 방사성 붕괴로 생성되는 헬륨을 추출, 분리해냈다. 그리고 1898년 램지와 그의 제자 모리스 윌리엄 트래버스Morris William Travers, 1872~1961의 합작으로 네온neon, Ne, 크립톤krypton, Kr, 제논xenon, Xe이 모두 발견되었다. 램지와 트래버스는 대기 중에 극미량만 존재하는 원소들을 확인하기 위해 질소와 산소, 이산화 탄소 등이 제거된 대량의 공기를 냉각하면서 액화된 원소를 분리시키는 방법을 사용했다. 액화가 일어나는 온도가 높은 순서대로 제논(영하 108.1도), 크립톤(영하 153.4도), 아르곤(영하 185.8도)이 액체 형태로 분리되어 확인되었으며, 마지막 남은 네온(영하 246도)이 추출되었다. 이를 통해 램지는 학계에서 '희소 기체 램지rare gas Ramsay'라는 별명이 생겼고, 트래버스는 1904년 브리스틀대학교 화학 교수가 되었다. 마지막 비활성 기체인 라돈 역시 램지와 그의 제자 로버트 와이트로그레이Robert Whytlaw-Gray, 1877~1958가 발견했으며, 밀도와 녹는점까지 정확히 측정했다. 램지는 자연에 존재하는 모든 종류의 비활성 기체를 발견했는데, 한 명의 화학자가 한 그룹의 원소를 모두 밝혀낸 것은 그가 처음이자 마지막이다.

램지와 트래버스가 3개의 비활성 기체를 찾아낼 때, 방사성 붕괴가 이루어지는 원소가 처음으로 모습을 드러내고 있었다. 방사선은 하나의 광석에서 발견된 금속 원소에 의해 세상에 알려지게 되었다.

선물이자 악연인 방사성 원소의 발견

불안정한 원자핵이 붕괴하면서 주위로 고에너지 광선을 방출하는 방사성 물질에 관한 연구는 원자 구조를 규명하는 과정에서 자연스럽게 이어졌다. 돌턴이 원자 모형을 단단한 구 형태로 제안한 후에도 원자를 구성하는 요소들은 밝혀지지 않은 상태였다. 이후 베르셀리우스는 원자 종류에 따라 극성이 결정되어 있다는 '전기화학적 이원론electrochemical dualism'을 주장했다. 당시에는 원자가 양과 음으로 하전荷電된 미소입자들로 구성되어 있을 것이라는 예측이 절대적으로 불가능했다.[24]

그러던 중 전기가 원소 발견을 비롯해 다양한 분야에서 사용되었고, 진공이나 매우 적은 양의 기체로 채워진 환경에 전기를 가하는 시도들이 있었다. 이 과정에서 양과 음으로 대전된 전극판 사이를 날아가는 광선이 관찰되었다. 헬륨과 탈륨 발견에 기여한 크룩스는 음극에서부터 생겨나는 광선을 관찰했다는 의미로 이 최초의 인공적인 광선에 음극선cathode ray이라는 이름을 붙였다. 음극선의 특성을 확인하는 과정에서 영국 물리학자 조지프 존 톰슨 경Sir Joseph John Thomson, 1856~1940은 음극선이 수소 원자 질량의 1,000분의 1에 해당하는, 즉 음으로 하전된 매우 가벼운 어떤 입자로 이루어져 있다는 사실을 발견했다. 전자의 첫 발견이었다. 톰슨은 음극선관을 채우고 있는 기체의 종류와 무관하게 동일한 입자가 계속해서 발생해 광선 형태로 날아가는 것을 관찰했다. 원자 종류와 상관없이 기본적인 구성 요소로 존재하는 새로운 입자를 발견한 것이다. 톰슨은 이를 통

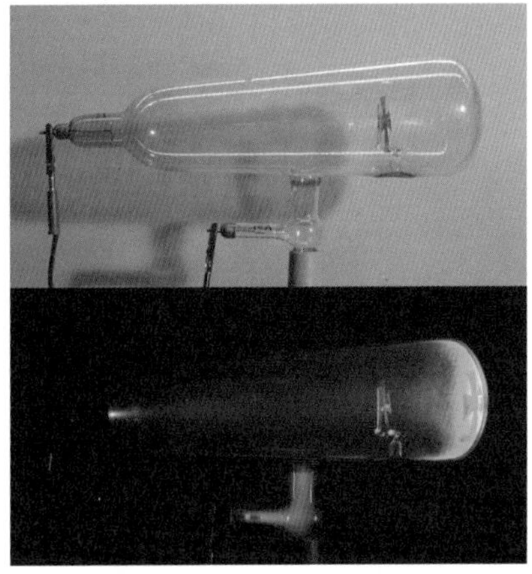

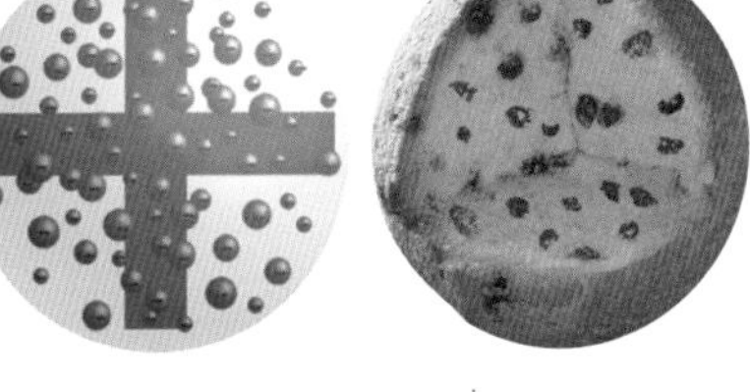

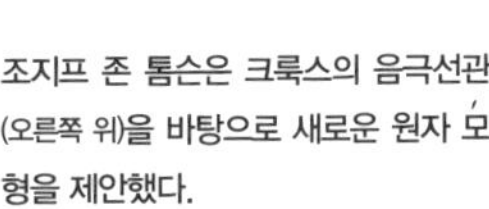

조지프 존 톰슨은 크룩스의 음극선관(오른쪽 위)을 바탕으로 새로운 원자 모형을 제안했다.

해 1906년 노벨 물리학상을 수상하는 영광을 안았다.

그리고 드디어 1803년 탄생한 돌턴의 '단단한 구 모형solid sphere model'이 101년 만인 1904년 생명을 다하게 되었다. 즉 원자가 톰슨이 발견한 전자와 중성 상태인 원자로 존재할 수 있게 만드는 양전하를 띤 덩어리로 이루어졌다는 추측을 바탕으로 원자 모형이 '자두 박힌 푸딩 모형plum pudding model'으로 바뀐 것이다.[25] 우리나라에서는 흔히 '건포도 박힌 빵'으로 설명하곤 하는 그 모형이다.

이 시기 또 하나의 새로운 발견은 1895년 음극선관 실험 도중 우연히 이루어졌다. 독일 물리학자 빌헬름 콘라트 뢴트겐Wilhelm Conrad Röntgen, 1845~1923은 음극선관 실험을 하던 중 시안화 백금II산 바륨 $BaPt(CN)_4$으로 코팅된 스크린이 방 반대편에서 희미하게 빛나는 것을 목격했다. 다양한 종류의 진공관이 외부에 미치는 영향을 확인하기 위해 음극선관은 바륨을 칠한 두꺼운 마분지로 덮어놓았고 방 내부는 어두운 암실 환경이었다. 형광 현상이 나타날 수 있는 조건이라면 특별한 일이 아니겠지만, 마분지를 통과해 어떤 빛이 발생하는 것은 한 번도 본 적 없는 신기한 현상이었다. 스크린을 음극선관에서 멀리 떨어뜨려도 여전히 형광 현상으로 빛이 생겼다. 뢴트겐은 '원인을 규명할 수 없다'는 뜻에서 그 빛에 엑스선X-ray이라는 이름을

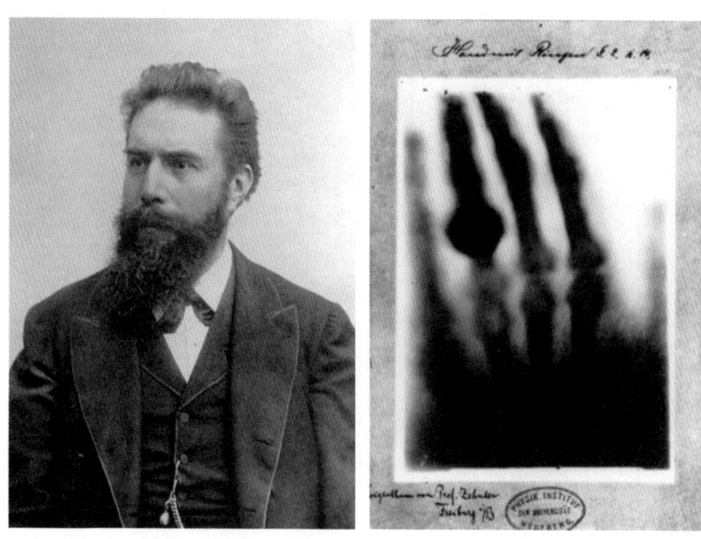

빌헬름 콘라트 뢴트겐(왼쪽)은 정체불명의 광선(엑스선)을 발견했으며, 아내 안나 베르타 루트비히(Anna Bertha Ludwig)의 손을 최초로 엑스선 촬영했다.

붙였다.[26] 정식 명칭은 '뢴트겐 광선Röntgen ray'이었지만, 뢴트겐은 개인적으로 엑스선이라는 용어를 더 선호했다. 지금도 일상적으로 엑스선이라고 부른다.

이 발견은 뢴트겐을 1901년 최초의 노벨 물리학상 수상자로 만들었다. 이후 프랑스 물리학자 앙투안 앙리 베크렐Antoine Henri Becquerel, 1852~1908이 특별히 에너지를 가하지 않아도 우라늄 화합물과 금속으로부터 엑스선이 발생한다는 사실을 밝혀냈다.[27] 그리고 이 현상은 퀴리Curie 부부의 관심으로 이어졌다.

프랑스 물리학자 피에르 퀴리Pierre Curie, 1859~1906와 마리 퀴리Marie Curie(폴란드 이름은 마리아 살로메아 스크워도프스카Maria Salomea Skłodowska, 1867~1934)는 실험을 통해 우라늄에서 관찰되는 방사성은 온도에 특별히 의존하지 않는다고 판단했다. 이후 우라늄이 아닌 다른 방사성 원소를 찾던 중 토륨thorium, Th을 발견했는데, 우라늄과 토륨은 모두 역청우라늄광pitchblende에 들어 있는 원소다. 퀴리 부부는 흥미롭게도 분리된 우라늄과 토륨에서 측정되는 것보다 더 많은 양의 방사능이 광석에서 발생하는 사실을 확인했다. 그리고 이로부터 새로운 원소를 찾아냈다. 이 작업은 매우 고되고 위험하며 지겨운 과정의 연속이었다. 먼저 약 0.5톤의 광석으로부터 미지의 방사성 원소가 함유된 염화 바륨$BaCl_2$ 화합물을 재결정을 통해 얻은 뒤 이 화합물을 황산에 녹여 황산염과 수산화물 등의 요소들로 분리하고, 이후 반복적으로 재용해하는 과정으로 정제가 이루어졌다.

퀴리 부부는 실험실이 따로 없었기에 환기와 방수가 잘되지 않는 창고를 개조해 매일 밤 교대로 4년간 작업했다. 그 결과 1898년 7월 매우 강력한 방사성 원소를 발견해 마리 퀴리의 조국 폴란드를 기리는 의미로 폴로늄polonium, Po이라고 명명했다. 12월에는 '광선'을 의미하는 라틴어 라디우스radius에서 이름을 따온 두 번째 방사성 원소 라듐radium, Ra을 찾아냈다.[28] 폴로늄이 들어 있는 병은 분명히 빛나고 있었고, 엑스선과 관련해서는 인체를 투과할 수 있다는 사실 외에 아직 밝혀진 것이 많지 않아 당시 사회는 퀴리 부부의 발견에 열광했다. 퀴리 부부가 라듐에 노출된 암세포가 정상 세포보다 빠르게 사멸된다는 현상을 보고하자 사람들은 방사선이 인체에 긍정적인 효과를 나타낸다고 판단했다. 그래서 발견 초기 라듐이 들어간 화장품이나 일상용품이 홍보 효과를 누리며 널리 판매되는 등 무분별하게 노출되었다.

그만큼 방사성 원소의 발견은 강렬했고, 그 결과 1903년 제3회 노벨 물리학상은 본격적으로 자연 방사능을 규명한 베크렐과 퀴리

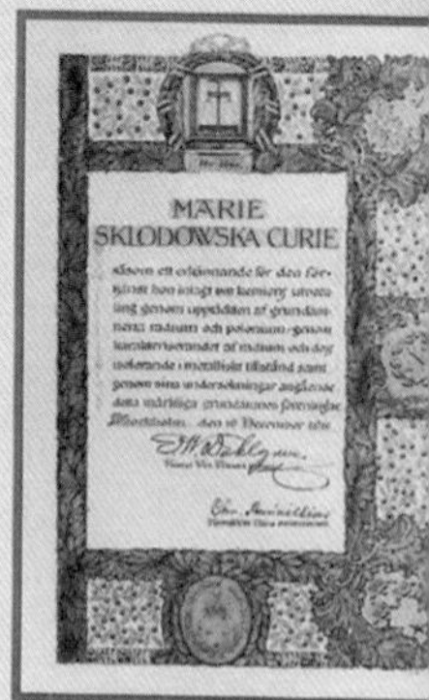

피에르 퀴리, 마리 퀴리, 그리고 장녀 이렌 졸리오퀴리는 훗날 모두 노벨상 수상자가 되었다(왼쪽). 특히 마리 퀴리는 노벨 물리학상에 이어 1911년 노벨 화학상도 수상했다.

부부가 공동 수상했다. 게다가 마리 퀴리는 1911년 라듐과 폴로늄의 분리법 개발 및 발견으로 노벨 화학상까지 수상해 업적을 인정받았다.[29] 하지만 시간이 흐른 후 마리 퀴리는 방사선 노출에 따른 백혈병으로 사망한 첫 번째 사례가 되었다. 오히려 엑스선을 발견한 뢴트겐은 납으로 만든 방호구를 항상 착용하고 실험한 데다, 장시간 노출도 없었기에 건강에 아무런 문제가 없었다.

대포알이 티슈에 튕겨 나와 나를 맞힐 확률

톰슨은 원자 구조를 조금 더 구체화했다. 그가 내놓은 자두가 박힌 푸딩 모형은 전자의 출입이나 화학반응을 설명하는 데 많은 도움이 되었다. 하지만 높은 에너지의 방사능을 설명하는 것은 불가능했다. 당시 원자 모형 및 전자의 권위자로 우뚝 선 톰슨은 뉴질랜드의 개척자 농장에서 태어나 나중에 제1대 넬슨 러더퍼드 남작에 오르는 제자 어니스트 러더퍼드Ernest Rutherford, 1st Baron Rutherford of Nelson, 1871~1937에게 우라늄 샘플을 전달했다. 러더퍼드는 곧 두 가지 형태의 입자가 존재한다는 사실을 확인했다. 하나는 양전하를 띠고 있어 헬륨 원자의 원자핵으로 확인되었기에 이를 알파 방사선alpha-radiation이라고 불렀다. 고속 전자로 확인된 또 다른 입자에는 베타 방사선beta-radiation이라는 이름을 붙였다.

새로운 방사선 입자를 발견한 러더퍼드는 캐나다 몬트리올 맥길 대학교 교수가 되었다. 이후 공동 연구자 겸 조수로 영국 핵화학자

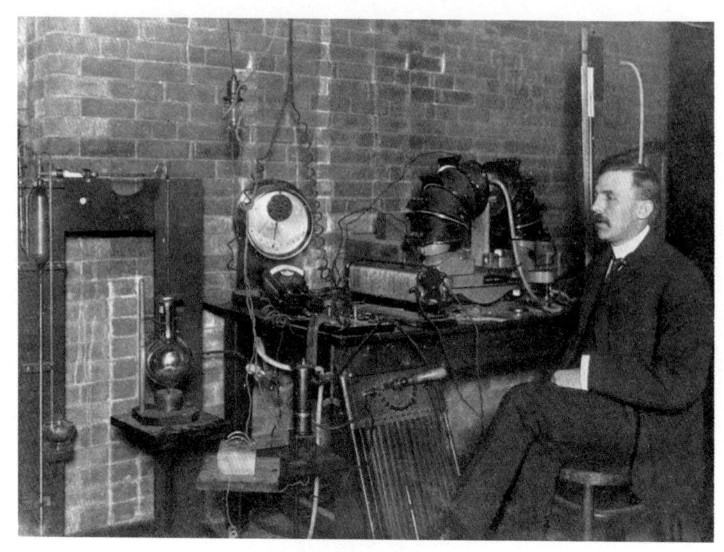

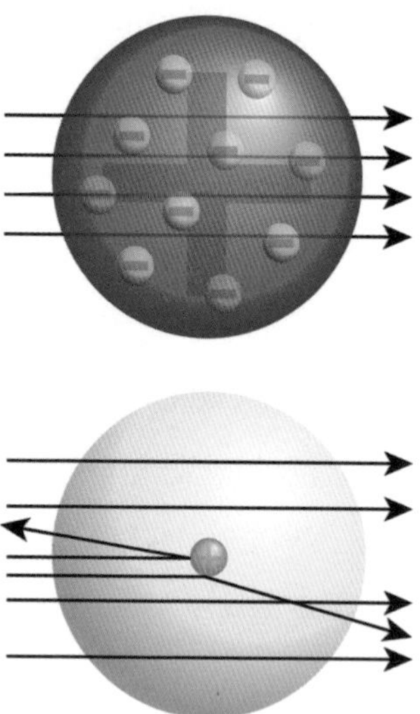

어니스트 러더퍼드(위)는 알파 입자 산란 실험을 통해 새로운 원자 '핵 모형'을 제안했다.

프레더릭 소디Frederick Soddy, 1877~1956를 고용했다. 이들은 역사에 남을 방사선 실험을 설계했는데, 얇은 금 박막에 헬륨 원자핵 광선인 알파 방사선을 쏘고 인광 물질로 코팅된 스크린으로 주위를 둘러싸 방사선의 편향을 확인하는 실험이었다. 그 결과 '알파 입자 산란alpha particle scattering'으로 불리는 현상을 최초로 발견했다. 이는 상당히 큰 질량과 밀도를 가진 알파 입자가 금 박막 속에 박혀 있는 무언가 매우 작고 단단한 덩어리에 맞아 발사 궤도가 틀어지거나 튕겨 나가는 현상을 말한다. 러더퍼드의 표현에 따르면 한 장의 얇은 티슈에 대포알을 발사했을 때 그것이 튕겨 나와 나를 맞히는 것과 같은 확률이다. 그는 산란 현상을 처음 관찰한 순간 모국 뉴질랜드의 마오리족 전통춤 하카haka를 추며 기뻐했다고 한다. 그리고 이 실험 결과로 1908년 노벨 화학상을 수상해 업적을 인정받았다.

그런데 이 결과는 톰슨의 원자 모형과 같이 퍼져 있는 양전하 속에 전자가 박힌 상태에서는 절대로 관측될 수 없고, 무언가 고밀도의 단단하고 작은 덩어리가 원자 중앙에 자리한 상태에서만 나올 수 있는 것이었다. 이에 1911년 원자 모형이 양전하를 띤 핵은 원자 중앙에 존재하고 그 주위를 전자들이 회전하는 '핵 모형nuclear model'으로 다시금 변화하는 순간을 맞이했다.[30] 핵 모형은 단순히 핵의 존재를 시사하는 것 외에도 더욱 많은 미지수와 가능성을 제시했다. 전하가 같은 입자끼리 안정되게 결합해 있는 상태는 정전기적 반발력으로 사실상 불가능하다는 사실은 이미 알려져 있었다. 따라서 양의 전하를 가지는 양성자들을 작은 규모로 응집시켜 핵을 형성할 수 있도록 작용하는 또 다른 입자가 존재해야만 했다. 러더퍼드는 이를 중성자라고 예상했는데, 실제적인 중성자는 1932년 영국 물리학자 제임스 채드윅James Chadwick, 1891~1974이 발견했다.[31] 이 발견은 채드윅에게 1935년 노벨 물리학상을 안겨주었다.

그런데 여전히 남아 있는 의문은 양전하인 핵과 음전하인 전자가 어째서 서로 끌려 충돌해 합쳐지지 않고 계속 회전하는가 하는 점이었다. 이 과정에서 모든 원소는 에너지를 잃고 방사선을 내뿜어야 하는데, 방사성 붕괴 원소를 제외한 일반 원자들에서는 전혀 관찰되지 않고 오히려 안정하게 존재했다. 당시에는 이 의문을 해결하지 못했지만, 후에 양자화학의 형성과 원자 모형의 또 다른 변화에 기여하는 요인이 되었다.

영구적으로 존재하는 이온이 있다

원자 모형이 점점 발전해 자리 잡아가면서 핵과 전자가 구분되었고, 화학계는 이것들이 원소의 종류와 화학반응 형태를 결정한다는 원리를 받아들이기 시작했다. 여기서 다시 멘델레예프가 원자량이 증가하는 순서를 우선시해 초기 주기율표를 만들었다는 사실을 떠올려보자. 그런데 단순히 원자량 증가만을 기준으로 했다면 드 샹쿠르투아의 텔루륨 나선과 큰 차이가 없었을 것이다. 멘델레예프는 분명 화학적 성질이나 공통점 등을 함께 고려해 가장 논리적인 주기율표를 발명했을 텐데, 이 과정에서 원자량 증가의 규칙성이 깨져 오히려 감소하는 반대 경우가 발견되었다. 예를 들어 텔루륨Te은

127.6의 원자량을 갖지만 하나 뒤에 위치한 아이오딘I은 원자량이 126.904다. 비슷한 경향성은 바로 위의 두 원소인 셀레늄Se과 브로민Br의 원자량 78.971과 78.904에서도 확인된다.

원자의 질량을 차지하는 것은 대부분 전자가 아닌 원자핵을 구성하고 있는 양성자와 중성자다. 러더퍼드의 제자인 영국 물리학자 헨리 귄 제프리스 모즐리Henry Gwyn Jeffreys Moseley, 1887~1915는 각 원소의 엑스선 분광학 결과를 분석하는 작업을 했다. 그리고 그 과정에서 멘델레예프의 주기율표를 따라가던 중 각 원소의 핵 양전하가 정확히 1씩 증가한다는 사실을 발견했다. 즉 원소 종류를 결정하는 것은 양성자의 개수였으며, 그는 이를 '원자 번호atomic number'라고 이름 붙였다.[32] 멘델레예프의 주기율이 양성자에 따라 결정되는 원소의 종류와 완전히 부합하는 옳은 결과라는 점은 규명되었지만, 원자량의 일관성이 일그러지는 경우에 대해서는 여전히 혼란이 남아 있었다. 그리고 이 문제는 러더퍼드와 함께 원자핵을 발견한 소디가 해결했다. 그는 1913년 방사성 붕괴에 따른 원소의 변위 법칙을 알아냈다. 즉 양성자와 전자의 개수는 동일해 원소 종류가 일치하지만, 중성자의 개수 차이로 인해 다양한 질량을 가지는 동위원소isotope가 존재한다는 사실을 밝혀낸 것이다. 동위원소 발견은 소디에게 1921년 노벨 화학상을 선사했다.[33]

단원자 상태의 기체로 존재하는 비활성 기체나 금속을 제외한 대다수 물질은 다양한 조합과 구조로 분자를 형성하고 있다. 그리고 분자를 이용한 화학반응은 그 나름의 조건과 규칙을 갖추어야 원활하게 달성되며, 용해와 분산을 위해 여러 종류의 매질이 적용되기도 한다. 그중 가장 대표적인 것이 물H_2O이고, 물에 녹아 용질이 용매에 균일하게 분산되어 형성된 용액은 다양한 특성을 보인다. 용매와 용질 분자들의 거동은 뒤에서 다룰 열역학적 관점에서 해석할 수 있는데, 물질의 종류가 아닌 개수에 의해 영향 정도가 달라진다. 예를 들어 염화 소듐$NaCl$은 하나의 이온성 화합물 형태지만 물에 용해되면 Na^+와 Cl^- 등 이온 2개로 분리되며, 생성되는 입자 개수가 물질에 따라 배수의 경향성을 보인다. 당시에는 패러데이의 과거 연구를 바탕으로 전류가 액체를 통과할 때만 이온이 형성된다고 생각했기에 용질이 녹으면서 분리되는 이온들을 비정상적인 결과로 받아들였다.

스웨덴 화학자 스반테 아우구스트 아레니우스Svante August Arrhenius, 1859~1927는 염의 용액에서 볼 수 있는, 즉 이론적 예측에 비해 비정상적으로 높게 나타나는 끓는점이나 낮게 나타나는 어는점 같은 특성에 주목했다. 예를 들어 눈길이나 빙판길에 제설제인 염화 칼슘$CaCl_2$을 뿌리면 눈 속에서 염화 칼슘이 열을 방출해 눈이 녹고, 물의 어는점(0도)이 영하의 기온보다 낮아져 길이 어는 것을 막을 수 있다. 이런 현상을 해석하기 위해 아레니우스는 용액에 전류를 가하지 않아도 영구적으로 존재하는 이온이 있다고 제안했다. 또한 물 분자 역시 자기들끼리 반응해 일부 이온화가 되고, 산과 염기 수용액

스반테 아레니우스의 박사 학위 논문은 당시에는 큰 관심을 받지 못했지만 이후 그가 노벨 화학상을 수상하는 데 핵심적 역할을 했다.

역시 이온이 형성된다는 관점을 설계했다. 화학반응의 거대한 한 분야인 고전 산염기 이론의 시작이자, 용액상 화학반응을 이해하는 밑바탕이 만들어진 것이다. 아레니우스의 이론은 많은 주목을 받으며 검증되었는데, 결과적으로 1903년 노벨 화학상을 통해 전기 해리 이론을 인정받았다.[34]

주기율표 발명으로 촉발한 초기 근대 무기화학은 새로운 원소를 찾아내는 데 중점을 두고 발전했다. 이 과정에서 발견된 원소는 대부분 전기 분해나 정제를 통해 드러난 금속 원소였다. 새롭게 등장한 분광학과 방사성 개념은 기체 분자들을 규명하는 데 기여했다. 또한 화학반응을 통해 무기화학은 기존 유기화학처럼 단순한 관찰이 아닌, 반응과 합성에 적용될 수 있다는 사실이 드러났다. 이는 곧 물리화학 및 분석화학의 발달과도 맞물리게 된다.

제10장

열과 에너지의 비밀을 찾아서

T H E   C H R O N I C L

: 물리화학

O F   C H E M I S T R Y

우주가 탄생하면서 빛과 열이 만들어졌고, 지금도 형태를 바꾸어 가며 존재하고 있다. 빛과 열은 생명을 유지하는 데 필수적 요소로, 우리는 추운 겨울이면 열을 얻기 위해 따뜻한 공간에서 몸을 데우고, 여름이면 정상 체온을 유지하기 위해 땀을 흘린다. 열은 화학반응에도 관여한다.

분자 수준에서 화학반응을 들여다보면 반응하는 물질reactant(반응물)을 구성하고 있는 화학결합들이 끊어지고, 생성되는 물질product(생성물)을 이루는 새로운 화학결합들이 생겨나는 것을 확인할 수 있다. 결합은 어떤 것이 단단히 묶여 있는 형상으로, 이는 본질적으로 따로 존재할 때보다 더욱 안정한 상태여야만 성립한다. 결합을 끊기 위해서는 에너지가 화학반응이 일어나는 작용점으로 더해져야 하며, 결합이 만들어지는 경우에는 그 반대여야 한다. 즉 모든 화학반응은 열 형태로 이루어진 에너지의 출입으로 구분할 수 있다. 그렇다면 열은 무엇일까?

우리는 앞에서 라부아지에와 라플라스의 관점에서 열을 살펴본

바 있다. 열에 대한 이 두 거인의 해석은 후대 과학자들에게 지속적인 영향을 미쳤다. 특히 열 자체가 운동인가, 물질인가에 대한 고찰은 물론이고, 열의 양을 측정하는 방법을 개발하는 것 역시 점점 중요해졌다. 더욱이 산업혁명을 통해 물질의 연소와 그로 인해 발생하는 열이 많은 일을 할 수 있다는 사실이 밝혀지면서 열의 중요성은 더욱 높아졌다.

열은 물질이 아니다

일찍이 라부아지에는 열을 구성하는 칼로릭이라는 물질이 존재한다고 주장했다. 당시는 최초의 열량계를 사용해 화학반응과 생명반응에서 열 변화를 막 측정하기 시작한 때였다. 따라서 대기 및 매질을 구성하는 기본 단위인 원자와 분자를 관찰하고 확인하는 것이 절대적으로 불가능했다. 그러니 라부아지에의 결론이 잘못된 접근이나 부족한 이해 탓에 나온 것이라고 평가절하할 수만은 없다. 학계의 권위자이자 관련 체계를 정리한 라부아지에가 주장한 내용은 과학 혁명이 제안한 방식대로 실험적 관찰과 분석을 통해서만 바로잡아야 했다.

벤저민 톰프슨 럼퍼드 경Sir Benjamin Thompson Rumford, 1753~1814은 미국 매사추세츠주에서 소농민의 아들로 태어났다. 그는 단순히 물리학자나 화학자, 혹은 과학자라고 뭉뚱그려 표현하기에는 다채로우면서도 복잡한 삶을 살았다. 자연과학 분야를 공부한 톰프슨은 매우 미남으로 알려져 있으며, 부유한 미망인과 결혼해 도시의 3분의 2가 본인 소유가 될 만큼 경제적으로도 신분 상승을 이루었다. 자연과학에 대한 지식과 뛰어난 두뇌를 활용해 탄도학Ballistics의 개척자로서 괄목할 만한 연구 성과도 쌓았다. 그 결과 스물일곱 나이에 왕립학회 회원이 되기도 했다. 그는 특히 미국 독립전쟁 때 아내와 딸을 버리고 영국군 스파이로 활동한 것으로 유명하다. 이후 영국 함대의 기밀정보를 팔기 위해 프랑스 정부 요원들과 접선한 것이 알려져 문제가 생겼으며, 독일 바이에른으로 옮겨가 이중간첩으로 활동했다. 그는 사회 개혁 분야에서도 위대한 업적을 많이 남겼다. 빈민 정책 추진과 구빈원 운영, 공립 의무교육 도입, 식재료로 감자 첫 사용 등이 대표적이다.[1]

톰프슨은 군수 기술 가운데 대포 제작에 특히 관심이 많았다. 어느 날 주물로 만든 대포에 천공기穿孔機로 총신을 뚫는 작업을 하던 중 굉장히 많은 양의 열이 발생하는 것을 관찰했다. 이후 그는 열 연구에 집중하기 시작했다. 만약 열이 칼로릭이라는 물질이라면 대포 주물은 반응을 받는 개체인 만큼, 천공기에 포함된 칼로릭이 대포로 이동하는 과정에서 열이 주위로 발산된다고 이해할 수 있을 것이다. 이는 곧 천공기 속 칼로릭이 대포로 모두 다 이동하면 더는 열이 발생하지 않는다는 논리로 귀결된다. 톰프슨은 대포의 총신을 물에 넣은 뒤 말을 이용해 천공기를 돌려 구멍을 뚫는 실험을 했다. 그러자 약 2시간 후 열을 가하지 않았는데도 물이 끓어오르는 현상을 확인했고, 마찰로 발생하는 열이 무한정 공급된다는 것을 증명해 보였다. 칼로릭이라는 물질이 옮겨가 새로운 물질을 형성하는 것이 아니라는 사실을 대포를 구성하는 물질의 비열에 초점을 맞추어 검증한 것이다.[2] 이외에도 열에 관한 여러 연구에 집중한 톰프슨은 그 과정에서 저온 조리 기법인 수 비드sous vide를 고안하기도 했다.[3]

라부아지에의 칼로릭 이론을 반박한 톰프슨은 라부아지에가 사망한 후 미망인 마리안 라부아지에와 재혼했다.[4] 결혼 초부터 끊임없이 싸운 두 사람은 4년 후 이혼했는데, 톰프슨은 이때 "라부아지에는 그녀와 결혼 생활을 하는 것보다 단두대에서 처형된 것이 오히려 운 좋은 일이었다"라는 말을 남겼다. 자유분방하고 어디서나 적을 만드는 희한한 재능이 있었던 톰프슨에 대해 동료들은 나중에 "그는 모든 과학 분야를 통틀어 아이작 뉴턴 이래 가장 불쾌한 성격이었다"라고 평가했다. 재능과 수많은 업적에도 톰프슨의 이름이 덜 알려진 것은 이러한 점 때문이 아니었을까 싶다.

벤저민 톰프슨은 무척 복잡다단한 삶을 살았다. 그럼에도 벽난로와 용광로, 광도계를 개발하는 등 산업 분야에 혁신적 기여를 했으며, 과학 분야에서 가장 중요한 성과는 열역학 단서를 찾은 것이다.

예상보다 큰 열에너지와 증기기관의 영향

증기기관의 발명은 열에너지를 가장 직접적으로 활용한 대표적 사례다. 증기기관은 특히 산업혁명을 이끌었으며 전문 화학자가 탄생하고 원소 발견 시대가 열리는 데 큰 영향을 미쳤다. 당시 뉴커먼의 증기기관을 개량하려고 노력하던 와트는 이산화 탄소를 발견한 공압화학자 조지프 블랙과 글래스고대학교에 함께 재직 중이라는 인연으로 적잖은 도움을 주고받았다. 화학자인 블랙은 와트에게 물리와 화학의 원리 및 이론들을 가르쳤고, 공학자인 와트는 블랙에게 기기를 제작하는 기본적인 방법과 기술들을 알려주었다.[5]

그러던 중 블랙은 액체에서 기체로 물질의 상태가 변화하는 기화 과정에서는 가해진 열이 물질의 온도를 상승시키는 대신, 상태를 변화시키는 데 사용된다는 잠열 개념을 확립했다. 모든 물질은 고체, 액체, 기체 등 세 가지 상태에서는 기본적인 분자 구조가 변하지 않는다. 다만 동일한 분자들이 서로 강하게 상호작용하며 근접해서 존재하는지(고체), 또는 자유롭게 이동할 수 있도록 서로 완전히 떨어져서 존재하는지(기체)의 차이만 있을 뿐이다. 상변화 과정에서 흡수된 열은 서로 연결된 분자들의 진동과 회전 에너지를 증가시킨다. 그리고 에너지가 충분히 높아지면 분자 간 결합이 깨지면서 상변화가 일어난다. 우리가 흔히 열의 척도로 사용하는 '온도'는 진동이나 회전이 아닌, 분자가 직접 날아다니는 병진운동translational motion으로부터 관측되는 결과다.[6] 물질을 구성하는 분자가 온도계에 부딪히는 에너지를 측정하는 것이기에 상변화 구간에서 분자의 진동과 회

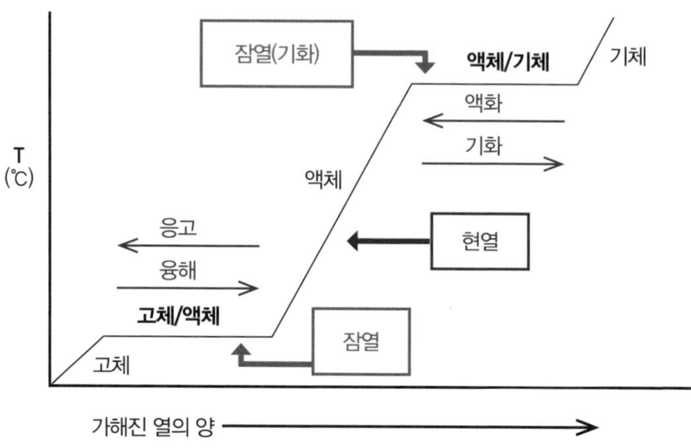

물질은 일반적으로 분자 간 상호작용에 따라 고체, 액체, 기체 세 가지 상태로 존재한다(위). 얼음과 물, 수증기의 관계처럼 이들은 열을 매개로 상태를 바꾼다.

전 에너지 증가는 온도 상승에 아무런 영향을 미치지 못한다.

블랙과 와트는 각자 증기기관의 개발 및 개량, 그리고 사업화를 시도했다. 우리는 흔히 고효율 증기기관을 발명한 사람이 와트라고 알고 있다. 또한 단위 시간에 이루어지는 일의 양을 나타내는 일률 단위가 와트Watt, W일 정도로 그의 영향력은 여전히 대단하다. 게다가 공학적 사고방식이 남다르고 왕복 피스톤 등 부가적인 개발도 뒤따랐던 와트는 증기기관을 이용해 큰돈을 벌기도 했다. 반면 블랙은 특별히 재정적 이득을 보지는 못했다. 이렇듯 연구 결과가 각자의 삶에 미친 영향은 조금 달랐지만, 이들이 거둔 성과는 분명 산업혁명의 원동력이 되었다. 그리고 증기기관을 사용하는 분야가 점차 확대됨에 따라 이론화학자들은 효율이 높은 열기관을 찾아 나서기 시작했다.

열에너지로 전환되는 일을 증명하다

당시 열 연구의 발전과 증기기관의 발명은 인간이 해야 할 일을 화학반응에 의한 물리적 힘이 대체해주길 바라는 편의 추구 욕구가 반영된 결과라고 해도 과언이 아니다. 그만큼 열의 양과 가능한 일 양 사이의 관계를 규명하고 수식화하는 것이 이론 측면에서 시급한 문제로 대두되었다. 이 문제에 처음 접근한 인물은 프랑스 물리학자 니콜라 레오나르 사디 카르노Nicolas Léonard Sadi Carnot, 1796~1832다. 프랑스 혁명군 지도자이자 나폴레옹 휘하 군사 지도자였던 라자르 니콜라

마르게리트 카르노Lazare Nicolas Marguerite Carnot의 아들인 그는 에콜 폴리테크니크École Polytechnique에 생도로 입학했고, 졸업 후에는 나폴레옹의 병사로 군 복무를 했다.

에콜 폴리테크니크는 프랑스 최고 교육기관으로 군 기술자 양성이 주목적이었기에 수학과 과학, 기술 분야 교수진이 포진해 있었다. 카르노는 고전 전자기학Electromagnetics의 권위자이자 전류 단위 암페어A의 유래가 된 앙드레 마리 앙페르André-Marie Ampère, 1775~1836에게 교육을 받았다. 〔참고로 과학자 이름이 곧 전기적 측정값의 단위가 된 쿨롱C(샤를 오귀스탱 드 쿨롱), 볼트V(알레산드로 볼타), 옴Ω(게오르크 시몬 옴), 와트W(제임스 와트) 등이 모두 앙페르와 동시대 과학자였다.〕 카르노는 앙페르뿐 아니라, 기체 화학 전문가인 조제프 루이 게이뤼삭, 비금속 화합물에 대한 연구와 과산화 수소H_2O_2 발견으로 유명한 루이 자크 테나르Louis Jacques Thénard, 1777~1857, 푸리에 급수級數 등 많은 업적을 남긴 시메옹 드니 푸아송Siméon Denis Poisson, 1781~1840의 수업도 들으며 화학에 대한 관심을 키웠다.

카르노는 초기 연구에서 라부아지에의 칼로릭 개념을 바탕으로 열을 물과 유사한 유체라고 가정했다. 그리고 열 엔진으로부터 파생된 일은 물레방아를 움직이는 물이 높이 차에 의해 가동되는 것처럼, 열원과 응축기 사이의 온도 차이에 의해 결정된다는 것을 확인했다. 즉 열은 높은 온도에서 낮은 온도로 옮겨질 때만 힘을 얻을 수 있고, 반대의 경우에는 외부에서 힘을 주지 않으면 힘을 얻을 수 없다는 사실을 증명해낸 것이다.[7] 현대 과학에서는 당연하고 간단한 원리 같지만 당시로서는 새로운 개념이었다. 카르노는 이 내용을

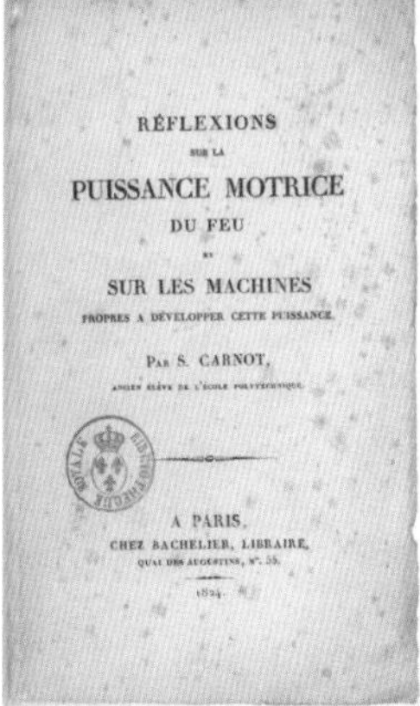

RÉFLEXIONS
SUR LA
PUISSANCE MOTRICE
DU FEU
ET
SUR LES MACHINES
PROPRES A DÉVELOPPER CETTE PUISSANCE.
PAR S. CARNOT,
ANCIEN ÉLÈVE DE L'ÉCOLE POLYTECHNIQUE.
A PARIS,
CHEZ BACHELIER, LIBRAIRE,
QUAI DES AUGUSTINS, N°. 55.
1824.

루이 레오폴드 부알리(Louis-Léopold Boilly)의 〈에콜 폴리테크니크 교복을 입은 17세 사디 카르노(Sadi Carnot en 1813 age de 17 ans uniforme de l'Ecole Polytechnique)〉(1813, 왼쪽)와 1824년 출간된 카르노의 열역학 학술서

1824년 118쪽에 이르는 『불의 동력과 그 힘을 개발할 수 있는 기계에 관한 고찰Réflexions sur la puissance motrice du feu et sur les machines propres à développer cette puissance』이라는 제목으로 출간했다.[8]

하지만 당시에는 너무나도 새로운 개념이었기에 학계와 대중은 그것을 온전히 받아들이지 못했다. 게다가 카르노는 콜레라로 서른여섯 나이에 세상을 떠나고 말았다. 그의 각종 논문과 유품은 당시 콜레라로 사망한 사람의 물건을 모두 폐기 처분하는 관행에 따라 대부분 불타 없어졌다. 잿더미 속에서 무사히 건진 단 몇 쪽의 기록들에 따르면, 카르노는 열이 물질이라는 이론에 의문을 품고 거기에서 탈피하려 했던 것으로 보인다.[9]

시대를 앞서간 열역학의 천재 카르노의 연구는 열역학의 또 다른 창시자 중 한 명인 프랑스 물리학자 에밀 브누아 폴 클라페롱Émile

Benoît Paul Clapeyron, 1799~1864이 이어받았다. 클라페롱은 피스톤에 종이를 붙이고 실린더의 압력계에 연필을 달아 증기기관의 출력을 확인하는, 매우 간단한 장비를 설계했다. 증기가 발생해 실린더의 부피가 증가하면 피스톤과 종이가 앞으로 움직이고, 반대로 증기가 배출되어 압력이 감소하면 연필이 아래로 당겨졌다. 결과적으로 곡선 형태가 그려졌는데, 곡선 그래프의 아래쪽 영역은 압력과 부피의 곱이 되고, 이는 곧 증기기관의 출력을 의미했다. 클라페롱은 확인된 압력–부피 곡선에 미적분을 도입해 카르노의 제안을 수학적 이론으로 풀어냈다. 열과 운동의 관계가 규명될수록 더욱 정확한 측정과 분석이 요구되었는데, 클라페롱의 수학적 접근이 효과적인 방안을 제시한 것이다.[10] 카르노의 이론을 기반으로 한 클라페롱의 연구는 카르노가 사망하고 2년 뒤인 1834년 「열의 동력에 대한 회고록

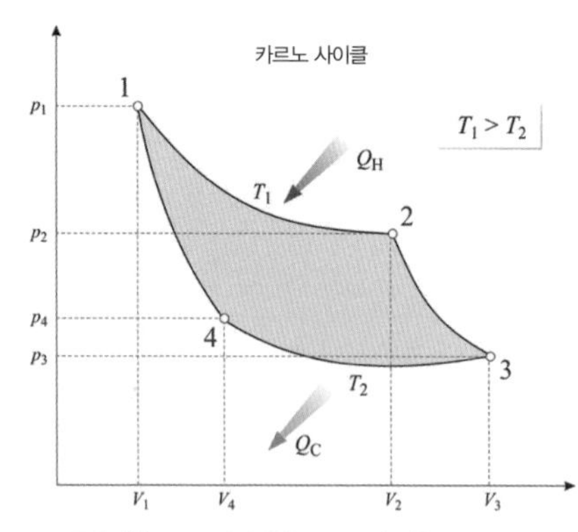

1~2: 등온 팽창 2~3: 단열 팽창 3~4: 등온 압축 4~1: 단열 압축

에밀 클라페롱(왼쪽)은 열역학 창시자 중 한 명으로 꼽힌다. 그는 미적분을 도입해 카르노의 제안을 수학적으로 설명한 연구 결과를 1834년 보고서로 발표했다.

Mémoire sur la puissance motrice de la chaleur」이라는 보고서로 발표되었다.

열에 대한 정량적 측정은 영국 물리학자 제임스 프레스콧 줄James Prescott Joule, 1818~1889이 완성했다. 조부가 맨체스터에 설립한 양조장이 크게 성공한 덕분에 부유한 유년기를 보낸 줄은[11] 집에서 가정교사에게 과학 수업을 들었고, 이를 계기로 원자론의 선구자인 돌턴에게 교육을 받을 수 있었다. 그럼에도 줄의 본업은 어디까지나 가업을 이은 양조업자였으며 과학은 취미일 뿐이었다.[12]

하지만 과학자로서 자질 덕인지, 양조장의 증기 엔진을 전기 모터로 교체할 수 있을지 고심한 것을 시작으로 열에 대한 그의 연구 업적들이 차곡차곡 쌓였다. 초기에는 물에 잠긴 전선에서 흐르는 전류를 활용해 물의 온도가 상승할 때 전기에너지가 물에너지로 전환되는 것을 측정하는 실험을 했다. 그 결과 1841년 전류 세기의 제곱에 비례하는 열이 발생한다는 '줄의 첫 번째 규칙Joule's first law'이 탄생했다.[13] 이후 그는 실제적인 일과 관련된 열에너지의 변환을 확인하고자, 물에 잠긴 스크루가 움직일 때 물 온도의 상승폭을 측정하는 실험을 진행했다. 줄은 실험 설계부터 시행까지 매우 꼼꼼하고 정밀하게 해나갔으며, 놀라울 정도의 정밀성을 보여 현재 측정되는 값과 0.1퍼센트 내외 오차만 있을 뿐이다.[14,15] 줄의 관심은 온통 연구와 실험에 쏠려 있었다. 전해지는 일화에 따르면 스위스로 신혼여행을 갔을 때도 폭포에서 떨어지는 물로부터 발생하는 열과 일을 확인하기 위해 직접 폭포 위쪽과 아래쪽의 수온을 측정하며 실험했을 정도다.

그런데 줄의 연구 결과는 학회에서 논문 게재 거절 판정을 받았다. 당시 카르노와 클라페롱이 칼로릭 이론을 기본으로 열에 대해 밝히고 있었는데, 줄은 신학적 이유에서 이를 부정하는 내용을 서술했기 때문이다. 이후 줄의 연구 결과들은 일곱 살 후배이자 스물두 살에 이미 권위 있는 과학자가 된 제1대 켈빈 남작 윌리엄 톰슨William Thomson, 1st Baron Kelvin, 1824~1907의 주목을 받으며 대중의 관심을 끌기 시작했다. 그리고 물 1그램의 온도를 절대온도 1도만큼 상승시킬 때 필요한 열의 양과 일 사이의 기계적 등가를 표현하는 단위이자 열과 일의 공통 단위로 줄Joule, J이 선정되는 영예도 안았다. 사실 줄의 연구는 독일 의사 겸 약재상 율리우스 로베르트 폰 마이어Julius Robert von Mayer, 1814~1878에 의해 먼저 이루어진 측면도 있다. 다만, 접근 방식과 분야의 차이로 열과 일의 공통 단위를 줄이라고 부르게 된 것이다.

마이어는 음식물 섭취를 통한 체내 연소와 체온 유지를 기반으로

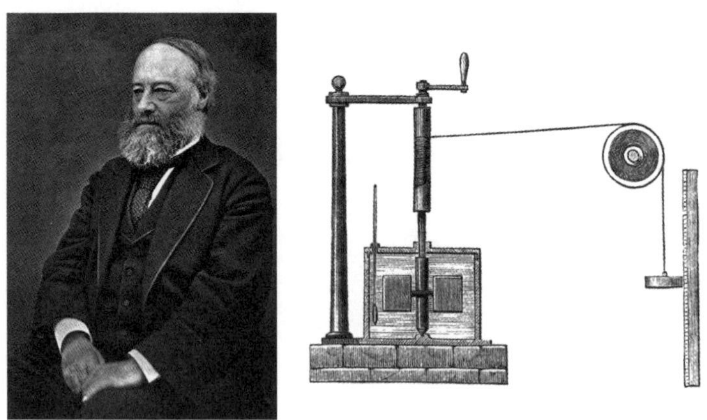

양조업자이면서 취미로 과학을 즐긴 제임스 프레스콧 줄(왼쪽)은 전류를 통해 전기에너지가 열에너지로 변환되는 것, 그리고 기계적인 일이 열에너지로 변환되는 것을 실험으로 확인했다.

열에너지를 연구했다. 연구 결과는 충분히 합리적이었지만 물리적 측면에 비해 정량적으로 판단하기 어려운 부분이 있었다. 마이어는 다시금 기체의 비열과 부피, 압력의 관계를 정밀하게 추론했다. 하지만 당시 논문 승인 여부는 연구자의 교육 수준을 비롯해 여러 사항을 함께 고려해 결정했기에 그는 결국 학계에서 연구 성과를 인정받지 못했다.[16]

열역학 탄생과 함께 쏟아진 법칙들

열의 존재에 대한 추론으로 시작해 측정과 해석, 실험, 그리고 수학을 통해 대략적으로 모양이 잡혀가던 열역학은 톰슨에 의해 비로소 탄생에 이르렀다. 아일랜드 출신 영국 수리물리학자 톰슨은 '켈빈 남작Lord Kelvin'이라는 이름으로 우리에게 더 친숙하다. 이에 여기에서는 켈빈으로 부를 것이다. 켈빈은 열 살에 글래스고대학교에 입학해 정규 교육 과정을 마친 뒤 프랑스에서 카르노와 클라페롱의 열 엔진 분석을 배웠다. 이후 열과 일 사이의 기계적 등가성에 관한 줄의 이론을 접하고 숨겨진 가치를 깨달았다. 스물두 살에 영국 글래스고대학교 물리학 교수로 임용된 그는 열을 정확히 측정하면 열에 대한 추론들이 증명될 수 있을 것이라고 판단했다.

이와 더불어 켈빈은 실질적인 계측 방법을 개발하고 개선해야 할 필요가 있다고 생각했다. 당시 유리 온도계는 내부 유체로 수은, 알코올, 등유 등을 사용했는데, 그는 액체 유리 온도계가 비선형적 척도를 가진다는 사실을 발견했다. 하나의 절대적 기준이 되지 못하는 온도계는 열 관련 실험을 진행하는 데 결코 적합한 도구가 아니었다. 이에 그는 유체의 팽창으로 온도를 계측하는 방법이 아닌, 자연 법칙에 기반한 새로운 온도 계측 척도를 설계했다.[17]

켈빈은 1848년 여러 종류의 기체를 일정한 양으로 고정한 후 온도에 따라 변하는 거동을 분석해 그래프로 그렸다. 그리고 그 결과를 가지고 관측된 값으로 한계점 이상의 값을 추정하는 외삽extrapolation을 했을 때 모두 동일한 온도에서 압력이 0으로 수렴하는 현상을 관찰했다. 그는 이 온도를 절대 영(0)도로 간주하고, 이를 기준으로 다른 모든 온도를 양수로 만들 것을 제안했다.[18] 그리고 1851년 그는 열 엔진에 관해 이야기하면서 '열역학Thermodynamics'이라는 단어를 처음 사용했다. 이후 열과 일을 포함한 에너지 전환에 대해 설명할

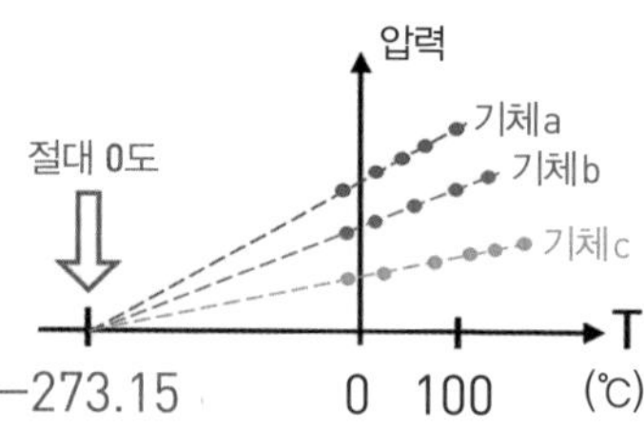

본인이 특허를 보유하고 있던 해양 방위각 거울과 나침함을 배경으로 서 있는 윌리엄 톰슨(왼쪽). 켈빈 남작으로 더 친숙한 그는 온도의 절대적 기준을 만들어 본격적인 열역학 연구가 가능하게 했다.

때 이 용어가 쓰이기 시작했다.[19]

이처럼 수많은 연구와 값진 업적으로 존경받던 그가 켈빈 남작이 된 것은 의외로 단순한 이유 때문이다. 남작 작위를 받으면서 글래스고대학교 앞을 흐르는, 클라이드Clyde강의 지류인 켈빈강에서 이름을 따온 것이다. 에너지 보존에 대한 개념이 확립된 이후 절대온도를 표현하는 단위로 쓰인 켈빈Kelvin, K이 바로 그의 남작 이름에서 유래했다.[20]

열역학 제1법칙으로 불리는 에너지 보존의 법칙은 절대온도의 개념이 탄생하기 한 해 전인 1847년에 독일의 물리학자 겸 의사 헤르만 루트비히 페르디난트 폰 헬름홀츠Hermann Ludiwg Ferdinand von Helmholtz, 1821~1894가 처음 주장했다. 에너지 보존의 법칙은 물질 함량에 변화가 없는 계系, system에서 에너지 변화는 열 또는 일로 나타낼 수 있다는 개념이다. 하지만 아직 열역학이라는 용어가 공식적으로 등장하지 않았기에 그는 「힘의 보존에 관한 물리 논문Über die Erhaltung der Kraft, eine physikalische Abhandlung」이라는 제목으로 연구 결과를 보고했다.[21]

본격적인 열역학 법칙은 1851년 켈빈이 카르노와 줄의 결과로부터 도달하고, 1850년 독일 물리학자 루돌프 율리우스 에마누엘 클라우지우스Rudolf Julius Emanuel Clausius, 1822~1888가 마이어의 결과를 추론한 데서 시작되었다. 클라우지우스는 열역학 형성과 발달에 매우 큰 역할을 했다. 그는 헬름홀츠의 에너지 보존과 무질서도를 의미하는 엔트로피entropy 법칙을 연결하는 과정에서 열의 물질 관점을 폐기했다.[22,23] 이후 헬름홀츠의 접근을 열역학 제1법칙으로 정립했으며,

카르노의 열기관은 열을 물질로 고려하지 않아도 적용될 수 있기에 그대로 유지했다. 켈빈과 클라우지우스의 접근은 이렇다. 완벽한 열기관에서 팽창과 수축의 사이클이 완료될 때 차가운 부분으로 방출된 열의 양은 뜨거운 부분에서 취한 열에서 작업하는 데 사용된 열을 뺀 양과 같아야 한다는 것이다. 물론 실제 기계에서는 열 손실이 발생하기에 그들은 반드시 그런 것만은 아니라는 사실도 인지하고 있었다.

예를 들어 쌓여 있는 깃털 무더기 위를 걸으면 걸음마다 깃털이 사방으로 흩날리는 것이 자연스러운 현상이다. 하지만 아주 느리게, 심지어 무한히 천천히 발을 내딛는다면 깃털 한 개도 날아가지 않고 처음 상태 그대로 유지될 것이라고 기대할 수 있다. 빠르게 내딛는 걸음은 되돌아갈 수 없는 비가역적irreversible 반응(과정)을, 무한히 느리게 내딛는 걸음은 언제든 역으로 되돌아갈 수 있는 가역적reversible 반응(과정)을 의미한다. 여기에 더해 가역적 과정에서는 모든 에너지가 발을 내딛고 걷는 데만 사용되고 깃털을 주위로 날려 보내는 데 낭비되지 않는다는 점에 주목할 필요가 있다. 이 예시는 화학반응이나 증기기관에도 동일하게 적용되지만 실제로는 절대로 일어날 수 없는 일이다. 아무리 조심스러운 걸음이라도 깃털을 적어도 흔들리게는 할 것이고, 이 과정에서 변화와 에너지 손실이 발생할 수밖에 없다.

루돌프 클라우지우스는 열역학 창시자 중 한 명으로 여겨진다.

실제 증기기관에서도 깃털을 흩날리는 데 낭비되는 에너지처럼 일부 에너지는 계획된 일을 하는 대신 기체 입자들을 두드려 날려 보내는 일에 사용된다. 1852년 켈빈은 이를 가리켜 '기계적 에너지 손실의 보편적 경향On a universal tendency in nature to the dissipation of mechanical energy'이라고 했다.[24] 클라우지우스는 이와 관련해 1865년 논문 「응용에 편리한 다양한 형태의 기계적 열 이론의 주요 방정식에 대해Ueber verschiedene für die Anwendung bequeme Formen der Hauptgleichungen der mechanischen Wärmetheorie」에서 엔트로피라는 용어를 처음 사용했다.[25]

무질서의 정도를 나타내는 엔트로피

엔트로피라는 용어는 클라우지우스가 그리스어로 '변형 중'이라는 뜻의 단어 트로피tropē, τροπή와 엔en, ἐν에서 따온 것이다. 그는 "우주 에너지는 일정하다"라는 말로 열역학 제1법칙을, "우주의 엔트로피는 최대가 되려는 경향이 있다"라는 설명으로 열역학 제2법칙을 요약했다.[26]

열역학은 1650년 게리케가 공기 펌프를 발명해 처음으로 기체를 제어한 데서 비롯되었다고 할 수 있다. 시간이 지날수록 기체에 대한 이해는 점점 확장되었다. 움직이는 입자의 집합체로 여겨지던 기체가 용기 벽면에 부딪히는 에너지는 이후 압력과 부피에 관한 보일의 이론, 온도와 부피에 대한 게이뤼삭의 이론, 그리고 샤를의 법칙을 통해 꾸준히 예측되었다. 기체의 운동 이론은 사실상 원자의 존재를 규명하는 최초의 명확한 증거라고 할 수 있다. 원자의 실재를 증명하는 것이 가능해졌지만 여전히 의문점은 남아 있었다.

클라우지우스의 엔트로피는 오스트리아 출신 물리학자 루트비히 에두아르트 볼츠만Ludwig Eduard Boltzmann, 1844~1906이 새로운 방식으로 이어받았다. 볼츠만은 통계 분석을 무기 삼아 엔트로피가 최대 무질서 상태를 찾고자 하는 계의 자연스러운 경향성임을 밝혀냈으며, 이것을 계기로 그는 원자론을 지지하는 핵심적 역할을 하게 되었다.[27]

무질서는 우리 일상에서도 관찰되는 지극히 자연적인 현상이자 흐름의 방향이다. 하지만 당시에는 이에 대한 명확한 이유가 밝혀지지 않았으며, 경험적 혹은 실험적으로만 제안된 결과일 뿐이었다. 볼츠만은 무질서가 확률이 가장 높은 상태이기에 자연적인 것이라고 해석했다. 흔히 언급되는 예로, 하나의 통 안에 두 가지 색상의 구슬을 위아래로 잘 정돈한 뒤 통을 흔들어 뒤섞는 반복 작업을 생각해볼 수 있다. 층이 완전히 분리된 초기에는 매우 질서 정연한, 곧 무질서하지 않은 상태다. 하지만 세게 흔들어 뒤섞는 횟수가 많아질수록 두 색상의 구슬은 무작위로 섞이면서 더는 층이 구분되지 않는다. 무한히 많은 횟수로 뒤섞다 보면 기적적인 확률로 다시 정돈되는 순간이 올지도 모르겠지만, 자연적인 방향은 무질서한 상태를 선호한다는 것을 알 수 있다. 이는 주사위 한 움큼을 던져서 나오는 숫자를 확인하는 등 다른 예시들에도 동일하게 적용된다. 무엇보다 중요한 부분은 이 일상적이고 단순한 자연 현상이 원자에도 적용될 것이라는 사실을 볼츠만이 알아차렸다는 점이다.

켈빈이 절대온도와 절대 0도(영하 273.15도) 개념을 내놓은 이후 이를 이론적으로 규명한 인물은 볼츠만의 제자인 독일 물리학자 발터 헤르만 네른스트Walther Hermann Nernst, 1864~1941다. 그리고 이 이론은 열역학 제3법칙의 정립으로 이어졌다.[28] 앞선 두 법칙에 비해 상당히 오랜 시간이 흐른 후인 1905년 탄생한 열역학 제3법칙은 클라우지우스가 발견한 엔트로피의 수렴이 핵심이다. 절대 0도에 근접할수록 엔트로피의 변화량은 0에 수렴하며, 절대 0도에 이르면 완전한 결정 상태인 엔트로피 또한 0이 된다는 내용이다. 무질서도를 뜻하는 엔트로피가 0으로 수렴한다는 것은 점차적으로 질서도가 높아지면서 모든 물질의 운동이 정지한다는 의미일 수 있다.

흔히 '네른스트-플랑크 정리(일명 네른스트 열 정리)'로 불리는 열역학 제3법칙이 이론적 고찰로 정립되어야 한 이유는 실제 자연계에는 절대 0도가 존재할 수 없기 때문이다. 그리고 이것은 이후 과학 역사상 가장 큰 변곡점인 양자역학의 탄생 과정에서 도출된 하이젠베르크의 불확정성 원리로 설명된다. 불확정성의 원리는 미시적 세계에서 물체의 운동량과 위치를 정확히 측정하는 것은 불가능하다는 논리다. 이 원리를 바탕으로 하면 에너지가 0이 되는 절대 0도에서도 위치와 운동량이 측정되기 때문에 열역학 제3법칙에 위배될 수밖에 없다.

절대 0도의 한계에서 모든 것이 고정되어 엔트로피가 0이 된 시점에 에너지가 추가될 경우 약간의 엔트로피가 나타난다. 볼츠만은 이로부터 일w이 나눌 수 있는 경우의 수라면 엔트로피 S는 경우의 수의 로그에 비례한다는 것을 증명해 보였다. 흔히 '$S = k_B \log W$'로 쓰는 함수를 통해 계의 통계적 무질서도를 수식적으로 표현할 수 있

루트비히 볼츠만과 공동 연구자들. 왼쪽 끝에 서 있는 인물이 볼츠만의 제자 발터 네른스트이고, 뒷줄 왼쪽에서 세 번째가 아레니우스, 가운데 앉아 있는 사람이 볼츠만이다.

게 된 것이다. 이 함수는 볼츠만 상수 k_B의 명명과 함께 볼츠만의 무덤 비석에도 새겨져 있다. 그가 이룬 열역학 분야의 위업을 기린 것이다.[29]

열역학 제1, 2, 3법칙이 정립된 후에야 가장 기본이고 핵심 개념인 열역학 제0법칙이 확립되었다. 화학반응에서 주된 연구 대상이던 평형을 온도와 열, 흐름 등 열의 관점에서 본격적으로 다룬 법칙이다. 상식적으로도, 논리적으로도, 그리고 수학적으로도 너무나 당연하게 느껴지는 제0법칙은 A와 B가 열평형 상태이고 B와 C가 열평형 상태라면 A와 C 또한 열평형 상태라고 설명한다.[30] 시공간과 무관하게 같은 온도의 물체들은 열평형 상태이며, 결과적으로 열의 흐름이 발생하지 않고 각자의 상태를 유지하는 '안정'을 가진다는 뜻이다.

보일은 압력과 부피라는 기체의 물질량 간 관계를 최초로 규명했다. 그리고 여기에서 시작된 열역학은 열, 온도에 대한 해석과 관계 정립으로부터 열역학 제0, 1, 2, 3법칙을 탄생시켰다. 후에 노르웨이 출신 미국 화학자 라르스 온사게르Lars Onsager, 1903~1976가 내놓은 '온사게르 상반 정리Onsager reciprocal relations'로 영구기관(에너지 공급 없이 영원히 운동하며 일을 하는 가상의 기관)을 한정한 제4법칙이 탄생하기까지 인류 문명과 함께한 열은 증기기관을 통한 산업혁명을 거쳐 물리화학 형성에 크게 기여했다.[31]

일에 이용할 수 있는 자유 에너지와 화학반응

볼츠만은 통계를 기반으로 열역학을 추론하는 과정에서 모든 에너지에는 분자가 분포되어 있다고 가정했다. 실제로 평균 에너지를 기준으로 고에너지와 저에너지에 분포된 분자들이 공존했으며, 그는 시간에 따른 평균 분포를 기반으로 압력과 엔트로피를 계산할 수 있었다.

미국의 물리학자이자 화학자 조사이아 윌러드 기브스Josiah Willard Gibbs, 1839~1903는 이렇게 복잡하게 분포된 분자 에너지들은 수많은 계의 순간 평균과 같아야 한다고 생각했다. 이는 유용한 수학적 장치로 작용했는데, 계의 간단화를 통해 통계역학 계산에 도움을 주었다. 기브스는 이를 정준 집합canonical ensemble이라고 정의했다. 다만 이

용어는 의미가 명확하기는 했지만 분자나 원자와 관련된 용어라기보다 성가 합창(교회법canon, 합주단ensemble)단 같은 느낌이 들어 과학계를 한동안 혼란에 빠뜨렸다.[32]

기브스는 예일대학교에서 박사 학위를 받았는데, 이는 미국을 통틀어 두 번째 박사이자 공학 분야에서는 최초의 박사 학위였다. 그는 자신의 연구 결과조차 크게 알리려 하지 않을 만큼 조용한 성격의 소유자였다. 하지만 그의 통찰력과 직감은 매우 뛰어났으며, 특히 계에서 일어나는 반응 에너지를 다루는 데서 빛을 발했다. 그의 발견들은 서서히 파급력을 발휘했다.

당시 다양한 화학반응이 알려졌지만 열의 이동 측면에서 각 반응을 확인하는 것은 시작 단계에 불과했다. 화학반응은 대부분 이전과 같이 산화와 연소를 통해 이루어졌다. 한 번 시작된 연소는 열과 빛을 방출하며 반응이 진행되기 때문에 자발적인 화학반응은 열을 생성하는 반응만 의미했고, 그 반대는 비자발적인 것으로 여겨졌다. 하지만 기브스는 1870년 발표한 논문에서 열역학 제1법칙과 제2법칙을 합쳐 닫힌계에서의 내부 에너지를 화학반응에 참여하는 화학종化學種(원자, 분자, 이온 등 개개의 물질을 구성하는 단위로서 묶일 수 있는 것)의 위치 에너지로 표현했다. 그리고 이로부터 계와 주위에서 최대 엔트로피를 생성하는 변화가 자발적인 반응이 될 것이라는 사실, 발열은 엄청난 양의 엔트로피를 생성하는 변화이기에 자연스럽게 고온에서 저온 방향으로 열이 흐를 수밖에 없다는 사실을 알아냈다.[33] 기브스의 이 발견은 시간이 갈수록 중요도가 높아졌다.

기브스는 또한 계와 주위의 엔트로피 변화로 모든 화학반응에서 자발적 반응의 방향을 예측할 수 있다는 사실도 밝혀냈다. 그는 이를 1873년 발표한 논문 「물질의 열역학적 성질에 대한 표면적 의미에서의 기하학적 표현 방법A method of geometrical representation of the thermodynamic properties of substances by means of surfaces」에서 '가용 에너지available energy'라고 표현했으며, 엔탈피enthalpy, H라는 개념을 처음 도입했다.[34] 엔탈피란 열역학적 계의 밖에서 가해진 압력P과 그것에 의해 변화한 계의 부피V를 곱한 뒤 계의 내부 에너지U에 합한 양을 말한다(H=U+PV). 그리고 가용 에너지는 엔탈피와 온도, 엔트로피를 이용해 표현할 수 있다(G=H-TS).

현재 알려진 것처럼 '기브스 자유 에너지Gibbs free energy'라는 이름이 확립된 것은 열역학 제1법칙 탄생에 공헌한 헬름홀츠가 1882년 「화학적 반응의 열역학On the thermodynamics of chemical process」 강연에서 자유 에너지라는 용어와 함께 '헬름홀츠 자유 에너지Helmholtz free energy'라고 규정한 데서 기인한다(A=U-TS).

조사이아 윌러드 기브스는 자유 에너지 개념으로 화학반응에 대한 예측을 가능하게 했다.

이 두 자유 에너지의 가장 큰 차이점은 압력 조건이다. 헬름홀츠 자유 에너지의 경우 화학반응 전후의 에너지 총량이 일정하다는 열역학 제1법칙으로 이해할 수 있고, 압력이 변화하는 조건에도 적용이 가능하다. 반면 기브스 자유 에너지는 일정한 압력이라는 전제 조건하에서 성립하며, 화학반응의 방향을 손쉽게 예측할 수 있다. 실험실을 포함한 일상적인 지구 환경에서는 화학반응이 일어나는 동안 압력과 온도가 일정하게 유지되기 때문에 기브스 자유 에너지를 통해 화학반응의 자발성 여부와 진행 방향, 화학 평형 등을 판별할 수 있다.

물질에 물리적·정략적으로 접근하는 길

열역학을 기반으로 한 기브스 자유 에너지의 개념은 화학반응 예측이라는 성과를 낳았다. 또한 볼츠만의 통계적 추론을 기반으로 한 분자의 에너지 분포는 기체 분자의 운동을 해석하는 바탕이 되었다. 기체 분자의 운동을 맨 처음 해석한 사람은 스위스 이론 물리학자 다니엘 베르누이Daniel Bernoulli, 1700~1782다. 그는 미적분학의 선구자이자 용기 내 기체 발생 방법을 고안해 공압화학자들에게 길을 열어준 요한 베르누이의 아들이자, 자연의 연속 성장을 표현하기 위한 상수(e =2.718281828……)를 발견해낸 물리학자 야코프 베르누이Jakob Bernoulli, 1654~1705의 조카로도 알려져 있다. 그의 해석은 돌턴의 원자론을 재정립하는 한 축으로 작용했다.

조금 더 구체적인 기체 분자의 운동은 모든 기체 입자가 동일한 속도로 이동한다는 단순한 가정에서 시작된 클라우지우스의 개념에서 비롯되었다. 그리고 이것을 실제적으로 발전시킨 인물은 제임스 클러크 맥스웰이다.

흔히 20세기 물리학에 지대한 영향을 끼친 19세기 가장 뛰어난 물리학자로 꼽히는 맥스웰은 클라우지우스의 가정에서 단순화를 제

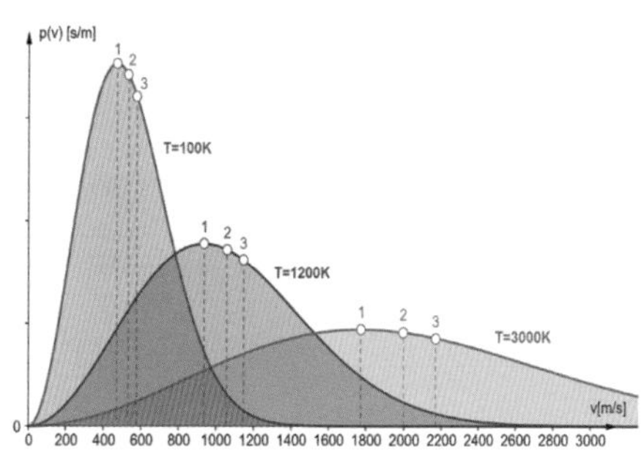

제임스 클러크 맥스웰(왼쪽)은 통계적 방식을 통해 '맥스웰—볼츠만 분포'를 정립했다.

거하고 실제 기체가 가지는 통계적 속도 분포를 이용했다. 그 결과 1859년 맥스웰이 통계화하고 볼츠만이 일반화한 '맥스웰-볼츠만 분포Maxwell-Boltzmann distribution'라는 규칙이 만들어졌다.[35,36] 이것은 나중에 에너지 등분배 원리의 발견과 맞물려 양자역학이 탄생하는 시작점의 하나로 과학사에 관여하게 된다.

기브스의 연구 결과는 맥스웰을 비롯한 몇몇 물리학자와 화학자의 관심을 끌었다. 그중 한 명이 기브스의 연구를 프랑스어로 번역해 보급한 앙리 루이 르샤틀리에Henry Louis Le Châtelier, 1850~1936다. 그는 화학 평형(가역 반응에서 정반응의 속도와 역반응의 속도가 평형인 상태)의 진행 방향을 나타내는 법칙에 자신이 이름이 붙어 더 유명한 화학자다.

르샤틀리에는 카르노를 비롯한 당시 유명 과학자들과 마찬가지로 에콜 폴리테크니크에서 공학 교육을 받았다. 그리고 광산 학교École des Mines에 입학해 합금과 야금술을 연구했다. 광산에서 발생하는 사고와 시멘트 형성 등 고온 조건이 관여하는 문제점들을 조사하고 분석하는 과정에서 열을 가하거나 제거하는 방식을 통해 화학 평형을 조절할 수 있다는 사실을 발견했다. 그리고 1884년 지금은 '르샤틀리에의 원리Le Chatelier's principle'로 알려진 화학 평형 조절에 관한 내용을 발표했다. 이는 과거 베르톨레가 이집트 소금 호수에서 발견한 화학반응을 온전히 설명할 수 있는 접근법이었다.[37] 즉 화학 평형 상태를 이룬 계가 관여 화학종들의 농도나 반응 온도, 혹은 압력에 변화가 있을 때 그 변화를 감소시키는 방향으로 평형 위치가 이동한다는 원리다. 간단하게 이해되는 이 원리는 화학물질 생성이나 반응 수율의 향상을 위해 지속적으로 평형을 이동시키는 공정 절차의 도입을 가져오는 밑바탕이 되었다. 이제 화학자들은 기브스의 자유 에너지를 통한 자발성 예측, 그리고 화학 평형의 진행 방향을 나타내

앙리 르샤틀리에(왼쪽)는 화학 평형의 이동과 그것에 따른 화학반응의 방향을 이해하는 원리를 제안했다. 이산화 질소(NO_2) 두 분자는 화학반응을 통해 사산화 이질소(N_2O_4) 한 분자로 변화를 오갈 수 있다. 즉 열을 가하면 갈색의 NO_2가 생성되고, 냉각하면 역반응을 통해 무색의 N_2O_4로 변화한다.

는 르샤틀리에의 원리를 기반으로 모든 화학반응을 계획적으로 조절할 수 있는 시기에 들어섰다.

물리화학은 물리학 이론과 실험 결과를 활용해 물질의 화학적 성질 및 반응을 연구하는 분야다. 돌턴의 원자론과 맥스웰의 통계적 분자 에너지 분포, 기브스의 자유 에너지 개념이 맞물리면서 탄생했다. 초기 물리화학 형성 과정에서 누구보다 물리화학의 가치를 기대하고 확신한 인물은 독일 물리화학자 프리드리히 빌헬름 오스트발트Friedrich Wilhelm Ostwald, 1853~1932다. 학창 시절 그는 곤충 채집이나 목공예 등 잡다한 취미 활동에 시간을 보내느라 학업에는 관심이 없었다. 하지만 아버지에게 경고를 받은 이후 학업에 전념했으며, 화학 교수가 되어 열역학과 상변화 등을 주 관심사로 삼아 물리화학 발전에 기여했다. 그는 1880년대 후반 물리화학 분야의 첫 번째 저널인 《독일 물리화학 저널German Journal of Physical Chemistry》을 만들기도 했다.[38]

하지만 여전히 논란이 많고 원자와 분자를 기준으로 모든 것을 통계적으로 해석한 볼츠만과 달리, 오스트발트는 원자 가설로 불리던 돌턴의 원자론을 신뢰하지 않았다. 그래서 이 둘을 추종하는 사람들 사이에서 늘 논쟁이 벌어졌다. 물론 원자론을 기반으로 한 무기화학과 물리화학 발달 과정에서 도출된 여러 논쟁에 전혀 관심 없는 화학자들도 당연히 있었다. 그들은 바로 물질은 원자요, 열은 운동이라고 결론지은 뒤 화학반응에만 집중한 유기화학자들이다.

제11장

결합과 구조에 대한 열정적 탐구

: 유기화학

O F C H E M I S T R Y

인간을 비롯한 생명체의 기본 구성 물질은 대부분 탄소 화합물로 이루어져 있다. 이 탄소 화합물을 연구하는 화학 분야가 바로 유기화학이다. 과거 유기화학은 생명체의 구성 물질 또는 대사에 관여하는 생체 관련 화합물이 생명과 밀접한 연관이 있다고 여겨 그것에 대한 연구를 주된 목적으로 삼았다. 따라서 동식물로부터 화합물을 효율적으로 추출하고 활용하는 작업이 주를 이루었다.

이후 원자와 분자의 개념, 화학 체계가 정립되면서 결합 및 구조에 관한 연구가 본격적으로 시작되었다. 지금은 전 화학 분야에서 광범위하게 활용되고 있으며, 현재까지 1억 종 넘는 유기 화합물이 발견 및 합성된 것으로 알려졌다.[1] 그리고 체질량의 99퍼센트를 이루는 7종의 원소 중 칼슘을 제외한 탄소, 산소, 수소, 질소, 인, 황이 유기 화합물을 이루는 핵심 요소라는 점에서 이 광범위한 화학 분야가 얼마나 중요한지 실감할 수 있다.

드디어 붕괴한 활력에 대한 믿음, 생기론

활력설Animism로도 불리는 생기론Vitalism은 철학과 의학, 연금술에서 모두 다룬 이론이다. 따라서 금을 만들어내는 연구와 함께 추구된 의학의 발생기, 즉 알렉산드리아 연금술이 성행한 고대 그리스 시대에 등장했다고 볼 수 있다.[2] 당시 의약품, 비누, 염료 등을 만들기 위해 동식물에서 추출하는 물질은 모두 탄소와 수소, 기타 원소들이 조합을 이루는 유기 화합물이었다. 특히 치료 목적으로 사용하는 대다수 물질이 동식물로부터 추출한 화합물 형태였다. 이에 생물은 무생물과는 다른 원칙으로 지배되며, 이들을 구성하는 유기체organism는 무생물과 완전히 구분된다는 의식에서 생기론이 탄생했다. 인간과 유기체 역시 4가지 원소로 구성된 세계 속 일부지만, 생기론을 기반으로 4체액론을 주창한 갈레노스 같은 의학자들은 이 철학적 이론을 공고히 했다.

화학 발달과 맞물려 점점 쇠락해가던 생기론을 완전히 종결지은 인물은 베르셀리우스의 제자인 독일 화학자 프리드리히 뵐러Friedrich Wöhler, 1800~1882다. 연금술사들의 암흑기라고 할 수 있는 14세기에 화학자라는 직업군은 사교성이나 활동성과는 거리가 멀었다. 설비를 갖춘 환경에서 직접 실험해야 한다는 공간적 제약은 집 안 또는 지하실 등에 틀어박혀 연구와 실험으로 하루하루를 보내도록 그들을 강제했다. 뵐러 역시 과거 그들과 비슷했는데, 유독 심한 편이었던 것으로 전해진다. 그래도 뵐러는 유기화학의 선구자로 인식되고 있다. 물론 과거부터 존재해오던 유기물을 그가 화학 측면에서 체계화했기 때문만은 아니다. 오히려 생기론을 종결시키고 유기화학과 무기화학의 관계 및 반응을 규명해 하나의 독립된 학문 분야로 자리매김하도록 기반을 다졌다는 점이 높은 평가를 받고 있다.

빌러는 1828년 '빌러 합성법Wöhler synthesis'으로 알려진 방법을 통해 시안화 암모늄ammonium cyanate, $NH_4(OCN)$을 분해하고 재결합시킴으로써 생체 분자인 요소urea, $(NH_2)_2CO$를 만들어냈다.[3] 요소는 소변에서 얻을 수 있는 천연물로 대표적인 생기론적 관점의 유기물이고, 시안화 암모늄은 생명체 내에서 일반적으로 관찰되지 않는 무기물의 일종이다. 이로써 빌러는 생체 외부에서 무기물로 유기물을 만들어낸 최초의 화학자가 되었다. 당시에는 유기물질 합성은 유기체 내에서만 이루어지며, 이 과정에서 일종의 생명력이 주입된다는 이론이 성행하고 있었다. 따라서 빌러의 화학적 합성을 통한 발견은 생기론을 종결시킨 것은 물론, 유기화학자들이 유기물 합성에 대한 새로운 관점과 확신을 가지고 연구해나갈 수 있는 계기가 되었다.[4]

프리드리히 빌러(왼쪽)는 생체 분자인 요소를 생체 외부에서 무기물로부터 합성해냈다. 요소 합성은 역사적 사건이었으며, 1982년 빌러 사후 100주년을 기념해 독일에서 우표로 출시되기도 했다.

이후 뵐러는 개인적인 사정으로 실험실을 구하기 어려워지자 기센Giessen에 사는 친구 유스투스 폰 리비히 남작을 찾아가 그의 실험실에서 함께 연구를 진행했다. 뵐러와 리비히의 오랜 연구 인연은 이렇게 시작되었고, 그들의 연구를 통해 이성질체가 세상에 알려졌다.

탄소가 유기체의 핵심 원소라는 점은 연소를 비롯한 화학반응을 통해 일찍이 밝혀진 사실이다. 그렇다면 왜 탄소여야만 하는 것일까? 탄소의 특징에 대한 확실한 규명과 탄소여야만 하는 이유는 생기론에 얽매이지 않게 된 이후로도 오랫동안 유기화학자들에게 숙제로 남아 있었다. 생기론 관점에서 보면 탄소로 이루어진 유기물은 본질적으로 무생물이나 무기물과는 구분되어야 한다. 즉 화학결합이 다양하게 이루어져도 결정 구조를 형성해서는 안 된다. 또한 연결 구조가 다양해야 하고, 결합도 복합적이어야 한다. 이 경우 여러 형태의 유기 화합물이 형성될 수 있다는 장점이 있다. 그런데 이를 분석하는 과정에서 새로운 문제가 발생했다.

초기 유기물 분석은 연소를 통해 이루어졌다. 유기물 구성 원소 중 탄소는 대기 중의 산소와 결합해 이산화 탄소로 변화하고, 수소는 산소와 결합해 물(수증기)로 변화한다. 이 이산화 탄소와 물의 양을 측정해 유기물에 포함되어 있던 탄소와 수소, 산소의 양을 정량적으로 계산하는 것이 일반적인 분석 방법이었다. 그런데 각 원소가 얼마나 포함되어 있는가라는 정보만으로는 설명할 수 없는 대상들이 드러나기 시작했다. 바로 베르셀리우스가 이성질이라고 칭한 관계의 발견이다.

같지만 다른 이성질체의 발견

리비히는 독특하고 자유분방한 화학자였다. 약과 염료, 기름이나 화학물질을 만들어 판매하는 상인의 아들로 태어났지만, 어린 시절 공부에는 전혀 소질이 없었다. 그래도 화학에 관심이 많아 학교에서 장래 희망이 화학자라고 했더니 교사와 친구들이 비웃었을 정도다. 심지어 충격, 열, 압력, 전기 등의 자극에 쉽게 반응하는 위험 물질인 뇌산 은silver fulminate, AgCNO을 활용한 폭발쇼를 보고 매료되어 아버지의 약국에서 뇌산 은으로 실험하다 약국 건물의 상당 부분을 파손시킨 일화도 전해진다. 이 폭발 사고로 그의 아버지는 아들에게 본격적인 화학 공부가 필요하다는 사실을 깨달았고, 곧바로 그를 대학교에 입학시켰다.

화학 공부를 시작한 리비히는 자신의 재능을 찾았고 뛰어난 능력을 발휘했다. 이후 파리로 건너가 게이뤼삭과 함께 연구하며 유망한 연구자들 대열에 합류했다. 그는 사실상 현대 화학의 실험실 구조〔선임 과학자(지도교수)가 멘토로, 후배 과학자(박사급 연구자)가 중위로 학생들을 이끄는 체계〕를 처음 도입한 장본인으로, 수많은 노벨상 수상자를 배출하기도 했다.

함께 연구를 진행하게 된 리비히와 뵐러는 물질을 구성하는 원소의 종류 및 함량을 분석하는 실험에 돌입했다. 뵐러는 시안산 은silver cyanate, AgOCN을 분석한 결과 77.23퍼센트의 산화 은과 22.77퍼센트의 시안산으로 이루어졌다는 것을 확인했다. 리비히는 어린 시절부터 관심사였던 뇌산 은을 분석해 77.53퍼센트의 산화 은과 22.47퍼

유스투스 리비히(왼쪽)는 위대한 화학자이자 교육자로, 현재와 같은 화학 실험실을 처음 고안해 많은 성과를 냈다. 빌헬름 트라우숄트(Wilhelm Trautschold)의 〈유스투스 리비히 남작의 화학 실험실 풍경(View of the chemistry laboratory of Baron Justus von Liebig)〉(1841)을 통해 당시 분위기를 짐작해볼 수 있다.

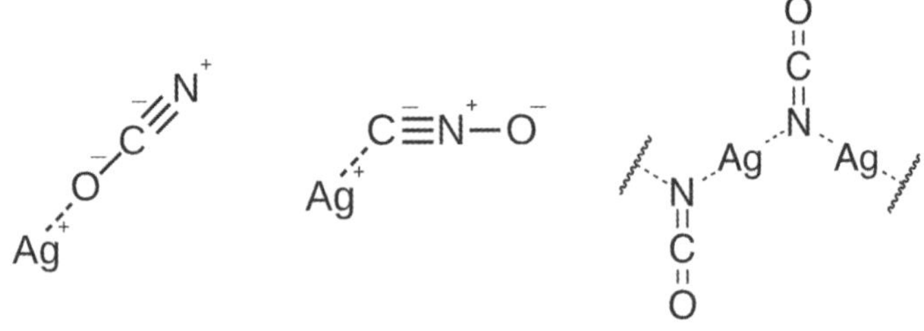

시안산 은(왼쪽)과 뇌산 은(가운데)은 조성은 동일하지만 화학적 특성이 다른 물질인 이성질 관계다. 시안산 은이 결정 구조를 이루는 경우 또 다른 이성질이 관찰된다(오른쪽).

센트의 시안산으로 구성되어 있다는 것을 알아냈다. 리비히와 뵐러는 안정한 시안산 은과 폭발성이 높은 뇌산 은의 화학적 특성이 명백하게 다른데도 조성은 거의 동일하다는 것이 쉽게 이해되지 않았다. 이 결과에 대해 뵐러는 당혹스러워하면서도 이유를 파악하고자 한 반면 리비히는 뵐러가 틀렸고 자신이 맞다고 간단하게 결론을 내렸다.[5] 하지만 두 분석 결과가 모두 맞는 것으로 밝혀졌다. 이후 그들은 본격적인 공동 연구에 돌입했으며, 최종적으로 시안산 은과 뇌산 은은 동일한 원소 조성으로 이루어졌다는 사실을 검증해냈다.

이는 게이뤼삭이 제안하고 베르셀리우스가 이성질체라고 이름 붙였지만 당시에는 아직 밝혀지지 않은, 관계에 대한 놀라운 발견이었다. 한마디로, 원자의 결합 방식이나 배열 방식에 따른 결과였으며 원소와 원자론, 그리고 화학결합 측면에서 해석해야 할 요건들이 아직 남아 있음을 암시하는 것이었다.

라디칼, 핵 이론, 그리고 작용기

앞에서도 언급했지만, 뒤마는 원자량을 측정하는 과정에서 네 종류의 원소가 원자량과 관련된 규칙성을 보인다는 사원소 체계를 확립했다. 또한 유기화학 분야에서도 작용기functional group와 화학결합에 대한 단서를 찾아내는 등 여러 업적을 남겼다. 라부아지에 이후 프랑스 화학을 이끌던 테나르와 게이뤼삭의 뒤를 이어 그는 당대 프랑스 화학의 권위자로 떠올랐다.

유기화학 분야에서 뒤마는 당시 확립되어 있던 여러 이론을 모아 유기 화합물들 사이에 존재하는 경향성을 파악하기 시작했다. 대표적 이론을 꼽으면 원자가 각각 양과 음의 성질을 가지는 종류로 구분되어 있어 특정한 화학결합을 이룬다는 베르셀리우스의 전기화학적 이원론과 라부아지에가 완성한 광물 산의 체계화다. 그는 이 이론들을 종합해 하나의 단위로 기능하는 유기 화합물 내 원소 집단을 뜻하는 '라디칼radical'이라는 개념을 만들어냈다. 이 개념을 바탕으로 그는 알코올과 관련된 유기 화합물, 예를 들어 메탄올, 에탄올, 프로판올 등의 라디칼이 염기와 같은 역할을 할 수 있다고 판단했다. 또한 유기 화합물 중 육각형 고리 구조의 벤젠을 공통 라디칼로 가지고 있는 물질들이 존재한다는 사실도 알아냈다.

현대 화학에서 라디칼이라는 용어는 공통적인 원소 집단 대신, 반응성이 매우 높은 홀전자 물질을 의미한다. 그리고 뒤마의 라디칼은 유기 화합물의 성질을 결정하는, 즉 화합물의 분자 내에서 공유결합을 하고 있는 원자의 집단(원자단)을 뜻하는 '작용기'라는 용어로 표현되고 있다. 이는 분광학의 선구자 분젠이 자유 라디칼free radical을 발견한 것과 맞물려 용어가 바뀌었기 때문이다. 라디칼 발견에 실질적으로 기여한 분젠은 유기물 폭발 사고 이후 유기화학을 기피해 그의 유기화학 연구는 자유 라디칼이 마지막이었다.

그런데 뒤마가 유기 화합물과 관련된 실험을 이어가게 된 것은 당시 발생한 한 사건 때문이었다. 어느 날 파리 튈르리Tuileries 궁전에서 왕실 무도회가 열렸는데, 참석한 사람들이 눈 점막 통증과 함께 연이은 기침을 호소했다. 양초에서 피어오른 정체 모를 매운 연기가 원인인 것으로 드러났다. 이에 궁전에 양초를 납품한 뒤마의 장인이자 화학자 알렉상드르 브롱니아르Alexandre Brongniart, 1770~1847는 뒤마와 함께 양초에서 왜 매운 연기가 났는지를 분석했다.[6] 그 결과 양초를 새하얗게 만들기 위해 표백제로 사용한 염소 때문에 양초가 연소될 때 염화수소 기체가 발생한 것으로 밝혀졌다.

추가 실험을 통해 뒤마는 많은 종류의 유기 화합물이 염소 처리 과정을 거치면 일부 수소가 염소로 대체되는 치환substitution 반응이 일어난다는 것을 알아냈다. 곧이어 그는 아세트산CH_3COOH을 염소 처리하면 삼염화 아세트산trichloroacetic acid, CCl_3COOH이 형성된다면서 수소 원자가 할로젠 원소로 치환될 수 있다고 주장했다.[7] 이는 베르셀리우스의 전기화학적 이원론에 위배되는 결과였다. 베르셀리우스에 따르면 수소는 양전하를 띠는 원자이고 염소는 음전하를 띠는 입자다. 양의 수소가 또 다른 양전하 원자로 바뀌면서 결합이 이루어지는 것은 문제될 게 없지만, 반대 전하를 가지는 이원론적 원자인 염소와 교체되는 것은 설명이 되지 않았다.

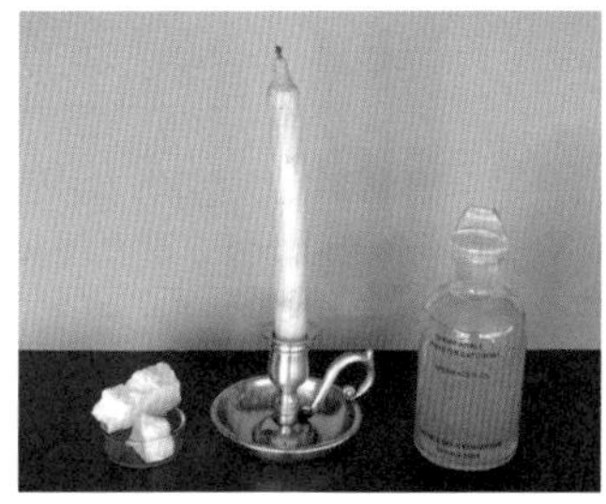

과거 밀랍과 경뇌(spermaceti) 등으로 만든 양초는 제작 과정에서 염소 처리되어 깨끗한 백색을 띠었다(왼쪽). 염소는 표백 효과가 뛰어난 물질로, 현대에도 표백제로 흔히 쓰이고 있다.

이 치환 반응에 대한 연구는 프랑스 작은 마을에서 와인 상인의 아들로 태어나 뒤마에게 화학을 배운 오귀스트 로랑Auguste Laurent, 1807~1853이 이어받아 핵 이론으로 발전시켰다.[8] 화합물의 치환 반응은 계속해서 관찰되었기 때문에 이를 바탕으로 화합물은 치환이 일어날 수 있는 특정 핵을 가지고 있다는 결론이 도출되었다. 즉 기존에는 라디칼이라는 용어를 통해 공통된 구조를 가진다는 사실만 규격화해왔다면, 이를 핵이라고 표현함으로써 공통적 원자 집단이 동일 화학반응에 대응된다는 내용으로 이론을 확장한 것이다. 로랑은 이뿐 아니라 벤젠 고리 3개가 나란히 연결된 구조인 안트라센anthracene과 현재 페놀phenol로 불리는 카볼릭산carbolic acid을 발견하는 등 유기화학 분야에 다양하게 기여했다. 하지만 그의 핵 이론은 용어의 모호성으로 즉각적으로 받아들여지지 못했다.

라디칼과 핵 이론을 발전시켜 현재 통용되는 작용기로 불리게 만든 인물은 리비히의 제자인 알자스 출신 프랑스 화학자 샤를 프레데릭 게르하르트Charles Frédéric Gerhardt, 1816~1856다. 게르하르트는 비록 불순물이 포함되긴 했지만 아스피린aspirin으로도 불리는 아세틸살리실산acethylsalicylic acid을 1853년 최초로 합성한 인물이다.[9] 실제 아세틸살리실산의 발견자는 독일 화학자 펠릭스 호프만Felix Hoffmann, 1868~1946으로 전해지지만, 게르하르트를 필두로 아스피린 합성에 성공한 화학자가 다수 있었다.

당시 유기화학의 발달과 맞물려 발견되고 합성되는 유기 화합물 종류도 급속도로 증가했다. 이에 게르하르트는 알코올 같은 유사한 반응성을 보이는 화합물들을 탄소 원자의 수를 기반으로 분류하겠

장 바티스트 뒤마의 라디칼 이론과 오귀스트 로랑의 핵 이론을 거쳐, 샤를 프레데릭 게르하르트는 현재와 같은 작용기 이론으로 유기 화합물을 쉽게 이해하고 구분할 수 있도록 했다(왼쪽부터).

다는 계획을 세웠다. 그는 서로 다른 탄소 개수를 공통된 기준으로 표현하기 위해 뒤마의 라디칼과 로랑의 핵 이론을 화학반응에 초점을 맞추어 작용기라고 불렀다. 이 체계는 지금까지도 현대 유기화학에서 계속 사용되고 있다.

파라켈수스가 언급한 가장 순수한 물질을 뜻하는 알코올(–OH)로부터 수소가 떨어져 나가 형성되는 작용기를 리비히가 알코올 탈수소alcohol dehydrogenatus라고 부른 것에 기반해 알데하이드aldehyde(–CHO)가 작용기로 자리 잡았다. 이후 탄소와 산소가 함께 관여해 만드는 종류를 설명하는 카르복실(carbon+oxygen+ -yl), 암모니아NH_3의 수소 하나가 탄화수소로 치환된다는 아민amine(ammonia+ -ine), 그리고 황thio이 알코올과 유사한 구조로 결합해 이루어진 싸이올thiol(thio+alcohol), 공기처럼 가볍게 기화해 날아가는 특성으로 에테르ether에서 유래한 에테ether 등의 작용기가 하나씩 정립되어 유기화학의 근간이 구축되었다.

유기화학의 핵심에 점점 더 가까이

유기 화합물의 핵심은 탄소로 이루어지는 골격과 그것에 연결되는 다양한 원소의 조합이라고 할 수 있다. 여러 원소 중 어째서 탄소가 기본이 되어야 하는가라는 의문은 탄소가 만들어내는 결합의 수와 입체적 형태에서 답을 구할 수 있다. 물론 유기 화합물의 추출과 활용은 과거부터 있어왔다. 하지만 원자를 이해하는 데는 시간이 조금 걸렸기에 탄소여야 하는 이유를 밝히는 데도 오랜 세월이 필요했다. 그리고 마침내 탄소의 결합과 형성될 수 있는 구조들에 대한 단서를 찾아내는 데 성공했다. 이 위업을 이룬 이는 건축학과 학생이었으나 리비히의 강의를 듣고 깊은 인상을 받아 화학 세계로 뛰어든 아우구스투스 케쿨레다. 케쿨레는 흔히 꿈속에서 벤젠 구조를 밝혀냈다는 흥미로운 이야기로 소개되는 화학자다. 하지만 그는 명실상부 당시 전 유럽에서 가장 유명하고 권위 있는 유기화학자였으며 원자와 분자, 원자량 개념의 변환점이 된 카를스루에 회의를 조직한 핵심 인물이기도 하다.

1852년 영국의 화학자 에드워드 프랭클랜드 경Sir Edward Frankland, 1825~1899은 라디칼 이론을 바탕으로 탄소를 비롯한 원소들이 각각 특정한 화학결합 개수를 가진다는 의견을 제안했다. 그는 분광학의 선구자 분젠의 제자로, 박사 학위를 취득한 후 리비히의 실험실에서 유기물질 및 무기물질을 연구했다. 어느 날, 금속 상태인 아연과 에틸아이오딘ethyl iodine 화합물의 반응을 조사하던 중 유기물질의 일부가 무기물인 아연과 결합해 다이에틸아연$(C_2H_5)_2Zn$으로 존재한다는 사실을 발견했다. 이후 수은과 안티모니를 비롯한 여러 금속 원소로 동일한 검증을 했는데, 여기서 유기금속organometallic 물질을 찾아냈다.[10] 이 과정에서 탄소는 4개, 황은 2개, 염소는 1개의 결합을 만들어낸다는 사실도 처음으로 확인했다.[11]

탄소가 형성할 수 있는 결합의 수와 실제적인 유기 화합물 구조에 관한 발표는 프랭클랜드의 연구 결과를 참고해 스코틀랜드 출신 화학자 아치볼드 스콧 쿠퍼Archibald Scott Couper, 1831~1892가 먼저 했다. 쿠퍼는 에틸아민ethylamine과 에틸렌글리콜ethylene glycol 등의 화합물을 발견하고 암모니아 유사체들에 관한 연구에서 많은 성과를 낸 알자스 출신 프랑스 화학자 샤를 아돌프 뷔르츠Charles Adolphe Wurtz, 1817~1884의 가르침을 받으며 실험실에서 연구를 수행했다. 이후 탄소가 4개의 결합을 형성하고 탄소끼리 사슬 형태로 이어져 다양한 분자를

에드워드 프랭클랜드(왼쪽)와 아치볼드 스콧 쿠퍼는 유기 화합물의 화학결합 개수에 대한 실험 결과를 보고했다.

구성할 수 있다는 내용을 논문 「새로운 화학 이론Sur une nouvelle théorie chimique」에 발표했다. 하지만 아카데미 회원이 아니었기에 공식 출간은 1858년으로 늦추어졌다.[12] 그런데 그사이 케쿨레가 「쌍 화합물 및 다원자 라디칼 이론에 대해Über die s. g. gepaarten verbindungen und die theorie der mehratomigen radicale」라는 제목으로 동일한 내용을 발표했다.[13]

이렇듯 쿠퍼는 논문 발표 과정에 우여곡절이 있었던 데 반해, 케쿨레는 내용 면에서도 현재 결합bonds 또는 원자가valences로 불리는 '친화 단위verwandtschaftseinheiten'라는 표현을 통해 조금 더 구체적인 설명을 덧붙였다. 게다가 케쿨레는 탄소의 사슬 구조를 떠올리게 된 계기가 꿈속에서 산책 도중 작은 원자들이 서로 결합하고 연결되며 긴 사슬을 만들어내는 모습을 본 것이었다고 말하기도 했다.[14] 낭만주의가 원소의 발견을 촉발했듯, 케쿨레의 이 환상적인 일화는 사실 여부를 떠나 많은 사람의 마음을 자극했다. 덕분에 케쿨레는 발견의 우선순위와 무관하게 더 큰 인지도를 얻게 되었다.

탄소 사슬 논문이 발표된 이후 화합물 구조에 대한 이론은 매우 빠르게 발전했다. 하지만 결합을 표현하는 방식에서는 케쿨레보다 쿠퍼의 형식이 더 선호되었다. 케쿨레는 당시 '케쿨레 소시지'라고 비난받던 울퉁불퉁한 형태로 결합을 표현한 반면 쿠퍼는 단순하고 곧은 점선으로 표현했기 때문이다.[15] 현재 사용되는 표현 방식은 쿠퍼의 형식을 1864년 스코틀랜드 유기화학자 알렉산더 크럼 브라운Alexander Crum Brown, 1838~1922이 원소 기호와 직선으로 개선한 것을 기초로 삼고 있다.[16]

탄소의 4가 결합 이론이 확립된 이후 오스트리아 물리학자 요제

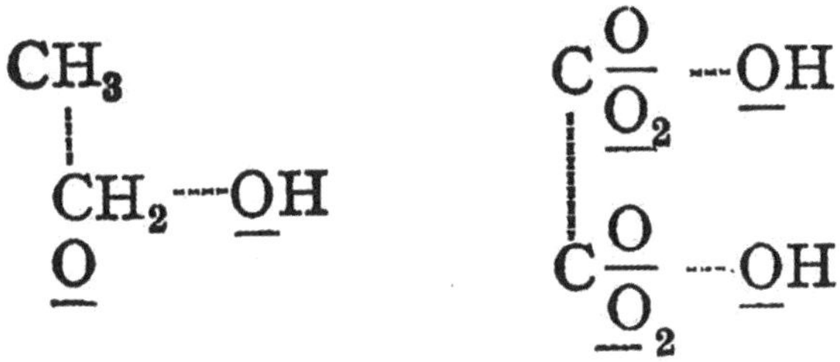

쿠퍼의 분자 구조식은 케쿨레의 표현 방식에 비해 직관적이었다.

프 슈테판Josef Stefan, 1835~1893의 제자이자 볼츠만의 친구인 요한 요제프 로슈미트Johann Josef Loschmidt, 1821~1895,[17] 그리고 리비히의 제자로 삼각 플라스크를 발명한 리하르트 아우구스트 카를 에밀 에를렌마이어Richard August Carl Emil Erlenmeyer, 1825~1909[18] 등이 탄소 간 다중(이중 혹은 삼중) 결합을 의미하는 불포화unsaturation 개념을 만들어냈다. 그리고 유기 화합물 구조식을 고안한 크럼 브라운이 분자 내 다중 결합 형태를 규명하는 등 유기 화합물의 구조적 해석이 원만하게 이루어졌다.[19]

다만 '기분 좋아지는 냄새'가 나 방향족aromatic으로 불리던 벤젠의 화학구조는 단순한 사슬 구조로는 설명되지 않았다. 그런데 화학사에서 가장 유명한 일화인 케쿨레의 꿈은 다시 한 번 이 문제를 해결했다. 벤젠의 구조를 상상하다 난롯가에서 깜박 잠이 든 케쿨레는 뱀 한 마리가 자기 꼬리를 입에 물고 빙빙 도는 모습을 보고 잠에서 깼다. 이후 그는 처음으로 양쪽 끝이 연결된 고리 모양의 화학구조에 대한 가능성을 제안했다.[20] 하지만 벤젠과 관련한 케쿨레의 발견 중 고리 모양 화학구조의 제안보다 더 혁신적인 것이 있다. 벤젠의 탄소들과 그것에 연결된 수소 원자들이 모두 동등한 환경에 놓여 있다는 공명resonance 구조가 바로 그것이다.[21] 물론 이에 대한 정확한 해석은 당시 과학으로는 불가능했으며, 후에 양자화학의 탄생과 함께 비로소 풀리게 된다.

사슬 및 고리 모양의 탄소 구조 발견을 통해 유기 화합물의 구성은 대략적으로 규명되었다. 하지만 여전히 화학자들은 모든 유기 분자가 납작한 평면 형태로 존재할 것이라고 생각했다. 하나의 탄소에서 4개의 결합을 표현하는 방식은 종이 위에 사각형 형태로 그리는 것이 가장 편했다. 이렇듯 여전히 2차원에 갇힌 탄소는 실제 모습을 아직 드러내지 못했다.

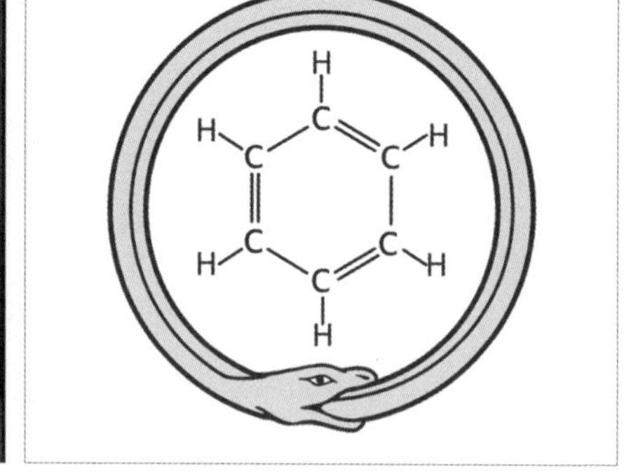

하인리히 안톤 폰 안젤리(Heinrich Anton von Angeli)의 〈케쿨레의 초상화(Portrait of Friedrich August Kekulé von Stradonitz)〉(1890). 케쿨러는 꿈속에서 꼬리를 둥글게 물고 있는 우로보로스(Ouroboros)를 보고 벤젠 구조를 떠올린 일화로 유명하다. 우로보로스는 신화에 나오는 거대한 뱀으로, 연금술적 측면에서 존재의 이중성과 세계 순환을 의미한다.

사각형이 아닌 사면체였다

화학에서 차원을 뛰어넘는 혁신을 이룬 인물을 꼽는다면 역사상 가장 위대한 근대 화학자 중 한 명인 네덜란드 물리화학자 야코뷔스 헨드리퀴스 판트호프Jacobus Henricus van't Hoff, 1852~1911일 것이다. 판트호프는 자신의 연구 영역을 유기화학에 국한하지 않았으며, 다양한 화학 분야에서 한 명이 이루었다고는 상상하기 힘든 위업들을 남겼다. 1901년 최초 노벨 화학상 수상자라는 기록도 가지고 있는데, 그 수상 내용이 탄소의 입체 구조 규명이 아니었다는 것만으로도 경이롭다.[22]

판트호프는 독일에서는 케쿨레, 파리에서는 쿠퍼의 스승이던 뷔르츠로부터 화학을 배웠다. 이후 위트레흐트대학교에서 에두아르트 멀더Eduard Mulder, 1832~1924의 지도 아래 박사 학위를 받았다. 1874년 박사 학위 수여 3개월 전, 그는 탄소 원자는 정사면체 형태의 화학결

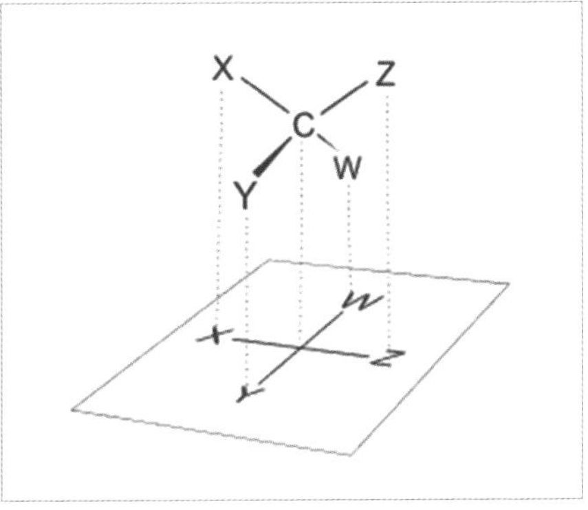

야코뷔스 헨드리퀴스 판트호프(왼쪽)는 2차원에 갇혀 있던 탄소 구조를 3차원 입체로 끌어냈다.

합을 이루며, 화합물의 광학적 특성을 분석해 이를 검증할 수 있다는 논문을 발표해 명성을 얻었다.[23]

하지만 판트호프 역시 독특한 성격의 소유자였기에, 학위 취득 시점부터 이미 학계의 유명인이었지만 어느 대학에서도 그를 교수 자리에 앉히려 하지 않았다. 졸업 논문에 학창 시절 즐겨 다니던 주점과 사교클럽의 엠블럼을 끼워 넣는 등 행실에 대한 우려의 목소리가 있었기 때문이다. 그럼에도 그는 1884년 화학반응 순서를 결정하는 화학 평형 법칙을 열역학적으로 접근한 화학 동역학動力學을 도입했고 화학적 친화성 개념도 만들어냈다.[24] 오스트발트가 《독일 물리화학 저널》을 창간할 때 함께해 물리화학의 시작을 주도하기도 했다. 이후 용액의 거동을 수학적으로 해석하는 등 화학 전 분야에서 종횡무진 활약했다.

생체 물질은 대부분 거울상 이성질체

뵐러와 리비히가 이성질체의 실재를 확인한 후 여러 형식의 이성질체가 하나둘 밝혀졌다. 원소의 종류와 개수는 동일하지만 다른 순서로 연결된 최초의 이성질체는 구조적 형식에 차이가 있기에 구조 이성질체structural isomer로 구분된다. 그리고 판트호프에 의해 드러난 탄소의 입체 구조로부터 새롭게 도출된 거울상 이성질체enantiomer는 유기화학자로서 생화학 발전에 이바지한 프랑스 화학자 루이 파스퇴르Louis Pasteur, 1822~1895가 처음 발견했다.

파스퇴르는 프랑스 국립 고등사범학교École Normale Supérieure에서 뒤마의 강의를 들었고, 작용기 규명에 기여한 핵 이론 창시자 로랑과 같은 실험실에서 연구했다. 그는 당시 주석산으로 불리며 식품과

알베르트 에델펠트(Albert Edelfelt)의 〈루이 파스퇴르(Louis Pasteur)〉(1885). 파스퇴르는 이성질체와 발효, 부패에 관한 연구로 유기화학 및 생화학 분야에 중요한 발견들을 남겼다.

염색 공업 분야에서 사용된 유기 화합물 타르타르산tartaric acid을 고체 결정으로 만들어 분석하는 연구를 주로 수행했다. 타르타르산은 탄소에 형성된 4개의 결합이 모두 서로 다른 원자단과 결합해 만들어진 것으로, 입체적 구분이 가능한 카이랄chiral(손 대칭) 분자에 해당했다.

우리의 왼손과 오른손은 거울에 대칭시켜서 보면 모양이 동일하지만 나란히 놓았을 때는 겹치지 않는 입체 구조다. 화학 분자 역시 분자 내부의 대칭성이 결여되었을 때 이성질체로 구분한다. 이 두 분자는 구성 원소의 종류와 개수, 결합 순서까지 동일하지만 상이한 화학적 특성을 보이는 경우가 많다. 이성질체가 주목받은 이유는 조성적으로 동일해도 표출되는 화학적 특성이 다르기 때문이다. 한 예로 백금Pt에 암모니아NH_3와 염소Cl가 각각 2개씩 붙어 만들어지는 평면 사각형 모양의 분자를 들 수 있다. 이 무기 화합물에서 동일한 2개의 원자단이 서로 인접한 방향으로 배열되는 시스플라틴cisplatin은 고환 종양에 효과가 있는 항암제다. 반면 원자단이 서로 마주 보는 형태로 배열되어 만들어지는 이성질체인 트랜스플라틴transplatin은 분자 자체의 치환 반응이 빠르게 일어나 항암 작용을 하지 못한다.[25] 원자단의 결합 형태는 동일하지만 기하학적 배열이 다른 이러한 종류를 기하 이성질체stereoisomer라고 한다.

파스퇴르가 발견한 거울상 이성질체 역시 널리 알려진 관련 사례가 하나 있다. 20세기 중반 임신부들의 입덧 방지용으로 판매된 '탈리도마이드thalidomide'라는 약품이다. 탈리도마이드의 경우, 분자의 한 형태는 입덧 방지 효과를 보였지만, 거울상 이성질체에 해당하는

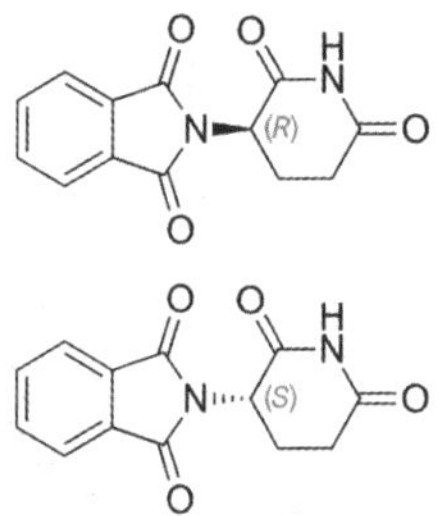

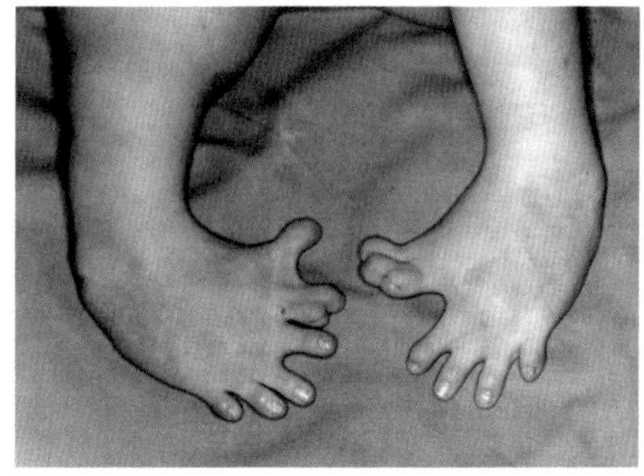

임신부들이 입덧 방지용으로 복용한 탈리도마이드는 이성질 구조에 따라 성질이 다르게 나타났다(왼쪽). R형은 치료 목적에 적합했으나 S형은 혈관 형성을 억제하는 부작용이 있었다.

다른 형태에서는 사지가 없거나 극단적으로 짧은 기형phocomelia을 유발할 수 있음이 드러났다. 그래서 역사상 가장 비극적인 의약품 부작용 사례로 언급되곤 한다.[26]

이후 파스퇴르는 포도에서 주로 발견되는 천연물인 타르타르산으로 결정을 만들어 편광 분석polarimetric analysis을 시행했다. 이 과정에서 타르타르산과 화학적 조성이 동일하지만 편광에서 나타나는 광학적 특성이 다른 물질을 확인했다.[27] 바로 라세미산racemic acid으로 불리는 화합물이다. 이처럼 두 가지 종류의 거울상 이성질체가 동일한 비율로 혼합되어 편광 특성이 상쇄되고 광학 활성이 나타나지 않는 경우를 라세미 변형racemic modification이라고 하며, 현대 화학에서도 이 용어를 사용하고 있다.

타르타르산 소듐 결정과 라세미 암모늄 결정을 확대경으로 직접 들여다본 파스퇴르는 결정의 면이 하나는 왼쪽, 다른 하나는 오른쪽을 향해 있는 것을 관찰하고 돋보기와 핀셋을 이용해 그것들을 분리했다. 분리된 결정을 녹여 용액 상태로 확인한 결과 정반대의 편광

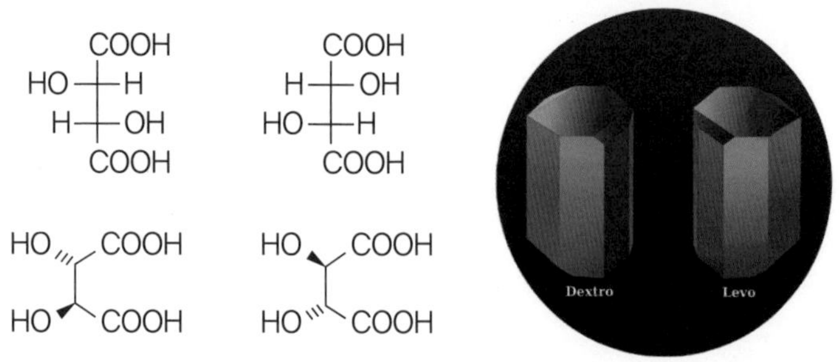

타르타르산은 덱스트로[Dextro: L-(+)-타르타르산, 왼쪽]와 레보[Levo: D-(-)-타르타르산, 가운데] 구조로 나뉜다. 이것들은 다른 방향의 결정 형태를 이루며 편광 특성이 반대로 관찰되었다.

특성이 드러남으로써 거울상 이성질체를 발견해냈다. 이렇듯 파스퇴르는 거울상 이성질체와 라세미 변형을 직접 확인하긴 했으나 이를 화학적으로 설명하지는 못했다.

초기 지구와 생명체의 탄생 과정에서 유기 화합물들은 자연적인 화학반응으로 발생했기에 한 종류의 이성질체가 아닌, 혼합 형태의 라세미 변형으로 존재했을 것이다. 이 중 인간을 비롯한 생명체를 구성하는 종류는 단 하나뿐이며, 그것에 대한 이성질체는 유기체 구성에서 역할을 하지 못한다. 하지만 어떠한 과정을 통해 한 종류의 거울상 이성질체만 생명체 구성과 발달에 선별적으로 사용되는지는 여전히 밝혀지지 않았다.

이렇듯 여러 실험과 발견을 통해 화합물의 공간 배향이 점점 중요해지면서 화학자들의 관심 또한 높아졌다. 이에 원소와 원자, 분자의 체계화는 또 다른 단계로 이동했다. 즉 이미 확인한 화합물들을 기반으로 전자 배치나 특성 등 속성이 비슷한 것끼리 그룹으로 묶는 작업이 필요했던 것이다. 이를 통해 화학반응에 대한 이해도 점점 높아졌다. 결국 유사한 특성을 가지는 원소들에 대한 이해와 접근은 주기율표의 의미와도 연관되었으며, 생기론의 종말과 함께 분리된 유기화학과 무기화학은 다시금 교차점을 가지게 되었다.

제12장

새로운 시대를 여는 문

THE CHRONICL

: 공업화학과 의약화학

O F C H E M I S T R Y

과거 유기 화합물과 무기 화합물은 대부분 추출이나 채굴 뒤 가공 과정을 거쳐 확보할 수 있었다. 이후 화합물의 구조와 원리가 규명됨으로써 본격적인 생산과 활용을 위한 교두보가 마련되었다. 사용할 수 있는 물질의 종류가 늘어난다는 것은 경제, 사회, 보건 등 모든 분야에 급격한 변화가 일어난다는 의미였다. 그에 따른 기술 발전은 당연한 수순이었다. 특히 지역 곳곳에 공급된 전기는 물론, 대서양 횡단 케이블 매설(1866)과 전화 발명(1876), 대서양 횡단 무선통신 보급(1901) 등의 기술은 정보 교류 및 획득을 가속화하고 생활의 편의를 높였다.

이렇게 삶의 질이 향상되면서 사람들은 조금 더 유용한, 아름다운, 그리고 전에 없이 편리한 생활을 추구하기 시작했다. 급기야 카를 프리드리히 벤츠Karl Friedrich Benz, 1844~1929의 가솔린 3륜 자동차(1886)와 존 필립 홀랜드John Philip Holland, 1840~1914의 내연기관 구동 잠수함(1895), 라이트Wright 형제의 동력 비행기(1903)까지 등장했다. 이것들을 만들고 작동하게 한 기반인 전기와 화석 연료는 당시 사람들이 머릿속으로만 상상하던 새로운 시대가 열리는 데 절대적 영향을 미쳤다.

흔하지만 다양한 물질을 얻을 수 있는 연료, 석탄

수목이 무성하던 고생대 석탄기Carboniferous에서부터 중생대에 이르기까지 식물이 매립되고 압력으로 탄화되어 만들어진 고탄소 물질을 석탄coal이라고 한다.[1] 식물이 고사하면 썩거나 부패해 미생물에 의해 분해되는 것이 일반적이지만, 늪이나 퇴적물에 파묻혀 산소가 없는 환경에서 분해되면 석탄이 형성된다. 즉 셀룰로스cellulose와 리그닌lignin 성분의 수목이 두껍게 쌓여 만들어진 식물 섬유층이 점차 화학구조에 포함된 산소와 수소를 배출하면서 단단하게 굳어 고농축 탄소 물질로 변화한 것이다.

증기기관이 발명된 이후 20세기 초까지 천연가스와 석유 등 다양한 연료가 존재했다. 그중에서 가장 흔하게 사용된 것은 매장량이 많아 채굴이 쉽고 가격도 저렴한 화석 연료 석탄이다. 그리고 인류는 석탄을 연료 이외 용도로 사용하는 방법도 알아냈다. 먼저 금속 광석을 환원 방식으로 정련하기 위해 코크스라는 정제된 고탄소 연료를 만들었다. 이때 공기(산소)를 차단한 채 1,000도 이상 고온으로 가열해 저품질 석탄인 점결탄coking coal을 분해하는 건류dry distillation가 화학적 처리 기법으로 사용되었다.[2] 이 경우 코크스 외에도 다양한 물질이 분리되어 나왔다. 분젠이 버너를 개발하는 계기가 된 수소

석탄은 강도, 특성에 따라 유연탄(bituminous coal, 왼쪽)과 무연탄(anthracite, 가운데) 등으로 나뉜다. 석탄을 정제하면 얻을 수 있는 코크스(오른쪽)와 그 부산물인 콜타르는 산업 전반에 사용되어왔다.

(약 50퍼센트)와 메테인(약 30퍼센트)이 주성분인 석탄 가스coal gas, 벤젠을 비롯한 방향족 유기 화합물을 다량 함유한 가스경유gas light oil, 암모니아와 페놀류 화합물을 함유한 가스액gas liquor, 그리고 코크스와 콜타르가 그것이다.

코크스는 철광석에 함유된 삼산화 이철Fe_2O_3로부터 산소를 빼앗아 이산화 탄소 형태로 방출하고 금속 상태의 철도 정련할 수 있어 야금술에서 흔히 사용하는 물질이다. 산소가 없는 환경에서 나무를 탄화시키면 숯이 만들어지는 것과 같이, 석탄을 건류 기법으로 고탄소화시키면 코크스를 얻을 수 있다. 사실상 우리가 떠올리는 연료로서 석탄은 코크스에 가깝다. 퇴적층에서 오랜 세월 화학반응을 통해 탄화된 석탄은 매우 많은 불순물을 함유하고 있다. 그래서 그 자체를 연료로 쓸 경우 독성 기체나 찌꺼기가 다량 발생하기 때문에 코크스로 만들어 사용하는 것이다.

이처럼 코크스는 장점이 많고 쓰임도 다양해 갈수록 수요가 증가했다. 다만, 건류 과정에서 검고 끈적끈적한 점성 액체인 콜타르가 부산물로 얻어진다는 것이 문제였다.[3] 석탄 1톤으로 코크스를 만들면 부산물로 약 30리터 분량의 콜타르가 생성되었다. 초기에는 철도의 받침 용도로 쓰는 침목이 병충해를 당하거나 손상되는 것을 막기 위해 콜타르를 코팅 용도로 사용했다. 또한 지금의 아스팔트(석유 정제 후 생긴 잔여물이기에 유사성이 있다)와 같이 도로 포장용으로 쓰기도 했다.[4] 하지만 코크스의 수요를 고려할 때 콜타르가 너무 많이 만들어졌고, 게다가 대부분 활용되지 못한 채 남아 문제였다.

콜타르로 말라리아 치료제 개발에 나서다

콜레라, 소아마비, 결핵, 흑사병 등 인류에게 위협적인 질병은 역사의 흐름을 바꾸곤 했다. 이에 맞서 의사와 과학자들은 발병 원인과 진행 과정, 약, 치료법 등 여러 방면에서 질병을 파헤쳐 위험도를 낮추거나 질병 자체를 없애고자 노력했다.

예를 들어 학질모기를 통해 플라스모듐속genus *Plasmodium* 원충에 감염되어 발병하는 말라리아는 과거는 물론, 지금까지도 인간에게 위협적인 질병이다.[5] 이 학질모기를 피하기 위해 과거 로마인은 언덕 위에 도시를 세웠다는 이야기도 있다. 지금도 말라리아 방역이나 예방이 어려운 지역을 방문한 이력이 있는 사람은 잠재적으로 발병 위험성이 있는 것으로 판단해 일정 기간 헌혈을 할 수 없다. 다행히 말라리아 치료제는 발명되었다. 남아메리카 지역에 자생하는 꼭두서닛과 식물인 퀴닌quinine나무 혹은 키나kina나무의 껍질에서 추출한 퀴닌이 말라리아 특효약으로 쓰였다.[6] 문제는 키나나무 서식지가

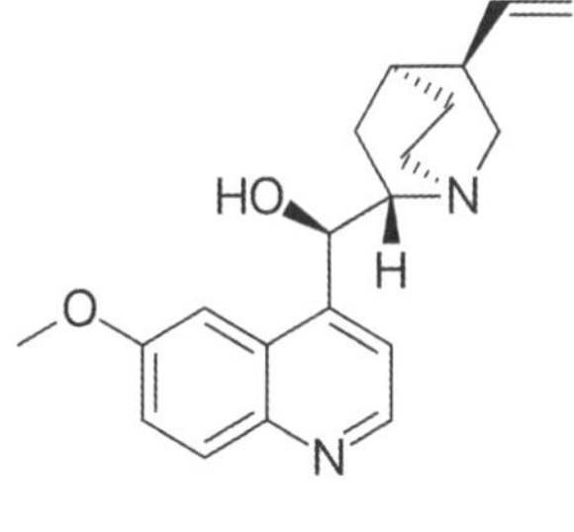

키나나무(왼쪽) 껍질에서 추출하는 퀴닌은 말라리아를 치료하는 특효약이었다.

남아메리카에 한정된 데다, 나무껍질에서 추출해야 해 생산량이 많지 않다는 점이었다.

1845년 영국 런던에 왕립화학대학교Royal College of Chemistry가 설립되었고, 리비히의 제자 아우구스트 빌헬름 폰 호프만August Wilhelm von Hofmann, 1818~1892이 교수진에 합류했다. 당시 호프만은 말라리아 치료제인 퀴닌을 실험실에서 화학적 기법으로 만들어내는 것이 목표였다. 복잡한 유기 화합물을 만드는 과정은 단순히 탄소와 수소, 산소, 질소를 조합하면 끝나는 일이 아니었다. 어렵고 지난한 과정임을 잘 알았던 호프만은 퀴닌과 부분적으로 구조가 유사한 화합물을 연구의 시작점으로 설정했다. 그중에서도 특히 벤젠, 톨루엔toluene, 나프탈렌naphthalene, 안트라센anthracene 등 방향족 유기 화합물을 다수 함유하고 있는 혼합물 콜타르는 과다한 공급과 저렴한 가격, 구조적 유사성 등을 고려할 때 최적의 선택이었다. 1853년 윌리엄 퍼킨은 열다섯 나이에 왕립화학대학교에 입학해 호프만의 조수가 되어 실험에 참여했다. 이들의 만남은 유기화학에 기반한 공업화학과 의약화학이 급속히 발전하는 계기가 되었다.

공업화학 발전을 촉발한 보라색 인공 염료

콜타르로 여러 가지 시도를 해본 퍼킨은 아닐린의 화학반응 실험을 하던 중 비커에 검고 끈적끈적한 찌꺼기가 달라붙은 것을 봤다. 다음 실험을 위해 그것을 알코올로 세척하는데, 검은 찌꺼기가 보라색 용액으로 풀어지는 현상이 일어났다.[7] 다양한 염료 중에서도 특히 보라색은 수만 마리의 뿔고둥에서 극소량만 추출할 수 있는 색상이기에 고가 물품에만 쓰였다. 과거부터 로열 퍼플royal purple로 불리며 왕가의 상징으로 사용되어온 보라색을 인공적으로 만들어낼 수 있다는 것은 그만큼 매력적이고 획기적인 일이었다. 퍼킨은 그 즉시 최초의 보라색 인공 염료의 가치를 알아차렸으며, 열여덟 살에 관련 특허를 신청했다. 당시 미성년자의 특허 신청은 유례가 없는 일이라 특허청도 퍼킨의 특허를 검증하고 승인하기 위해 제도를 대폭 바꾼 것으로 전해진다.

그의 지도교수인 호프만은 염료 관련 사업에 관심을 보이는 퍼킨을 이해하지 못했으며, 여전히 말라리아 치료제 개발만이 가치 있는 일이라고 설득했다. 하지만 퍼킨은 특허 출원 후 학교를 그만두고 가족과 함께 합성염료 생산 사업에 본격적으로 뛰어들었다. 프랑스 들판에 흐드러지게 핀 보라색 들꽃 모브mauve에서 따와 모베인mauveine, 혹은 아닐린 퍼플aniline purple이라는 이름으로 불린 퍼킨의 보라색 염료Perkin's mauve는 기존에 사용하던 천연염료와 달리 햇빛에 장시간 노출되어도 색이 바래거나 탈색되지 않았으며 매우 선명하고 아름다워 인기를 누렸다.[8]

이후 퍼킨의 지도교수 호프만도 염료 연구의 가치와 가능성을 인식해 '호프만의 바이올렛Hofmann's violet'이라는 보랏빛 인공 염료를 만드는 등 인공 염료 산업이 급격히 발전하기 시작했다. 프랑스 화학자 프랑수아 에마뉘엘 베르갱François-Emmanuel Verguin, 1814~1864은 1859년 이탈리아 마젠타 마을에서 프랑스가 오스트리아를 상대로 승리한 것을 기념하고자 마젠타magenta라는 적색 염료를 만들어 특허를 냈다. 마찬가지로 독일 유기화학자 요한 프리드리히 빌헬름 아돌프 폰 베이어Johann Friedrich Wilhelm Adolf von Baeyer, 1835~1917 역시 남색의 인공 염료 인디고indigo를 개발했다. 이후 독일 인공 염료 산업은 급속도로 성장

영국 런던 왕립화학대학교에 입학해 아우구스트 폰 호프만의 실험에 조수로 참여한 윌리엄 헨리 퍼킨은 들꽃 모브의 색을 닮은 보라색 인공 염료를 만들어 공업화학 시대를 열었다. 초상화 속 퍼킨은 보라색 염료 모베인으로 염색한 옷감을 손에 들고 있다.

했고,[9] 이를 바탕으로 화학을 산업적으로 응용한 공업화학이 발달하기 시작했다. 그리고 공업화학은 산업과 경제 부문의 극적인 발전을 이끌었다. 이와 반대로 기존 천연염료 산업은 큰 타격을 입고 말았다. 모베인이 생산되기 전까지 거의 모든 염료는 천연물로부터 유래했으며, 천연물은 유럽 지역에 자생하지 않기 때문에 인도에서 생산되는 인디고와 같이 타국에서 수입해야 했다. 하지만 이제 인공 염료가 개발되자 관련 산업이 피해를 볼 수밖에 없었다.

퍼킨이 모베인을 개발한 이후 독일 화학 회사 바스프BASF가 인공 염료 시장을 독점했다. 바스프는 'Badische Anilin und Soda Fabrik(바덴 아닐린 및 소다 공업회사)'의 약자로, 콜타르에서 분리한 최초의 염료 재료인 아닐린과 염료 생산을 위한 소다의 합성을 주 목적으로 하는 기업이었다. 바스프의 연구 책임자는 하인리히 카로 Heinrich Caro, 1834~1910였다. 그는 붉은빛 염료 알리자린alizarin, 광촉매 연구와 용종 주위 점막 염색, 말라리아 치료에 활용할 수 있는 푸른빛 염료 메틸렌 블루methylene blue, 그리고 생명과학과 의학 분야에서 조직 염색에 사용하는 에오신eosin 염료를 만들어냈다. 한마디로 그는 19세기 후반 인공 염료를 바탕으로 공업화학의 발전을 견인한 장본인이다.[10]

그런데 사람들은 퍼킨이 모베인을 우연히 개발해 그 가치에 주목했다는 점에만 초점을 맞추는 터라 그의 연구 활동에 대해서는 별 관심을 두지 않곤 한다. 그에게서 시작된 유기화학 및 공업화학의 폭발적 발전과 관련해서는 이름만 잠깐 언급될 뿐이다. 하지만 사실 퍼킨은 서른일곱 살에 모베인 특허를 독일에 매각한 후 대학에서 유

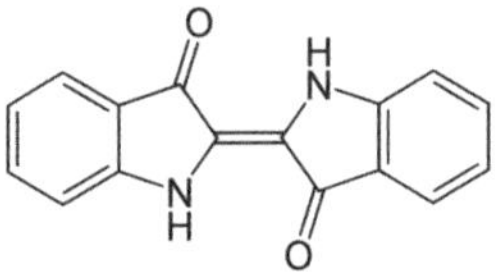

인디고

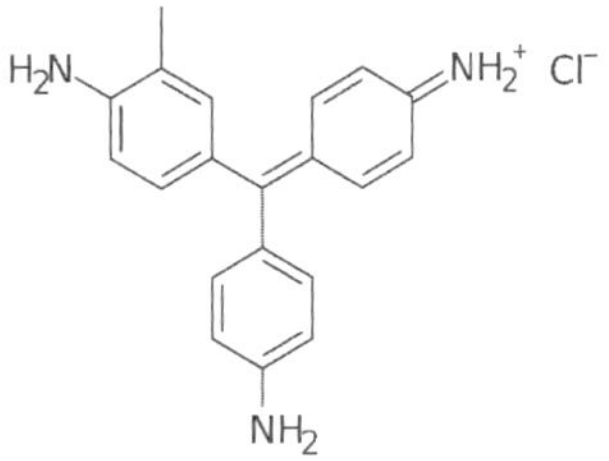

마젠타

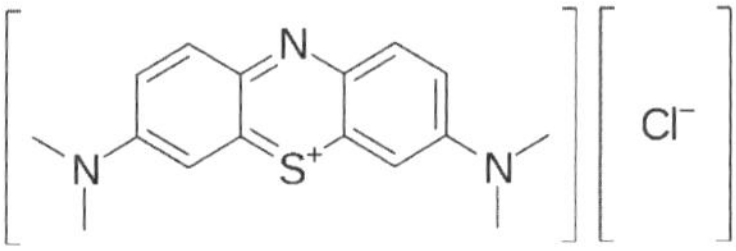

메틸렌 블루

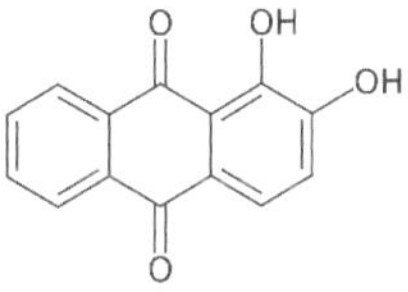

알리자린

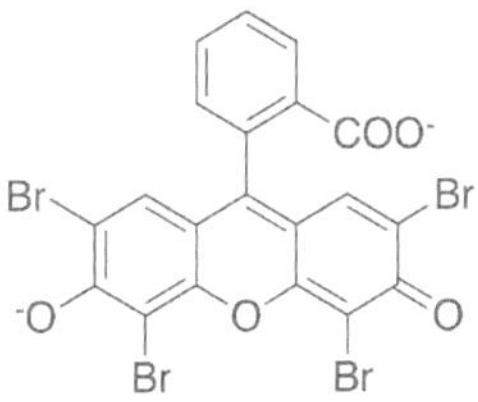

에오신

인디고, 마젠타, 메틸렌 블루, 알리자린, 에오신 등은 인공 염료 연구 초기부터 현재까지 사용되고 있는 물질이다. 특유의 색상은 각 유기 화합물의 구조로부터 유래한다.

기화학 연구를 이어갔다. 특히 합성 유기화학 분야에서 본격적으로 활약했다. 다른 인공 염료를 꾸준히 만들어낸 것은 물론, 향수 등 여러 방면에서 사용되는 천연 유기 화합물 쿠마린coumarin의 합성법도 개발했다.[11]

이제 화학자들은 합성이라는 과정을 통해 비교적 간단하게 유기 및 무기 화합물을 만들어낼 수 있었다. 그리고 조금 더 복잡한 화학 구조에 관심을 가지기 시작했다. 이는 곧 생명 반응을 구성하는 물질들에 대한 화학적 재현과 해석이 중심을 이루는 생화학 분야의 탄생을 재촉했다.

생명에 대한 이해 이상의 의미, 생화학

인간의 몸을 특정 성질을 가진 요소들로 구분하던 4체액론부터 인간 존재 자체에 대한 고찰까지, 생명에 관한 철학적 혹은 종교적 해석은 하나의 영역을 공고히 구축해왔다. 생명체를 직간접적으로 치료하는 의약 및 의학 분야 역시 경험적 과정을 통해 지식과 기술을 축적하면서 발전했다. 그 과정에서 의화학 형태로 연금술적 해석을 도입한 학문이 한 시대를 주도한 적도 있다. 하지만 현재 우리에게 어느 정도 익숙한 용어인 생화학, 즉 생명 현상과 반응을 화학적으로 이해하고 조절하는 학문은 20세기 초반이 되어서야 등장했다. 이에 비해 천연물 관련 연구는 언제나 이어져왔다. 천연물을 분리하고 확인하며 합성하는 기술이 도입됨으로써 화학 연구도 본격적으로 이루어질 수 있었다. 그 시작은 인공 염료인 인디고를 만들어낸 바이어의 제자이자 후에 두 번째 노벨 화학상 수상자가 되는 천연물 식별 전문가 헤르만 에밀 피셔Hermann Emil Fischer, 1852~1919다.

두 번째 노벨 화학상 수상자 헤르만 에밀 피셔

생체계에 존재하면서 생명 활동에 직접적으로 관여하는 물질을 생분자biomolecules라고 한다. 생분자는 탄수화물, 단백질, 지질, 핵산 등 네 종류로 구분된다. 보편적으로 탄수화물과 단백질, 지질은 섭취와 연소를 통해 생체 활동을 위한 에너지원으로 쓰이고, 디옥시리보핵산DNA과 리보핵산RNA으로 대표되는 핵산은 세포 분열을 비롯한 생체 반응의 핵심 요소로 작용하는 것으로 간주된다. 하지만 생분자는 단순히 한두 가지 기능만 가지는 것이 아니다. 생체 내 화학반응을 효율적으로 가속하는 효소로 쓰이는 단백질,[12] 세포의 상호작용이나 신호 체계에 관여하는 탄수화물, 호르몬으로 작용하는 지질 등 복잡하고 고차원적인 기능들 역시 포함하고 있다.[13] 결국 생분자의 종류와 구조, 특징을 규명하는 일은 생체 내 유기 화합물의 구조를 밝히는 것 이상의 의미가 있다. 그리고 그것들에 관한 사실이 하나씩 밝혀질수록 생화학의 중요성 역시 점점 커졌다는 점은 의심의 여지가 없다.

식물에서 분리되어 발견된 포도당, 과당, 갈락토오스 같은 당 분자는 흔히 단당류monosaccharide라고 불리는 가장 간단한 당분 형태다. 2개의 단당 분자가 화학결합을 통해 연결되면 설탕이나 젖당 같은

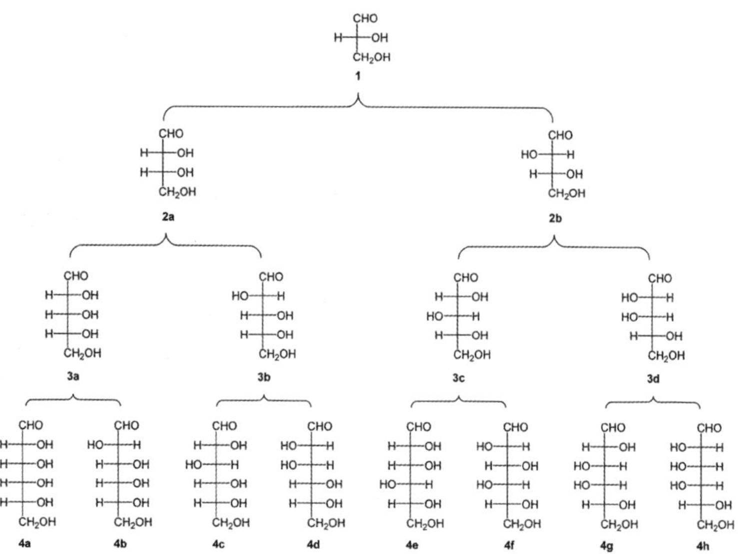

하나의 당 분자인 단당류는 탄소 개수와 입체적 배향에 따라 종류가 구분된다. 탄소 6개가 뼈대를 이루는 6탄당(맨 아랫줄)의 경우 왼쪽(4a)부터 오른쪽(4h)까지 알로오스(allose), 알트로오스(altrose), 글루코스(glucose: 포도당), 만노오스(mannose), 굴로오스(gulose), 이도오스(idose), 갈락토오스(galatose), 탈로오스(talose)로 불린다.

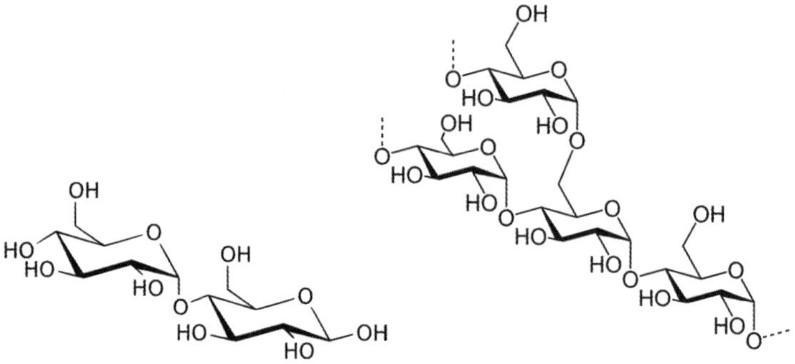

수크로스(sucrose: 설탕), 말토오스(maltose: 엿당, 왼쪽) 등 당 분자 2개가 결합해 만들어진 것이 이당류다. 당 분자 3개 이상이 결합한 물질은 올리고당이라고 하며, 매우 많은 당 분자가 결합하면 다당류라고 부른다. 이것들은 모두 탄수화물이다.

이당류disaccharide가 형성된다. 더 많은 개수의 분자가 연결되면 올리고당oligosaccharide과 다당류polysaccharide로 구분되는 당 분자가 만들어진다. 초기 단당류 연구에서 중요한 사실은 동일한 탄소 개수를 가지는 단당류 분자들은 구성 원소의 종류와 개수를 명시한 분자식이 모두 같은 이성질 관계라는 점이었다. 이것들은 흔히 탄수화물로 불리는데, 당시 '물 분자로 둘러싸인水化 탄소炭'라고 생각했기 때문이다. 예를 들어 가장 친숙한 당 분자인 포도당의 분자식은 $C_6H_{12}O_6$이며, 달리 표현하면 $C_6(H_2O)_6$로 쓸 수 있다.[14]

피셔는 페닐하이드라진phenylhydrazine이라는 방향족 유기 화합물을 활용해 '피셔 인돌 합성Fischer indole synthesis'이라는 고리 형성 화학반응을 고안했다.[15] 이렇게 만들어진 화합물은 푸린purine이라는 구조로, 핵산에 포함된 염기의 핵심 구조 가운데 하나다. 하지만 이보다 중요한 발견은 피셔의 페닐하이드라진이 당과 화학반응해 오사존osazones으로 불리는 새로운 물질을 만들어냈고, 이로부터 탄수화물을 식별하는 것이 가능해졌다는 점이다. 또한 미생물인 효모의 소화 과정을 관찰한 결과, 판트호프의 입체 탄소 구조로부터 유래하는 단당류 이성질체 중 일부만 소화되고 나머지는 그대로 남아 있다는 사실을 확인했다. 이는 당 종류를 구분하는 데 추가적인 정보를 주었다. 이어서 피셔는 또 다른 생분자인 단백질에 대해서도 중요한 발견을 이어갔다. 특히 자신과 결합할 수 있는 특정 기질만을 대상으로 효과적인 반응 속도 증가를 보이는 생체 촉매인 효소의 구동 원리를 일부 밝혀냈다. 그는 이와 같은 효소와 기질 사이의 적합성을 자물쇠와 열쇠에 비유했는데, 그것이 바로 '자물쇠와 열쇠the lock and key' 모

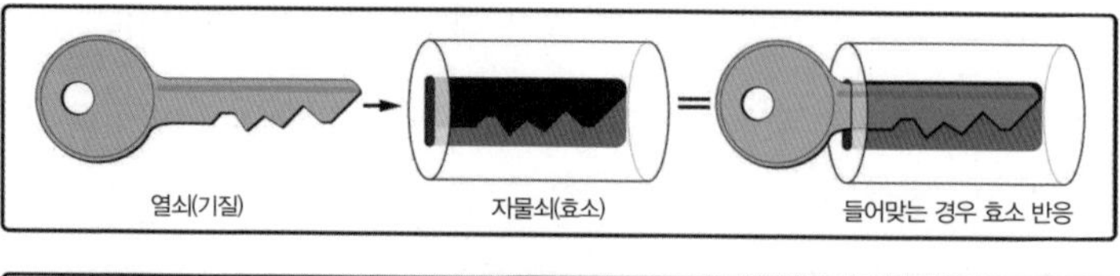

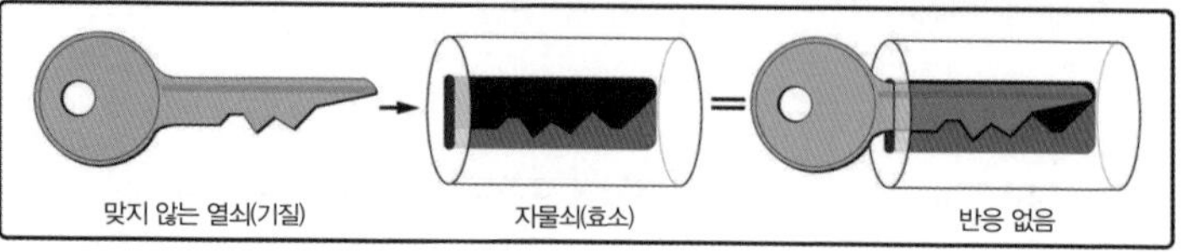

효소 기작 중 하나인 피셔의 '자물쇠와 열쇠' 모델

델이다.[16]

단백질을 구성하는 기본 단위인 아미노산amino acid에 대한 연구 역시 19세기에 활발하게 진행되었다. 아미노산의 한 종류로 황을 포함하고 있는 시스테인cysteine이 방광에 있는 요로 결석에서 처음 분리되었고, 고단백 식품인 치즈로부터 류신leucine이 발견되었다. 이후 단백질이 조금 더 작은 구성 단위인 아미노산의 화학결합으로 이루어졌다는 사실에 주목해, 다양한 단백질을 작게 분해한 뒤 개별적인 구성 요소들을 확인하려는 시도가 이어졌다. 하지만 당시에는 농축된 수산화 소듐이나 황산을 넣어 끓이는 극단적 방법이 화학반응에 주로 사용되었다. 이에 티로신tyrosine이나 글루탐산glutamic acid 같은 매우 안정적인 아미노산 몇 종을 제외하고는 파괴되어 확인이 불가능했다.

피셔는 단백질을 구성하는 아미노산들이 아미드amide 결합으로 이루어졌다는 사실을 추론했다. 그리고 화학반응을 통해 아미노산들이 긴 사슬 형태를 이루는 합성반응을 구현함으로써 18개의 아미노산 사슬인 펩타이드peptide를 만들어냈다.[17] 이 펩타이드를 천연 단백질 분해 효소를 이용해 다시금 아미노산으로 나누는 방법 역시 발명했다. 이러한 당류 및 퓨린 작용기 물질에 대한 연구 성과로 피셔는 1902년 제2회 노벨 화학상 수상자로 선정되는 영예를 거머쥐었다.[18]

생분자의 식별과 분리, 정제 같은 화학적 기법들이 발명되어 도입된 이후 화학자들은 더욱 중요하고 가치 있는 약효성 천연물을 합성하려는 시도에 착수했다. 말라리아 치료제인 퀴닌 형성을 목표로 시작된 공업 유기화학의 연장선이었지만, 여전히 퀴닌은 간단하게 만들어지지 않았다. 그 대신 고대부터 사용되어온 가장 오래된 민간 해열·소염진통제이자 혈전 예방제인 아스피린을 시험관에서 합성하는 데 성공했다.

의약화학의 성과, 아스피린

살리실산salicylic acid으로 통용되는 약효성 유기 화합물은 버드나무 껍질에서 추출되어왔다. 고대 이집트 에베르스 파피루스Ebers papyrus에 관련 기록이 남아 있으며, 고대 그리스 시대에도 의학의 아버지 히포크라테스가 해열 목적으로 사용한 것으로 전해진다. 이후에도 가장 오래되고 신뢰성 있는 치료제로 쓰였으며,[19] 화학 발달에 힘입어 물질의 특징과 대략적인 구조 및 조성이 알려지기 시작했다.

18세기에는 쓴맛이 나는 노란색 결정으로 분리되어 제제로 사용되었다. 흰 버드나무의 라틴어명 살릭스 알바Salix alba에서 유래해 살리신salicin으로 불리던, 당분과의 결합 분자 형태였다. 살리신에서 당 분자를 제거해 카복실산carboxylic acid 작용기로 대체한 물질이 바로 살리실산인데, 1860년 독일 유기화학자 헤르만 콜베Hermann Kolbe, 1818~1884가 페놀과 이산화 탄소, 수산화 소듐의 반응을 통해 염 형태로 발견했다. 살리실산은 기존 버드나무 껍질 추출물인 살리신에 비해 효과는 개선되었으나 산 형태로 복용해야 해 시고 쓸 뿐 아니라 위장에 부담이 생기곤 했다.

이후 펠릭스 호프만이 살리실산의 알코올 작용기를 아세틸로 치환한 것이 아세틸살리실산acetylsalicylic acid으로, 지금의 아스피린이다. 초기 살리신이 버드나무 껍질에서 추출된 데 반해, 아세틸살리신산은 장밋과 식물 메도스위트Meadowsweet로부터 합성되었다. 이에 메도스위트의 옛 학명인 스피라에아 울마리아*Spiraea ulmaria*에서 아스피린aspirin이라는 명칭이 유래했다. 아세틸살리실산은 자극적인 산성도가 감소해 복용 시 부담이 적었고, 소수성 구조의 증가로 체내 흡

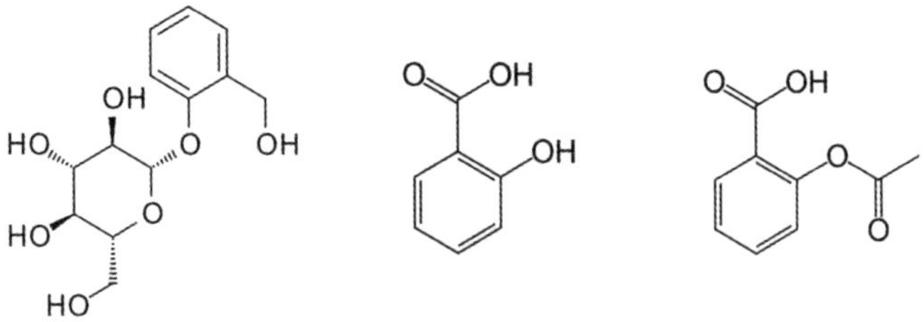

살리신(왼쪽)은 헤르만 콜베의 화학반응을 통해 결정 형태의 염으로 제조할 수 있는 살리실산(가운데)으로 개량되었다. 이후 펠릭스 호프만이 아세틸로 치환해 부작용을 줄인 것이 아세틸살리실산(오른쪽)으로, 현재 출시되고 있는 아스피린이다.

수율이 개선되는 등 여러 장점을 보였다.[20] 아세틸살리실산을 합성해낸 호프만은 당시 독일 염료 및 화학제품 회사 바이엘Bayer에 재직 중이었다. 이곳에서 그는 모르핀의 아세틸 화합물인 다이아모르핀diamorphine의 합성반응을 통해 '헤로인Heroin'이라는 진통제를 만들어내는 등 성과를 쌓았다.

'마법의 탄환'을 쏜 미생물과 화학의 융합

편광을 통해 천연 유기 화합물의 입체적 특성을 확인한 파스퇴르는 뛰어난 유기화학자였다. 하지만 우리는 대부분 그를 미생물 관련 연구에서 업적을 달성한 인물로 알고 있다. 포도의 발효 부산물인 타르타르산을 매개체로 라세미 변형을 제안한 파스퇴르는 단순히 발효로 얻어진 유기 화합물만이 아니라 발효 과정 자체에도 관심이 많았다. 발효는 술, 빵, 요구르트 등을 만들어내는 화학반응으로 식생활 전반에 큰 영향을 끼쳐왔다. 이 발효를 일으키는 것이 효모yeast라는 사실은 이미 오래전부터 알려져 있었지만 그 진행 방식은 여전히 이해가 되지 않았다.

네덜란드 과학자 안톤 판 레이우엔훅Anton van Leeuwenhoek, 1632~1723은 최초로 현미경을 발명한 후 미생물을 관찰했다. 그 미생물이 효모라는 사실을 아직 몰랐던 그는 효모를 육안으로는 식별이 어려워 현미경을 이용해 볼 수 있는 미소동물animalcule의 한 종류로 분류했다. 이후 베르셀리우스는 이 미생물이 특정한 화학반응을 빠르게 일으킨다는 점을 기반으로 생명체가 아닌 일종의 촉매라고 단정 지었다.

효모의 생명체 여부에 관한 논쟁을 종결지은 과학자가 바로 파스퇴르다. 발효가 진행되는 동안 효모가 증가한다는 사실을 확인한 그는 성장과 분열은 살아 있는 존재에서만 일어난다는 공리에 기반해 효모를 생명체로 규정했다. 그리고 효모가 자연적으로 발생해 발효가 이루어지는 것인지를 확인하기 위해 가열과 저온살균pasteurization 기법으로 밀봉 실험을 설계했다.[21] 입구가 좁은 백조목swan-neck 플라스크를 사용해 가열과 밀봉에 따라 미생물이 발생하는지, 발효가 일어나는지 여부를 체계적으로 분석한 것이다. 이 실험 결과를 통해 모든 생물은 자연 발생하지 않으며 이미 존재한 부모로부터 탄생하는 것이라는 생물속생설biogenesis이 확립되었다.

파스퇴르의 연구 성과와 기여는 화학 분야에만 국한되지 않았다. 그가 효모를 발견한 이후 발효를 효율적으로 활용할 수 있게 되면서 관련 산업의 규모가 커졌을 뿐 아니라, 특히 저온살균 기법은 영양소 파괴나 변질 없이 안전하게 식품을 유지시키는 방법으로 알려져 다양한 분야에 널리 도입되었다.[22]

발효를 매개로 미생물의 존재와 기능이 점차 밝혀지자 그것과는 반대로 위험성과 함께 예방이나 박멸 역시 새로운 관심 주제로 떠올랐다. 영국 외과의사이자 제1대 리스터 남작 조지프 리스터Joseph Lister, 1st Baron Lister, 1827~1912는 카볼릭산(페놀)을 수술 부위에 분사해 세균을 비롯한 미생물들을 사멸하는 소독제antiseptic를 개발했다.[23] 영국 의사 에드워드 제너Edward Jenner, 1749~1823는 젖소의 우두병변에서 얻은 고름을 사람에게 접종(우두접종)하면 바이러스 감염에 의한 급

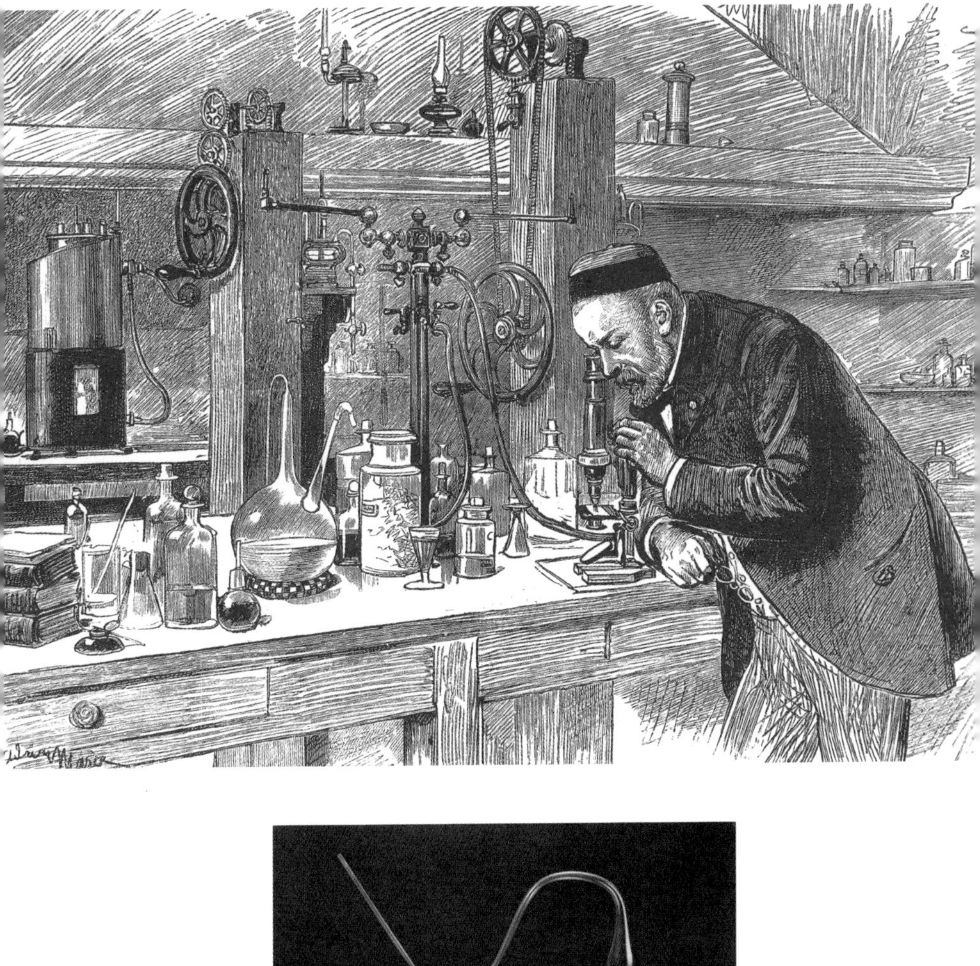

미생물을 관찰하고 있는 파스퇴르(위)와 그의 연구에서 가장 중요한 역할을 한 백조목 플라스크

성 발진성 질환인 천연두small pox에 대해 면역력을 획득할 수 있다는 사실을 과학적으로 증명했다. 이로써 천연두 백신이 만들어졌다. 이 결과들은 파스퇴르의 백신 개발에 큰 영향을 미쳤다. 파스퇴르는 닭 콜레라 및 광견병 백신, 그리고 양을 비롯한 여러 가축의 탄저병anthrax 백신을 개발해 명성을 얻었다.[24] 이후 대중이 미생물의 존재와 위험성을 인식하게 되면서 비누와 소독약 수요까지 덩달아 증가했다.

미생물과 의약, 화학의 융합은 '화학요법chemotherapy'과 '마법의 탄환magic bullet(특정 질병에 빠른 효과를 보이는 치료법)'이라는 용어를 처음 만들어낸 독일 의학자이자 세균학자 파울 에를리히Paul Ehrlich, 1854~1915에 의해 완성되었다. 의사 교육을 받던 에를리히는 미생물을 조금 더 쉽게 관찰하기 위해 염색 기법들을 개발했다. 특히 퍼킨이 발명

파울 에를리히는 화학요법의 창시자로 여겨진다.

해 공업화학의 문을 연 콜타르를 기반으로 사촌 카를 바이게르트Karl Weigert, 1845~1904와 함께 진단 목적의 세균 염색을 위한 유기 아닐린 인공 염료를 만들어냈다. 이로써 백혈구와 적혈구를 비롯해 수많은 세포를 다양한 염료로 염색해 구별할 수 있게 되었다. 혈액학Hematology이 탄생한 순간이었다.[25]

그런데 에를리히는 연구 도중 인공 염료의 일부 유기 화합물이 미생물을 죽이는 현상을 발견했다. 화합물이 선택적으로 미생물에 달라붙는 이유와 그 기능을 확인하고자 그는 다양한 염료 분자를 합성하고 처리하는 실험에 돌입했다. 무려 500종에 달하는 염료를 하나씩 테스트한 결과 1904년 트리판 레드trypan red, $C_{32}H_{19}N_6Na_5O_{15}S_5$로 쥐의 기생충을 치료하는 데 성공했으며, 이는 곧 에를리히가 화학물질을 치료제로 사용하는 화학요법의 가능성에 주목하는 계기가 되었다.

에를리히는 체체파리에 의해 전파되는 수면병을 치료하겠다는 목표 아래 아톡실atoxyl로도 불리던 비소 화합물 아르사닐산arsanilic acid, $C_6H_8AsNO_3$을 화학요법의 시작으로 삼았다. 아톡실 자체로는 임상시험에서 큰 효과를 보지 못했다. 그래서 그는 구조를 바꾸어가며 염료를 합성했던 것과 같이, 비소 화합물 구조를 조금씩 바꾸면서 치료 효과를 확인했으며, 2년간 도전한 끝에 결국 606번째 화합물에서 수면병을 고치는 완전한 화학요법을 찾아냈다. 이후 에를리히는 한 논문에서 매독을 유발하는 나선상 세균 스피로헤타spirochete가 발견되었고 이것이 수면병과 유사하다는 내용을 접했다. 이에 화합물 606호를 활용해 매독균 치료에 도전했고 성과를 거두었다.[26] 얼마 후 화합물 606호인 아르스페나민arsphenamine, $C_{12}H_{12}As_2N_2O_2$은 라틴어로

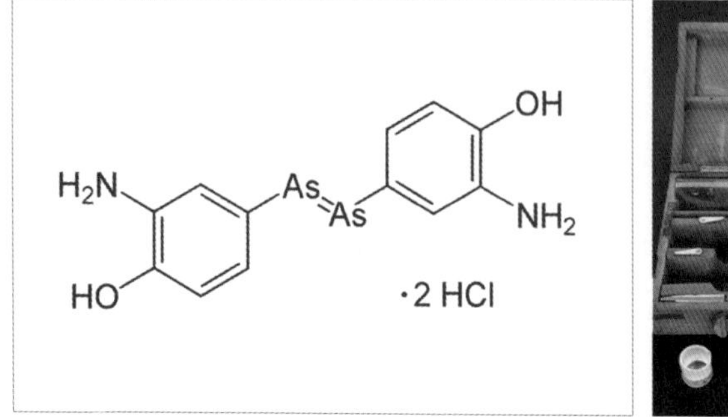

나선상세균을 효과적으로 사멸시키는 '살바르산'(왼쪽)은 마법의 탄환으로 불리며 화학요법 시대를 열었고, 당시 살바르산 투여 도구까지 등장했다.

'구원하다'라는 의미의 살바레salvare와 '비소'를 뜻하는 아서닉arsenic을 합친 '살바르산Salvarsan'이라는 상품명을 달고 세상에 나왔다.[27] 1500년대 파라켈수스가 수은 독성을 이용해 치료한 이후 처음으로 효과적인 매독 치료제가 등장한 것이다.

수은과 비소의 독성은 적절하게 활용하면 분명 치료에 도움이 되었다. 하지만 주기율표 아래쪽에 주로 위치하는 비소, 납, 수은, 카드뮴, 크로뮴 같은 중금속은 문제를 유발하는 경우가 더 흔했다. 이런 위험 물질이 인체에 직접적으로 영향을 미칠 수 있는 식품이나 화장품에서도 검출되었는데, 예를 들어 납이나 크로뮴이 들어간 색소를 식품에 사용하는 식이었다. 중금속이 유발하는 중독 현상이나 부작용은 화학과 독성학에 관한 지식수준이 높아짐에 따라 더 큰 우려를 낳았다. 일반인들까지 일상용품 속 독성 물질에 점점 관심을 보이기 시작했고, 이는 침체된 분석화학의 부흥을 촉진했다.

'죽음의 상인'이 만든 다이너마이트와 노벨상

화약의 영향력과 유용성은 냉병기 시대가 끝난 후에도 계속해서 화학 기술 발전의 원동력이 되었다. 특히 더욱 강력하고 안전한 폭발물을 개발하려는 공업화학 분야의 연구는 19세기 말까지 변화를 거듭했다. 질산 포타슘KNO_3에서 시작된 흑색 화약은 라부아지에와 베르톨레에 의해 염소산 포타슘$KClO_3$으로 발전했고, 이후 리비히의 동료 연구자인 이탈리아 화학자 아스카니오 소브레로Ascanio Sobrero, 1812~1888가 글리세롤과 황산, 질산의 혼합반응으로부터 나이트로글리세린nitroglycerine을 만들어내면서 폭발성 유기 화합물의 발명이 이어졌다.[28] 호프만의 또 다른 제자 프레데릭 오거스터스 아벨 경Sir Frederick Augustus Abel, 1827~1902은 나이트로셀룰로스nitrocellulose를 이용해 총포용 화약이자 무연 분말로 불리던 코르다이트cordite를 개발했다. 이것들의 장단점은 더욱 효율적인 화약의 개발을 부추겼다.

스톡홀름에서 발명가 임마누엘 노벨Immanuel Nobel의 셋째 아들로 태어난 알프레드 베른하르드 노벨Alfred Bernhard Nobel, 1833~1896은 아벨이 개발한 무연 분말의 안정성, 그리고 나이트로글리세린의 강력한 폭발력과 잠재력을 모두 갖춘 새로운 종류의 화약을 만들기로 결심했다. 그는 카를스루에 회의에 참석했던 러시아 유기화학자 니콜라이 니콜라예비치 지닌으로부터 화학을 배웠으며, 이후 소브레로와 만나면서 나이트로글리세린을 접했다.[29]

나이트로글리세린은 분명 폭발력이 강한 새로운 물질이었지만, 발명 당사자인 소브레로조차 사용을 반대했다. 열이나 압력에 민감해 쉽게 폭발하는 데다, 폭발을 예측하기도 어려워 활용에 한계가 있었기 때문이다. 실제로 노벨이 관련 연구를 하는 과정에서 막냇동생과 조수 4명이 폭발 사고로 사망하기도 했다. 하지만 노벨은 나이트로글리세린의 안전한 활용법을 찾는 노력을 멈추지 않았다. 이후 널리 알려진 바와 같이 톱밥이나 규조토에 흡수시킨 형태로 열과 압력에 대한 안정성이 확보된 폭발 물질을 발명했고, 이 폭발 물질에 '힘' 또는 '능력'을 뜻하는 그리스어 디나미스dunamis, δύναμις에서 따와 '다이너마이트Dynamite'라는 이름을 붙인 뒤 특허 등록까지 마쳤다.

다이너마이트 이후 노벨의 연구와 발명에 대해서는 자주 언급되지 않지만, 그는 뇌산 수은mercury fulminate을 주재료로 해 다이너마이트를 안전하게 폭발시키는 데 필요한 기폭 장치를 개발하고 특허 등록을 했다. 이후 노벨의 다이너마이트는 광산업 분야에서 필수 장비가 되었다.[30] 이를 통해 막대한 부를 축적한 노벨은 사망하기 1년 전 재산을 헌납한 후 물리학, 화학, 생리학·의학, 문학, 평화 등 5개 부문(1969년 경제학 부문 추가)에서 인류에 크게 공헌한 사람을 각각 선정해 상을 수여하라는 유언장을 남겼다. 이후 노벨재단Nobel Foundation이 설립되었고, 1901년부터 매년 인류 복지에 공헌한 사람이나 단체에 상을 수여하고 있다. 그만큼 노벨의 이름은 지금까지도 전 세계인에게 익숙할 뿐 아니라, 상의 의미도 남다르다고 할 수 있다.

그런데 그가 노벨상과 노벨재단 설립을 추진한 이유는 형 루드비그 임마누엘 노벨Ludvig Immanuel Nobel의 사망에서 비롯된 해프닝 때문이었다. 사망 소식을 접한 신문사들은 알프레드 노벨이 죽은 것으로

알프레드 노벨(왼쪽)은 자산 대부분을 기부해 노벨상과 노벨재단을 만들었다. 이후 화학 역사는 노벨상을 통해 흐름을 이해할 수 있게 되었다.

오해하고 부고 기사를 서둘러 인쇄해 발행했다. 거기에는 산업 분야에서 거둔 성공과 기여는 무시한 채 전쟁용 폭발물을 만든 '죽음의 상인'이라는 모욕적인 기사만 가득했다. 이 기사들을 본 노벨은 자신이 죽은 후 모두가 자신을 부정적으로 기억할 것이라는 사실을 깨닫고 자산의 94퍼센트에 해당하는 약 3,100만 크로나Krona(스웨덴 화폐 단위)를 노벨재단 자금으로 할당했다. 이는 현시점으로 약 17억 200만 크로나(약 2,244억 원)에 해당하는 금액으로, 매년 노벨상 수상자에게 수여하는 상금과 메달 비용으로 사용되고 있다.

모든 흐름을 바꾸어놓은 제1차 세계대전

근현대 인류사에서 가장 큰 비극은 세계대전일 것이다. 1914년 발발한 제1차 세계대전은 증기기관, 전기, 산업혁명으로 촉발된 급격한 인구 증가가 근본 원인이었다. 인구가 급증하자 물품 수요가 증가했고, 이는 필연적으로 생산량 증대를 요구했다. 노동력은 자동화된 기계와 동력으로 어느 정도 해결했지만, 시간이 갈수록 원재료 공급원과 판매를 위한 시장을 확보하는 것이 중요해졌다. 이는 자연스럽게 제국주의 시대의 개막을 앞당겼다. 특히 공업과 화학물질, 염료 등 과학 기술 분야 전반에서 주도적 역할을 하던 독일은 본격적으로 제국주의를 표방하고 나섰다.

제1차 세계대전은 군인, 민간인 가리지 않고 큰 피해를 초래했는데, 화학자들도 예외가 아니었다.[31] 가장 대표적인 예로 노벨 화학상 수상자 피셔를 들 수 있다. 그는 학문적으로 성공한 삶을 살았으나, 제1차 세계대전으로 3명의 아들 중 둘이 세상을 떠났고, 본인도 암 투병으로 육체적·정신적으로 고통받다 자살했다.

세계대전 당시 영국군은 독일 잠수함이 해상 무역을 봉쇄하는 바람에 화약 제조에 필요한 질산염 퇴적물(초석)을 칠레로부터 들여올 수 없어 전황이 점점 불리한 방향으로 흘러갔다. 그나마 아벨이 개발한 무연 분말 폭약으로 버텼는데, 이것도 얼마나 갈지 장담할 수 없었다. 무연 분말을 만들려면 나이트로셀룰로스를 합성해야 하고, 이때 반드시 필요한 화합물 중 하나가 아세톤acetone이었다. 하지만 전쟁 중이라 다른 물품들과 마찬가지로 아세톤도 수급이 원활하지 않았다. 이 문제는 유대인 화학자 차임 아즈리엘 바이츠만Chaim Azriel Weizmann, 1874~1952의 화학적 접근을 통해 해결할 수 있었다.

러시아 분리 유대인 공동체의 이민자였던 바이츠만은 퍼킨에게 화학적 재능을 인정받아 제자로 교육받은 후 영국에 정착했다. 당시 그는 또 다른 전시 물자이자 생활 물자인 고무를 인공적으로 합성하는 방법을 찾기 위해 설탕을 원료로 미생물 화학반응을 실험하고 있었다. 그러던 중 우연히 클로스트리디아clostridia라는 세균이 설탕이나 포도당을 아세톤으로 발효시킬 수 있다는 사실을 발견했다. 흔히 아세톤-뷰탄올-에탄올 발효acetone-butanol-ethanol fermentation로 불리는 다단계 과정을 통해 녹말이나 설탕, 혹은 포도당으로부터 세 종류의 유기 용매가 합성될 수 있었다. 이 미생물은 클로스트리디움 아세토부틸리쿰Clostridium acetobutylicum으로 명명되었다.[32] 이후 제1차 세계대전이 끝나고 바이츠만은 팔레스타인 지역에 유대인 국가 개국을 요

차임 아즈리엘 바이츠만(왼쪽에서 세 번째)과 알베르트 아인슈타인(왼쪽에서 두 번째)

청하며 정치 활동에 매진했고, 1948년 이스라엘 초대 대통령으로 선출되었다.

전쟁이 진행되면서 반대로 영국군이 해상 무역을 봉쇄해 독일의 물자 수급을 막기도 했다. 이 과정에서 독일이 합성고무를 만드는 기술을 개발해 공기 중의 질소로 화합물을 합성하는 '하버-보슈법 Haber-Bosch process'이 등장하기도 했다.

화학의 주도권이 넘어가다

화학무기 개발과 화학전 도입은 독일 화학자 프리츠 하버Fritz Haber, 1868~1934로 대표된다. 하버는 제1차 세계대전에 적극적으로 동의한 인물로, 1914년 군사 행동에 온전한 찬성의 뜻을 밝힌 '93인의 성명서Manifest der 93'에 서명한 이들 중 한 명이다.[33] 여기에는 당시 독일 유수의 과학자, 예술가, 철학자, 작가 등 각 분야 권위자가 다수 포함되어 있었다. 과학계에서도 1905년 노벨 화학상 수상자 폰 바이어, 1901년 노벨 생리의학상 수상자 에밀 아돌프 폰 베링Emil Adolf von Behring, 1854~1917, 1908년 노벨 생리의학상 수상자 에를리히, 1920년 노벨 화학상 수상자 네른스트, 1909년 노벨 화학상 수상자 오스트발트, 1918년 노벨 물리학상 수상자 막스 카를 에른스트 루트비히 플랑크Max Karl Ernst Ludwig Planck, 1858~1947, 1901년 최초 노벨 물리학상 수상자 뢴트겐, 1915년 노벨 화학상 수상자 리하르트 빌슈테터Richard Willstätter, 1872~1942 등이 하버와 함께 이름을 올렸다.

하버는 전쟁 초기부터 화학무기 사용을 제안했는데, 비인도적 측면과 제식 군대 방침상 도입되지 않았다. 하지만 전쟁이 점차 길어지고 고착화되어 손실이 커지자 어쩔 수 없다는 이유로 화학무기 사용이 승인되었다. 극독성 기체 염소Cl가 인류 전쟁사에서 첫 번째 화학무기로 사용되었다. 1915년 4월 22일 프랑스 북부이자 벨기에 서부 플랑드르Flandre의 이프레Ypres 지역이 첫 대상지였다. 당시 프랑스 식민지였던 알제리 주민과 튀니스 주민이 주축을 이룬 프랑스 보병 주아브Zouaves 사단에 염소 가스가 가장 처음 닿았고 부대는 몰살했다.[34]

프리츠 하버는 독일 제국에 충성한 과학자였으며, 군사 행동을 지지한 93인 중 한 명이었다.

인도적 측면이나 잔혹성 문제를 배제하고 전쟁의 결과론만 가지고 논하자면 화학무기는 매우 성공적이었다. 이후 화학은 국지전에 본격적으로 개입하기 시작했다. 20세기 초 화학자들은 더욱 강력한 화학무기를 만들어내기 위한 연구에 집중했고, 적군의 화학무기를 무력화하는 데 유용한 방독면과 해독제를 개발하는 일에도 몰두했다. 물론 독일 제국군만 화학무기를 사용한 것은 아니다. 곧이어 연합군도 동일한 방식으로 반격을 가했다. 폐에 병변과 울혈을 유발하는 극독성 기체 포스겐phosgen, $COCl_2$은 프랑스 북동부 도시 베르됭Verdun에서 프랑스군이 살포했고, 이후 독일 제국군은 흔히 '겨자 가스mustard gas, dichlorodiethyl sulfide'로 알려진, 피부에 심각한 손상과 수포를 유발하는 화학무기로 대응했다.

제1차 세계대전이 끝난 1918년 하버는 촉매를 통한 암모니아 합

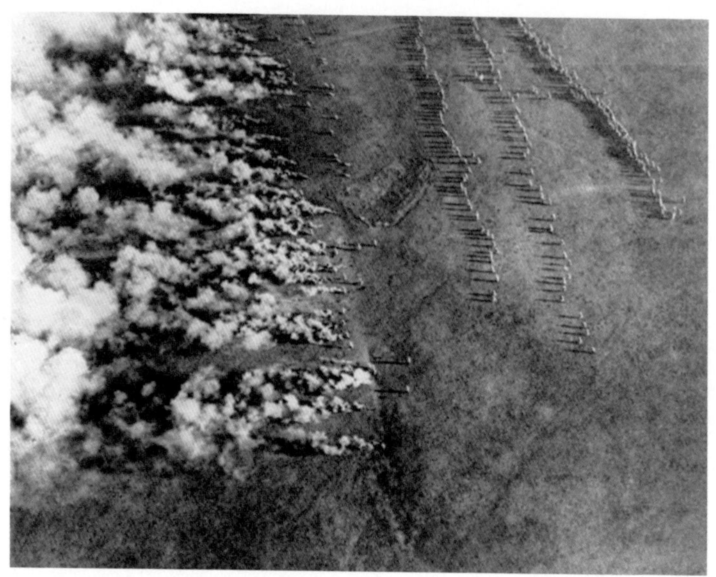

독일 제국군이 풍향을 이용해 가스를 살포하고 있는 모습(1916년으로 추정). 제1차 세계대전 당시 연합군과 독일 제국군 모두 적극적으로 화학전을 펼쳤다.

성법 개발로 노벨 화학상을 수상했다. 인류에게 이로운 발명 혹은 발견, 기여를 한 인물에게 수여하는 노벨상이 화학무기로 많은 희생자를 낳은 하버에게 주어지는 것에 대해 많은 반발과 항의가 있었다. 하지만 하버는 전쟁 관련 범죄가 인정되지 않았기에 절차적으로는 문제가 없었다. 사실 제1차 세계대전의 경우 유럽 참전국 전체가 전쟁 범죄에서 자유로울 수 없었기에 독일 제국에만 인도적 책임을 묻지는 않았다.

하버의 과학적 업적은 뛰어났으며, 그에 대한 치하 역시 노벨 화학상을 통해 완성되었다. 하지만 그의 삶은 가족의 행복과는 거리가 있었다. 먼저 아내가 전쟁에서 비인도적 화학무기 사용에 대한 항의로 1915년 가슴에 권총을 쏴 자살했다. 이 같은 어머니의 마지막 모습을 눈에 담은 아들 헤르만 하버는 제2차 세계대전 직후 자살했으며, 딸 클레어 하버는 염소 가스 해독제를 연구하던 중 스스로 목숨을 끊었다.

제1차 세계대전 종전은 화학 주도권의 흐름을 크게 바꾸어놓았다. 베르사유 조약Treaty of Versailles 제297조에 따라 독일은 아스피린을 포함한 많은 특허를 빼앗겼고 강제적으로 기술 이전과 교환을 시행해야 했다. 이로부터 화학 기술과 지식의 재분배가 급격히 이루어졌다. 전쟁으로 파괴된 유럽의 많은 기관과 시설은 손상을 입지 않은, 그리고 문화권이 유사한 국가로 이전되었다. 격전지에서 멀리 떨어져 있으며 풍부한 자원과 넓은 영토를 바탕으로 급격한 성장을 앞둔 미국이었다.

제13장

특이점의 탄생

T H E   C H R O N I C L

: 양자화학

O F C H E M I S T R Y

시간은 계속해서 흐르고 학문의 발달은 차곡차곡 쌓인다. 역사를 하나의 큰 흐름에 따라 시대별로 정리할 경우 고대와 중세, 그리고 근대와 과도기는 비교적 명확하게 구분된다. 하지만 시간이 많이 지난 어느 시점에 되돌아보면 근대라는 구분이 애매하다는 생각이 들 때가 있다. 이전의 현대는 이제 근대가 되었고, 근대였던 시기는 더는 근대라고 말하기 애매한 먼 과거가 되어가고 있기 때문이다. 그렇다고 시대를 재정립하기에는 해당 분야의 권위자가 있는지 여부나 의견의 불일치 문제가 생길 수 있고, 혹은 필요성을 공감하는 사람이 많지 않아 어려움이 따를 수도 있다. 지금 관점에서는 사실 근대와 현대를 어느 시기를 기준으로 구분 지어야 할지 불명확하다. 하지만 다시 한 번 큰 변화, 즉 특이점이 나타나는데 양자역학과 그것에 연결되는 양자화학의 탄생이다.

드디어 풀리는 화학결합의 비밀

1900년대 초반 추론과 이론적 근거, 실험적 해석을 통해 열역학이 성공적으로 자리 잡았다. 제1차 세계대전 전후로는 공업화학과 의약화학의 중요성이 커지면서 급격히 발전했다. 하지만 이는 어디까지나 다양한 원소가 복합되고 배열된 화합물의 구조와 반응성, 그리고 거기에서 유래하는 물리·화학적 특성을 바탕으로 한 기술적 측면이 강했다. 가장 기본이고 핵심인 화학결합 자체에 대한 이해는 이론과 경험이 동반되기 어려운 여건 탓에 계속해서 미지수로 남아 있었다.

양과 음의 극단적 특성에 기반한 극성 결합polar bonding에 대해서는 많은 사실이 밝혀진 상태였다. 반면 대다수 유기 화합물을 구성하는 탄소와 수소의 결합C-H이나 동일한 원자들로 구성된 산소 기체O_2와 수소 기체H_2 등을 이루는 비극성 결합nonpolar bonding은 결과론적인 결합의 존재에 비해 이론적 근거가 미약했다.

화학결합과 분자 구조에 관한 직관적인 길을 제시한 인물은 제1차 세계대전 이후 세계의 주요 무대가 된 미국에서 물리화학자로 활동한 길버트 뉴턴 루이스Gilbert Newton Lewis, 1875~1946다. 하버드대학교에서 공부한 후 독일로 유학을 떠나 네른스트의 연구실에서 활동한 그는 이 과정에서 네른스트와 돌이킬 수 없을 만큼 심각한 불화를 겪었다. 루이스는 네른스트의 열역학 연구 결과를 비판했고, 네른스트는 루이스가 노벨상 후보로 지명되는 것을 막거나 부정적인 평가 보고를 제출해 수상하지 못하게 했다. 둘의 관계는 끝내 개선되

지 않았고, 루이스는 노벨상을 받지 못한 근대 화학자 중 가장 위대한 인물이라는 평가를 받고 있다.[1]

루이스는 열역학 분야에서 많은 업적을 남겼다. 그중에서 가장 중요하게 언급되는 것이 원자들의 결합에 관한 새로운 관점을 제시했다는 점이다. 당시 헨리 모즐리는 양성자 개수를 기준으로 원소 종류와 원자번호의 관계를 이미 발견한 상태였다. 닐스 보어 또한 전기적 특성을 띠지 않는 원소 형태, 즉 원자는 양성자와 동일한 개수의 전자를 보유한다는 사실을 확인했다. 전자의 개수와 각 원소가 선호하는 이온 형태를 추론하는 과정에서 헬륨He, 그리고 18족 비활성 기체 원소들인 네온Ne과 아르곤Ar은 하나의 기준이 되었다. 이를 통해 원자핵 주위에 전자 8개가 자리 잡는 경우 전자가 채워지는 새로운 층이 만들어지는, 다시 말해 최외각 전자가 다음 층으로 변경되는 현상을 확인했으며 여기에서 '옥텟 규칙octet rule'이 탄생했다. 주기율표 발명 과정에서 살펴본 뉴랜즈의 옥타브 법칙과 유사하지만, 루이스의 옥텟 규칙은 그것보다 더 본질적인 의미를 내포하고 있으며 이후 화학 발전에 지대한 영향을 미쳤다.

루이스의 옥텟 규칙은 분자를 이루는 중심 원자를 기준으로 전자들이 8개의 꼭짓점이 둘러싸는 입방체(정육면체) 구조를 만든다는 가정에서 시작되었다. 입방체의 꼭짓점에 총 8개의 전자가 자리 잡아 특별한 방향성이나 선호성이 없는 형태로 가장 안정한 상태를 형성한다는 이론이다. 이 규칙은 루이스가 교육과 강의에 많은 노력을 기울인 것과 연관이 있는데, 학생들에게 원자 이론을 어떻게 이해시킬지 오랜 시간 고민한 끝에 떠오른 개념이기 때문이다. 이후 영국

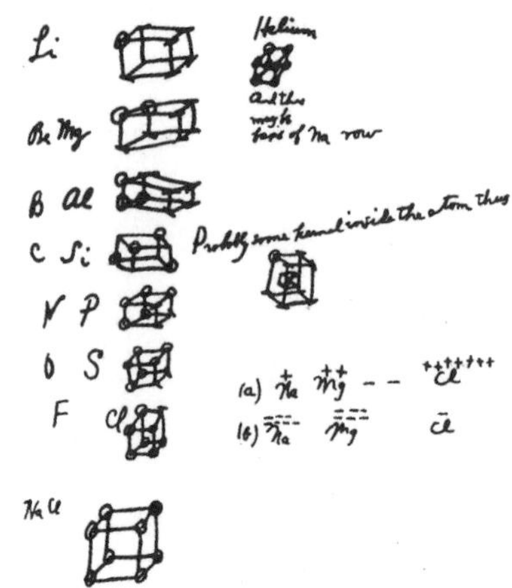

길버트 뉴턴 루이스(왼쪽)는 다양한 분야에서 의미 있는 업적을 남겼다. 특히 옥텟 규칙의 발명은 분자를 이해하는 데 가장 획기적인 접근이었다.

대학원생 앨프리드 파슨Alfred Parson이 미국 버클리Berkeley를 방문해 루이스에게 두 원자가 전자를 서로 공유함으로써 화학결합이 이루어지는 것이라는 가설을 들려주었다. 원자와 구조, 결합에 대한 모든 실마리가 하나로 연결되는 순간이었다.[2]

마침내 1916년 루이스는 이 내용들을 정리해 화학계의 고전이 될 「원자와 분자The atom and the molecule」라는 논문을 《미국화학회지Journal of the American Chemical Society》에 게재했다.[3] 그런데 혹자는 핵심적인 퍼즐이 파슨의 아이디어에서 나왔다는 이유로, 또는 루이스가 논문을 발표하기 한 달 전 독일 물리학자 발터 루트비히 율리우스 코셀Walther Ludwig Julius Kossel, 1888~1956이 옥텟 규칙을 먼저 내놓았다는 이유로 루이스의 이론이 과대평가되었다고 말하기도 한다.

또 다른 옥텟 규칙으로 확인된 화합물 구조

전자가 정해진 궤도를 공전하는 보어의 태양계 원자 모형에서 궤도는 특정 에너지를 가리키며, 이는 분광학적 기법으로 원자를 측정할 수 있다는 의미였다. 원자에서 관찰되는 선 스펙트럼과 보어의 궤도 이론은 독일 이론 물리학자 아르놀트 요하네스 빌헬름 조머펠트Arnold Johannes Wilhelm Sommerfeld, 1868~1951가 일반화했다. 그리고 이것은 그의 제자 코셀이 가장 바깥쪽 궤도에 있는 전자만 화학반응과의 결합에 관여한다는 최외각 전자의 가치를 깨닫는 결과로 이어졌다.[4] 코셀의 옥텟 규칙은 기본적으로 1족 알칼리 금속 원소가 전자를 하나 잃어버리며 17족 할로젠 원소에 그것이 제공되어 각각 비활성 기체의 전자 배치를 형성(예를 들어 $Na + Cl \rightarrow Na^{+}Cl^{-}$)하는 이온성 결합을 설명하는 데 적용되었다.[5] 하지만 그는 탄소가 포함된 유기 화합물의 경우 옥텟 규칙으로 완전하게 설명하는 것이 어렵다고 판단했다.

루이스는 옥텟 규칙을 발표할 때까지 코셀의 이론을 전혀 몰랐던 것으로 전해진다. 그의 이론은 탄소 화합물의 결합을 설명할 때도 적용될 수 있었기에 비극성 결합을 이해하는 데 분명 유용한 도구였다. 남은 유일한 문제는 루이스가 오랜 기간 교단에서 강의를 했음에도 심각할 정도로 말재주가 없었다는 것, 그 탓에 옥텟 규칙이 별다른 인기를 끌지 못했다는 것이다.

제1차 세계대전이 끝난 후 1919년 프랑스를 방문한 루이스는 나중에 표면화학의 선구자가 되는 미국 물리학자 어빙 랭뮤어Irving Lang-

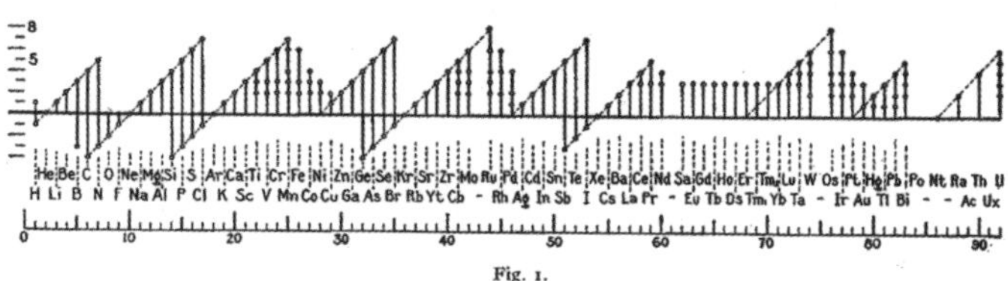

루이스와 함께 원자가 이론 및 공유 결합을 해석하는 데 기여한 화학자는 발터 코셀(왼쪽 사진 좌측)과 어빙 랭뮤어다. 랭뮤어의 원자가 표(아래)는 원소들의 경향성을 직관적으로 보여준다.

muir, 1881~1957를 만났다. 랭뮤어는 코셀과 루이스의 이론에 관심이 많았다. 특히 루이스가 제안한 입방 원자와 공유 쌍 결합에 대한 이론을 탁월한 말솜씨로 발표하기도 했다.[6] 코셀과 루이스의 이론은 현대 화학에서도 그 흔적을 명확하게 찾을 수 있다. 코셀이 만든 '전자가electrovalent'와 '공유covalent'라는 용어는 루이스의 '극성'과 '비극성'에 대응되며, 어떠한 분자 혹은 화합물을 이루는 결합을 각각 구분하고 이해하는 데 사용되고 있다.[7] 랭뮤어는 이 중 특히 설명하기 어려운 비극성 결합을 납득시키기 위해 가장 중요하고 대표적인 화

학결합을 나타내는 '공유 결합covalent bonding'의 개념을 정의했다.[8]

랭뮤어는 매우 신실하고 정직한 사람으로, 이론이나 개념을 발표할 때마다 루이스의 연구 내용에서 영감을 받았다고 늘 밝혔다. 대중적 측면에서 파급력이 있었던 쪽은 랭뮤어였기에 루이스-랭뮤어 이론 또는 랭뮤어 이론으로 알려지는 경우가 많았는데, 루이스는 그것을 매우 언짢아했다. 훗날 서로 이해하고 친구 관계가 되긴 했지만, 랭뮤어에 대한 루이스의 일방적인 불만 탓에 오랜 시간 불편한 관계로 지내야 했다.

무기물질은 완전한 극성 결합을 통해 전자의 공유 없이 이온 결합ionic bonding이라는 매우 강력하고도 특이적인 형태로 뭉쳐 움직이는 경우가 많다. 이는 전자를 끌어당기는 능력이라고 표현할 수 있는 전기 음성도electronegativity를 기준으로 할 때 온전하게 한쪽에 치우치느냐로 설명되기도 한다. 전기 음성도라는 척도 또한 지속적으로 발전했다. 가장 최근 자료인 1989년 미국 물리학자 릴런드 앨런Leland C. Allen, 1926~의 전기 음성도를 기준으로 할 경우 대표적인 이온성 화합물인 염화 소듐은 염소(2.869)와 소듐(0.869)의 큰 격차로 인해 공유가 아닌 일방적인 결합을 할 수 있었다.[9] 보편적으로 전기 음성도 차이가 1.7~2.0 이상이면(어떤 전기 음성도 척도를 사용하느냐에 따라 기준은 다를 수 있다) 전자의 공유보다 제공에 기반한 이온 결합이, 0.5 이하 차이에서는 완전한 공유로 가정되는 공유 결합이, 그리고 그 사이에서는 약간의 극성을 보이는 공유 결합이 형성된다.

이미 많은 연구가 진행된 이온성 화합물에 대한 해석은 큰 의미가 없었다. 하지만 탄소(2.544)와 수소(2.300)의 낮은 전기 음성도 차

H 2.300																	He 4.160
Li 0.912	Be 1.576											B 2.051	C 2.544	N 3.066	O 3.610	F 4.193	Ne 4.787
Na 0.869	Mg 1.293											Al 1.613	Si 1.916	P 2.253	S 2.589	Cl 2.869	Ar 3.242
K 0.734	Ca 1.034	Sc 1.19	Ti 1.38	V 1.53	Cr 1.65	Mn 1.75	Fe 1.80	Co 1.84	Ni 1.88	Cu 1.85	Zn 1.588	Ga 1.756	Ge 1.994	As 2.211	Se 2.424	Br 2.685	Kr 2.966
Rb 0.706	Sr 0.963	Y 1.12	Zr 1.32	Nb 1.41	Mo 1.47	Tc 1.51	Ru 1.54	Rh 1.56	Pd 1.58	Ag 1.87	Cd 1.521	In 1.656	Sn 1.824	Sb 1.984	Te 2.158	I 2.359	Xe 2.582
Cs 0.659	Ba 0.881	Lu 1.09	Hf 1.16	Ta 1.34	W 1.47	Re 1.60	Os 1.65	Ir 1.68	Pt 1.72	Au 1.92	Hg 1.765	Tl 1.789	Pb 1.854	Bi 2.01	Po 2.19	At 2.39	Rn 2.60
Fr 0.67	Ra 0.89																

릴런드 앨런의 '전기 음성도'는 18족 비활성 기체를 포함하고 있어 국내 과학 교육 과정에서 흔히 사용하는 라이너스 칼 폴링의 전기 음성도에 비해 조금 더 상세한 값을 나타낸다.

이(0.244)에 의한 공유 결합과 이것들로 구성되는 유기 화합물은 중요한 역할을 했다. 즉 유기 화합물을 구성하는 결합들이 끊어지고 새로 생성되면서 진행되는 유기화학반응의 메커니즘을 전자쌍을 이동시키는 관점에서 설명할 수 있게 된 것이다. 루이스의 옥텟 규칙은 유기 화합물 외에 공유 결합을 통해 이루어진 무기 화합물의 구조를 이해하는 데도 적용되었다. 유일한 한계는 루이스의 입방 원자와 공유 쌍 이론이 전자 위치가 고정되어 있어야 하는 정지장static 모델이었다는 점이다.

고전 양자역학에서 싹튼 무선통신 기술

양자역학은 물리학의 한 분야인 광학에서 흔히 탐구하던 빛의 본질을 애매함 없이 명확하게 정의하려는 목적, 그리고 루이스의 정지장 모델에서 보이던 전자의 '고정'을 제거하려는 시도에서 탄생했다. 빛의 프리즘과 스펙트럼, 파장과 색상의 관계를 받아들여왔듯이 빛이 파동이라는 거동을 보인다는 사실은 이미 알려져 있었으며, 휘어지고 간섭하며 상쇄하는 등 특징들도 이미 명백하게 확인되었다. 전하가 움직이는 현상으로부터 자기장이 발생하고, 자기장과 직교하는 방향으로 전기장이 생성된다는 사실은 맥스웰이 설명했다. 그리고 이 복잡하고 정교한 과정이 빛의 속도로 진행된다는 것이 당시 빛에 대한 이해였다.[10]

이론 물리학자 맥스웰의 설명을 실험적으로 검증하고 납득하는 과정은 주파수 단위 헤르츠Hertz, Hz로 자주 언급되는 독일 물리학자 하인리히 루돌프 헤르츠Heinrich Rudolf Hertz, 1857~1894의 발견에서 시작되었다. 아연 구체와 구리선으로 연결되어 있어 전자의 생성 및 대전이 가능한 장치로부터 나온 스파크가 약 7.5밀리미터 떨어진 동일한 장치에서 스파크를 유발할 수 있는 전자기파를 만들어낸다는 사실을 확인한 것이다. 이는 무선통신 기술의 시초라고 할 수 있다. 반복적인 헤르츠의 실험은 빛이 파동이며, 맥스웰 방정식을 따르는 전자기 복사의 한 형태라는 것을 증명해냈다.[11] 빛의 정체를 밝히고 양자역학을 형성하는 데도 기여한 헤르츠의 연구는 '광전 효과photoelectric effect'로 불리는 '헤르츠 효과'의 발견에서도 돋보인다. 헤르츠는 실험에 사용한 아연 구체에 자외선을 쬐었을 때 스파크가 더 잘 일어난다는 사실을 확인했으며, 라이덴병을 이용한 실험에서도 동일한 결과를 얻었다. 강한 에너지를 가진 빛은 전자기파의 발생과 밀

하인리히 헤르츠(왼쪽)는 2개의 아연 구체 사이에서 발생한 스파크로부터 광전 효과를 발견했다.

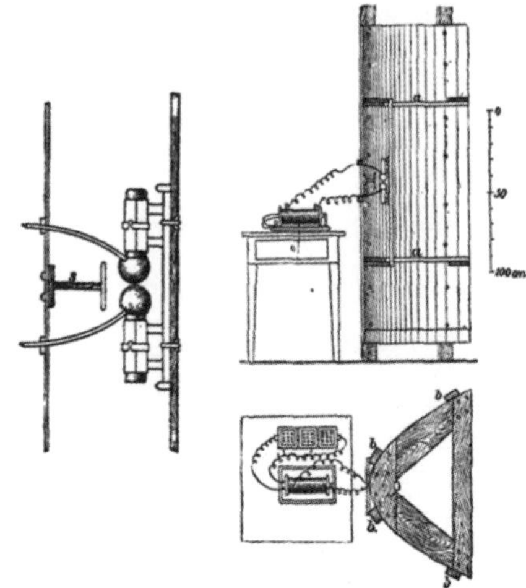

접한 관계가 있는 게 틀림없었다.[12]

양자화 개념의 정립과 양자역학의 탄생

양자역학에서 가장 핵심적인 개념 가운데 하나가 바로 동일한 어휘로 구성된 '양자화quantization'다. 고전역학에서는 모든 물리량이 연속적으로 이루어져 있다. 이에 반해 물리량이 특정 에너지 준위를 가지고 띄엄띄엄 독립된 상태임을 나타내는 개념이 바로 양자화다. 어디에서 양자화라는 개념이 나왔는지 확인하기 위해 거슬러 올라가보면 자신에게 유입되는 모든 파장의 복사 에너지를 손실 없이 완전히 흡수하는 이상적인 가상 물체인 '흑체blackbody'를 만나게 된다.

흑체에 복사 에너지가 계속해서 가해지면 에너지 평형이 이루어지고, 이에 따라 주위로 전자기파를 다시 방출하는 흑체 복사가 일어난다. 특이적 현상이라고 생각할 수 있지만, 대장간에서 금속을 가열해 녹이는 일이나 전구 속 필라멘트가 밝게 빛나는 현상, 빨갛게 빛나며 흘러내리는 용암이 이와 동일한 맥락이다.

분젠과 함께 분광기를 발명한 키르히호프는 열평형 분야에도 기여했다. 특히 열평형 상태에서 흡수되는 복사 에너지와 방출되는 복사 에너지가 동일하다는 '키르히호프의 법칙Kirchhoff's law'을 정립했다.[13] 요제프 슈테판은 1879년 에너지가 온도의 4제곱에 비례($E \propto T^4$)한다는 사실을 실험을 통해 알아냈다. 그리고 그의 제자 볼츠만이 1884년 맥스웰 방정식을 이용해 구체적인 수식으로 이를 표현함으로써 '슈테판-볼츠만의 법칙Stefan-Boltzmann's law'이 탄생하게 되었다.[14] 에너지와 온도가 직접적으로 관련 있다는 것이 명백했기에 특정 온도에서 복사를 통해 방출되는 에너지가 전자기파로 이루어졌다는 연관성을 확립할 수 있었다. 이에 독일 물리학자 빌헬름 카를 베르너 오토 프리츠 프란츠 빈Wilhelm Carl Werner Otto Fritz Franz Wien, 1864~1928은 일정한 온도에서 방출되는 전자기 복사 파장들 중 최댓값λ_{max}과 온도의 곱이 일정한 값을 가진다는 '빈 변위 법칙Wien's displacement law'을 발표했다.[15] 빈은 열복사 법칙을 통해 1911년 노벨 물리학상을 수상했는데, 이로써 빛과 열에 대한 그의 접근이 잘못되지 않았음이 증명되었다.

자유 에너지 개념으로 화학반응의 자발성을 예측하는 방법을 고안한 기브스는 열평형 상태에서 에너지는 각 자유도마다 평균값이 모두 같게 분배된다는 '에너지 등분배 법칙energy equipartition law'을 볼츠만의 분포와 상수를 활용해 표현했다. 이로써 본격적으로 양자화학이 형성될 기반이 마련되었다.[16] 레일리와 영국 물리학자 제임스 호프우드 진스James Hopwood Jeans, 1877~1946는 빛을 전자기파로 취급해 연속적인 에너지를 유도해냈고, 빛의 에너지는 파장의 4제곱에 반비례($E \propto T^{-4}$)한다는 사실을 확인했다.[17] 파장이 짧을수록 빛의 에너지가 강하다는 뜻이다. 일상에서 파장이 짧은 γ선, X선, 자외선이 가시광선이나 적외선에 비해 파괴적이고 강한 특성을 보인다는 것

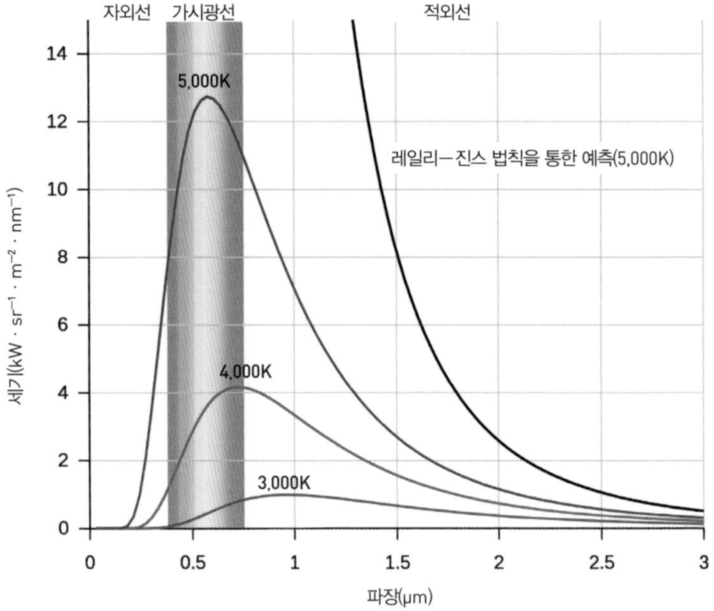

'레일리–진스의 법칙'으로 해석할 경우 자외선 파탄이라는 논리적 오류가 발생한다. 빛이 가시광선을 넘어 더 짧은 파장인 자외선 영역에 해당하면 더 높은 에너지를 가지게 된다. 만약 자외선보다 더 짧아 0에 무한히 가까워지는 초단파장의 빛이라면 무한대의 에너지를 가져야 하는데, 이는 물리적으로 불가능하다.

을 떠올릴 수 있다. 하지만 파장이 더욱 짧아져 0에 수렴할 때 논리적 오류가 발생하는데, 이는 에너지가 무한으로 발산된다는 결론이 도출되었기 때문이다. 자외선보다 짧은 파장대의 복사가 실제보다 과대 예측되어 에너지가 무한대가 되는 현상인 '자외선 파탄ultraviolet catastrophe'이 그것이다. 이 오류를 해결한 사람은 양자화 개념의 정립과 양자역학 탄생에 핵심적 역할을 한 독일 이론 물리학자 막스 카를 에른스트 루트비히 플랑크Max Karl Ernst Ludwig Planck, 1858~1947다.[18]

플랑크는 에너지의 양자화 발견으로 1918년 노벨 물리학상 수상자가 되었다. 우리는 대부분 그의 이름을 딴 독일 연구기관(막스 플랑크 연구소)이나 상수(플랑크 상수) 등 수많은 업적과 잔재에 비교적 익숙해 있다 보니, 그가 평생 천재적인 삶을 살았을 것으로 짐작한다. 하지만 초창기 플랑크는 놀라울 정도로 관심을 받지 못한 연구자였다. 박사 학위를 받기 위해 열역학 관련 논문을 심사위원회에 제출했을 때도 한 교수는 그의 논문을 아예 읽지 않았고, 다른 교수는 박사 학위를 승인하지 않았으며, 마지막 세 번째 교수는 연락마저 되지 않았을 정도다. 우여곡절 끝에 학위를 취득했지만 주위 사람들은 그가 학계에 자리 잡기는 불가능할 것이라고 생각했다. 하지만 이내 베를린대학교에 임용되었고, 학위 기간에 연구했던 고전 열역학 관점으로 여러 물리적 현상을 분석하고 표현하려는 시도를 이어갔다. 유일한 문제는 실험으로 획득한 결과들을 엔트로피 계산을 통해 열역학적으로 풀어내려 노력했지만 아무런 소득이 없었다는 것이다.

플랑크는 빛의 에너지가 연속적이지 않고 양자에 의해 결정되는 별개의 구간으로 나뉘어 있다고 봤다. 이 구간에 따라 각각 덩어리

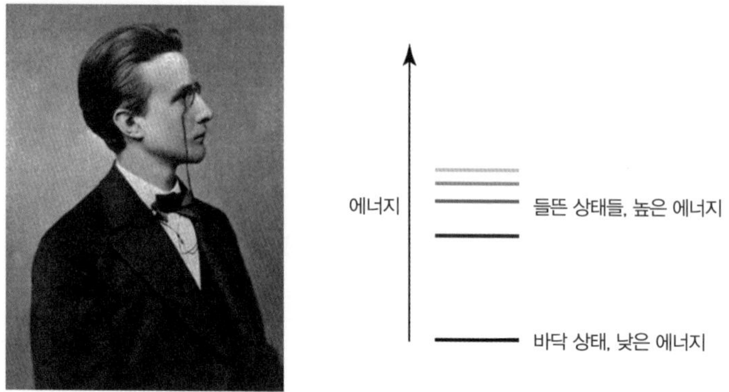

막스 플랑크의 젊은 시절(1878) 모습(왼쪽). 플랑크가 주장한 양자화는 에너지가 연속적이지 않으며 별개의 특정 구간들로 나뉘어 있다는 개념이었다.

형태의 에너지만 흡수하거나 방출할 수 있다고 생각했으며, 자외선 파탄을 설명하기 위해 양자화된 에너지는 파장이 짧을수록 더 크다고 가정했다. 이후 계속된 계산과 실험적 결과가 일치함으로써 그의 가정이 옳다는 것이 확인되었다. 플랑크는 1900년 10월 19일 이 결과들을 독일물리학회에 발표했다. 가설이 제대로 증명되긴 했지만, 정립한 공식에 대한 물리적 해석이 아직 없었기에 받아들여지기까지는 상당한 시간이 걸렸다.[19]

사실 플랑크 본인도 이 결과들이 운 좋게 발견된 일시적이고 국소적인 현상이며, 이후 양자화된 에너지들은 연속적인 형태로 변화하거나 사라질 것이라고 생각했다. 그런데 계속된 관찰들은 양자화가 분명 존재한다는 점을 뒷받침했다. 이 모든 과정은 빛은 파동이라고 설명하고 있으며, 돌턴의 원자 모형 범주에서 이해될 수 있었다.

빛, 파동에서 입자로

플랑크의 양자화를 더욱 공고히 한 인물은 독일 출신으로 스위스와 미국에서 활동한 아인슈타인이다. 아인슈타인의 수많은 일화와 업적 가운데 여기서 주목할 부분은 그의 연구 성과 측면에서 가장 위대한 한 해로 꼽히는 1905년의 연구 결과들이다. 그해에 발표된 아인슈타인의 첫 번째 연구 결과는 꽃가루가 수면 위에서 무작위로 거동하는 현상에서 도출된 브라운 운동이 용매 분자와의 충돌로 발생한다는 사실을 확인하기 위해 거시적 운동을 분자 수준으로 외삽한 것이다.[20] 두 번째는 그 유명한 상대성 이론,[21] 그리고 마지막 세 번째는 헤르츠가 확인한 광전 효과에 대한 논리적 해석이다.[22]

헤르츠가 최초로 광전 효과를 발견한 이후 헝가리 출신 독일 물리학자 필리프 에두아르트 안톤 폰 레나르트Philipp Eduard Anton von Lenard, 1862~1947는 1900년 높은 에너지의 자외선을 통해 기체가 이온화되는 '레나르트 효과Lenard effect'를 관찰했다. 햇살이 강한 날 폭포 근처에 음이온이 발생하는 현상이나, 자외선 살균을 통해 음이온을 형성하는 현대 기술은 모두 레나르트 효과로 이해할 수 있다. 레나르트는 음극선 연구를 중점적으로 진행하던 중 이 같은 결과를 얻었다. (앞선 1897년 음극선에서 전자의 존재를 확인하고 새로운 원자 모형을 제안한 이는 톰슨이었다.) 이어서 레나르트는 1903년 양과 음의 입자들이 각각 짝지어 원자를 구성하고 있다는 '다이나미드 원자 모형dynamid atomic model' 이론을 주장했다. 이후 그는 음극선의 권위자로 우뚝 섰으며, 1905년 노벨 물리학상 수상이라는 영광도 안았다.[23]

헤르츠와 레나르트의 광전 효과가 가진 또 다른 가치를 발견하고 이론적으로 해석하는 데 성공한 인물도 아인슈타인이다. 그는 금속 표면에 빛을 쬐었을 때 전자가 튀어나오는 현상, 즉 광전 효과를 통해 빛을 고전적인 전자기파의 파동으로 고려할 경우 두 가지 논리적 오류가 발생한다는 사실을 알아냈다. 첫째, 빛의 세기가 충분히 큰 경우 빛의 진동수와 상관없이 금속으로부터 전자들을 떼어낼 수 있다면 전자를 떼어내는 데 최소한도 이상의 진동수가 필수적으로 요구되는 이유를 설명할 수 없다는 점이다. 둘째, 최소 진동수 이상의 빛을 여러 세기로 금속판에 쬐었을 경우 튀어나오는 전자들의 개수에만 차이가 있을 뿐 전자의 최대 운동에너지는 변화가 없다는 점이다. 이 논리적 오류들을 해결하고자 아인슈타인은 빛을 양자화된 에너지를 가지는 입자라고 가정했으며, 수학적 허상이 아닌 실재하는 물리적 입자라고 판단했다. 아인슈타인의 광전 효과는 1921년 노벨

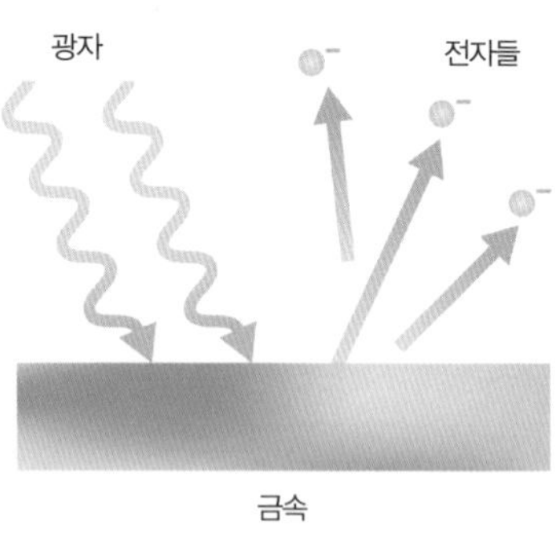

아인슈타인(왼쪽)은 헤르츠와 필리프 레나르트가 발견한 광전 효과의 숨겨진 가치를 찾아내 빛에 대한 관점을 다시금 바꾸어놓았다.

물리학상의 주제였다.

빛이 입자라는 증거는 미국 물리학자 아서 홀리 콤프턴Arthur Holly Compton, 1892~1962이 관찰한 '콤프턴 산란Compton scattering'을 통해 추가적으로 확보되었다. 원자에 빛(엑스선)을 쬐었을 때 만약 빛이 파동이라면, 전자로부터 이차적인 파동이 생성되어 입사된 빛을 '호이겐스의 원리Huygens' principle(파동이 진행되는 모양을 그림으로 구하는 방법을 나타내는 원리)'에 따라 산란시키게 되고, 입사파와 산란파의 진동수 및 파장은 동일해야 한다. 하지만 콤프턴은 실험을 통해 원자에 의해 회절된 엑스선과 전자에 의해 산란된 엑스선을 동시에 확인했다. 또한 높은 에너지를 가지는 회절된 엑스선은 파장 변화가 없었으나, 전자에 의해 산란된 엑스선은 각도에 따라 원래보다 더 긴 파장의 엑스선이 관찰되었다. 콤프턴은 산란된 엑스선에서의 파장 변화를 설명한 업적을 1927년 노벨 물리학상 수상으로 인정받았다.[24]

이제 빛은 더는 파동이 아닌, 광자photon라는 입자로 이루어진 흐름으로 받아들여지기 시작했다. 단단한 구체였던 원자는 자두 박힌

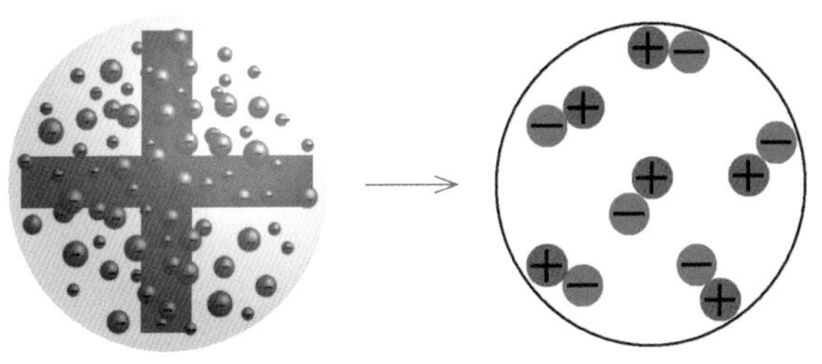

톰슨의 '자두 박힌 푸딩 모형'(왼쪽)은 레나르트를 통해 '다이나미드 원자 모형'으로 조금 더 구체화되었다.

푸딩 혹은 다이나미드 형태가 되었다. 그리고 플랑크의 양자 개념을 혁신적이라고 생각한 이가 또 한 명 있었으니, 덴마크 물리학자 닐스 헨리크 다비드 보어Niels Henrik David Bohr, 1885~1962다.

주기율표 내 원소의 관계성을 설명하는 양자수

톰슨의 원자 모형을 다음 단계로 발전시킨 이는 톰슨의 제자 러더퍼드였으며, 한 번 더 구체화한 사람 역시 톰슨의 제자 보어였다. 톰슨 실험실에서 연구하는 동안 보어는 러더퍼드의 원자 모형이 옳다고 생각했으나 이는 톰슨의 생각과 일치하지 않는 결과였기에 많은 갈등이 있었다. 결국 톰슨은 보어에게 실험실을 옮겨 러더퍼드와 함께 연구할 것을 권했다. 보어 역시 이에 동의해 러더퍼드의 원자 모형을 기반으로 탐구하기 시작했다.

각 원소를 분광기로 관찰할 때 나타나는 특유의 선 스펙트럼들은 분명 연속적이지 않은 거동을 보였다. 이는 곧 원자핵 주위 궤도를 공전하는 원자의 행성 모델, 그리고 양자화된 에너지들과 관련 있는 것으로 여겨졌다. 유일한 문제는 실질적 증거를 확보하지 못했다는 점이었다.

스위스 물리학자 요한 야코프 발머Johann Jakob Balmer, 1825~1898는 그것에 대한 증거로서, 가장 간단한 원자인 수소를 대상으로 확인한 사실들을 이 시기로부터 약 30년 전인 1885년 「수소의 선 스펙트럼에 대한 참고사항Notiz über die Spectrallinien des Wasserstoffs」이라는 제목의 논문을 통해 발표했다.[25] 보어는 발머의 논문에 담긴 중요한 의미를 빠르게 알아차렸다. 이에 그는 원자핵이 고정되어 있고 주위를 공전하는 전자들이 양자화된 에너지 조건들에 의해 각각 특정 궤도에만 위치할 수 있다면, 한 궤도에서 다른 궤도로 이동할 때 정해진 양만큼의 에너지를 흡수하거나 방출해야 한다고 가정했다. 이후 양자화된 궤도들로부터 수소 원자의 선 스펙트럼을 예측했으며, 이것이 실험 결과와 부합했다. 이에 원자가 가지는 실질적 물리량인 전자의 질량과 전하, 플랑크 상수 등에 대한 명확한 증거가 확립되면서 원자 모형은 더욱 구체화되었다.

보어는 고전역학적 수식을 활용해 가장 간단한 양자역학적 시스템에 접근할 수 있었다. 하지만 수소를 제외한 다른 모든 원자는 전자 간 또 다른 작용의 존재, 그리고 자기장과의 추가적인 상호작용(제이만 효과Zeeman effect)으로 인해 보어의 모델로 온전하게 설명될 수 없었다.

보어는 전자의 각 궤도가 양자화된 에너지양만큼의 간격으로 분리되어 있는 형태를 공고히 했다. 이 과정에서 원자 혹은 이온의 전자 배치 상태를 표현하는 양자수quantum number 개념이 만들어졌다. 지금은 하나의 원자 혹은 이온을 표현하기 위해 네 종류의 양자수가 사용되고 있다. 그중 실질적인 에너지의 높낮이를 의미하는 주양자수principal quantum number, n 와 이를 기준으로 전자가 채워지는 '쌓음 원리aufbau principle'가 1913년 보어에 의해 탄생했다.[26]

보어의 주양자수를 기준으로 할 때 원자핵에 가장 가까운 궤도에는 2개의 전자가 채워지지만, 두 번째 궤도에는 더 많은 8개의

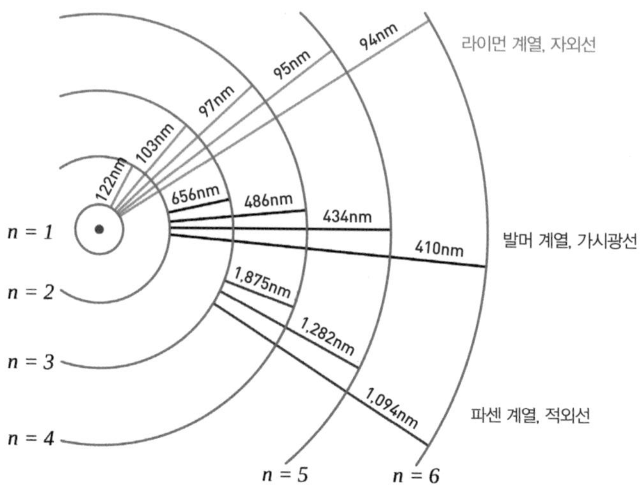

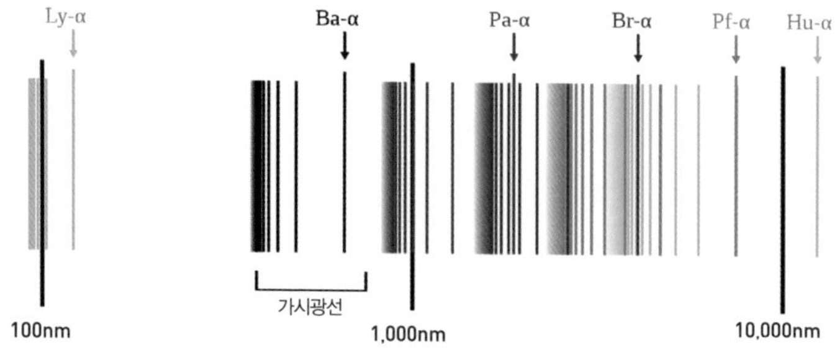

수소 원자에서 플랑크의 양자화된 에너지를 기준으로 특정 파장의 빛이 관측(위 그림 속 에너지 준위 간 거리는 실제와 다르다)**되어 선 스펙트럼이 나타난 모습**(스펙트럼 간격은 로그 기준 도식)

전자가 채워진다. 옥텟 규칙을 만든 코셀의 스승이던 조머펠트는 1915년 하나의 전자껍질이 더 많은 세부 구조로 이루어졌다는 부껍질sub-shell 구조를 제안했다. 결국 가장 간단한 형태로 궤도 각운동량이 존재하지 않는 구형 궤도는 첫 번째 부껍질을 이루고, 한 단위의 각운동량을 갖는 궤도는 두 번째 부껍질을 형성한다. 한 단위의 각운동량을 갖기 위해서는 모든 방향에 대해 대칭적인 구가 아닌, 특정 방향성이 요구되기에 3차원 카르테시안 좌표에서 각각 독립적인 방향성을 의미하는 x, y, z축으로 세 가지가 존재하게 된다. 이들 각각에 전자가 채워져 두 번째 주양자수 껍질에는 총 8개의 전자가 있으며, 이를 의미하는 방위 양자수azimuthal quantum number, l (부양자수 혹은 각운동량 양자수로도 불린다)가 확정된다. 조머펠트는 궤도 각운동량으로부터 결정되는 방위 양자수에 이어 궤도의 방향을 결정하는 자기 양자수magnetic quantum number, m_l 도 제안했다.[27]

하나의 상태에 2개의 전자가 들어갈 수 있다는 이론은 조머펠트의 제자인 오스트리아 출신 이론 물리학자 볼프강 에른스트 파울리Wolfgang Ernst Pauli, 1900~1958에 의해 확립되었다. 그는 1925년 전자는 모

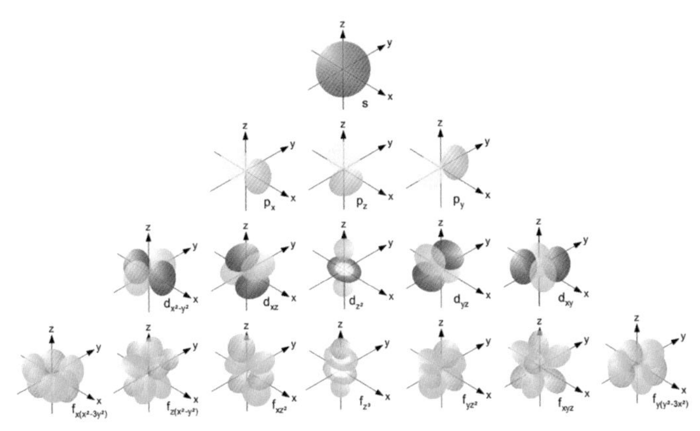

닐스 보어와 아르놀트 조머펠트는 양자수 개념을 도입했다. 양자수는 전자구름(원자와 분자 안에 있는 전자의 공간적 분포 상태를 구름에 비유한 말)의 형태를 설명한다.

든 양자수가 같은 상태를 취할 수 없으므로 하나의 양자 궤도에는 반대의 스핀을 가지는 2개의 전자만 들어간다는 법칙, 즉 '파울리의 배타 원리Pauli's exclusion principle'를 발표했다.[28] 이후 전자 이외에 페르미온fermion들로 확장된 배타 원리는 1945년 노벨 물리학상 수상 내용이 되었을 만큼 중요한 업적이다. 현시점에서 이것이 가지는 의미는 파울리가 주양자수 n, 방위 양자수 l, 자기 양자수 m_l 등 세 가지 양자수에서 벗어나 네 번째 양자수의 존재를 가정하고 이를 규정했다는 데 있다.

파울리가 무無에서 갑자기 새로운 양자수를 떠올린 것은 결코 아니다. 양성자의 자기 모멘트magnetic moment(자기장에서 자극의 세기와 n, s 양극 간 길이의 곱)를 발견해 1943년 노벨 물리학상을 단독 수상한 독일계 미국 물리학자 오토 슈테른Otto Stern, 1888~1969은 1921년 한 방향으로 형성되어 있는 강한 자기장 속으로 은Ag 원자를 통과시켜 거동을 관찰하는 실험을 설계했다. 앞선 양자수 개념들을 바탕으로 할 경우 네 번째 주양자수 껍질까지 모든 전자가 짝지어져 있고, 다섯 번째 껍질에 단 하나의 홀전자만 짝지어지지 않은 상태로 존재하는 중금속 원소인 은은 전자의 물리량을 판단하는 데 더할 나위 없는 대상임이 분명했다.

슈테른의 제안은 독일 물리학자 발터 게를라흐Walther Gerlach, 1889~1979가 1922년 실제로 수행했다. 자기장이 한 방향으로 형성되어 있기에 발사된 은 원자 또한 한 방향으로 휘어지리라 예상했지만, 확인된 결과는 양쪽 방향으로 동일한 비율로 휘어진 형태였다. 같은 크기이면서 방향성은 반대인 무엇인가가 전자에 존재하고 있다는 증

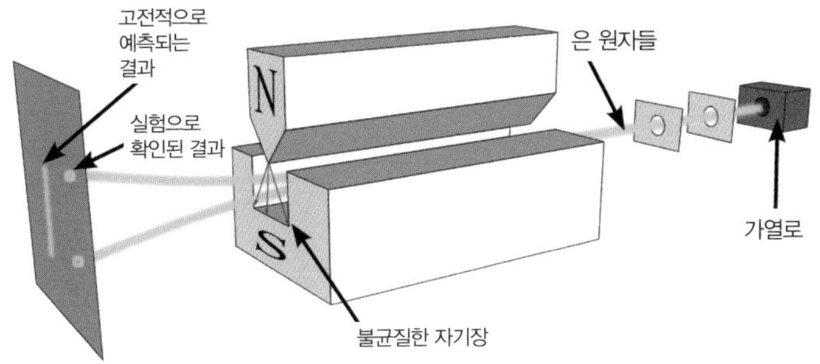

오토 슈테른과 발터 게를라흐의 실험은 스핀 양자수를 증명했다.

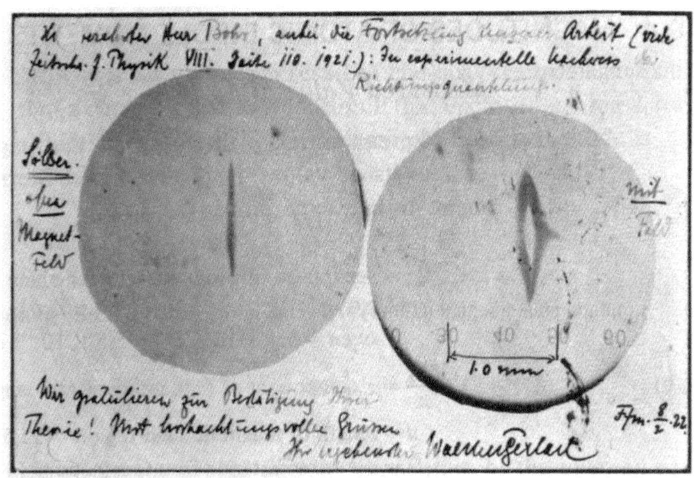

슈테른과 게를라흐의 실제 실험 결과를 보면 자기장이 없는 왼쪽 원판과 자기장이 가해진 오른쪽 원판에 확연한 차이가 있음을 알 수 있다.

거였다.[29]

파울리가 배타 원리를 발표한 시점에 슈테른과 게를라흐의 실험 결과는 네덜란드계 미국 이론 물리학자 조지 유진 울런벡George Eugene Uhlenbeck, 1900~1988과 새뮤얼 에이브러햄 구드스미트Samuel Abraham Goudsmit, 1902~1978가 1925년 발표한 「개별 전자의 내부 거동의 필요조건을 통한 기계적 제약 가설의 대체Ersetzung der Hypothese vom unmechanischen Zwang durch eine Forderung bezüglich des inneren Verhaltens jedes einzelnen Elektrons」라는 제목의 논문에 설명되었다.[30] 이 논문의 핵심은 전자가 축에서 회전하는 것으로 간주되며, 이로부터 또 다른 자기 모멘트가 발생한다는 것이었다. 사실 파울리의 배타 원리가 처음 발표되었을 때 대중이 그것을 직관적으로 이해하기에는 어려움이 있었다. 하지만 울런벡과 구드스미트가 스핀 양자수spin quantum number, m_s를 제안하며 $+\frac{1}{2}$과 $-\frac{1}{2}$ 두 종류로 이루어졌다고 주장한 내용은 파울리의 배타 원리를 조금 더 간단하고 명확하게 이해할 수 있는 지름길이 되었다.

원소들과 그것을 구성하는 원자들을 모두 네 종류의 양자수로 표현할 수 있다는 사실은 주기율표 내 동일한 족의 원소들이 유사한 반응성을 보인다는 것을 설명해준다. 유사한 형태의 궤도와 전자 배치가 곧 원소와 화학반응의 특징을 결정짓는 것이다.

빛, 입자에서 다시 파동으로

파동이었다가 이제는 입자로 규정된 빛은 여전히 그 정체를 단언할 수 없었다. 과학자들은 각자 자신이 믿는 빛의 본질에 대한 증거를 찾고 설득하려 노력했으며, 이를 원만히 해결할 수 있는 방법은 두 가지를 모두 인정하는 것 외에는 없어 보였다. 그리고 그 시작은 가장 높은 작위를 가진 과학자 중 한 명으로 꼽히는 프랑스 물리학자 루이 빅토르 피에르 레몽 드 브로이 공작Louis Victor Pierre Raymond de Broglie, 7th duc de Broglie, 1892~1987이었다.

드 브로이는 귀족의 의무를 다하기 위해 전파병으로 제1차 세계대전에 참전했으며, 전자기파의 일종인 라디오파에 관심이 많았다. 그는 전자와 같이 매우 작은 입자가 파동을 그리는 형태로 운동하는 것을 물질파matter wave라고 칭했다. 그리고 모든 물질은 이러한 파동과 입자의 이중적인 거동을 보인다는 이론을 1924년 박사 학위 논문에 담아 제출했다.[31] 물질파 이론은 플랑크와 아인슈타인이 밝혀낸 빛의 파동 및 입자의 성질을 모두 포함한 개념으로, 빛의 이중성을 확립하는 데 기여했다.

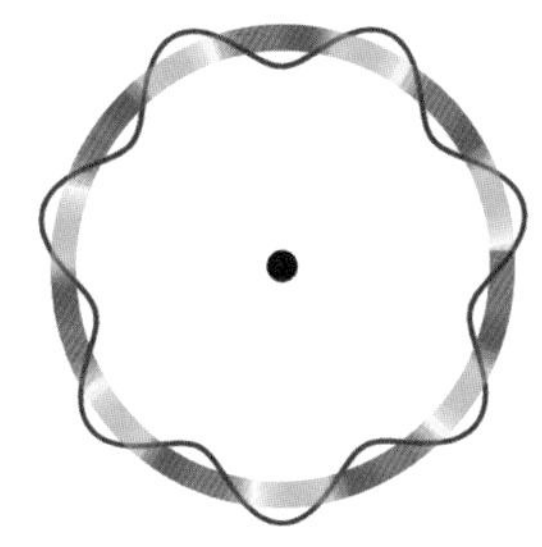

루이 드 브로이(왼쪽)는 박사 학위 논문을 통해 물질파 개념을 제안했다. '드 브로이 파동'은 원자를 이루는 전자의 거동을 해석하는 데도 적용되었다.

드 브로이의 논문은 참신했지만 대학 교수진은 그 내용을 정확히 이해하지 못했다. 지도교수이던 프랑스 물리학자 폴 랑주뱅Paul Langevin, 1872~1946은 드 브로이의 논문을 아인슈타인에게 보냈다. 논문을 읽은 아인슈타인은 광전 효과를 비롯한 여러 이론을 뒷받침하는 중요한 내용임을 깨닫고 드 브로이의 혁신적인 아이디어를 공개적으로 지지했다. 결국 드 브로이는 1929년 입자성과 파동성의 양립을 발견한 공로로 노벨 물리학상을 수상했다.

랑주뱅은 드 브로이의 논문을 스위스 취리히대학교 교수인 에르빈 슈뢰딩거Erwin Schrödinger, 1887~1961에게도 보냈다. 하지만 슈뢰딩거는 드 브로이의 논문을 가치가 없다고 혹평했다. 랑주뱅은 물질파 개념을 확신하며 다시 확인해줄 것을 요청했고, 그 노력은 슈뢰딩거를 통해 파동역학의 탄생으로 이어졌다.

불확정성에 반발한 고양이

'슈뢰딩거의 고양이'라는 사고실험thought experiment으로 친숙한 슈뢰딩거는 20세기 물리와 화학 분야에 가장 큰 혁명을 일으키고 현대 과학의 영역으로 이끈 과학자다. 오스트리아에서 태어나 독일로 이주해 조머펠트, 파울리와 친분을 쌓았고 이후 본격적으로 원소의 선 스펙트럼, 빛, 에너지와 운동량 등을 연구하기 시작했다.

슈뢰딩거가 드 브로이의 물질파 개념과 같이 전자를 파동으로 간주해 계산한 결과는 플랑크를 필두로 여러 이론 물리학자와 실험 물리학자가 확인한 에너지의 양자화를 정확히 증명해냈다. 이를 바탕으로 그는 1926년 파동 방정식을 제안한 「고윳값 문제로서 양자화 Quantisierung als Eigenwertproblem」라는 역사적인 논문을 발표했다.[32] 원자 주위를 공전하는 전자는 파동 메커니즘을 통해 궤도를 회전하는데, 파도처럼 오르락내리락하는 형태를 상상할 수 있다. 주어진 에너지에 대해 특정 파장을 가진 것은 전자기파와 에너지의 관계로 규명되었다. 전자의 파동이 성립하기 위해서는 먼저 양 끝을 고정한 활시위의 진동을 떠올릴 수 있는 정재파standing wave여야만 한다. 전자가

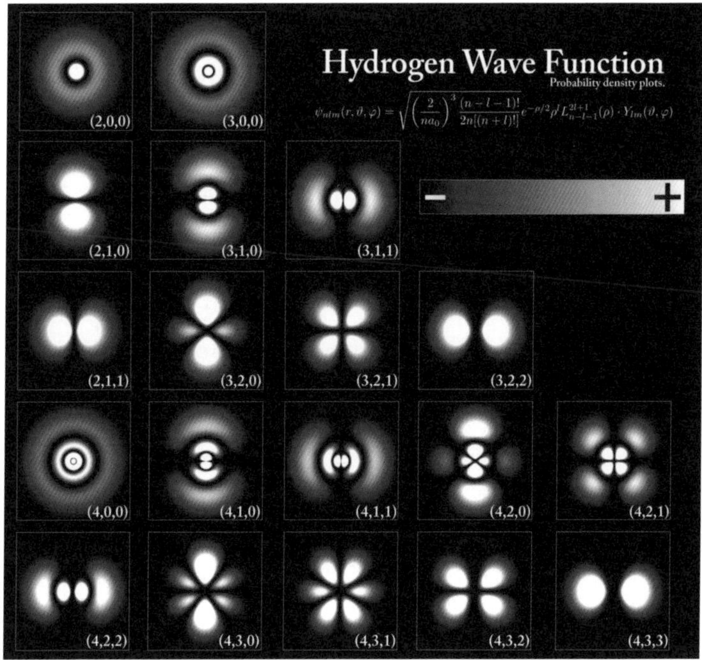

수소 원자의 양자수에 따른 전자의 확률 밀도

$$H(t)\,|\,\psi(t)\rangle = i\hbar\frac{d}{dt}\,|\,\psi(t)\rangle$$

에르빈 슈뢰딩거(왼쪽)는 파동 방정식을 도입했으며, 파동 방정식을 통해 전자의 확률 밀도를 계산할 수 있었다.

원 궤도를 공전한다고 생각한다면 원 궤도의 둘레와 파동의 정수배 파장 수가 동일해야 양 끝이 고정된 정재파가 형성된다. 이 조건들에 들어맞는 정수배가 곧 양자화된 특정 에너지 상태라고 이해할 수 있다. 슈뢰딩거는 새로운 양자역학에 파동 방정식을 도입했으며, 이는 1933년 노벨 물리학상 수상으로 가치를 인정받았다.

이 슈뢰딩거 방정식은 독일 물리학자 베르너 카를 하이젠베르크 Werner Karl Heisenberg, 1901~1976의 접근 방식과 동일했다. 하이젠베르크는 조머펠트의 제자였으며, 양자 이론이 고전역학으로부터 새롭게 진화하는 과정에서 철학적 차이와 이해를 반영하는 데 중요한 역할을 했다. 하이젠베르크는 일반 과학자들과는 다른 면모를 지니고 있었다. 거리에서 술하게 싸움을 벌이고 산악 등반을 즐기는 등 호전적 성향이 강했던 것으로 알려졌다. 보어로부터 가르침을 받은, 양자물리학의 선구자 중 한 명인 그는 자신의 이런 성향을 바탕으로 다양한 접근을 시도하고 성과도 낳았다.

하이젠베르크는 실질적으로 관찰할 수 있는 대상에 양자 이론을 도입하길 원했다. 사고실험만으로 이루어지는 물리적 모델에 불만을 가졌으며, 원자의 선 스펙트럼과 양자화된 에너지 등이 주된 관심사였다. 그는 행렬역학을 활용해 이것들의 측정값과 양자역학적 이론들을 결합했고, 슈뢰딩거의 발표보다 한 해 앞선 1925년 「운동학적 및 역학적 관계에 대한 양자 이론적 재해석Über quantentheoretische Umdeutung kinematischer und mechanischer Beziehungen」이라는 논문을 내놓았다. 이는 슈뢰딩거의 접근과 동일한 방식이었다.[33] 행렬역학 방식은 하이젠베르크의 또 다른 지도교수이자 파동 함수의 통계적 해석을 바탕으로 1954년 노벨 물리학상을 받은 독일 출신 영국 물리학자 막스 보른Max Born, 1882~1970이 행렬 대수를 확인한 데서 기인했다. 하이젠베르크는 보른의 또 다른 제자인 독일 이론 물리학자 파스쿠알 요르단Pascual Jordan, 1902~1980과 함께 행렬이라는 수학 기법을 이용해 기존 역학과는 완전히 다른 새로운 역학을 만들어냈다.

하이젠베르크의 연구에서 발생한 가장 대표적이고 친숙한 개념은 '불확정성 원리uncertainty principle'다.[34] 전자 같은 매우 작고 가벼운 미시적 대상은 위치와 운동량을 동시에 정확하게 측정할 수 없다는 의미다. 결국 보른은 슈뢰딩거의 파동 함수가 일정하게 유지되어야 한다는 사실을 알았지만, 하이젠베르크의 불확정성 원리에 따라 확률 개념으로 재해석한 확률파를 고려해야 했다.

뉴턴과 데카르트의 연구, 그리고 고전역학의 확립을 통해 우리는 올바른 방정식 설정과 해석을 바탕으로 천체, 자연, 물체의 움직임을 그리거나 예측할 수 있게 되었다. 하지만 입자는 너무 많았고 이들

베르너 하이젠베르크는 물리학에 불확정성을 도입했다. 슈뢰딩거는 이에 반발해 그 유명한 '슈뢰딩거의 고양이'라는 사고실험을 고안했다.

각각의 정확한 위치와 운동량을 계산하는 것은 어려웠다. 볼츠만과 기브스는 통계적 확률을 이용해 이 어려움을 뛰어넘었다. 하지만 하이젠베르크와 보른은 원자나 분자보다 더 작은 영역에서 관찰되고 모든 화학반응의 핵심으로 작용하는 전자의 위치와 운동량을 계산하는 것은 어려운 수준을 넘어 절대적으로 불가능하다고 선언했다.

이제 빛은 파동이자 입자였으며, 원자를 구성하는 전자들은 파동을 그리면서 움직이게 되었다. 하지만 위치를 한정하기는 불가능했고, 오히려 확률이라는 개념으로 전자가 존재하거나 발견되는 모양새가 만들어졌다. 이 모든 것은 원자의 구조를 규정할 때 태양계 모형이나 궤도 모형을 넘어 슈뢰딩거의 확률 모형이라는 다소 애매모호하지만 실재적인 개념으로 발전하는 바탕이 되었다. 정해진 궤도orbit를 도는 천체 같은 아름다운 거동은 이제 불확실하고 혼란스러운 확률과 가능성의 파동으로 설명되었으며, 궤도는 오비탈orbital이라는 형태로 대체되었다.

원자·분자를 다루는 또 다른 분야, 화학결합 이론과 양자화학

화학 분야에서 양자역학의 적용은 원자들이 어떤 식으로 결합해 분자를 형성하는지에 대한 고찰을 근간으로 한다. 원자의 가장 바깥쪽 껍질에 존재하는 전자들이 실제적인 결합을 형성하는 데 관여한다는 '원자가 결합 이론valence bond theory'을 바탕으로 양자화학의 시작을 알린 인물은 독일 물리학자 발터 하인리히 하이틀러Walter Heinrich Heitler, 1904~1981와 독일 출신 미국 물리학자 프리츠 볼프강 론돈Fritz Wolfgang London, 1900~1954이다. 하이틀러는 조머펠트의 제자였으며 론돈 역시 조머펠트의 제자인 라우에를 박사 학위 지도교수로 삼았기에, 양자역학의 탄생에 기여한 수많은 다른 물리학자들과 마찬가지로 사제지간 내력에 속해 있었다.

하이틀러와 론돈은 루이스의 공유 전자쌍을 기반으로 결합 오비탈이 각 원자 오비탈의 파동 함수의 곱으로 표현된다는 양자 이론을 적용해 화학결합을 설명했다. 수소 기체 같은 가장 간단하면서도 동일한 원자로 이루어진 분자의 결합에 대해서는 1927년 「양자역학에 따른 중성 원자와 동극 결합의 관계Wechselwirkung neutraler Atome und homöopolare Bindung nach der Quantenmechanik」라는 논문을 통해 보고했다.[35] 이는 전자 공유로 이루어지는 공유 결합을 설명하는 데 매우 효율적인 접근이었으나, 파동 함수를 기반으로 하기에 복잡할 수밖에 없었다. 그런데 이 문제는 의외로 매우 간단하게 정리되었다. 가장 낮은 에너지를 도출하는 계산 결과가 실제 공유 결합의 형태와 가장 유사하다는 것이었다.

미국 물리학자 라이너스 칼 폴링Linus Carl Pauling, 1901~1994은 유럽에서 조머펠트, 보어, 슈뢰딩거와 공부하고 윌리엄 로런스 브래그 경Sir William Lawrence Bragg, 1890~1971을 만나 엑스선 회절을 접한 후 다양한 결정 물질들의 결합을 연구하기 시작했다. 그는 결정성 물질의 형태나 구조보다 결합 자체에 관심이 많았고, 그것을 중점적으로 연구했다. 이후 전자 공유로 이루어지는 화학결합의 세기가 다소 과소평가되고 있다는 사실을 발견했다. 그리고 하이틀러-론돈 모델을 바탕으로 오비탈의 겹침이 핵심적 역할을 한다는 점에 착안해, 오비탈들이 조합되어 조금 더 다양한 결합과 구조의 가능성을 제시한다는 혼성hybridization 오비탈 개념을 만들어냈다.[36]

과거 유기 화합물 구조의 예측에서 케쿨레가 공명 구조를 제안한 것과 마찬가지로, 폴링은 한 원자의 서로 다른 원자 궤도 함수가 혼합되어 만들어진 혼성 오비탈을 '공명' 구조라고 규정했다. 벤젠의 화학결합에서 이중 결합과 단일 결합 상태가 진동 혹은 변화하는 양상을 표현할 때 공명이라는 용어를 사용했기 때문에 다소 혼란스러운 측면이 있었다. 그럼에도 양자 이론을 도입해 화학결합을 이해하는 시작점으로는 충분했다.[37]

화학결합 외에도 폴링의 업적은 과학 분야 전체를 아우른다. 겸형 적혈구증(혈액 속에 겸상 적혈구가 나타나 유전병을 일으키는 증상)에 대한 분자 유전학을 비롯해 생화학 분야에서도 아미노산과 펩타이드의 구조, DNA의 나선 구조, 효소 반응에 대한 구체적인 이해 등 중요한 결과들을 발표했다. 그는 또한 공학자이자 평화운동가였고,

작가이면서 교육자였다.[38] 그의 수많은 업적은 화학결합에 관한 공로로 1954년 노벨 화학상 수상이라는 영예로 돌아왔으며, 핵실험 반대와 핵무기 통제를 적극적으로 제안해 1962년 노벨 평화상도 수상했다. 역사상 가장 위대한, 그리고 중요한 과학자를 선정하는 시기가 되면 언제나 20위 안에 언급되는 인물이다.

하지만 분자 오비탈 이론에 방점을 찍은 것은 폴링이 아닌, 미국 물리학자이자 화학자 로버트 샌더슨 멀리컨Robert Sanderson Mulliken, 1896~1986이다. 그는 미국 매사추세츠공과대학교MIT 유기화학 교수인 아버지의 영향으로 어린 시절부터 화학을 접했다. 성인이 되기 전부터 아버지의 유기 화합물 관련 논문을 교정하고 편집을 도왔으며, 실험실에서 연구를 지켜볼 기회도 많았다. 학부 과정에서 이미 유기화학 논문을 게재할 정도로 재능을 보인 그는 유럽에서 유학하며 양자역학과 분광학을 접했다. 당시 그는 이미 로버트 오펜하이머Robert Oppenheimer, 1904~1967, 슈뢰딩거, 폴 에이드리언 모리스 디랙Paul Adrien Maurice Dirac, 1902~1984, 하이젠베르크, 드 브로이, 보른 등과 상당한 친분을 쌓고 있었다. 오비탈과 양자화학에 관해서는 보른의 제자이자 조수이던 독일 물리학자 프리드리히 헤르만 훈트Friedrich Hermann Hund, 1896~1997로부터 가장 큰 도움을 받았다.

멀리컨과 훈트는 지속적으로 교류하면서 수소나 산소 같은 간단한 이원자 분자에 적용되던 오비탈 모델을 더욱 복잡한 분자에 적용할 수 있도록 발전시켰다. 원자 오비탈을 살펴보던 단계를 넘어 이제 분자 오비탈molecular orbital로 진입한 것이다. 'MO이론'으로 통용되는 '분자 오비탈 이론'은 지금까지도 무기 화합물의 본질적인 결합

로버트 멀리컨과 프리드리히 훈트는 분자 오비탈의 영역을 개척했다. 1929년 미국 시카고에서 촬영한 사진으로 뒷줄 오른쪽에서 두 번째가 멀리컨, 아랫줄 맨 오른쪽이 훈트다.

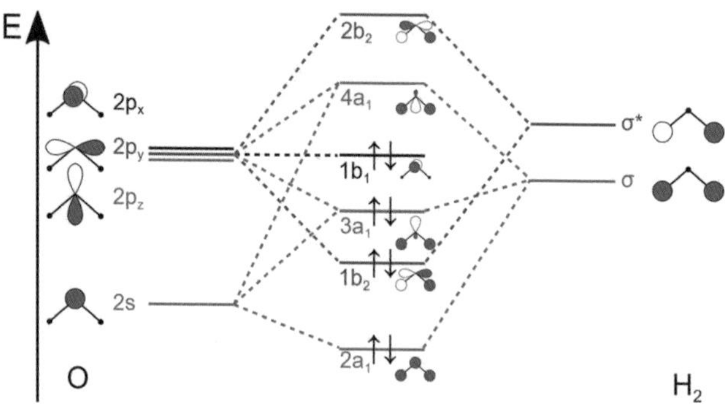

물(H_2O) 분자의 분자 오비탈 도표. 단일 원자를 넘어 분자의 오비탈과 화학결합을 설명하는 분자 오비탈 이론은 지금도 활용되고 있다.

특성을 해석할 때 활용되고 있다. 그들의 기여를 높이 사 '훈트-멀리컨 모델'이라 부르기도 한다. 오비탈들의 조합과 배치로 형성되는 다양한 에너지 준위를 이해하는 데는 훈트와 멀리컨의 분광학 연구가 빛을 발했다. 그뿐 아니라 화학결합에 관여하는 최외각 전자들이 배치되는 방식을 결정짓는 데도 훈트의 '최대 다중도 규칙(흔히 훈트의 규칙이라고 한다)'이 해결책을 제시했다.

이들은 해석과 더불어 정보를 표현하는 방법에도 기여했다. 먼저 s, p, d, f로 구분되는 원자 오비탈의 결합을 통해 형성되는 분자 오비탈을 표기하고자 그리스 문자 시그마σ, 파이π, 델타δ, 화이φ를 적용했다. 그리고 분자 오비탈 예측을 체계화한 군론group theory에서 대칭성을 표시하는 멀리컨 표기Mulliken label 방식을 고안해냈다. 분자 오비탈의 표기 및 전자의 배치는 보어의 쌓음 원리와 파울리의 배타 원리, 그리고 훈트의 최대 다중도 규칙을 통해 이루어졌으며, 그 결과 분자의 가장 안정한 결합 상태를 다룰 수 있게 되었다. 멀리컨은 화학결합과 분자의 전자 구조에 관한 연구로 1966년 노벨 화학상을 수상했다.[39] 그는 언제나 훈트의 영향과 도움에 많은 감사를 표했으며, 노벨상을 홀로 수상하자 훈트와 상금을 나누어 영광과 기쁨을 함께했다.

다시 또 전쟁, 제2차 세계대전

인류 역사상 처음으로 '세계대전Great War'이라는 명칭이 붙을 만큼

전례 없는 규모의 전쟁이던 제1차 세계대전은 유럽을 넘어 아시아와 미국에도 정치·경제·사회적으로 많은 영향을 끼쳤다. 특히 화학무기 등 전쟁에서 이기기 위한 수단들이 총동원되면서 유럽 대륙과 유럽 시민들은 큰 상처를 받았다. 반면 화학이라는 학문은 전쟁을 계기로 조금 더 발달했으며, 화학자들도 전쟁의 영향을 결코 무시할 수 없었다. 마찬가지로 1939년 9월 1일부터 1945년 9월 2일까지 지속된 제2차 세계대전 역시 다양한 변화를 만들어냈다.

하지만 이 두 차례의 세계대전은 시작과 진행 양상이 사뭇 달랐다. 제1차 세계대전의 경우 제국주의 팽배로 강대국 동맹들이 분리되어 발발한 전쟁이라 전범 국가와 인물을 명확하게 규정하기 어려웠다. 이에 비해 제2차 세계대전은 나치 독일 총통 아돌프 히틀러Adolf Hitler, 1889~1945의 폴란드 침공을 시작으로 추축국樞軸國(독일·이탈리아·일본)이 동시다발적으로 참전한 전쟁이었다. 무려 10년간 지속된 대공황Great Depression 상황에서 정권을 잡은 히틀러는 나치 독일의 집결을 위해 유대인 말살 정책을 펼쳤는데, 여기에서 매우 특이한 변화들이 발생했다.

염소 기체로 첫 화학무기를 만들고 질소 고정반응을 고안한 하버는 제1차 세계대전 당시 독일의 영웅이었다. 하지만 유대인인 그는 제2차 세계대전이 발발하자 과거에는 적이던 연합군 세력의 영국으로 피란을 가야 했다. 이윽고 1935년 유대인이 공무원, 의사, 법률가 등의 직군에 종사하는 것을 금지하는 뉘른베르크 법Nürnberger Gesetze이 공표되었다. 이 반유대주의 법 때문에 유대인 아내를 둔 교수들마저 대학에서 강의를 할 수 없게 되자 많은 과학자가 독일을 떠나 영미 문화권으로 이주했다.

슈뢰딩거는 나치 정권에 반대하다 오스트리아로 돌아갔고, 아인슈타인은 두 번 생각할 것도 없이 미국으로 바로 이주해버렸다. 론돈은 강제로 쫓겨나 미국에서 교수로 일했으며, 보어는 다른 과학자들의 피란을 적극적으로 돕다 마지막에서야 영국으로 탈출했다. 물론 독일의 모든 과학자가 나치 정권에 반대했던 것은 아니다. 전기장에서 에너지 준위의 갈라짐을 의미하는 '슈타르크 효과Stark effect'를 발견한 요하네스 슈타르크Johannes Stark, 1874~1957는 적극적인 반유대주의자이자 인종차별주의자였다. 하이젠베르크는 토륨의 방사성 동위원소들을 발견해 핵분열의 선구자가 되고 1944년 노벨 화학상까지 받은 오토 한Otto Hahn, 1879~1968, 그리고 방사선을 측정하는 계수기를 발명한 요하네스 한스 빌헬름 가이거Johannes Hans Wilhelm Geiger, 1882~1945 등과 함께 독일의 원자폭탄 프로젝트를 이끌었다.

종전 후 과학자들의 활동 영역은 한 국가에 국한되지 않았으며, 그동안 쌓여온 화학 분야의 지식과 수준은 재분배되었다. 그리고 인류 역사상 가장 많은 사망자(약 6,000만 명으로 추산)와 재산 피해를 남긴 제2차 세계대전의 파급력만큼이나 양자역학과 양자화학의 영향력도 거대해졌다.

광석을 정련하고 다듬을 때마다 나오는, 밝게 빛나는 달궈진 금속은 아득히 먼 옛날부터 존재했다. 그리고 물리학은 흑체 복사로 이어져 끝내 양자역학을 탄생시켰다. 양자 이론들은 화학에서 가장 어려운 과제 중 하나였던 비극성 분자 결합을 규명하는 데 적용되었고, 이로부터 분자 구조와 에너지 상태, 오비탈과 전자 배치를 모두

벨기에 화학자 에르네스트 솔베이(Ernest Solvay)가 자신의 이름을 따서 만든 학회 '솔베이 회의'의 단체 사진(1927)으로, 양자역학의 탄생은 화학 분야에 중요한 전환점이 되었다.

아우르는 양자화학이 깨어났다. 이후 양자화학은 유기 및 무기 분자를 이해하는 데 기존과는 다른 관점의 해석과 심도 있는 규명을 이끌어냈으며, 이를 근거로 근대를 넘어 현대 화학으로 돌입하는 명백한 경계로 인식되고 있다.

양자역학에 파동 함수를 도입해 슈뢰딩거와 함께 1933년 노벨 물리학상을 수상한 디랙은 1929년 발표한 논문에서 "물리학의 많은 부분과 화학 전체의 수학적 취급에 필요한 기본적인 물리 법칙은 모두 알려져 있으나, 유일한 난관은 이러한 법칙을 응용해 얻어지는 방정식이 풀기에 너무 복잡하다는 사실이다"라고 언급했다.[40] 이 발언을 한 인물이 흔히 아인슈타인에 비견되는 천재 물리학자 디랙이라는 점을 감안한다면 "자동차는 완벽하게 배의 역할을 할 수 있는데, 유일한 난관은 물에 가라앉는다는 것이다"라는 말처럼 결코 간단한 문제는 아니다.

이제 화학자들은 화학 전체를 해석하는 절대적인 답을 찾는 데 집착하지 않았으며, 반대로 더욱 멀리서 전체를 바라보기 시작했다. 이미 물질과 반응, 소재를 다루는 방식을 이해한 화학자들은 제2차 세계대전 이후 화학 원리를 활용해 더욱 다양한 것들을 많이 만들어냈다. 바야흐로 현대 사회의 세 가지 기둥 중 하나인 플라스틱과 고분자화학의 시대가 열린 것이다.

제14장

단분자에서 고분자로

THE CHRONICL

O F C H E M I S T R Y

유기 혹은 무기 화합물 중 일부는 간혹 자기들끼리 결합해 더 큰 분자를 형성하기도 한다. 물론 아무런 조건 없이 무작정 결합하는 경우는 흔치 않다. 특별한 화학결합이나 상호작용을 통해 하나씩 추가되어 길고 거대한 사슬을 만드는 것이 일반적이다. 가장 대표적인 예가 포도 주스에서 분리된 포도당 등 단당류 물질 2개가 결합해 이당류인 설탕, 젖당 등을 형성하는 것이다. 더욱 많은 단당류 분자가 추가로 결합하면 올리고당을 만들고, 결국 이것을 넘어 다당류인 녹말을 구성하게 된다. 독립된 하나의 분자로 존재하는 것을 단분자monomer, 이들의 반복적인 결합을 통해 만들어지는 크고 거대한 물질을 고분자polymer라고 한다. 그리고 고분자들이 결합해 형성된 플라스틱plastic은 합금, 세라믹과 함께 현대 사회를 구성하는 가장 거대한 기둥 가운데 하나가 되었다.

세상을 바꿀 플라스틱과 합성고무의 등장

고분자 개념은 이성질이나 촉매를 비롯한 다른 화학 용어들과 마찬가지로 베르셀리우스가 제안했다. 베르셀리우스는 유기 화합물들과 그 구조를 비교하는 과정에서 유사성을 발견했고, 각각 6개의 탄소와 수소로 구성된 벤젠C_6H_6의 경우 2개의 탄소와 2개의 수소로 이루어진 에타인C_2H_2(아세틸렌)이 여러 개 결합한 것이라고 생각했다. 하지만 임의의 고분자 물질을 원하는 대로 조절해 합성하는 것은 매우 어려운 일이었다. 그래서 셀룰로스나 고무 등 천연에서 얻을 수 있는 물질에서부터 화학적 접근이 시작되었다.

최초의 플라스틱은 영국 발명가 알렉산더 파크스Alexander Parkes, 1813~1890가 만든 파케신Parkesine이 첫 인공 플라스틱으로 인정받으면서 등장했다.[1] 당시 파케신은 방수 직물로 활용되기도 했다. 플라스틱을 효율적으로 생산하고 다양한 산업 분야에 적용하려는 시도는 미국 발명가 존 웨슬리 하이엇John Wesley Hyatt, 1837~1920에 의해 이루어졌다. 그는 제1차 세계대전 당시 무연 화약을 제작하는 데 쓰여 연합군에게 힘이 되어준 나이트로셀룰로스를 장뇌camphor에 녹인 뒤 성형해 단단한 플라스틱을 만들었다. 바로 셀룰로이드celluloid다.

지금은 플라스틱의 유용함 이면에 자리한 환경오염과 생태계 파괴 위험성이 크게 대두되곤 하지만, 플라스틱을 발명한 초기 목적은 역설적으로 동물 및 자연 보호였다. 당시 코끼리 상아는 당구공과 단추, 장신구 등을 만드는 핵심 소재라 수요가 많았는데, 이는 곧 동물 밀렵과 상아 밀수 같은 범죄로 이어졌다. 이에 1863년 당구 선수

마이클 펠런Michael Phelan은 상아를 대체해 다른 우수한 당구공을 만들 수 있는 신소재 개발에 1만 달러 상금을 걸었다.[2] 이후 파크스의 파케신과 하이엇의 셀룰로이드는 '인공 상아'로 불리며 가장 효과적인 대안으로 떠올랐다. 특히 셀룰로이드는 영사기용 필름을 만드는 데도 사용되어 영화 산업의 급격한 발달을 가져오기도 했다. 그렇지만 셀룰로이드는 폭발성을 지닌 나이트로셀룰로스가 주재료였기에 150도 이상의 온도나 충돌에도 폭발이 일어날 수 있어 안정성 문제가 늘 제기되었다.[3]

코크스 또는 가스를 만들기 위해 석탄을 탄화하는 과정에서 나오는 콜타르가 인공 염료를 개발하는 바탕이 되고 공업화학의 초기 발달을 견인한 것과 같이, 석탄 가스 합성 부산물이자 초창기 살균제로 사용된 카볼릭산(페놀)은 합성 플라스틱의 재료로 주목받았다. 벨기에 출신 미국 화학자 리오 헨드릭 베이클랜드Leo Hendrik Baekeland, 1863~1944는 카볼릭산과 포름알데하이드의 화학반응을 통해 베이클라이트bakelite라는 플라스틱을 만들었다.[4] 셀룰로이드와 다르게 베이

플라스틱은 사실 자연 보호를 위해 발명되었다. 한 당구 선수가 상아를 대체할 당구공 소재 개발에 상금을 걸었고, 이후 셀룰로이드는 가장 효과적인 대안으로 떠올랐다. 셀룰로이드는 영화 산업 발전도 촉진했다.

클라이트는 안정성이 매우 뛰어나 당초 목적이던 당구공 제조를 넘어 전자제품과 총기, 보석 등 다양한 산업 분야에 적용되었다.

고분자 물질 중 합성 플라스틱 이외에 역사상 가장 오랫동안 발전해온 것은 역시 고무라고 할 수 있다. 천연고무는 열대 기후에 서식하는 고무나무 수액에서 얻는다. 생산지가 한정적일 뿐 고무나무 종류는 2,000여 종에 가까워 중앙아메리카와 남아메리카에서는 오래전부터 고무를 사용해왔다. 신축성이 있고 탄성력도 강해 침구류에 많이 쓰이는 라텍스latex 역시 천연 탄성고무에 해당한다. 물론 지금은 인공적으로 같은 구조의 물질을 합성하기도 한다.[5]

백조목 플라스크에 산화 수은과 산화 납을 넣어 가열하는 실험으로 산소를 발생시켰던 프리스틀리는 연필 필기를 특정 고무로 지울 수 있다는 사실을 발견하고 지우개를 만들어냈다. 또한 1824년 영국 화학자 찰스 매킨토시Charles Macintosh, 1766~1843는 콜타르를 증류할 때 발생하는 나프타naphtha로 천연고무를 녹인 뒤 옷감에 펴 바르는 방식으로 최초의 방수 우비를 발명하기도 했다.[6] 고무를 본격적으로 활용하기 시작한 것은 미국 화학자이자 발명가 찰스 굿이어Charles Goodyear, 1800~1860가 고무에 유황을 혼합한 뒤 가열해 가황vulcanization 고무를 만든 이후부터다. 고무를 사용하는 가장 대표적인 분야가 자동차를 비롯한 동력 기계의 타이어인데, 굿이어는 가황 고무로 자동차 타이어를 제작해 특허 등록까지 했다.

식민지가 많은 만큼 원자재 무역을 독점하다시피 하던 영국은 합성고무 생산에 따른 가격 파동을 우려해 말레이시아 등지에서 나오는 천연고무의 수출량을 제한했다.[7] 당시 고무는 타이어, 고무벨

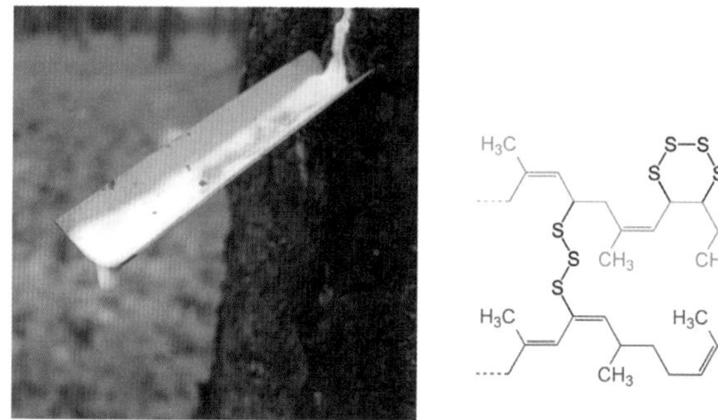

라텍스로 불리는 천연고무(왼쪽)는 유용한 반면 생산과 수급에 잠재적 위험성이 있어 가황 고무 및 합성고무에 대한 연구가 시작되었다.

트, 고무줄 등을 생산하는 산업 분야는 물론, 일상생활에서도 이미 필수 소재였다. 그래서 천연고무 수급 문제가 경제 문제로 확대되는 것 아니냐는 우려의 목소리까지 나왔다. 이에 합성고무 발명을 주목적으로 고분자화학이 다시금 도약하는 계기가 마련되었다.

우리는 흔히 고무를 탄성력이 있는 고체라고 생각하지만, 고무가 활용되는 분야는 단순한 필기구부터 첨단 산업 및 우주공학까지 광범위하다. 그만큼 고분자화학은 강도와 내구성을 비롯한 물성 조절이 늘 과제였다. 이 과정에서 다양한 고무가 개발되었고, 고분자 물질의 구조와 특징, 물성 조절에 관한 과학 기술은 큰 진보를 이루었다. 합성 고분자 물질에서 분자 수준의 이해는 곧 천연 고분자 물질과 거대 생체 분자의 결합, 그리고 화학에 대한 이해로 이어졌다.

고분자 플라스틱이 바꾼 산업과 일상

폴리염화비닐polyvinyl chloride, PVC은 배관용 파이프 등 산업 분야에서 흔히 사용하는 매우 뛰어난 물성의 고분자 소재다. 사슬 모양의 고분자들이 단단하게 성형되어 플라스틱을 이루어야 우리가 흔히 떠올리는 소재로서 형태를 갖추게 되며, 그 전에는 쉽게 부서지는 고체 물질의 특성만 가진다. PVC 역시 1872년 독일 화학자 오이겐 바우만Eugen Baumann, 1846~1896과 카를 쇼텐Carl Schotten, 1853~1910이 발명한 이후 화학적 제어 기술이 등장하기 전까지는 큰 효용성을 보이지 못했다. 1920년에 이르러 미국 화학자 월도 론스베리 세몬Waldo Lonsbury Semon, 1898~1999이 접착제를 연구하던 도중 용매에 PVC를 녹여 유연성을 가미한 형태를 만들어낸 후에야 본격적으로 활용되기 시작했다.[8]

스타이로폼styrofoam(일명 스티로폼)으로 친숙한 폴리스타이렌polystyrene, PS은 1839년 독일 약제상 요한 에두아르트 지몬Johann Eduard Simon, 1789~1856이 나무 수지를 증류하는 과정에서 우연히 발견했다.[9] 본격적인 활용은 거의 100년이 지난 1931년 독일 화학공업 회사 IG 파르벤을 필두로 다우 케미칼, 코퍼스 컴퍼니 등이 주도했으며 사용 분야 또한 점차 확대되었다.

독일 화학자 한스 폰 페히만Hans von Pechmann, 1850~1902은 1898년 화학반응을 연구하는 과정에서 폴리에틸렌polyethylene, PE을 발명해냈다. 스타이로폼과 유사한 완충재 형태로도 쓰이는 폴리에틸렌은 전선 피복, 파이프, 외장재, 일회용 비닐봉지 등 세계적으로 가장 많이 사

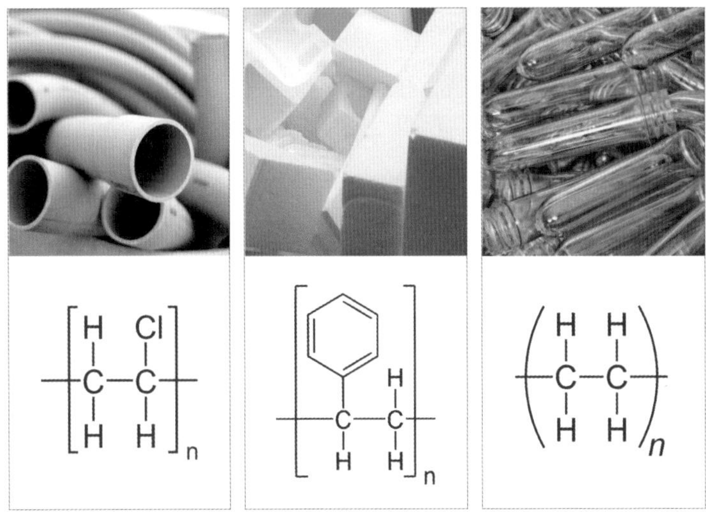

폴리염화비닐(PVC)과 폴리스타이렌(PS), 폴리에틸렌(PE) 모두 플라스틱의 일종으로 다양하게 사용된다(왼쪽부터).

용되고 있는 플라스틱 종류다. 1933년 영국 왕립 화학 산업회사Imperial Chemical Industries, ICI에 의해 산업 분야에 적용되었다.

전쟁의 판도를 뒤흔든 나일론, 그리고 섬유화학

유기화학반응을 통해 유기 화합물 자체가 다른 화합물로 변화하거나 다른 화합물과 상호작용을 일으켜 새로운 유기 화합물을 생성하는 과정은 개별적인 설계가 가능했다. 하지만 그 과정에서 자발적인 연쇄반응으로 형성되는 고분자 물질에 대한 이해는 오랫동안 미지의 영역으로 남아 있었다. 실수로 혹은 우연히 고분자 중합반응의 결과물이 확인되었을 텐데도 19세기 후반까지 누구 하나 이를 실패작, 불순물, 응집체, 덩어리 등 불명예스러운 관점이 아닌 새로운 물질로 주목하지 않았다. 필요에 의해 고분자 물질 및 플라스틱에 관한 연구가 진행되면서 과거에도 나타났던 정체불명의 거대 물질들의 구조와 물성이 드러나기 시작했다. 그리고 플라스틱보다 더욱 섬세하게 조절되어 만들어지는 고분자 섬유의 발견은 산업 분야를 완전히 뒤엎는 하나의 혁신적인 사건이었다.

고분자 섬유화학 분야에서 가장 유명한 화학자는 미국 출신의 월리스 흄 캐러더스Wallace Hume Carothers, 1896~1937다. 그리고 세계에 엄청난 파급력을 미친 화학적 발명 중 하나로 언급되는 것이 바로 나일론nylon이다. 제2차 세계대전이 발발해 확대되고 일본이 참전하자 동양의 천연 고분자 섬유 물질인 실크silk 수급에 문제가 생겼다. 이에 캐러더스는 실크를 대체할 새로운 인공 섬유를 만들겠다는 목표로 듀폰사에서 고분자 섬유 연구에 착수했다. 물론 최종 목표는 부가가치가 높은 실크의 재현이었다. 하지만 캐러더스 연구팀에게는 셀룰로스나 고무 등 천연물로부터 유래한 고분자 물질의 화학적 구조와 원리의 이해, 그리고 실제적인 모방이 임무로 주어졌다.

합성염료의 발견이 그러했고 여러 플라스틱의 발견 과정이 그러했듯이, 나일론 역시 캐러더스 연구팀의 일원이던 미국 화학자 줄리언 힐Julian W. Hill, 1904~1996의 작은 장난과 우연, 그리고 영감에서 비롯되었다. 섬유 개발 실험을 하던 힐이 비커 바닥에 끈적끈적하게 눌어붙은 폴리에스테르polyester를 유리 막대에 묻혀 끌어당기자 실처럼 길게 늘어나는 현상이 나타났다. 유리 막대를 든 채 복도를 달리며

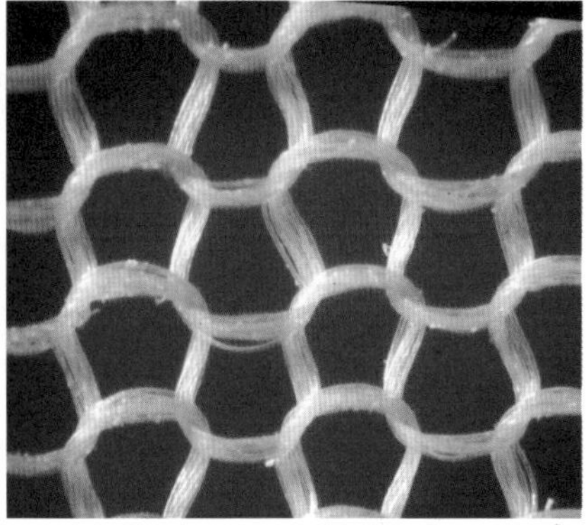

듀폰사에서 고분자 연구를 이끈 월리스 캐러더스(왼쪽)는 나일론을 발명했다.

그것이 얼마나 길게 늘어날지 반쯤 재미 삼아 시험해봤다. 그리고 이로부터 고분자 물질을 실 형태로 뽑아낼 수 있는 가능성과 그것의 가치를 깨달았다. 결국 폴리에스테르를 실 형태로 뽑아내는 데 성공했고, 이는 인공 실크로 발전했다.[10]

하지만 폴리에스테르는 열을 가했을 때 형태를 유지하지 못하고 유동성 있게 바뀌는 열가소성이 특징이었다. 물리적 내구성이 너무 약하고 물에 녹는 등 범용 섬유로서는 효용 가치가 떨어졌던 것이다. 이에 화학결합을 통해 물성이 향상된 고분자 섬유로 이 문제를 개선하려는 시도가 이어졌다. 그 결과 1935년 폴리아마이드polyamide로 이루어진 '6-6 나일론'이 헥사메틸렌다이아민hexamethylenediamine과 아디프산adipic acid의 화학반응으로 탄생했다. 내구성과 탄력이 좋은 나일론은 여성용 스타킹의 핵심 재료로 사용되었으며 강습용 낙하산을 만드는 데도 쓰였다. 나일론과 관련된 유명한 일화는 제2차 세계대전의 흐름을 크게 바꾼 1944년 노르망디 상륙작전에서 나왔다.

당시 노르망디에서는 실제 상륙지를 은닉하기 위한 3개 사단 규모의 공수병력 강습 작전이 시행되었다. 이때 부족한 낙하산을 제작하는 데 필요한 나일론을 모으기 위해 미국 전역에서 자발적인 스타킹 기부 운동이 펼쳐졌다. 나일론은 화학적으로 재사용이 가능하기 때문이다. 덕분에 낙하산 제작과 강습 작전은 성공적으로 이루어졌고 세계대전의 흐름도 바뀌었다.[11] 나일론은 분명 기적적인 신소재였

제2차 세계대전 당시 수많은 여성이 기부한 나일론 스타킹은 강습용 낙하산을 만드는 데 사용되었다.

으며, 세상을 크게 변화시켰다.

하지만 폴리에스테르, 네오프렌, 나일론 개발 책임자였던 캐러더스는 행복하지 못한 결혼 생활과 만성 우울증으로 힘든 하루하루를 보냈다. 1937년 나일론이 공업화된 직후 자신의 생일을 홀로 보내던 그는 음독자살로 유명을 달리했다. 이로 인해 세상을 바꾼 나일론을 개발하고도 노벨 화학상 수상은 이루어질 수 없었으며, 캐러더스는 나일론이 상업적으로 대성공을 거두는 모습도 보지 못했다.

듀폰사는 또 다른 고분자 섬유를 우연히 발견했다. 폴리테트라플루오로에틸렌polytetrafluoroethylene, PTFE, 일명 테플론Teflon이 그것이다.[12] 미국 화학자 로이 조지프 플런켓Roy Joseph Plunkett, 1910~1994은 어느 날 플루오린화 탄화수소를 담아 방치해놓은 가스 실린더의 밸브를 열었는데 아무것도 배출되지 않자 의아하게 여겼다. 보통은 가스가 어딘가로 새어나갔거나 다른 문제가 있었을 것이라며 대수롭지 않게 넘길 테지만, 플런켓은 금속으로 된 가스 실린더를 반으로 잘라 내부에서 일어난 일을 직접 확인했다. 그리고 마치 밀랍처럼 보이는 흰색 가루가 덩어리져 가스 실린더 내부를 뒤덮고 있는 모습을 발견했다. 이 정체불명의 가루는 강한 산이나 염기, 고온에도, 그리고 물이나 유기 용매에도 전혀 녹지 않는 경이로운 내구성을 보였으며 미끈거리는 느낌이 들었다. 1938년 극도로 우수한 안정성을 지닌 고분자 물질이 발견된 것이다.

하지만 원재료인 플루오린화 탄화수소의 가격이 비싼 축에 속하다 보니 상업적으로 사용하기에는 어려움이 있었다. 이후 원자폭탄 프로젝트가 시행되었고, 높은 부식성을 보이는 육플루오린화 우라늄을 농축하는 과정에서 파이프와 밸브의 부식을 방지하기 위한 코팅 용도로 쓰였다. 그리고 1954년 테플론으로 알루미늄Al 프라이팬을 코팅해 음식물이 눌어붙거나 주방용품이 부식되는 문제를 최소화한 테팔Tefal(Tef+Al)이 발명되면서 본격적으로 활용되기 시작했다. 테플론의 또 다른 잠재성은 인체 내부에 삽입 가능하다는 데 있었다. 물질은 대부분 인체에 유입되면 염증이나 괴사를 일으키는 등 심각한 부작용을 초래한다. 그러나 테플론은 인체에 유해성을 보이지 않는 몇 안 되는 인공 재료였기에 인공 골격, 판막, 의치 등을 제작하는 데 사용되었다.[13]

생활에 더없는 윤택함을 안긴 고분자 물질

인공 고무와 플라스틱, 섬유는 분명 화합물 간 화학반응을 통한 결과였다. 하지만 이것은 본질적으로 화학적 원리에 대한 이해와 조절로 이루어졌다기보다 실험의 산물이었다. 그만큼 유기화학적 설계가 아닌, 공업화학적 관점이 주를 이루었다. 또한 성공적인 소재 발명은 역으로 고분자 물질의 합성과 특성에 관한 연구를 하나의 화학 분야로 정립할 것을 촉구했다.

고분자화학은 독일의 화학자 헤르만 슈타우딩거Hermann Staudinger, 1881~1965의 거대 분자macromolecules에 대한 규정과 해석을 바탕으로 형성되었다.[14] 처음에는 슈타우딩거 역시 합성고무 연구에 매진했지만, 합성법 개발을 통한 실질적인 물성 조절보다 화학물질이라는 본질에 더 관심이 많았다.

초기 유기화학자들은 화합물이 수만 이상의 분자량을 가지는 거대한 형태로 결합되어 있다는 점을 납득하지 못했다. 그래서 결국 측정되는 고분자량의 거대 분자는 작은 물질들이 서로 뭉쳐서 나타나는, 일종의 겉보기 물질량일 뿐 실재가 아니라고 생각했다. 이는 화학결합을 완전히 이해하지 못하고 원자의 질량과 개수에 대한 정밀한 규명 또한 아직 이루어지지 않았기에 벌어진 일이었다.

1901년 페렝이 아보가드로수를 정의하고 곧이어 동위원소의 존재를 발견하기까지 오스트발트를 비롯한 화학자들은 산소 원자 질량의 16분의 1이 수소 원자의 질량과 거의 동일하다는 점에 착안해, 원자론 창설자 존 돌턴을 기리는 의미에서 원자의 질량을 나타내는 단위로 돌턴Dalton, Da을 만들어 사용했다. 돌턴을 기준으로 하면 물은 18돌턴, 수산화 소듐은 40돌턴이고, 비교적 무거운 종류에 속하는 유기금속 화합물들은 500~600돌턴에 육박했다. 그런데 천연물에서 처음 발견되어 인공적으로 합성되기 시작한 고분자 물질의 경우 작게는 1만 돌턴에서 크게는 무려 30만 돌턴을 넘어서는 어마어마한 질량이었기에 하나의 거대 분자가 아닌, 작은 분자들의 간접적 상호작용에 의한 결합이라고 이해했던 것이다.

거대 분자라는 용어를 처음 고안한 슈타우딩거는 1920년 「중합에 대하여Über Polymerisation」라는 논문에서 작은 분자들이 공유 결합을 통해 서로 직접적으로 연결되고 높은 반복성을 가지는 거대한 사슬을 이룬다는 이론을 제안했다.[15] 수십만 돌턴의 거대 분자는 온갖 정제 과정을 거쳐도 더는 분리되지 않았으며, 이는 직접적인 결합

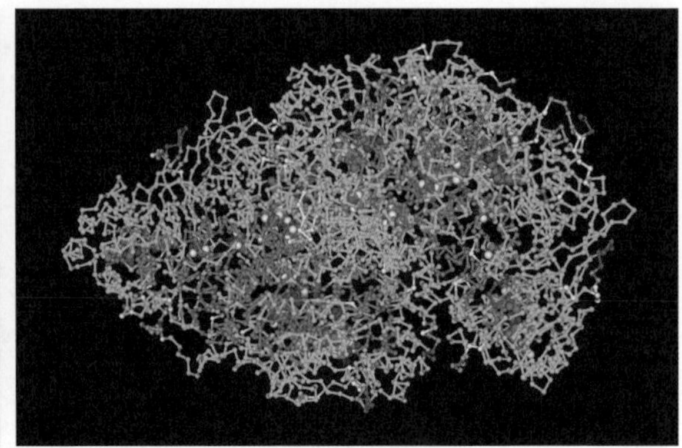

헤르만 슈타우딩거(왼쪽)는 거대 분자를 처음 규정하며 고분자화학의 기반을 마련했다.

이 존재한다는 것을 시사했다. 고분자량의 실재에 대한 실험적 증명은 슈타우딩거가 이론을 내놓은 이후 순차적으로 발표되기 시작했다. 그리고 실험적 증명들은 분자 크기보다 개수에 좌우되는 삼투압osmotic pressure의 크기 확인, 용액의 점성 비교, 분광학적 기법에 의한 분석을 통해 주로 이루어졌다. 이 결과들은 고분자의 구조와 특성을 바탕으로 하나의 화학 분야가 정립되도록 했으며, 1936년 폴리스타이렌에 대한 화학적 고찰을 다룬 논문이 발표되면서 모두 정리되었다.[16] 슈타우딩거는 1953년 거대 분자 연구에 대한 공로로 노벨 화학상을 수상했다.

우리 주위에 있는 물건 중 금속, 유리, 나무, 세라믹 소재를 제외한다면 사실상 나머지는 모두 플라스틱과 합성섬유, 합성고무 등 고분자 물질로 만든 것들이다. 고분자 물질의 발견은 산업과 문화 측면에서 상상 이상의 윤택함을 인류에게 허락했다. 하지만 지금까지 다루지 않은 또 다른 고분자 종류가 있다. 바로 지구와 생명의 탄생 및 진화 과정에서 핵심적 역할을 해온 DNA나 RNA 같은 유전 물질, 탄수화물과 단백질 등 생명체를 구성하는 필수 생분자들이 모두 고분자에 해당한다.

고분자 물질에 대한 화학적 이해는 생명 반응과 작용을 바라보는 새로운 시각을 제안했다. 이 새로운 시각은 바로 슈타우딩거의 거대분자 이론에 가장 직접적인 증거를 내놓은 동시에 유기 및 유기 금속 화합물의 실제적 구조를 확정 짓고, 후에 DNA 구조를 규명하는 데 가장 중요한 도구로 사용된 엑스선 결정학X-ray crystallography이다.

화학의 발달에서 빼놓을 수 없는 엑스선 결정학

뢴트겐이 엑스선을 발견한 이후 엑스선은 여러 분야에 혁신적인 변화를 가져왔다. 대표적으로 의료 분야에서는 인체에 투과시켜 내부 골격 구조를 파악하는 용도로 엑스선을 사용했다. 그뿐 아니라 화학의 발달 과정에서 엑스선은 빛의 입자성을 입증하는 핵심 현상이던 콤프턴 산란을 설명하는 데 유효했으며, 이는 곧 양자역학과 양자화학의 형성에 기여했다. 모즐리는 멘델레예프의 주기율표가 성립하는 데 기준이 될 원자번호의 규칙성을 엑스선을 이용해 확인했다. 또한 윌리엄 헨리 브래그 경Sir William Henry Bragg, 1862~1942과 윌리엄 로런스 브래그 부자는 결정성 물질에서 보이는 엑스선 회절 현상을 수학적·실험적으로 해석해내 1915년 노벨 물리학상을 공동 수상했다.

결정성crystallinity은 자연계에서 흔히 관찰되는 아름다운 현상 중 하나다. 결정을 이룬 소금 알갱이는 제각기 다른 크기임에도 매력적인 입방체 모양을 형성한다. 또한 하얗게 흩날리는 눈송이를 현미경으로 확대해 들여다보면 다양한 구조임에도 결정성과 함께 대칭성을 확인할 수 있다. 금속과 세라믹 소재의 경우 결정성을 이루면 우수한 물성과 촉매 특성이 나타나는 반면 녹슬거나 부스러진 비결정질 구조에서는 그러한 특성이 나타나지 않는다. 파스퇴르가 라세미 변형을 확인해 유기화학과 생화학의 진보를 이룬 순간에도 타르타르산과 라세미산의 결정화를 통해 결정을 분리하고 편광을 관찰할 수 있었던 것 역시 결정성의 영향을 짐작하게 한다. 이처럼 결정성은 그 자체로 화학의 한 축을 지탱해왔다.

결정성을 가진 물질에 엑스선을 조사할 때 나타날 수 있는 회절 현상은 독일 물리학자 막스 테오도어 펠릭스 폰 라우에Max Theodor Felix von Laue, 1879~1960에 의해 조금 더 실용적이고 분석적인 영역으로 이동했다. 1912년 라우에는 일정한 반복성과 주기성을 갖는 원자의 배열인 결정이 회절격자로 사용될 수 있음을 직감했다.[17] 반복적인 틈이나 표면 구조를 가진 물질에 빛이 입사될 경우 빛살은 회절되어 파장별로 특정 방향이나 형태로 분리되는데, 이러한 현상을 유발할 수 있는 물체를 회절격자라고 한다. 당시 라우에의 동료 파울 페터 에발트Paul Peter Ewald, 1888~1985는 가시광선을 사용해 결정의 회절격자화를 검증하려 했으나 결정의 반복성 간격보다 가시광선의 파장이 훨씬 커 성공적인 결과를 얻지 못했다. 이는 미세한 핀셋으로는 매우 작은 좁쌀 알갱이를 집거나 제어할 수 있지만, 거대한 굴착기로는 불가능한 것과 같은 이치다. 라우에는 파장이 매우 짧은 전자기파인 엑스선의 경우 결정을 이루는 원자들의 원자핵과 효과적인 회절 현상을 유발할 것이라 예측했고, 브래그 부자는 이를 실험적으로 확인했다.[18,19]

엑스선 회절은 다양한 물질을 분석하는 데 사용되기 시작했다. 그중에서도 고분자 물질을 분석해 작은 분자들의 응집이 아니라 하나의 거대 분자라는 사실을 증명한 사람은 오스트리아 출신 미국 화학자 허먼 프랜시스 마크Herman Francis Mark, 1895~1992다. 그는 엑스선 회절을 이용해 거대 분자가 기존 슈타우딩거가 상상한 것처럼 공유 결합이 반복적으로 연결되고 짜여 단단함을 보이는 구조가 아닌, 간단히 회전할 수 있는 사슬 형태의 느슨한 구조라는 것을 밝혀냈다. 제1차 세계대전을 거치며 전쟁영웅으로 떠오른 마크는 엑스선 회절의 응용 범위를 넓히는 데 기여했고, 이로부터 파생된 과학적 성취는 물리와 화학 분야에 지대한 영향을 미쳤다. 그가 고분자 물질에 관심을 가지게 된 것은 IG 파르벤사에서 합성고무와 고분자 플라스틱

막스 폰 라우에가 직감한 엑스선 회절은 윌리엄 헨리 브래그와 윌리엄 로런스 브래그 부자가 실험적으로 확인했으며, 프랜시스 마크는 이를 생분자 분석에 적용하는 데 성공했다(왼쪽부터).

의 제조 및 상업화 프로젝트를 담당하면서부터였다. 결과적으로 그는 고분자화학이라는 새로운 화학 분야 형성을 이끌었다.[20]

이에 더해 엑스선 결정학은 또 다른 사슬 형태를 가진, 거대하면서도 회전할 수 있으며 유동적일 것으로 예상되는 생분자를 분석하는 데 더없이 완벽한 도구였다.

생명체를 구성하는 생분자 연구의 시작

식품에서 흔히 관찰되는 탄수화물과 지방은 핵심적인 연구 대상과는 거리가 있었다. 훗날 단순한 에너지원이 아닌, 인체 내 기능과 세포 간 상호작용을 결정지을 수 있는 생분자임이 밝혀지기 전까지는 말이다. 반면 인체의 근육과 여러 기관을 구성하고 특정 단위들의 반복 혹은 조합으로 전체 형태가 이루어지는 단백질은 흥미로운 연구 주제였다. 물론 유전 물질인 핵산은 뉴클레오타이드nucleotide라는 단위가 중합되어 형성된 고분자 물질이고, 탄수화물 역시 포도당 등 단당류의 중합으로 만들어지는 고분자다. 단백질도 아미노산들의 중합으로 이루어진 고분자 물질이다. 지방의 경우 고분자 형태는 아니지만 크기와 분자량이 비교적 큰 분자라고 할 수 있다.

인체 내 단백질은 생명체를 구성하는 세포 중앙에 위치한 핵 내부의 염색체chromosome가 풀리는 것에서 시작된다. 염색체가 실 형태로 풀려 있는 것을 DNA라고 한다. DNA는 다수의 뉴클레오타이드로 이루어져 있으며, 몸을 구성하고 제어하기 위한 수많은 정보가

암호화해 연결되어 있다. 그리고 도서관에서 원하는 장서를 찾아 책장에서 꺼내듯이, 각 상황에 필요한 정보를 DNA에서 뽑아내 사용하기 좋은 형태인 RNA로 복사한다. 이를 전사transcription라고 한다. 전사된 RNA는 20여 종의 아미노산과 대응되는 정보를 보유하고 있다. 이때 3개의 연속된 뉴클레오타이드 정보가 1개의 아미노산 종류를 결정한다. 이 3개의 뉴클레오타이드를 트리플렛 코드triplet code라고 하며, 코돈codon이라는 단위로 나타낸다. 예를 들어 아데닌A-우라실U-구아닌G의 연속된 뉴클레오타이드, 즉 AUG 암호는 메티오닌methionine, Met이라는 1개 아미노산의 배열을 의미함과 동시에 이후 단백질 중합을 시작하라는 지시를 담고 있다. 암호화된 정보로부터 실제 기능하는 단백질이 합성되기 때문에 이 과정을 해독translation이라고 부른다. 이 같은 일련의 과정은 생명체를 구성하는 가장 중요한 근간 중 하나로, 중심 원리central dogma로 정의된다.[21]

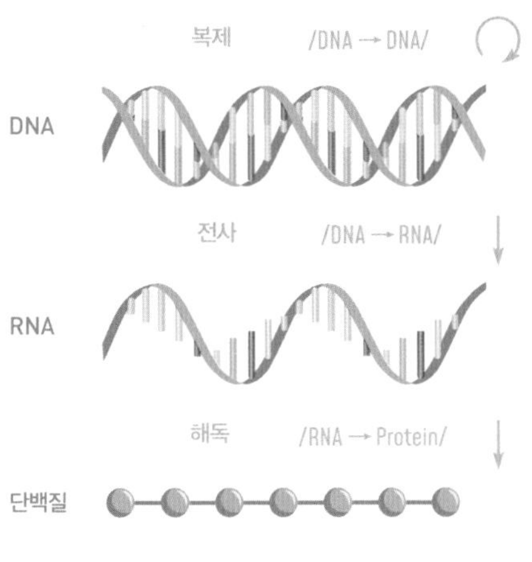

생명체를 구성하는 중요한 근간인 중심 원리

암호화 상태로 보존되고 필요 시 설계도 그대로 만들어지는 단백질은 아미노산의 특정 순서에 의해 종류와 구조가 결정된다. 바꿔 말하면 수백 개 아미노산의 연결 중에서 단 1개의 아미노산만 삭제 또는 추가되거나 바뀌어도 단백질 기능 자체가 완전히 망가진다는 의미다. 고분자 물질인 단백질 자체가 가지는 이 같은 정밀함과 기능적 중요성을 인식한 화학자들은 단백질이 파괴되거나 변질되지 않은 상태로 분리해 모으고자 노력했다. 이를 바탕으로 단백질이 어떠한 서열로 이루어져 있는지에 대한 이해가 본격적으로 시작되었다.

단백질 구조와 DNA 분석으로 생명체 이해에 한 걸음 더

영국 생화학자 프레더릭 생어Frederick Sanger, 1918~2013는 단백질과 핵산의 구조 및 서열 연구로 생명에 대한 이해는 물론, 생화학 분야를 몇 단계 끌어올린 인물로 평가받는다. 사실 그는 동일한 연구 분야에서 노벨상을 두 번 수상한 4명 중 1명이라는 점으로 더욱 유명하다. 생어 이외에 노벨상 다수 수상자로는 트랜지스터를 발명(1956년 노벨 물리학상)하고 초전도 현상을 발표(1972년 노벨 물리학상)한 존 바딘John Bardeen, 1908~1991과 앞서 만나본 마리 퀴리(1903년 노벨 물리학상, 1911년 노벨 화학상), 라이너스 칼 폴링(1954년 노벨 화학상, 1962년 노벨 평화상)이 있다.[22]

1951년 생어는 생명체 내에서 중요한 작용을 하는 단백질 중 하나인 인슐린insuline을 소에게서 분리해내는 데 성공했다.[23] 인슐린은 각각 A사슬과 B사슬로 불리는 두 아미노산 중합체가 서로 이황화 결합으로 연결되어 함께 거동하는 단백질이다. 황 원자 2개가 연결되는 형태를 이황화 결합이라고 하며, 인체 내에서 모발을 비롯한 단백질 구조를 유지하는 데 쓰인다. 생어는 플루오로다이나이트로벤젠FDNB이라는 유독성 기체로부터 새롭게 합성한 유기 화합물을 사용해 단백질의 서로 다른 양쪽 끝부분 중 질소가 존재하는 N-말단에 표지를 남기는 기법을 고안해냈다. 표지를 남긴 단백질은 분리와 확인 과정에서 노란색으로 관찰되었고, 생어는 이를 지문fingerprint이라고 부르기 시작했다.

이후 인슐린을 염산을 넣은 산성 조건에서 가수분해(물과 작용해 화학결합이 분해되는 반응의 한 종류)해 작게 잘라내거나, 특정 아미노산 사이만 자르는 것으로 알려진 단백질 분해 효소 트립신trypsin을 사용해 몇 개 조각으로 토막 낼 수 있었다. 그리고 작게 토막 낸 인슐린 조각들을 용질을 분리시키는 기술인 크로마토그래피chromatography를 이용해 크기별로 펼쳐놓았다. 마침내 그는 표지된 부분과 조각의 공통된 순서들을 비교해 전체 구조를 알아냈다.[24,25] 역사상 처음으로 거대 생분자의 구성 서열을 확인한 순간이었다. 생분자 서열을 확인하는 기술을 우리는 시퀀싱sequencing이라고 부른다. 생어는 1958년 인슐린 분자의 구조 결정 공로로 노벨 화학상을 수상했다.

단백질 연구의 성공을 밑거름으로 더욱 복잡한 유전자 서열을 분석하는 작업이 시작되었다. 생어는 대장균의 일부 RNA 서열을 분석하는 데 성공했다.[26] 이후 '생어 염기서열 분석Sanger sequencing(일명 디데옥시법)'이라는 DNA 서열 분석 방법을 발명해 인간 미토콘드리아와 박테리오파지λ(대장균에 결합하는 DNA 바이러스)의 유전 정보를 확인했다.[27] DNA 서열 분석 방법은 그야말로 혁신적이면서 논리적이고 아름다운 기술이었다. 그는 1980년 다시 한 번 노벨 화학상을 수상함으로써 업적을 인정받았다.

생어의 지도하에 박사 학위를 받은 제자들 중 항체antibody의 화학적 구조를 발견한 영국 생화학자 로드니 로버트 포터Rodney Robert Porter, 1917~1985는 1972년 노벨 생리의학상을 수상했다. 또 다른 제자 엘리자베스 헬렌 블랙번Elizabeth Helen Blackburn, 1948~은 수명과 관련된 인자인 텔로미어telomere(6개의 뉴클레오타이드가 수천 번 반복 배열된 염색체의 끝단)와 텔로머레이스telomerase(염색체의 양쪽 끝에 말단소립을 부착해 염색

프레더릭 생어(왼쪽)는 노벨 화학상을 두 번 수상한 유일한 인물이다. 그가 생물질의 서열 분석법을 개발함으로써 단백질과 핵산의 암호화된 내용을 읽을 수 있게 되었다.

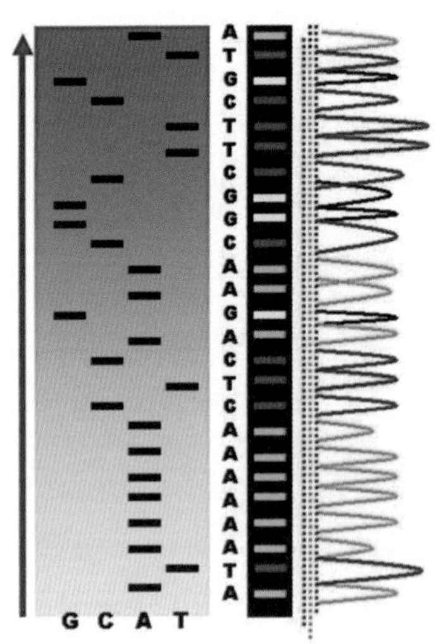

체를 보호하는 역할을 하는 효소)의 관계를 밝혀 2009년 노벨 생리의학상을 받았다. 이렇듯 생화학은 생어를 통해 생명의 비밀에 접근하는 하나의 방식으로 공고화되었다.

남아 있는 하나의 치명적인 불확실성은 분리 후 분석까지 마친 단백질이나 핵산이 과연 세포 내부 환경에서도 동일한 형태로 이루어져 있는지 여부였다. 고분자 사슬 형태로 길게 늘어진 1차원 구조나, 이들이 이황화 결합 혹은 다른 분자 간 상호작용에 의해 간단한 형태를 만들면서 발생하는 2차원 구조는 명확하게 분간되었다. 하지만 스스로 뭉치고 최적의 형태로 자리 잡으면서 만들어지는 단백질과 핵산의 3차원 구조는 아직 규명되기 않았다. 원자들은 공유 결합이라는 직접적인 화학결합을 통해 배열되고 거대 분자까지 형성했다. 이는 강한 결합이기에 임의로 잘라내 분리하기는 어려웠으나 기본적인 화학결합으로 이해될 수 있었기에 분석하고 해석하는 측면에서는 예외적 요소나 복잡한 상호작용 없이 오히려 간단할 수 있었다. 3차원 구조의 형성은 공유 결합보다 약하지만 더욱 다양하고 선택적인 상호작용을 기반으로 하며 그 핵심은 수소 결합, 이황화 결합, 정전기적 상호작용, 소수성 작용 등으로 세분화된다. 그렇다면 실제적인 3차원 구조는 왜 중요할까? 바로 기능과 직접적으로 연결되기 때문이다. 이는 촉매의 한 종류인 효소를 통해 그 중요성을 확인할 수 있다.[28]

생명체 유지의 필수 요소, 효소와 호르몬

베르셀리우스가 촉매화 개념을 언급한 이후 실재하는 화학 촉매와 그 작용이 확인되었다. 효소 또한 촉매와 마찬가지로 선택적 화학반응을 효율적으로 일으키는 물질이다. 촉매와 차이가 있다면 생분자로 이루어졌다는 부분일 것이다.

인류가 효소를 사용한 것은 아득히 먼 과거부터였다. 하지만 효소에 관한 학술적 규명은 1878년 독일 생리학자 빌헬름 프리드리히 퀴네Wilhelm Friedrich Kühne, 1837~1900가 시작했다. 생어가 단백질을 제한하기 위해 사용한 단백질 분해 효소를 트립신이라고 명명한 퀴네는[29] 이스트 내 생물질을 단어 엔en(~안에)과 자임zyme(효모, 이스트)을 합성해 식품을 발효시키는 효소enzyme라고 이름 붙였다. 설계되어 있는 기능적 특이성으로 인해 모든 효소는 복잡한 구조의 단백질이라고 인식되어왔다. 현재는 효소로 작용하는 핵산 종류가 존재한다는 사실이 밝혀져 효소를 온전히 단백질로 규정하는 상황은 변화하고 있다. 그럼에도 거의 모든 효소는 단백질로 이루어져 있다. 다만 효소가 효소로 기능하기 위해서는 다른 필수 요소들이 포함되어야 하는데 무기질과 비타민vitamin이 바로 그것이다.

독일 화학자 리하르트 마르틴 빌슈테터Richard Martin Willstätter, 1872~1942는 인공 염료 인디고를 개발한 폰 바이어의 제자로, 박사 학위 취득 이후 염료화학 분야에서 활동했다. 염료에 대한 관심은 색상을 갖는 또 다른 분자들의 탐구로 이어졌다. 특히 식물 광합성에서 핵심인 엽록소 관련 연구는 그를 1915년 노벨 화학상의 주인공으로 만

리하르트 빌슈테터(왼쪽)는 엽록소 관련 연구로 노벨 화학상을 수상했다. 복잡한 유기물 구조와 하나의 금속(마그네슘) 양이온으로 이루어진 엽록소는 이후 효소의 구성과 기능을 밝히는 데 중요한 영감을 주었다.

들었다.[30]

엽록소를 계기로 생물질에 관심이 생긴 빌슈테터는 효소를 조사하는 과정에서 단백질만으로 이루어진 효소는 구조적 완전성과 특정한 기능성을 보이지 않는다는 사실을 알아냈다. 효소가 단백질이라는 것을 발견한 인물은 빌슈테터와 숱한 논쟁을 이어가던 미국 화학자 제임스 배철러 섬너James Batcheller Sumner, 1887~1955다. 섬너는 효소를 결정화해 단백질임을 확인했다. 이와 같은 빌슈테터와 섬너의 발견은 이후 효소의 기능을 돕는 보조 인자의 중요성이 규명되어 효소-보효소-비타민의 일반적 구조가 성립하는 밑바탕이 되었다. 비타민은 체내에 흡수되면 효소와 상호작용하거나 결합해 인체 내에서 유의미한 화학반응을 일으킨다. 하지만 효소의 양은 한정되어 있고 효소 없이는 비타민의 기능 또한 제한적일 수밖에 없다.[31]

효소가 인체 내 화학반응을 조절한다면, 신체 기능 자체를 제어하는 또 다른 복잡한 단백질은 바로 호르몬hormone이다. 호르몬은 신호를 전달해 관리와 명령 체계를 정립하는 화학 전달 물질로, 다양한 샘gland에서 만들어져 혈류를 타고 표적 기관으로 이동해 성장, 번식 등 기능을 자극하고 조절한다.

호르몬의 존재는 1849년 독일 생리학자 아르놀트 아돌프 베르톨트Arnold Adolph Berthold, 1803~1861가 수탉의 고환에서 분비되는 어떤 화학 물질이 성기와 성행위에 큰 영향을 미친다는 점을 발견한 데서 짐작되었다. 고환을 제거한 수탉은 성기와 성행위 측면에서 일반 수탉과 확연한 차이를 보였다. 그런데 고환을 떼어내 복강에 넣어둔 수탉에게서는 이 같은 문제가 생기지 않았다. 한마디로, 아직 발견되지 않은 또 다른 생체 화학물질이 생명체 내 기능을 결정짓는다는 것을 확인한 충격적인 결과였다. 이는 후에 스테로이드계 남성 호르몬인 테스토스테론testosterone으로 밝혀졌다.[32]

지질 성분인 콜레스테롤cholesterol을 전구체로 해 생성되는 스테로이드는 호르몬의 한 종류다. 호르몬은 사슬 형태 지방산인 에이코사노이드eicosanoid나 고리형 구조 지질인 콜레스테롤이 많은 종류를 차지하고 있다. 단백질이나 아미노산 형태로 구성된 호르몬도 여럿 찾아볼 수 있다. 그중에서 일본 화학자 다카미네 조키치Takamine Jôkichi, 1854~1922가 1901년 분리하는 데 성공한 아드레날린adrenaline은 인류가 만난 최초의 호르몬이다.[33] 다음 해인 1902년 영국 생리학자 어니스트 헨리 스탈링Ernest Henry Starling, 1866~1927은 췌장에서 나오는 물질이 소화액 분비를 촉진한다는 사실에 기반해 다양한 종류의 신호 화학물질이 숨겨져 있을 것으로 예감했다. 이후 '자극하다, 움직이게 하다'라는 뜻의 그리스어 오르미horme, Ὁρμή에서 착안해 이 물질에 호르몬이라는 이름을 붙였다.

신호 화학물질은 꾸준히 발굴되었다. 대표적으로 단백질 구조 결정에서 최초 대상이던 인슐린은 1921년 캐나다 생리학자 프레더릭 그랜트 밴팅Frederick Grant Banting, 1891~1941과 미국 출신 캐나다 생리학자 찰스 허버트 베스트Charles Herbert Best, 1899~1976가 분리하는 데 성공했다. 남성 호르몬 안드로스테론androsterone과 고리형 구조를 가진 스테로이드 호르몬은 슈타우딩거의 제자이자 크로아티아 출신 스위스 화학자 레오폴트 라보슬라브 슈테펜 루지치카Leopold Lavoslav Stephen Ružička, 1887~1976가 합성해냈다. 그는 탄화수소 화합물인 테르펜terpene 및 고리형 분자에 대한 연구로 1939년 노벨 화학상을 수상했다.

호르몬과 관련한 상업적 성공은 초기 연구의 핵심이던 스테로이드계 남성 호르몬인 테스토스테론과 안드로스테론보다 여성 호르몬의 발견이 이끌었다. 여성 호르몬인 프로게스테론progesterone은 야생 멕시코 참마에서 추출된 물질을 바탕으로 한 유기화학적 접근을 통해 인공적으로 합성되었다. 이에 성공한 사람은 고에너지를 갖는 옥테인octane(탄소 8개로 이루어진 유기 화합물) 함량을 기준으로 휘발유 등급을 나누는 옥테인 시스템을 고안해낸 미국 화학자 러셀 얼 마커Russell Earl Marker, 1902~1995다. 이후 오스트리아 출신 미국 화학자 칼 제라시Carl Djerassi, 1923~2015는 프로게스테론 구조에서 1개의 탄소가 다른 19-노르프로게스테론19-norprogesterone을 만들어냈다.[34] 여성 호르몬과 매우 유사한 구조라 성과 관련된 또 다른 기능을 가지고 있었는데, 여성의 배란을 극히 높은 효율로 억제하는 기능이었다. 피임 효과에 주목한 제라시는 주사를 통한 투여법을 고안했으며, 이후 경구

피임약이 개발되었다.

생물학적 기능성을 가진 생물질의 발견은 이미 유기 화합물을 설계하고 만드는 데 달인이 된 유기화학자들 사이에서 매력적인 연구 대상으로 떠올랐다. 19-노르프로게스테론과 같이 프로게스테론 구조를 원형으로 삼아 조성이나 구조를 약간씩 변화시킨 것을 유도체 derivatives라고 한다. 현재까지 45종 이상의 프로게스테론 유도체가 설계되어 실험실에서 합성되었으며, 이들의 생물학적 기능에 대한 규명 또한 꾸준히 진행되어왔다. 19-노르프로게스테론처럼 약간의 구조적 차이가 극명한 기능적 차별성을 이끌어내는 사례가 다양한 측면에서 확인되었다. 이 연구를 활용하는 최적의 방법은 기존 의약품의 화학구조를 분석한 후 다각도에서 유기화학적 변형을 일으켜 약효가 향상된 신약을 개발하거나 완전히 새로운 기능을 갖는 화합

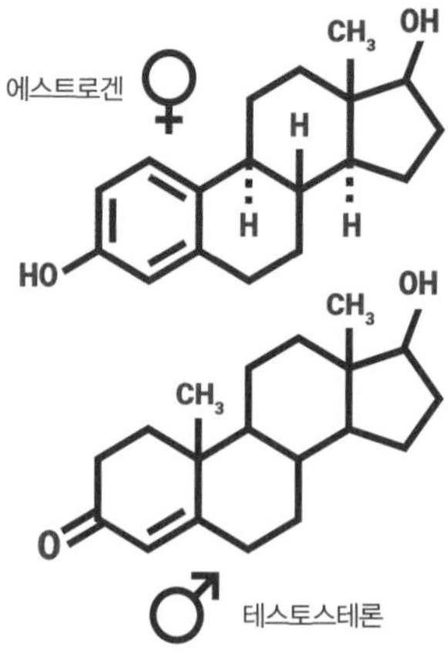

성 호르몬을 시작으로 인체 기능을 조절하는 유기 화합물에 관한 연구가 빠르게 진행되었다.

물을 탄생시키는 것이었다. 이와 같은 화학적 신약 개발 및 의약품 개량은 현재도 유효하다.

이렇게 탄생한 약효성 화합물은 작용 범위인 인체 내 생분자 구조의 틈에 끼어들어 구조와 기능을 변화시킴으로써 증상 완화 또는 억제를 유도한다. 결국 화학적 구조의 변화는 더욱 잘 들어맞는 형태로 바뀌거나 완전히 다른 부분에 작용하는 결과로 이어졌다. 과거 거대 분자의 구조를 규명하는 데 엑스선 회절이 사용되었듯이, 약효성 화합물의 실제 구조를 확인할 때도 엑스선 회절은 유용한 도구였다. 그리고 마지막 생분자의 구조를 규명하는 데도 가장 중요한 단서가 되었다.

생명의 근원을 향한 길고 위대한 여정

생분자에 엑스선 결정학을 성공적으로 도입한 인물은 이집트 출신 영국 생화학자 도러시 메리 크로풋 호지킨Dorothy Mary Crowfoot Hodgkin, 1910~1994이다. 그녀는 열다섯 살 때 엑스선 회절을 실험적으로 확인한 윌리엄 브래그의 책을 선물 받으면서 엑스선 결정학에 관심을 가지기 시작했다. 이후 브래그의 제자이자 분자생물학에 엑스선 결정학을 처음 도입한 영국 물리학자 존 데즈먼드 버널John Desmond Bernal, 1901~1971 밑에서 박사 학위를 취득했다. 1949년 푸른곰팡이로부터 유래해 뛰어난 항생제로 사용되던 페니실린penicillin의 3차원 구조를 규명한 사람도 그녀였다.[35] 이후 그녀는 더욱 복잡하고 거대한 생분자 구조를 하나씩 밝혀나가는 연구에 몰두했다. 6년 동안 엑스선 회절 데이터를 모아 분석한 결과 1955년 비타민 B_{12}의 구조를 확인하는 성과를 거두었고, 1964년 노벨 화학상의 주인공이 되었다.[36] 또한 1934년부터 시작해 무려 35년간 연구한 끝에 1969년 인슐린 구조를 발표하기에 이르렀다.[37]

생명 기원에 대한 가장 본질적 접근은 미국 생화학자 웬들 메러디스 스탠리Wendell Meredith Stanley, 1904~1971와 바이러스로부터 비롯되었다. 스탠리는 효소가 단백질로 이루어졌으며 결정화될 수 있다는 사실을 발견해 1946년 노벨 화학상을 수상한 섬너와 같은 해에 다른 주제로 노벨 화학상을 받았다. 연구 내용은 효소와 바이러스 단백질을 분리한 것인데, 위대한 결과의 과정은 우연의 연속이었다.

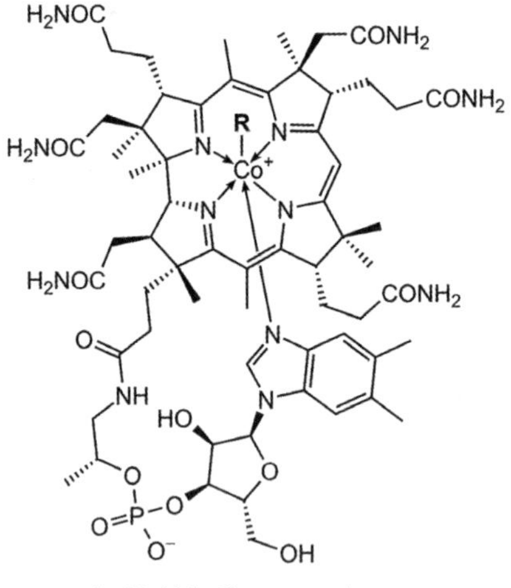

R = 5'−디옥시아데노실(deoxyadenosyl), CH_3, OH, CN

비타민 B_{12}는 1950년대 초반 가장 복잡한 수준의 단일 유기 화합물 구조였다.

생화학자이자 바이러스학자인 스탠리는 록펠러의료연구소에서 근무하는 동안 바이러스로부터 무언가를 분리해내는 것이 주 임무였다. 문제는 바이러스로부터 분리해야 하는 것이 유기 화합물인지, 생체 고분자인지, 또 다른 거대 분자인지 알려줄 사람이 없었으며 그 역시 모른다는 점이었다. 그는 무려 1톤의 담뱃잎으로부터 담배 모자이크 바이러스를 분리한 끝에 바이러스 결정을 얻었다. 살아 있는 세포에 바이러스를 넣으면 다시 살아나 증식했기에 그는 이것을 매우 거대한 단백질 분자라고 생각했다. 후에 조금 더 발전한 기술로 바이러스를 분석한 결과, 많은 양의 단백질 외에 다른 생분자가 발견되었다. 바로 유전 물질 핵산이다.[38]

DNA나 RNA로 대표되는 핵산의 3차원 구조에 대한 관심은 폴링에게서 가장 먼저 터져 나왔다. 당시 단백질의 3차 구조에 관한 연구를 통해 코일 모양으로 말려 있는 알파 나선α-helix 형태나 평평하게 배열된 베타 시트β-sheet의 2차 구조가 존재하고 수소 결합이 중요한 역할을 한다는 사실은 이미 알려져 있었다. 폴링은 DNA의 경우에도 수소 결합이 관여할 것이고, 세 가닥의 사슬이 서로 꼬여 만들어지는 나선 형태일 것이라고 추측했다. 폴링의 가설은 실제 결과에 매우 근접했다. 하지만 반핵 운동 등 미국 정부의 방침에 반하는 사회 활동으로 여권에 문제가 생겨 국제 학회 참석이 불가능해진 그는 정보를 더는 얻을 수 없어 최종 답에는 다가서지 못했다.

흔히 '이중나선double helix'으로 불리는 DNA의 3차원 구조를 밝혀낸 인물은 미국 분자생물학자 제임스 듀이 왓슨James Dewey Watson, 1928~과 영국 분자생물학자 프랜시스 해리 컴프턴 크릭Francis Harry Compton

Crick, 1916~2004이다. 왓슨은 바이러스 복제 및 유전적 구조를 발견해 1969년 노벨 생리의학상을 수상한 독일 출신 미국 생물학자 막스 루트비히 헤닝 델브뤼크Max Ludwig Henning Delbrück, 1906~1981와 샐버도어 에드워드 루리아Salvador Edward Luria, 1912~1991로부터 가르침을 받았다. 크릭은 엑스선 결정학의 대가 존 베르날과 맥스 퍼디낸드 퍼루츠 Max Ferdinand Perutz, 1914~2002 밑에서 배운 것으로 전해진다. 각각 유전 물질, 엑스선 결정학에 전문성을 가진 이 둘의 만남과 계속된 토론은 DNA 구조 규명으로 흘러갔다.

DNA 구조를 발견하는 과정을 이야기할 때 늘 언급되는 비운의 과학자가 있다. 바로 영국 생물물리학자 로절린드 엘시 프랭클린 Rosalind Elsie Franklin, 1920~1958이다. 부유한 집안에서 태어나 고등교육을 받은 그녀는 초고속 화학반응에 대한 연구로 1967년 노벨 화학상을 수상한 로널드 조지 레이퍼드 노리시Ronald George Wreyford Norrish, 1897~1987의 실험실에서 공부를 이어갔다. 이후 그녀의 연구 분야는 계속해서 바뀌었고, 1945년 석탄에 존재하는 미세한 구멍들을 연구하는 석탄 물리화학 분야에서 박사 학위를 취득했다. 당시 엑스선 회절은 이미 익숙한 기술이었지만, 그녀가 엑스선 연구를 시작하게 된 것은 그리 많지 않은 석탄 물리화학 전문가였기 때문이다. 엑스선 회절을 통해 석탄을 비롯한 다양한 탄소 물질의 구조를 분석하던 그녀는 킹스칼리지런던King's College London에 연구원으로 합류해 DNA 구조를 규명하는 작업을 했다.

프랭클린은 1951년 한 강의에서 DNA 구조에 대해 "한 회전마다 2~4개의 핵산 사슬이 동일한 축에 존재하며 인산 작용기가 바깥쪽을 향한 나선 구조로 이루어져 있다"고 예측했다. 이 예측은 상당히 신빙성이 있었지만, 한 가지 문제는 활동적이고 외향적인 성격의 프랭클린이 다른 동료들과 그리 원만한 관계가 아니었다는 점이다. 엑스선 회절에 초소형 카메라를 달아 사진으로 찍을 수 있도록 개량한 동료 연구자 모리스 휴 프레더릭 윌킨스Maurice Hugh Frederick Wilkins, 1916~2004와 유독 사이가 좋지 않았던 것으로 전해진다.

윌킨스는 캐번디시연구소의 왓슨과 크릭을 몇 차례 방문해 '51번 사진Photo 51'으로 불리는, 아름다우면서도 역사적 기점이 될 프랭클린의 DNA 엑스선 회절 사진을 그녀의 허락 없이 보여주었다. 아직 논문으로 보고되지 않은 실험 결과들은 물론, 엑스선 회절 전문가인 윌킨스 자신이 프랭클린의 사진들을 해석한 내용까지 제공했다. 결국 왓슨과 크릭은 1953년 과학 저널 《네이처Nature》를 통해 이중나선

제임스 왓슨과 프랜시스 크릭, 그리고 프레더릭 윌킨스(왼쪽부터)는 DNA 이중나선 구조를 규명해 노벨 화학상을 수상했다.

구조를 발표했다.[39,40,41]

프랭클린의 가시적인 실험 결과들은 DNA의 이중나선 구조를 확정하는 데 가장 중요하게 작용한 요인이자 바탕이었다. 그녀의 소중한 데이터들은 물증 없이 심증만 있던 동시대의 여러 연구자 중 왓슨과 크릭에게 기회를 주었고 1962년 왓슨과 크릭, 윌킨스는 노벨 생리의학상을 수상했다. 하지만 그들은 프랭클린의 DNA 엑스선 회절 데이터를 사용한 사실을 부인했고, 그녀의 공헌을 전혀 인정하지 않았다. 심지어 노벨상 수상자 기념 강연에서 소개한 98개의 참고 문헌에 프랭클린의 연구 결과를 단 1개도 인용하지 않은 철저함까지 보였다. 프랭클린이 싸움을 이어나갔다면 노벨상 수상대에는 왓슨과 크릭, 프랭클린이 섰을지도 모른다. 하지만 사망한 과학자에게는 노벨상을 수여하지 않는다는 절대적 기준에 따라 1958년 서른여

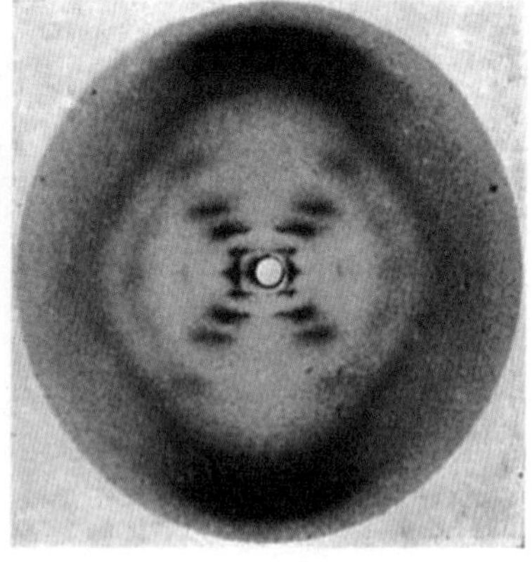

로절린드 프랭클린(왼쪽)의 51번 사진으로부터 DNA 이중나선 구조가 명확히 밝혀졌지만, 그녀는 최초 발견 및 노벨 화학상 수상이라는 영예를 얻지 못했다.

덟 젊은 나이에 난소암 합병증으로 세상을 떠난 그녀에게는 그마저도 허락되지 않았다.[42]

지구가 탄생한 이후 화학반응을 통해 DNA와 RNA가 생성되었고, 생명이 출현해 진화를 거듭한 끝에 현재에 이르렀다. 그 과정에서 미신, 민간요법, 연금술 등 여러 형태를 거쳐 라부아지에를 비롯한 초기 과학자들에 의해 화학이 형성되었다. 라부아지에의 동료 와트는 증기기관을 개량했고, 프랑스 기술자 니콜라 조제프 퀴뇨Nicolas-Joseph Cugnot는 증기 자동차를 만들었다. 내연 기관이 개발된 이후 헨리 포드Henry Ford, 1863~1947는 자동차의 초기 형태를 설계했으며, 이후 타이어의 중요성이 대두되었다. 타이어와의 전쟁은 합성고무와 고분자, 염료, 화약 등 화학제품의 생산을 촉발했다. 또한 분석의 필요성은 엑스선 결정학을 형성했고, 이것은 다시 생명과 관련된 물질들을 분석하는 데 사용되었다.

이렇듯 생명의 기원에서 시작된 어마어마한 여정은 다시 생명의 기원을 바라보는 자리에 우리를 서게 만들었다. 매우 작고 간단한 화학 분자에서 시작해 복잡하고 거대한 물질들을 거쳐 이제야 다시 그 작은 영역을 바라볼 수 있는 준비가 끝났다. 눈으로 바라볼 수 있는 수 센티미터와 밀리미터를 지나, 그리고 현미경으로 관찰할 수 있는 마이크로미터μm를 넘어 원자 크기에 비견되는 나노미터nm의 세계로 들어섰다. 즉 가장 최근의 화학이자 마지막 화학 분야라고 할 수 있는 나노화학이 시작된 것이다.

제15장

화학 성장의 새로운 원동력

: 나노화학

O F C H E M I S T R Y

탄소 원자 한 개의 직경은 약 0.134나노미터다.[1] 머리카락 한 가닥의 직경이 50~100마이크로미터임을 감안한다면 원자는 우리가 관찰하거나 다룰 수 있는 가장 작은 크기의 물질일지도 모른다.[2] 그런데 이렇게 작은 탄소 원자들이 화학결합을 통해 모이고 연결되면 좁쌀만 한 크기의 다이아몬드가 만들어지거나, 큰 석탄 덩어리가 생성되기도 한다. 그동안 거대한 물질이 각각 어떠한 특성을 가지고, 어디에 어떻게 사용될 수 있는지를 탐구해온 화학자들도 이 점을 인식하기 시작했다. 이후 거대한 물질을 이루는 더욱 본질적이면서도 특이한 영역으로 점점 관심을 옮겨갔다. 그리고 지금 우리는 원자에 가깝다는 점만으로도 놀랍고, 일상 속 일정한 규격을 갖춘 물질들과는 완전히 다른 현상을 보여 더욱 새로운 이른바 나노화학의 세계에 이미 몇 걸음 들어섰다.

현대 과학이 도달한 가장 실용적인 난쟁이의 세계

나노과학, 나노기술, 나노화학 등 '나노nano'가 붙은 분야가 더는 낯설게 느껴지지 않는다. 그만큼 나노라는 단어가 각 분야에 적절하게 붙어 사용되고 있고, 이름을 통해 그 분야의 특징을 짐작할 수 있다.

나노화학에 대한 이해는 나노라는 세계가 얼마나 작은지 짐작하는 것에서부터 시작된다. 나노는 국제단위계에서 10억 분의 1을 나타내는 분수로, 단위는 'n'이다. 국제단위계는 국가별로 상이하게 적용하는 길이, 무게, 부피 단위를 미터법을 기준으로 통일한 도량형이다. 현재 대다수 국가가 상업·과학 분야뿐 아니라 일상생활에서도 프랑스어로 국제단위계를 뜻하는 'Le Système International d'Unités', 즉 약자로 'SI' 단위를 사용하고 있다.[3] SI는 미터m, 킬로그램kg, 초s, 암페어A, 켈빈K, 몰mol, 칸델라cd 등 7개가 기본 단위다. 그리고 라디안rad, 스테라디안sr 등 2개의 보조 단위와 이들로부터 유도되는 조합 단위 19개로 구성되어 있다.

예를 들어 국제단위계와 함께 쓰이는 단위 중 액체의 부피를 나타내는 것으로 리터L가 있다. 국가별로 문화와 계측 기준이 달라 시시cc, 갤런gal, 배럴bbl, 온스oz, 리터L 등을 사용하다 보니 편차가 발생했다. 이에 과학적 표현과 정량에 혼란이 생기는 것을 막고자 액체 부피를 나타내는 단위로 리터를 국제단위계와 함께 쓰고 있다. 참고로 국제단위계에서 부피를 나타내는 단위는 세제곱미터m^3($1L = 0.001m^3$)다.

이렇게 단위를 통일하긴 했어도 매우 적거나 많은 양, 또는 매우 작거나 큰 부피를 수로 나타내는 데는 자릿수를 헤아려야 한다는 어려움이 있었다. 우리 주위의 물체들이 각각 다양한 규격으로 이루어져 있다 보니 번거로움이 가중되었다. 게다가 이러한 물체들을 구성하는 작은 단위체들이 발견되고 그것에 대한 이해가 정립되면서 더 작은 세상을 표현할 필요성이 높아졌다. 이에 SI는 다양한 10의 거듭제곱을 표현하는 접두어 20개를 추가적으로 사용하고 있다. 예를 들어 10^{-3}의 경우 라틴어로 '1,000'을 뜻하는 밀레mille로부터 유래한 밀리milli, m를 붙여 밀리리터mL라는 단위를 쓸 수 있고, 이보다 더 작은 10^{-6}은 그리스어로 '작다'라는 뜻의 미크로스mikros, μῑκρός에 뿌리를 둔 단어 마이크로micro, μ를 활용해 마이크로리터μL라는 단위로 표현할 수 있다.[4]

구석진 틈새나 집 안에서 간혹 발견되는 작은 집개미의 일종인 유령개미Tapinoma melanocephalum는 1~2밀리미터의 작은 몸집을 가지고 있다. 인간은 개미보다 거대한 생명체이지만 인체를 구성하는 모든 부분이 다 큰 것은 아니다. 머리카락을 한 가닥 뽑아 살펴보면 상대적으로 매우 긴 길이와 달리, 폭은 개미보다 더 가느다랗다는 것을 알 수 있다. 사람 머리카락의 폭은 건강 상태와 인종 및 유전적 요건에 따라 편차가 있긴 하지만, 50~100마이크로미터쯤 된다. 작은 개미 한 마리보다 20~40배나 더 작은 물체인 것이다. 머리카락은 하나의 순물질이 아니며, 더 작은 물질과 단위로 구성되어 있다는 것은 누구나 쉽게 짐작할 수 있다. 바로 케라틴keratin이라는 단백질이 머리카락의 주성분이다. 생분자 중 하나인 단백질은 더욱 작고 반복

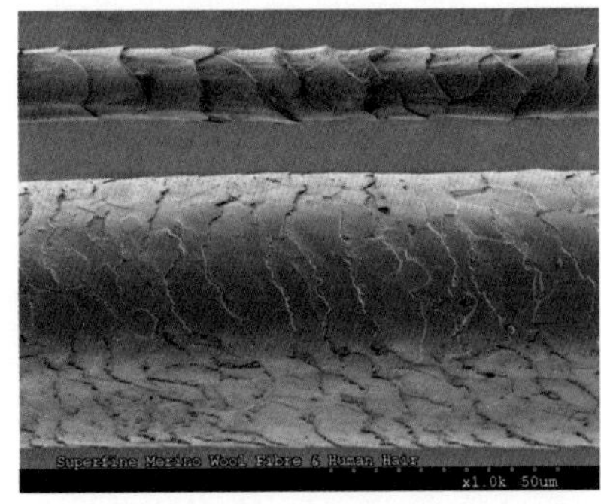

머리카락은 50~100마이크로미터의 직경을 갖는다. 극세사 양모(위)와 사람의 모발을 전자 현미경으로 관찰하면 두께를 명확히 확인할 수 있다. 나노의 세계는 이 머리카락 한 가닥의 두께를 50등분한 순간부터 시작된다.

되는 단위인 아미노산들이 연결되어 구성된다. 또 아미노산은 탄소, 수소, 질소, 황 원소들이 여럿 모여 특정한 규칙과 배열에 따라 만들어지는 유기 화합물이다.[5] 그렇다면 물질의 기본 구성 단위인 원자는 도대체 얼마나 작고, 또 그것을 표현할 때 어떤 단위를 선택해야 할까?

그리스어로 '난쟁이'를 뜻하는 나노스nanos, νᾶνος로부터 유래한 단위가 바로 나노로 10^{-9}을 나타낸다. 나노는 육안으로 관찰할 수 없는 물질을 가리키는 단위지만, 화학적 측면에서는 가장 의미 있는 세계를 표현하는 규격이기도 하다.[6] 원자의 구조와 특징을 이해하는 과정에서 우리는 원자를 화학적으로 더는 나뉘지 않는, 물질의 기본 구성 단위라고 정의한 바 있다. 방사능과 핵반응에서 접한 바처럼 입자 충돌을 통한 원자의 변형은 물리적 원자의 쪼개짐이나 융합을 이끌어낸다. 하지만 이것은 자발적으로 붕괴하는 원소의 형성 혹은 완전히 다른 원소로의 변화라는 불안정한 결과를 낳는다. 따라서 원자의 결합과 물질의 형성을 근간으로 삼는 화학에서 최소 단위는 원자 하나의 크기 이하로 내려갈 수 없다. 그 너머는 물리학으로 이해되는 또 다른 영역일 것이다. 결국 화학적으로 물질과 반응에 접근할 수 있는 가장 작은 단위는 나노이며, 현대 화학이 도달한 가장 작고 특이하며 실용적인 세계다.

누구도 예상하지 못한 세상을 선사한 나노 물질

현시점에서 첨단 과학을 아우르는 가장 매력적인 분야는 나노과학이다. 그리고 나노 세계에서 작용하고 이루어지는 화학에 관한 모든 접근은 또다시 나노화학으로 구분된다. 화학이 형성된 이후 원소를 이해하고 정의하려는 도전은 분석화학과 무기화학의 급격한 발달을 촉발했다. 의약품과 실용적 화합물을 분리, 정제하면서 싹튼 유기화학은 근대에 이르기까지 지속적으로 심화되었다. 또한 물리학 이론 및 실험 결과를 통해 원자를 규명하고 열역학과 양자역학까지 이끈 과정은 연금술적 기법에 얽매여 있던 화학반응을 본질적으로 이해하는 바탕이 되었다. 이후 물질의 화학적 성질을 연구하는 한 분야로 물리화학이 자리 잡았다. 생명 반응을 구성하는 요소들과 기능에 대한 관심은 생화학을 형성했다. 그리고 산업화, 세계대전, 식민 시대, 수요 증가 등 사회적·경제적 현상들의 흐름에서 화학은 언제나 가장 중요한 위치에 있었다. 이후 공업화학, 고분자화학, 환경화학을 비롯한 수많은 파생 분야가 계속해서 등장했다.

화학은 실체가 있는 물질을 중점적으로 탐구하면서 발전을 거듭해왔다. 그리고 그 발전 과정에서 가장 흔하게 반복된 부분이 기능과 특징, 가치의 재발견이다. 탄소의 아주 일부분을 언급하는 것만으로도 이 점을 이해할 수 있다. 선사 시대에 탄소는 주로 불을 피우는 재료나 벽, 바닥, 몸에 그림을 그리는 검은색 안료로 쓰였다. 화학반응인 연소가 규명되고 화학이 형성된 후에는 숯 또는 석탄 형태로 산업 전반에 활용되었다. 이후 분석화학 기술이 진보하고 질량분석 기술이 도입되면서 1985년 육각형과 오각형 형태로 배열된 탄소들이 축구공 모양의 입체 분자 구조를 이루는 풀러렌fullerene이 발견되었다.[7] 곧이어 1991년에는 더욱 특징적인 튜브 형태의 탄소가 확인됨으로써 전도성과 강도가 높은 탄소 나노튜브carbon nanotube 시대가 열렸다.[8] 2004년 흑연의 판상 구조를 얇은 한 겹 단위로 분리 혹은 생성한 탄소 구조체인 그래핀graphene이 확보되면서 탄소는 이제 단순한 연료나 필기도구가 아닌, 신소재로 주목받고 있다.[9] 탄소 신소재들은 플렉서블flexible 디스플레이나 스마트 기기, 태양광 발전, 촉매 등 다양한 분야에 적용되고 있으며, 관련 연구도 활발하게 이루어지고 있다.

이는 비단 탄소에만 국한된 이야기가 아니다. 세라믹, 금속, 산화물, 유기물 등 수많은 종류의 화학물질은 그동안 드러나지 않았던 새로운 특성과 활용 가능성이 확인되면서 첨단 신소재 시대를 이끌고 있다. 우리가 주목해야 할 것은 대다수 신소재 물질이 기대를 받는 이유가 그 속에 포함된 '나노 물질'의 특징과 효율 때문이라는 점이다.

과거부터 현재까지 찬란한 노란색 광채로 대접받고 있는 금은 나

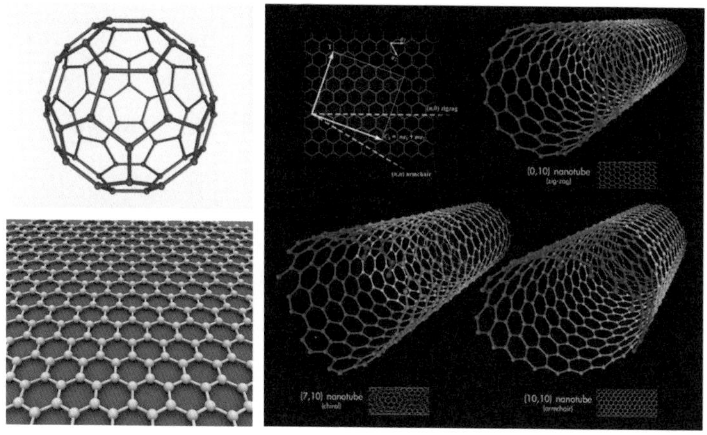

풀러렌, 탄소 나노튜브, 그래핀(왼쪽 위부터 시계 방향으로)은 모두 탄소로 이루어진 나노 물질이다. 이것들은 탄소 원자들이 어떤 형태로 화학결합을 했는지에 따라 나타나는 결과이자, 동소체로 구분된다.

노 물질이 되면 선명한 붉은색부터 짙은 보라색까지 다양한 색상을 띤다. 독성 중금속인 카드뮴은 전지 제조에서 벗어나 3~5나노미터에 불과한 나노입자를 만드는 순간, 자외선 아래에서 형형색색의 빛을 뿜어내는 양자점이 된다.[10] 이뿐 아니라 세라믹 나노 물질은 오염 물질이나 세균을 제거하는 광촉매로 변모하며, 작은 산화철 나노입자는 온도에 따라 다양한 자성을 보이고 교류 자기장 내에서 주위로 열을 발생시키는 매력적인 도구로 변신한다. 빛을 만들거나 반대로 빛을 잡아먹어 사라지게 하고, 전기를 만들거나 열을 발생시키며, 물질을 분해하거나 새로운 것을 만들어내는 등 나노화학에서는 우리에게 익숙한 일반 물질들의 특징이 예상하지 못한 방향으로 나타난다.[11] 이 다양성과 의외성, 가능성과 잠재력이 나노화학의 매력이자 수백, 수천 년 쌓여온 화학의 또 다른 측면이다.

은밀하게 늘 역사와 함께했던 나노입자

인체를 구성하는 유기 화합물을 비롯해 세상에는 나노 세계에 속하는 물질들이 어디에나 있다. 단지 우리가 그것을 인식한 순간부터 본격적인 탐구와 이해하고자 하는 시도가 시작되었을 뿐이다. 이는 차원의 상대성에 대한 예시로 자주 등장하는 개미로 설명할 수 있다. 우리에게 하나의 방향성만 존재하는 가느다란 실 한 가닥은 선line으로 대표되는 1차원 물질이다. 하지만 실 한 가닥 위에 올라탄 개미에게는 양 끝으로 길게 뻗은 이동 방향성 외에도 원통 형태의 실 둘레를 한 바퀴 돌 수 있는 선택지 또한 존재한다. 결국 같은 실이라도 인간에게는 1차원 물체이고, 개미에게는 2차원 혹은 3차원 물체가 되는 것이다. 마찬가지로 검고 지저분한 하나의 숯검정이 무엇으로 이루어졌는지를 인식한 순간, 인류는 탄소 나노 소재들을 발견하는 발판을 마련할 수 있었다. 그리고 다양한 물체를 깊이 있게 다시 관찰하는 과정을 통해 가려져 있던 나노 물질이 모습을 드러내면서 나노화학이 시작되었다.

화학 분야에서 처음 사용된 나노 물질은 특징적인 붉은 색상을 띠는 동그란 모양의 금 나노입자였다. 이를 활용한 가장 오래된 유물은 4세기 무렵 로마에서 만든 화려한 장식의 리쿠르구스 컵Lycurgus cup이다. 빛을 모두 투과시켜 투명하게 보이는 일반 유리와 달리, 금 나노입자가 포함된 유리는 빛의 투과 혹은 반사에 따라 색상이 달라진다. 리쿠르구스 컵의 앞면 혹은 옆면에 광원이 위치하면 반사광에 의해 은 나노입자 특유의 녹회색으로 보이지만, 컵 뒤편에 광원이 위치하는 경우에는 투과광에 의해 금 나노입자 특유의 붉은색을 확인할 수 있다. 물론 리쿠르구스 컵을 만들 당시에는 나노입자의 유무를 확인한다는 것이 절대적으로 불가능했다. 아마도 어느 지역의 모래를 사용하는지에 따라 품질, 색상, 질감이 다른 컵이 나온다는 사실을 체험적으로 알고 그 점을 고려해 만들었을 것이다. 그리고 재료로 쓰인 모래에는 유리 제작 과정에서 작고 동그란 나노입자를 형성해 색상을 띠게 하는 금이나 은 같은 귀금속 원소가 미량 포함되었을 것이다. 리쿠르구스 컵에 어떤 종류와 성분의 나노입자가 포함되어 있는지는 그것을 들여다볼 수 있는 현미경이 발명된 후에야 확인되었다.[12]

후기 로마와 비잔티움 제국을 연구하는 영국 고고학자 이언 프리스톤Ian Freestone은 전자현미경 분석을 통해 리쿠르구스 컵 유리에 50~100나노미터 직경의 나노입자들이 존재한다는 사실을 밝혀냈다.[13] 이후 후속 연구에 엑스선 분광학 기술을 도입해 보편적으로

리쿠르구스 컵(왼쪽)은 광원 위치에 따라 다른 색상을 보인다. 특히 리쿠르구스 컵과 중세 스테인드글라스의 붉은색 유리는 금 나노입자에 의해 만들어진 결과다.

금 나노입자로 불리던 물질들이 실제로는 금과 은이 7 대 3 비율로 혼합된 금-은 합금 나노입자임을 확인했다. 리쿠르구스 컵의 붉은 색상은 금 나노입자로부터 얻어진 결과이고, 반사광에 녹회색을 보이는 것은 은 나노입자에 의한 광 산란scattering 때문임이 밝혀진 것이다.[14] 이와 유사한 방식으로 나노입자의 특성이 드러난 사례로는 중세 후기에 만들어진 스테인드글라스stained glass의 붉은색과 노란색 유리를 들 수 있다.[15]

나노입자는 머리카락 한 가닥 직경의 0.00001~0.01배에 불과해 전자현미경 없이는 결코 관찰할 수 없다. 이로 인해 전자현미경이 나오기 전까지는 다양한 물질을 형태에 따라 구분할 때 나노입자는 점dot에 해당하는 0차원 물질로 해석되었다. 물론 이것 역시 개미의 눈으로 보면 모래알이나 축구공 같은 형태의 3차원 물질로 변모한다. 점일 때는 크기나 모양 같은 입체적 요건들이 적용될 수 없지만, 나노미터 수준의 미시적 세계에서 들여다본 입자 형태에서는 물리적 요건들이 작용하기 시작한다. 같은 구형의 나노입자라 해도 금으로 이루어진 경우 빨간색을, 은으로 이루어진 경우 노란색을, 그리고 금과 은이 혼합되어 만들어진 경우 주황색을 띤다. 만약 구리로 구성되었다면 적갈색, 셀레늄이면 자홍색을 보이는 등 원소 조성은 나노 물질의 특징을 결정짓는다. 또한 빨간색 금 나노입자의 크기가 점차 커질 경우 보라색을 거쳐 회색까지 색상이 변화하고, 구형을 벗어나 납작한 판 모양이 되면 녹색이나 푸른색을, 길쭉한 막대기 모양이면 푸른색이나 보라색을 보이기도 한다. 즉 형태에 따라서도 성질과 관측 결과가 달리 나타난다.[16]

이슬람 황금기에도 도자기를 만들 때 나노입자가 은연중에 적용되었다. 표면에 바르는 광택성 유약에 은이나 구리 나노입자가 포함되어 특유의 질감과 반사도를 이끌어낸 것이다.[17] 특히 중세 시대 동양과 서양의 대립 구도 속에서 유럽을 두려움에 떨게 한 오스만 제국의 최강 무기 '다마스쿠스Damascus 검'은 제련 과정이 비밀에 싸여 있는 아름다운 유물이다. 그런데 2006년 이 검에 탄소 나노튜브가 포함되어 있다는 논문이 발표되었다.[18] 탄소 나노튜브는 20세기 말에나 확인된 원통형 모양의 나노 구조를 지닌 탄소 동소체다. 이 탄소 나노튜브가 철과 탄소가 결합한 탄화철인 시멘타이트cementite를 캡슐처럼 감싸 충격에 약한 단점을 보완함으로써 단단한 검이 만들어졌다는 내용이었다.

발명 당시 과학 기술력으로는 도달하기 어려운 유물을 지칭하는 오파츠Ooparts(Out-of-place artifacts) 중 하나인 다마스쿠스 검은 특유의 물결 문양과 뛰어난 절삭력, 우수한 탄성을 지닌 것으로 알려졌다. 다만 제련 과정이 전해지지 않아 복원하는 것이 오랜 관심사였다. 당시 어떤 기술력으로 이런 무기를 만들어냈는지 명확하게 밝혀진 바는 없지만, 화학의 발달로 그 속에 포함된 나노입자의 종류를 알아냄으로써 그 특성을 규정하기가 쉬워진 것은 사실이다.

금 나노입자에서부터 콜로이드화학, 계면화학까지

실험을 통해 나노입자를 합성한 인물은 데이비의 제자로 화학 분야를 포함한 과학계 전반에서 중추적 역할을 한 마이클 패러데이다. 당시 패러데이는 금, 은 같은 금속성 물질과 빛에 관한 실험에 집중하고 있었다. 매우 얇은 금박이나 은박 형태leaf의 물질을 제작해 빛을 통과시키는 실험을 설계했는데, 망치로 두드려 펴는 물리적 작용으로 만든 금박보다 더 얇은 물질을 얻는 것이 관건이었다. 이에 그는 물리적 방법이 아닌, 화학적 원리를 적용해 금박의 겉을 미세하게 녹여 두께를 조절하고자 시도했으며, 이 과정에서 희미한 루비ruby 색상의 액체를 발견했다.

초기에 활성 금activated gold 또는 루비 금ruby gold이라고 이름 붙인 이 새로운 용액을 이용해 패러데이는 자신의 처음 목표였던 물질과 빛에 관한 실험을 진행했다.[19] 루비 금 용액에 빛살을 쪼인 결과, 눈에 보이지 않는 매우 작은 입자들이 빛을 주위로 산란시켜 빛의 경로가 명확하게 관찰되었다. 먼지가 가득한 방에서 햇빛의 경로가 선명하게 보이는 현상이나, 연기로 채워진 안개상자에서 작은 빛줄기가 경로의 흔적을 남기며 지나가는 모습과 동일한 양상이었다. 이렇게 실험을 통해 나노입자를 관찰한 패러데이는 실험 나노화학의 최초 연구자 중 한 명으로 기억되고 있다.[20] 그리고 패러데이가 직접 만든 루비 금 용액은 패러데이 박물관Faraday museum 아래층에 자리한 그의 실험실에 지금도 전시되어 있다.

마이클 패러데이는 전자기유도, 전기화학, 이온, 벤젠 등 수많은 발견 외에도 금 나노입자의 화학적 합성이라는 중요한 업적을 남겼다. 패러데이의 금 나노입자는 지금도 박물관에 보관되어 있다.

한편 아일랜드 물리학자 존 틴들John Tyndall,

1820~1893은 서로 밀어내는 방향의 자성을 의미하는 반자성diamagnetic, 그리고 온실 효과의 핵심인 대기 중 이산화 탄소와 적외선 방사 간 관계를 규명하는 등 여러 업적을 남겼다. 대중에게는 작은 입자에 의한 빛의 산란인 '틴들 현상Tyndall phenomenon'으로 더 익숙한 과학자다. 이러한 패러데이와 틴들의 기여를 높이 사 금 나노입자 용액에서 관찰되는 광 경로를 지금도 '패러데이-틴들 효과Faraday-Tyndall effect'라고 부른다.

패러데이를 위시해 당시 화학자들은 기체, 액체, 고체의 명확한 구분 외에도 흔히 현탁액suspension이라고 부를 수 있는, 즉 액체 속에 매우 작은 고체 입자들이 분산되어 떠도는 물질의 상태가 존재한다는 사실을 인식하고 있었다. 루비 금 용액 역시 분산된 고체 입자를 확인할 수는 없었지만, 틴들 현상을 바탕으로 무언가 가라앉지 않고 안정하게 공존하고 있을 것으로 예상되었다. 이와 같은 상태에 대해 처음으로 정의한 인물은 영국 화학자 토머스 그레이엄Thomas Graham, 1805~1869이다.

화학사적으로 그레이엄은 일정한 온도 및 압력 상태에서 기체의 분출 속도와 기체 분자량의 관계를 나타낸 '그레이엄 법칙Graham's law'으로 유명하다. 또한 그는 나노 물질의 체계화에도 크게 기여했다. 우리가 감기나 소화불량으로 불편할 때 먹는 현탁 제제를 떠올리면 알 수 있지만, 현탁액은 대부분 순수한 용매에 비해 높은 점성을 가진다. 그래서 그레이엄은 1861년 '접착제glue'를 뜻하는 그리스어 콜라kolla, κόλλα로부터 '접착제와 비슷하다'라는 뜻의 단어 콜로이드colloid를 창안해 처음 사용했다.[21]

토머스 그레이엄은 콜로이드라는 용어를 처음 사용했다.

그레이엄은 액체 속에 존재하는 고체 입자들을 확인하기 위해 틴들 현상을 통한 관찰에서 더 나아가 실험적으로 접근했다. 양가죽을 일종의 거름막으로 사용해 투과되는 액체와 걸러지는 고체를 구분한 것이다. 이를 바탕으로 액체 속에 분산되어 있는 미세 고체 물질들을 확인하는 데 성공했다. 그의 실험 방법은 용액 속에 존재하는 물질들과 순수한 용매를 분자의 확산을 통해 분리하는 투석dialysis의 첫 발명이기도 했다. 이는 현재 실험적 기법을 넘어 신장 질환자의 혈액에서 노폐물을 제거하는 혈액 투석hemodialysis으로도 유용하게 사용되고 있다. 이뿐 아니라 그레이엄은 다양한 물질의 상태를 구분하는 용어도 정의했다. 콜로이드 입자가 액체 속에 분산되어 유동성을 지니는 상태를 솔sol이라 하고, 용액 속 콜로이드 입자가 유동성을 잃고 약간의 탄성과 견고성을 가진 고체나 반고체 상태로 굳은 물질을 젤gel이라 칭한 사람 역시 그레이엄이다.

콜로이드가 정의된 후 용매의 종류와 분산된 콜로이드, 그리고 그들 사이의 물리화학적 특성에 대한 규명이 이어졌다. 미국 물리화학자 윌리엄 드레이퍼 하킨스William Draper Harkins, 1873~1951는 표면 에너지 관점에서 콜로이드를 설명했다. 캐나다 출신 화학자 엘리자베스 하디Elizabeth Hardy, 1915~2008는 콜로이드의 계면界面에서 윤활 현상을, 독일 콜로이드화학자 헤르베르트 막스 핀올라이 프로인들리히Herbert Max Finlay Freundlich, 1880~1941는 콜로이드의 안정성과 흡착-응집 현상을 규명했다. 그리고 헝가리 출신 화학자 에밀 하췌크Emil Hatschek, 1868~1944는 콜로이드의 점성을 확인했다.

소금물 같은 균질한 용액에서 소듐이나 염화 이온이 물 분자에 둘러싸여 마치 하나의 분자처럼 안정하게 수화hydration로 유지되는 것과 마찬가지로, 콜로이드 또한 고체 입자들이 용매에 의해 안정하게 유지된다. 하지만 하나의 이온 혹은 분자를 고려하는 것과 수 나노미터 이상의 상대적 거시성이 존재하는 입자를 고려하는 것은 차이가 있을 수밖에 없다. 따라서 콜로이드는 육안으로는 균질한 혼합물이지만 미시적으로 불균질하며, 몇 가지 화학결합과 상호작용에 의해 조절되는 분자 수준의 용액에 비해 복잡한 상호작용과 물리적 영향을 받는 물질로서 새로운 관찰 대상이 되었다.

액체인 용매와 고체인 콜로이드 입자, 그리고 기체인 용액의 외부 표면 등 다양한 상이 존재하는 콜로이드 물질은 표면과 계면의 영향을 크게 받는다. 1898년 오스트발트는 물에 담긴 금속 전극들 사이에 전류를 흘리는 과정을 통해 다양한 종류의 금속 콜로이드를 만들 수 있었다.[22] 다양한 콜로이드 물질이 형성되자 이후 이것들을 분리 또는 배열할 수 있을지에 관심이 쏠렸다.

물질 계면에서 일어나는 특이적 현상, 즉 서로 다른 물질 사이 계면을 통해 물질이 이동할 때 계면에서의 물질 이동 저항으로 속도가 저하되는 현상은 벤저민 프랭클린이 처음 관찰했다.[23] 1757년 프랭클린은 바다 표면에 퍼진 기름막에 의해 파도 세기가 감소하는 모습을 목격한 뒤 1774년 관련 내용을 발표했는데, 이것이 시작이라고 할 수 있다. 이후 비운의 독일 여성 화학자 아그네스 루이제 빌헬민 포켈스Agnes Luise Wilhelmine Pockels, 1862~1935가 일상에서 관찰한 현상들을 통해 이를 하나의 연구 분야로 구체화했다.

포켈스는 과학에 대한 관심과 열의가 대단했지만 시대적으로 대학에 입학할 수 없는 처지였다. 그래서 물리학자인 남동생 프리드리히 카를 알빈 포켈스Friedrich Carl Alwin Pockels가 집으로 보내준 교과서로 독학하며 과학에 빠져들었다. 그녀는 스무 살 나이에 주방에서 요리와 청소로 대부분의 시간을 보낼 수밖에 없었다. 그럼에도 비누나 기름 등 수많은 물질이 물과 혼합되었을 때 보이는 거동으로부터 불순물이 액체의 표면장력에 미치는 영향을 주의 깊게 관찰해 정리하기 시작했다. 이 과정에서 물의 표면장력을 측정할 수 있는 초기 실험 기구인 슬라이드 트로프Slide Trough를 발명하기도 했다. 하지만 논문을 게재할 수 없는 상황이었기에 포켈스는 연구 결과를 정리해 당대 최고 학자인 레일리에게 편지와 함께 동봉해 보냈다. 레일리는 포켈스의 결과를 흘려 넘기지 않았다. 그녀의 연구 결과가 논문으로 게재될 수 있도록 적극적으로 도와 1891년 《네이처》에 「표면장력Surface Tension」이라는 제목으로 발표될 수 있었다.[24,25] 표면장력의 발견은 단순한 현상을 넘어 계면화학과 나노화학 형성에 하나의 원동력으로 작용했다.

레일리는 포켈스의 연구 결과를 참고해 새로운 실험을 설계했다. 그 후 혼합되지 않는 물과 기름이 이질성 계면을 형성한다는 점을 참고해 유기 화합물이 물 표면에 단분자 수준의 두께로 분포한다는 것을 확인했다. 초기 원자 결합 이론가인 루이스와의 오랜 대립에 지쳐 있던 어빙 랭뮤어는 레일리의 단분자막 형성과 포켈스의 슬라이드 트루트를 참고해 계면에서 막 형성 원리를 화학적으로 규명해냈다.

사실 랭뮤어는 금속공학 분야에서 박사 학위를 취득했다. 이후 미국 발명가 토머스 에디슨Thomas Edison, 1847~1931이 설립한 제너럴 일렉트릭General Electric, GE사에 입사해 전구 필라멘트 수명을 향상시키는 연구를 하고 있었다. 하지만 필라멘트의 수명을 연장해도 전구 내벽이 점차 검게 그을려 광량을 차단하는 현상이 발생했고, 그는 자연스럽게 표면 코팅과 제어에 대해 연구하기 시작했다. 이 과정에서 단분자막 형성과 거동을 탐구한 그는 친수성과 소수성을 모두 가진 유기 화합물이 물 표면에 놓였을 때 친수성 부분은 물을 향해, 소수성 부분은 소수성인 공기를 향해 배열되어 단분자막이 형성된다는 사실을 발견했다. 랭뮤어의 이 발견은 1932년 그에게 노벨 화학상을 안겨주었다.

이후 랭뮤어의 제자이자 케임브리지대학교 물리과 첫 여성 박사 학위자인 캐서린 버 블로젯Katharine Burr Blodgett, 1898~1979은 현재도 사용

아그네스 포켈스, 어빙 랭뮤어, 캐서린 버 블로젯(왼쪽부터)은 계면화학과 표면화학 분야를 개척했다.

되고 있는 랭뮤어-블로젯 트로프Langmuir-Blodgett trough 장치를 개발했고, 이로써 계면에서 만들어진 막을 다른 표면으로 옮길 수 있게 되었다.[26] 단분자막 형성과 다른 표면으로 전이는 유기 화합물만이 아닌, 콜로이드 입자에도 적용될 수 있었다. 지금은 균일한 나노입자를 합성하는 가장 주요한 기법 중 하나로 활용되고 있다.

전자현미경 발명으로 더욱 진보한 나노화학

패러데이가 루비 금 용액을 발견한 이후 나노입자와 나노화학이 현실화되기까지는 대략 1세기라는 시간이 걸렸다. 또한 광물에 숨어 있는 원소들을 찾아 분리하는 원소 발견의 시대가 열리는 데는 전기화학 기법이 발명되기까지의 기다림이 필요했다. 이미 알려진 수많은 유기 화합물의 실제적인 구조와 특성에 대한 이해, 그리고 새로운 분자 구조의 설계에는 탄소의 결합 형태와 구조를 확정 짓는 역사적 사건이 요구되었다. 모든 과학보다 우선시되던 인류의 탄생과 생존에 대한 부분이 자연적 현상을 벗어나 화학반응과 수많은 상호작용으로 뒤덮여 있다는 사실을 인지하는 것 또한 생분자의 분리와 분석, 그리고 엑스선 결정학을 통한 복잡계 구조의 파악 없이는 이루어질 수 없는 일이었다. 같은 원리로, 나노화학의 폭발적 성장은 미생물을 관찰하고 세포를 규정하던 현미경의 존재만으로는 불가능한, 한 차원 더 깊은 미시 영역에 해당하는 부분이었다.

라우에와 브래그 부자가 발견한 엑스선 회절은 고체 상태로 존재하는 다양한 물질의 실제적 원자 배열 및 결정성에 접근할 수 있게 했다. 더 나아가 엑스선 회절은 1933년 영국 물리학자 존 데즈먼드 버널이 물 분자 구조를 확인하고, 호지킨과 영국 생물물리학자 윌리엄 토머스 애스트버리William Thomas Astbury, 1898~1961가 페니실린이나 케라틴 같은 생분자의 구조를 확인하는 등 물질 분석이 중요해진 시기와 맞물려 본격적으로 적용되었다. 이후 고에너지의 엑스선이 아닌, 전자선electron beam을 이용해 물질을 분석하는 단계로 나아갔다. 엑스선은 특별한 전하를 띠지 않는 중성인 데 반해, 전자로 구성되어 음전하의 특성을 가지는 전자선은 외부에서 가해지는 전기장 혹은 자기장에 의해 진행 경로나 거동이 조절될 수 있다.

1931년 독일 물리학자 에른스트 아우구스트 프리드리히 루스카Ernst August Friedrich Ruska, 1906~1988는 전자선을 집약해 국소 영역에서 물질 구조를 분석할 수 있는 전자 렌즈electron lens를 발명했다. 이후 독일 전기 기술자 막스 놀Max Knoll, 1897~1969과 함께 전자현미경을 설계하는 데도 성공했다. 1933년 독일 기업 지멘스Siemens가 첫 상용 전자현미경을 출시했고, 학계와 산업계가 이를 도입했다. 이로써 인간은 수 마이크로 이하의 세계를 직접 관찰하고 촬영할 수 있는 눈을 얻게 되었다. 전자현미경을 발명할 수 있었던 것은 양자역학 발달 과정에서 드 브로이가 전자 등 입자가 파동의 특성을 나타낸다고 제안한 덕분이다. 다만 전자현미경이라는 분석 기술의 장점과 가능성이 입증되기까지는 50년 넘는 시간이 걸렸다. 이 공로를 인정받아 루스카는 1986년 노벨 물리학상을 수상했지만, 놀은 세상을 떠나 영예를 함께 누리지 못했다.[27]

루스카가 발명한 초기 전자현미경은 새로운 개념을 적용한 영상화 분석 기술임에는 틀림없었다. 하지만 당시 생물학적 연구나 고배율 분석을 위해 사용하던 광학현미경에 비해 해상도와 배율이 떨어져 본격적으로 활용되지는 못했다. 게다가 화학 분야가 엄청난 타격을 받고 지향하는 목표점이 학술적 탐구에서 실용성과 산업성으로 변화하는 계기가 된 제2차 세계대전은 전자현미경 발달에도 치명적인 영향을 끼쳤다. 당시 개발 중이던 전자현미경이 공습으로 파괴되고, 핵심 연구원들이 사망하며, 관련 자료들이 소실된 것이다.

종전 이후 루스카는 지멘스사에서 기존 전자현미경을 수 나노미터 입자를 머리카락 굵기 정도로 확대할 수 있는 10만 배율의 투과

에른스트 루스카와 막스 놀은 전자현미경(왼쪽)을 발명해 마이크로 이하 세계를 보는 눈을 과학자들에게 제공했다. 현재는 초고진공 전자현미경이 사용되고 있다.

전자현미경Transmission Electron Microscope, TEM으로 개량하는 데 성공했다. 표면 구조 분석에 용이한 주사전자현미경Scanning Electron Microscope, SEM 또한 1965년 최초로 상업용 시제품이 출시되었다. 미세한 지점에 집약해 투과 이미지를 얻는 가장 진보한 기술인 주사투과전자현미경STEM은 1970년 이후 다시 개발에 들어가 20세기 말 탄소 원자를 촬영할 수 있을 정도의 초고배율이 등장했다.

전자현미경의 발달과 맞물려 속속들이 등장한 '라만 산란Raman

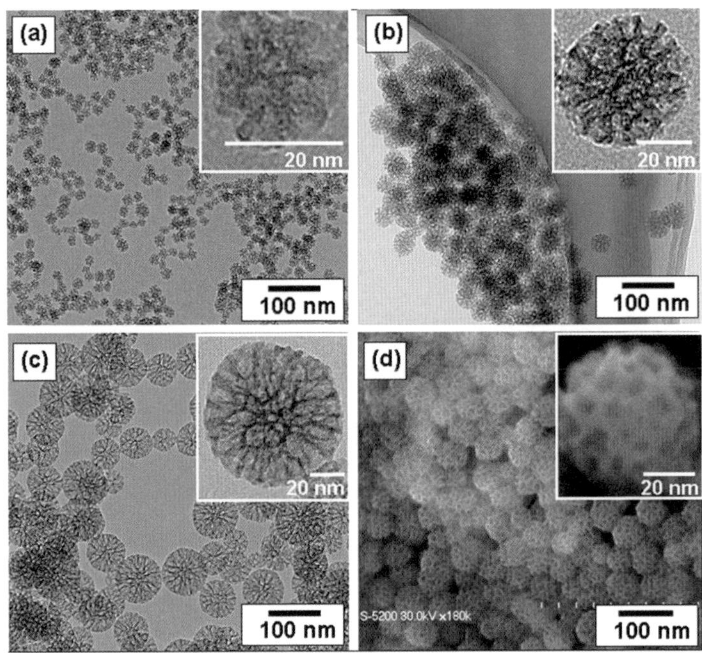

투과전자현미경으로 관찰한 다공성 실리카(SiO_2)의 나노입자. 직경 100나노미터 이하로, 머리카락 두께의 1,000분의 1에 불과하다. C는 전자빔 투과로 단면 구조를 관찰할 수 있는 투과전자현미경(TEM)의 이미지이고, D는 동일한 나노입자에서 전자빔의 표면 충돌로부터 나오는 2차 전자나 반사 전자를 관찰하는 주사전자현미경(SEM)의 이미지다.

scattering(빛이 액체, 고체 등의 분자와 간섭해 주파수가 변함으로써 생기는 산란 현상)'을 통한 라만 분광학Raman spectroscopy, 1928,[28] 엑스선 광전자 분광법X-ray photoelectron spectroscopy, 1969,[29] 주사터널링 현미경Scanning Tunneling Microscope, STM, 1981,[30] 그리고 원자간력 현미경Atomic Force Microscope, AFM, 1985 등은 정성적·정량적 분석을 가능하게 했다.[31]

결국 20세기 후반에 이르러 화학자들은 나노 물질의 표면 형태나 내부 구조를 명확히 확인할 수 있었다. 또한 구성 원소에 따른 전자선의 산란도 차이를 고려해 어떠한 원소로 이루어졌는지를 분간할 수 있게 되었다. 루비 금 용액을 포함해 그동안 만들어지고 추측되던 수많은 나노 콜로이드의 실제 구조와 크기, 조성이 빠르게 분석되면서 나노화학과 나노 물질은 심증이나 추론이 아닌, 명확한 과학적 분석 결과를 근거 삼아 하나의 첨단 분야로 공고히 자리 잡았다.

또 다른 가능성을 꿈꾸는 나노과학과 나노기술

모든 것은 원인과 결과가 연결되어 있으며 변화, 관계, 상호작용에 기반한 화학적 접근의 대상이 될 수 있다. 이 무렵 화학의 발달로 특이적 현상들이 관찰되고 화학자들이 그것을 이해하기도 했지만, 나노과학 또는 나노화학으로 분류하기에는 뭔가 계기가 부족했다. 이때 결정적 영향을 미친 것이 대중을 상대로 한 패러데이의 크리스마스 과학 강연처럼 어느 해 겨울에 진행된 하나의 강연이었다. 미국 물리학자이자 1965년 양자전기역학의 기초 원리 연구로 노벨 물리학상을 수상한 리처드 필립스 파인먼Richard Phillips Feynman, 1918~1988은 1959년 12월 29일 캘리포니아공과대학교에서 「바닥에 공간이 많이 있다There's Plenty of Room at the Bottom」라는 제목으로 강연을 했다. 이 강연은 아직 용어조차 확립되지 않았던 나노과학과 나노기술에 대한 첫 번째 통찰이었다.

파인먼은 강연에서 우리가 형태나 크기에 관심조차 두지 않는 실핀의 머리 부분을 예로 들었다.[32] 즉 "브리태니커 백과사전 24권 전체를 핀 머리에 새겨 넣을 수 없는가?"라는 질문을 던지고 의견을 피력했다. 그는 한 사람에 관한 모든 생물학 정보를 세포보다 작은 사슬 모양의 DNA에 담을 수 있듯이, 미래에는 어마어마한 양의 정보를 엄청나게 작은 공간에 기록할 수 있을 것이라고 예측함으로써 많은 이에게 충격을 안겼다. 그는 또한 물질 속 개별 원자들을 직접 제어해 필요한 목적에 맞게 쓸 수 있을 것이라고 주장하기도 했다. 바로 나노기술과 나노과학에 대한 언급이었다.

물리학과 화학, 재료과학적 관점에서 수 나노미터 또는 수백 나노미터 크기의 구조나 물질을 연구하는 융합 학문 분야가 나노과학nanoscience이다. 어느 측면에서 특성이나 기능을 제어하는지에 따라 나노과학의 세부 분야가 정의될 것이다. 이에 비해 나노기술nanotechnology은 측정, 제어, 생산 등 10억 분의 1 수준의 정밀도를 요구하는 극미세 가공 과학 기술에 해당한다.

리처드 파인먼은 나노 세계의 가능성에 주목했다.

결과적으로 나노과학과 나노기술은 별도의 영역을 구성하고 있다. 파인먼은 나노과학과 나노기술을 구분하지 않았으며, 새로운 영역에서의 가능성에 초점을 맞추었다.

콜로이드의 발견과 연구 과정에서 나노화학은 지속적으로 발전했다. 1974년 일본 물리학자 노리오 다니구치Norio Taniguchi, 1912~1999는 나노기술이라는 용어를 처음 사용했으며 반도체 같은 실용적 기술 측면에서 나노의 중요성을 강조했다.[33]

나노화학 발생 초기에는 완전히 새로운 분야로서 관심이 집중되었다. 하지만 2020년대에 들어선 현시점에는 전체적인 화학 및 과학 분야와 완벽하게 융합된 상태다. 나노는 본질적으로 어느 한 부류의 물질이나 접근법을 의미하기보다 다루는 계의 미소함과 특이적 상황을 표현하는 용어다. 그렇기에 유기, 무기, 물리, 분석, 생화학 등 화학의 다섯 분야에서 연구 영역의 경계선을 안내하는 형태로 자리매김했다. 예를 들어 화합물이나 금속 조각 등을 촉매로 사용해 화학반응을 이끌어내던 유기화학 분야의 경우 그것들과 동일한 원소로 이루어진 나노입자를 도입해 더 높은 표면적을 제공함으로써 효율을 증대시키거나, 몇 종의 원소가 혼합된 나노 물질 표면에서 선택적 혹은 특징적인 화학반응을 관찰하고 있다. 생체촉매, 화학촉매, 전기화학촉매 등 나노 물질을 대상으로 한 나노 촉매 연구가 여러 분야에서 새롭게 고려되고 있는 것도 같은 이유에서다. 즉 전통 화학 분야 모두에 적용되어 화학의 지평을 넓히는 데 일조하고 있는 것이다.

이러한 나노화학의 효과가 가장 두드러지게 나타나는 분야가 의약화학, 에너지와 같은 첨단 응용 화학이다. 인체 내에 국부적으로 존재하는 종양 또는 감염 부위에 치료 물질을 효과적으로 보내기 위한 약물 전달drug delivery, 레이저를 통해 종양에 주입한 나노입자의 발열을 유도해 조직을 태우는 광열photothermal, 그리고 임의로 활성산소를 발생시켜 암세포를 사멸시키는 광역학photodynamic 치료가 지속적으로 발전해 임상 적용을 앞두고 있다. 최근 활발하게 연구되고 있는 면역 치료와 유전자 치료 부문에도 환부에 약효성 분자를 효율적으로 전달하거나 체내 잔류 시간을 확보하기 위해 나노화학 원리가 도입되고 있다.[34]

에너지 분야 또한 화석연료의 연소로 발생하는 환경 유해성 기체와 지구온난화 문제로 친환경 대체 에너지의 필요성이 높아짐에 따라 나노화학의 중요성이 강조되고 있다.[35] 과거 우리는 철 표면을 이용한 촉매 화학반응을 통해 공기 속 질소 기체 분자를 질소 화합물로 만드는 질소 고정을 이루어 농업 혁명과 인구 증가에 성공했다. 이와 마찬가지로 금속 나노입자의 표면은 지구상에 가장 풍부하게 존재하는 친환경 자원인 물의 분해를 유도해 수소와 산소를 얻을 수 있도록 돕는다. 수소는 연소를 통해 우리가 사용할 에너지를 생성한 후 환경오염 없이 다시 물로 변화하기 때문에 가장 친환경적이고 유용한 에너지 자원이라고 할 수 있다. 이뿐 아니라 지구 표면으로 쏟아져 내려오는 무한정한 자원인 태양광을 이용해 전기를 만들거나 물을 분해할 때도 우리는 나노화학과 나노기술을 적용한다.[36]

물론 나노과학과 나노기술의 발달로 세상을 구성하는 물질과 재료, 장치와 기술이 격변한 것은 아니다. 나노 세계를 이해하고 다룰 수 있는 과학과 기술이 확립되어감에 따라 다양한 분야에서 미세 조절과 기능 향상, 자원 절감 등 세부적 요건이 더 나은 방향으로 나아가고 있는 것이다. 원자 수준에서 조절되는 화학반응의 설계와 구현은 나노화학이 추구해야 할 방향 중 하나에 불과하다. 나노화학은 화학 성장의 새로운 원동력으로 작용하고 있으며, 그 뒤에 무엇이 숨어 있을지는 아직 아무도 모른다. 우리는, 화학자들은 그저 처음 금을 찾던 그 모습으로 실험과 경험, 논리와 추론, 이해와 분석을 통해 세상을 감싼 모든 물질을 밝혀나갈 뿐이다.

제1장

[1] T. P. Blanchard (1995). "The Universe at Your Fingertips Activity: Cosmic Calendar" Astronomical Society of the Pacific.

[2] S. L. Miller (1953). "Production of Amino Acids Under Possible Primitive Earth Conditions" Science, 117, 3046, 528–529.

[3] S. L. Miller, H. C. Urey (1959). "Organic Compound Synthesis on the Primitive Earth" Science, 130, 3370, 245–251.

[4] J. Oró, S. S. Kamat (1961). "Amino–Acid Synthesis from Hydrogen Cyanide Under Possible Primitive Earth Conditions" Nature, 190, 4774, 442–443.

[5] A. P. Johnson, H. J. Cleves, J. P. Dworkin, D. P. Glavin, A. Lazcano, J. L. Bada (2008). "The Miller Volcanic Spark Discharge Experiment" Science, 322, 5900, 404.

[6] M. Ferus, D. Nesvorný, J. Šponer, P. Kubelík, R. Michalčíková, V. Shestivská, J. E. Šponer, S. Civiš (2015). "High–Energy Chemistry of Formamide: A Unified Mechanism of Nucleobase Formation" Proc. Nat'l. Acad. Sci. 112, 3, 657–662.

[7] A. I. Oparin (1938). "The Origin of Life" Phoenix Edition Series. Translated by M. Sergius (2nd edition), Mineola, New York: Courier Corporation.

[8] T. Bosak, B. Liang, M. S. Sim, A. P. Petroff (2009). "Morphological Record of Oxygenic Photosynthesis in Conical Stromatolites" Proc. Natl. Acad. Sci. USA, 106, 27, 10939–10943.

[9] 과거 출간된 문헌들에서는 모네라(Monera)계로 분류되었으나 토머스

캐빌리어스미스(Thomas Cavalier-Smith, 1942~)의 6계 구분(1998)을 기준 삼아 세균으로 기재했다. 남세균 역시 세균계에 포함된다.

[10] J. Rosell, R. Blasco (2019). "The Early Use of FIre among Neanderthals from a Zooarchaeological Perspective" Quaternary Science Reviews, 217, 268-283.

- 제2장

[1] C. C. Rafn, N. M. Petersen, C.J. Thomsen, Kongelige Nordiske Oldskriftselskab (1836). "Ledetraad Til Nordisk Oldkyndighed" S. L. Møllers bogtr.

[2] E. Chalmin, M. Menu, C. Vignaud (2003). "Analysis of Rock Art Painting and Technology of Paleolithic Painters" Meas. Sci. Technology, 2003, 14, 9, 1590.

[3] Prehistoric Pigments, Royal Society of Chemistry, Resorces (https://edu.rsc.org/resources/prehistoric-pigments/1540.article).

[4] 13,000-year-old Brewery Discovered in Israel, the Oldest in the World, The Times of Israel, 12 September 2018.

[5] O. Dietrich, M. Heun, J. Notroff, K. Schmidt, M. Zarnkow (2012). "The Role of Cult and Feasting in the Emergence of Neolithic Communities. New Evidence from Göbekli Tepe, South-eastern Turkey" Antiquity, 86, 333, 674-695.

[6] B. Darren (2015). "Traditional Firestarting Part I: How to Make Fire with Flint and Steel" Manly Skills, Self-Reliance, Survival. Art of Manliness.

[7] P.J. Heyes, K. Anastasakis, W. de Jong, A. van Hoesel, W. Roebroeks, M. Soressi (2016). "Selection and Use of Manganese Dioxide by Neanderthals" Sci. Rep. 6, 22159.

[8] K. A. von Zittel (1901). "History of Geology and Palaeontology" London: W. Scott.

[9] J. Glausiusz (2008). "Trading Bronze Age Technology" Nature, 456,

709.

[10] J. Song, L. Wang, A. Zibart, C. Koch (2012). "Corrosion Protection of Electrically Conductive Surfaces" Metals, 2, 450–477.

[11] R. C. Weast (1978). "CRC Handbook of Chemistry and Physics" CRC Press: Cleveland, OH, USA.

[12] G. C. Allan, J. T. Woodcock (2001). "A Review of the Flotation of Native Gold and Electrum" Miner. Eng. 14, 9, 931–962.

[13] J.J. Mark (2016). "Egyptian Gods–The Complete List" Ancient History Encyclopedia (https://www.ancient.eu/article/885/egyptian-gods---the-complete-list/).

[14] J.J. Mark (2017). "Utu-Shamash" Ancient History Encyclopedia (https://www.ancient.eu/Utu-Shamash/).

[15] J. D. Muhly, R. Maddin, T. Stech, E. Özgen (2013). "Iron in Anatolia and the Nature of the Hittite Iron Industry" Anatolian Studies, 35, 67–84.

[16] "Abundance in Earth's Crust" WebElements.com

[17] E. Photos (2010). "The Question of Meteoritic Versus Smelted Nickel-Rich Iron: Archaeological Evidence and Experimental Results" World Archaeology, 20, 3, 403–421.

[18] Ü. Yalçin (1999). "Early Iron Metallurgy in Anatolia" Anatolian Studies, 49, 177–187.

[19] J. Humphris (2018). "Iron Smelting in Sudan: Experimental Archaeology at The Royal City of Meroe" J. Field Archaeol. 43, 399–416.

[20] H. M. Cobb (2010). "The History of Stainless Steel". ISBN 9781615030118.

[21] M. Willcox (2000). "Soap" In Hilda Butler (ed.). Poucher's Perfumes, Cosmetics and Soaps. ISBN 978-0-7514-0479-1.

[22] M. Yusuf, M. Shabbir, F. Mohammad (2017). "Natural Colorants: Historical, Processing and Sustainable Prospects" Nat. Prod.

Biopresрect. 7, 1, 123–145.

[23] "How Glass Is Made: The Wonders of Glass All Come Down to Melting Sand" Corning.com

[24] G. H. Frischat (2002). "Tin Ions in Float Glass Cuase Anomalies" Comptes Rendus Chimie, 5, 11, 759–763.

● 제3장

[1] G. W. Most (1996). "Reading Raphael: The School of Athenes and Its Pre–Text" Crit. Inq. 23, 1, 145–182.

[2] P. Curd (2007). "Presocratic Philosophy" Stanford Encyclopedia of Philosophy.

[3] Aristotle. "Book I 983b" Aristotle, Metaphysics. Perseus Proejct.

[4] A. Finkelberg (1993). "Anaximander's Conception of the Apeiron" Phronesis, 38, 3, 229–256.

[5] H. B. Gottschalk (1960). "Kahn Anaximander and the Origins of Greek Cosmology" New York: Columbia University Press (London: Oxford U. P.).

[6] M. C. Stokes (1976). "Anaximander's Argument" Can. J. Philos. 1976, 1–22. DOI: 10.1017/S0229705100003761.

[7] D. W. Graham (2007). "Heraclitus" Stanford Encyclopedia of Philosophy.

[8] E. Lewis (2000). "Anaxagoras and the Seeds of a Physical Theory" Apeiron, 33, 1, 1–23. DOI: 10.1515/APEIRON.2000.33.1.1.

[9] J. Lesher (2002). "Xenophanes" Stanford Encyclopedia of Philosophy.

[10] E. Mogyoródi (2006). "Xenophanes' Epistemology and Parmenides' Quest for Knowledge" in M. Sassa, ed., La Costruzione del Discorso Filosofico Nell'età Dei Presocratici, Pisa: Ed. della Normale, 123–60.

[11] J. Palmer (2008). "Zeno of Elea" Stanford Encyclopedia of Philosophy.

[12] F. Solmsen (1965). "Love and Strife in Empedocles' Cosmology"

Phronesis, 10, 2, 109–148.

[13] L. Edmunds (1972). "Necessity, Chance, and Freedom in the Early Atomists" Phoenix, 26, 4, 342–357.

[14] C. Bailey (1976). "Matter and the Void According to Leucippus" The Concept of Space and Time, Vol. 22, Boston Studies in the Philosophy of Science, 17–19.

[15] H. De Ley (1968). "Democritus and Leucippus. Two Notes on Ancient Atomism" L'Antiquité Classique, 37, 2, 620–633.

[16] D. Zeyl (2005). "Plato's Timaeus" Stanford Encyclopedia of Philosophy.

[17] G. W. F. Hegel (1870). "The Philosophy of Plato" J. Specul. Philos. 4, 3, 225–268.

[18] W. G. Leszl (2006). "Plato's Attitude to Poetry and the Fine Arts, and the Origins of Aesthetics" L'ame Amphibie, 3, 245–336.

[19] T. J. Crowley (2008). "Aritotle's 'So-Called Elements'" Phronesis, 53, 3, 223–242.

[20] H. Heinen (2003). "Geschichte des Hellenismus: Von Alexander bis Kleopatra" Beck'sche Reihe, ed. 3, Verlag C. H. Beck.

[21] E. R. Caley (1926). "The Layden Papyrus X. An English Translation with Brief Notes" J. Chem. Educ. 3, 10, 1149.

[22] E. R. Caley (1927). "The Stockholm Papyrus. An English Translation with Brief Notes" J. Chem. Educ. 4, 8, 979.

[23] R. J. Forbes (1953). "On the Origin of Alchemy" Chymia, 4, 1–11.

[24] G. B. Kauffman (1985). "The Role of Gold in Alchemy. Part I" Gold Bull. 18, 1, 31–44.

[25] T. L. Davis (1926). "The Emerald Table of Hermes Trismegistus. Three Latin Versions Which Were Current among Later Alchemists" J. Chem. Educ. 3, 8, 863.

● 제4장

[1] S. A. Bowen (2016). "Finding Strategic Communication & Diverse Leadership in the Ancient World: The Case of Queen Cleopatra VII, the Last Pharaoh of Egypt" Cogent Arts & Humanities, 3, 1, 1154704.

[2] A. C. McGriffert (1909). "The Influence of Christianity upon the Roman Empire" Havard Theological Review, 2, 1, 28–49.

[3] J. Scarborough (1971). "Gnoticism, Drugs, and Alchemy in Late Roman Egypt" Pharmacy in History, 13, 4, 151–157.

[4] G. M. Cooper (2011). "Galen and Astrology: A Mésalliance?" Early Sci. Med. 16, 2, 120–146.

[5] J. Mayberry (2004). "A Timeline of Scurvy" Harvard DASH (https://dash.harvard.edu/bitstream/handle/1/8852139/Mayberry.html?sequence=2).

[6] P. T. Keyser (1990). "Alchemy in the Ancient World: From Science to Magic" Illinois Classical Studies, 15, 2, 353–378.

[7] S. C. Gilfillan (1965). "Lead Poisoning and the Fall of Rome" Journal of Occupational Medicine, 7, 2, 53–60.

[8] A. L. Wani, A. Ara, J. A. Usmani (2015). "Lead Toxicity: A Review" Interdiscip. Toxicol. 8, 2, 55–64.

[9] F. P. Retief, L. Cilliers (2005). "Lead Poisoning in Ancient Rome" Acta Theologica, 7.

[10] J. Eisinger (2007). "The Lead in Beethoven's Hair" Toxicol. Environ. Chem. 90, 1, 1–5.

[11] N. Baumard, A. Hyafil, I. Morris, P. Boyer (2015). "Increased Affluence Explains the Emergence of Ascetic Wisdoms and Moralizing Religions" Curr. Biol. 25, 1, 10–15.

[12] M. V. Anastos (1962). "Nestorius Was Orthodox" Dumbarton Oaks Papers, 16, 117–140.

[13] J. A. Klein (2016). "The Four Books of Pseudo-Democritus: Sources of Alchemy, Written by Matteo Martelli, 2014" Early Sci. Med. 21, 4, 354–356.

[14] M. Martelli (2013). "Divine Water in the Alchemical Writings of Pseudo-Democritus" Ambix, 56, 1, 5–22.

[15] R. Patai (2013). "Maria the Jewess – Founding Mother of Alchemy" Ambix, 29, 3, 177–197.

[16] H. S. El Khadem (1995). "A Lost Text by Zosimos Reproduced in an Old Alchemy Book" J. Chem. Educ. 72, 9, 774–775.

[17] H. Lamers (2018). "Constructing Hellenism: Studies on the History of Greek Learning in Early Modern Europe" Int. J. Class. Trad. 25, 201–215.

[18] C. Muthu (1913). "A Short Review of the History of Ancient Hindu Medicine" Section of the History of Medicine (https://journals.sagepub.com/doi/pdf/10.1177/003591571300601515).

[19] F. E. Treloar (1967). "Ritual Objects Illustrating Indian Alchemy and Tantric Religious Practice" His. Sci. Soc. 58, 3, 396. DOI: doi.org/10.1086/350272.

[20] F. Verellen (2010). "Taoism" J. Asian Studies, 54, 2, 322–346.

[21] J. Zai (2015). "Taoism and Science: Cosmology, Evolution, Morality, Health and More" Ultravisum.

[22] S. Mahdihassan (1984). "Tan, Cinnabar, as Drug of Longevity Prior to Alchemy" Am. J. Chin. Med. 12, 1, 50–54.

[23] J. D. Blum (2013). "Mesmerized by Mercury" Nat. Chem. 5, 1066.

● 제5장

[1] al-Amaali al-Sadiq, Assembly 32, Hadith #1.

[2] A. A. Algeriani, M. Mohadi (2017). "The House of Wisdom (Bayt al-Hikmah) and Its Civilizational Impact on Islamic Libraries: A Historical Perspective" Mediterr. J. Soc. Sci. 8, 5, 179–187.

[3] C. Helmig (2011). "Proclus" Stanford Encyclopedia of Philosophy.

[4] J. Cutbush (1822). "Remarks Concerning the Composition and

Properties of the Greek Fire" The American Journal of Science and Arts, 302–315.

[5] A. Roland (1992). "Secrecy, Technology, and War: Greek Fire and the Defense of Byzantium, 678–1204" Technology and Culture, 33, 4, 655–679.

[6] E.J. Holmyard (1923). "Jabir ibn Hayyan" J. R. Soc. Med. 16. DOI: 10.1177/003591572301601606.

[7] A. O. Shuriye, W. F. Faris (2012). "Contributions of Early Muslim Scientists to Engineering Studies and Related Sciences" Iium Press, International Islamic University Malaysia.

[8] J. Ragai (1992). "The Philosopher's Stone: Alchemy and Chemistry" Alif: Journal of Comparative Poetics, 12, 58–77.

[9] M. Zonta (2007). "Influence of Arabic and Islamic Philosophy on Judaic Thought" Stanford Encyclopedia of Philosophy.

[10] A. Garcia–Sanjuán (2015). "Rejecting al–Andalus, Exalting the Reconquista: Historical Memory in Contemporary Spain" J. Mediev. Iber. Stud. 10, 1, 127–145.

[11] J. C. Scott (2006). "The Mission of the University: Medieval to Postmodern Transformations" J. High. Educ. 77, 1, 1–39.

[12] E. Grant (1974). "A Source Book in Medieval Science" Cambridge, Massachusetts: Harvard University Press, 42.

[13] D. Doyle (2009). "Notoriety to Respectability: A Short History of Arsenic Prior to Its Present Day Use in Haematology" B.J. Haem. 145, 3, 309–317.

[14] C. M. Pyle (2000). "Reviving the Doctor Universalis" Nature, 404, 544–545.

[15] W. Franke (2015). "Involved Knowing: On the Poetic Epistemology of the Humanities" Humanities, 4, 4, 600–622.

[16] 한수영 (2020). 「인문교양교육의 서구적 전통과 변용–12세기 〈철학의 여왕과 리버럴아츠 7과목〉 도상을 중심으로」. Korean J. General Edu. 14, 2,

11–22.

[17] J. North (2005). "Aristotle's Empiricism" Early Sci. Med. 10, 1, 91–97.

[18] W. C. Moore (1911). "Aqua Regia: Preliminary Paper" J. Am. Chem. Soc. 33, 7, 1091–1099.

[19] E. Vitz, J. W. Moore, J. Shorb, X. Prat–Resina, T. Wendorff, A. Hahn (2020). "The Nobel Prize and Aqua Regia" Chemical Education Digital Library (https://chem.libretexts.org/Ancillary_Materials/Exemplars_and_Case_Studies/Exemplars/Culture/The_Nobel_Prize_and_Aqua_Regia).

[20] D. Raoult, N. Mouffok, I. Bitam, R. Piarroux, M. Drancourt (2013). "Plague: History and Contemporary Analysis" J. Infect. 66, 1, 18–26.

[21] L. DeVun (2009). "Prophecy, Alchemy, and the End of Time" Columbia University Press. DOI: 10.7312/devu14538.

[22] C. Cobb, M. Fetterolf, H. Goldwhite (2014). "The Chemistry of Alchemy: From Dragon's Blood to Donkey Dung. How Chemistry Was Forged" Prometheus. ISBN: 978–1616149154.

[23] L. Fabbrizzi (2008). "Communicating about Matter with Symbols: Evolving from Alchemy to Chemistry" J. Chem. Educ. 85, 11, 1501.

[24] L. M. Principe (1998). "The Aspiring Adept: Robert Boyle and His Alchemical Quest: Including Boyle's 'Lost' Dialogue on the Transmutation of Metals" Princeton: Princeton University Press. ISBN 0691050821.

[25] D. Brewster (1855). "Memories of the Life, Writing, and Discoveries of Sir Issac Newton" Edinburgh: T. Constable and Co.

[26] D. W. Hauck (1999). "The Emerald Tablet: Alchemy for Personal Transformation", Penguin.

[27] G. B. Kauffman (2013). "The Mystery of Stephen H. Emmens: Successful Alchemist or Ingenious Swindler?" Ambix, 30, 2, 65–88.

[28] T. Nummedal (2019). "Anna Zieglerin and the Lion's Blood: Alchemy and End Times in Reformation Germany" University of Pennsylvania

Press. ISBN 978-0812250893.

● 제6장

[1] E. Del Soldato (2015). "Natural Philosophy in the Renaissance" Stanford Encyclopedia of Philosophy.

[2] P. Grandjean (2016). "Paracelsus Revisted: The Dose Concept in a Complex World" Basic Clin. Pharmacol. Toxicol. 119, 2, 126-132.

[3] J. F. Borzelleca (2000). "Paracelcus: Herald of Modern Toxicology" Toxicol. Sci. 53, 1, 2-4.

[4] O. Temkin (1952). "The Elusiveness of Paracelsus" Bull. History Med. 26, 3, 201-217.

[5] G. B. Kauffman (1985). "The Role of Gold in Alchemy. Part I" Gold Bull. 18, 1, 31-44.

[6] M. Tampa, I. Sarbu, C. Matei, V. Benea, S. R. Georgescu (2014). "Brief History of Syphilis" J. Med. Life, 7, 1, 4-10.

[7] G. Stopford-Taylor, R. W. Mackenna (1911). "Salvarsan in the Treatment of Syphilis" Lancet, 177, 4578, 1412-1416.

[8] J. M. Stillman (1919). "Paracelsus as a Chemist and Reformer of Chemistry" The Monist, 29, 1, 106-124.

[9] P. K. Benbow (2009). "Theory and Action in the Works of Andreas Libavius and Other Alchemists" Annal. Sci. 66, 1, 135-139.

[10] E. H. F. Meyer (1925). "Valerius Cordus and the Discovery of Ether" History Sci. Soc. 7, 1. DOI: 10.1086/358296.

[11] A. Cunningham, P. Williams (1993). "De-Centring the 'Big Picture': "The Origin of Modern Science" and the Modern Origins of Science" Brit. J. History Sci. 26, 4, 407-432.

[12] B. Vickers (1992). "Francis Bacon and the Progress of Knowledge" J. Hist. Ideas, 53, 3, 495-518.

[13] E. Slowik (2005). "Descartes' Physics" Stanford Encyclopedia of

Philosophy.

[14] C. Iltis (1973). "The Decline of Cartesianism in Mechanics: The Leibnizian-Cartesian Debates" Isis, 64, 3, 356-373.

[15] G. Gorham (2007). "Descartes on Time and Duration" Early Sci. Med. 12, 1, 28-54.

[16] W. Lefèvre (2005). "Galileo Engineer: Art and Modern Science" Sci. Context, 14, s1, 11-27.

[17] F. Krafft (1969). "Phosphorus. From Elemental Light to Chemical Element" Angew. Chem. 8, 9, 660-671.

[18] M. Fitzpatrick (2010). "The Fallacy of Van Helmont's Tree" Br. J. Gen. Pract. 60, 574: 381.

[19] J. R. Partington (1936). "Joan Baptista van Helmont" Annals Sci. 1, 4, 359-384.

[20] G. Liger-Belair, G. Polidori, P. Jeandet (2008). "Recent Advances in the Science of Champagne Bubbles" Chem. Soc. Rev. 37, 2490-2511.

[21] T. Coulson (1943). "Otto von Guericke: A Neglected Genius" J. Franklin Inst. 236, 4, 333-351.

[22] K. R. Williams (2009). "Robert Boyle: The Founder of Modern Chemistry" J. Chem. Educ. 86, 2, 148.

[23] J. Hyllner, C. Mason, I. Wilmut (2015). "Cells: From Robert Hooke to Cell Therapy - A 350 Year Journey" Philos. Trans. R. Soc. Lond. B Biol. Sci. 370, 1680: 20150320.

[24] M. J. Giuliodori, H. L. Lujan, W. S. Briggs, G. Palani, S. E. DiCarlo (2009). "Hooke's Law: Applications of a Recurring Principle" Adv. Physiol. Educ. 33, 4, 293-296.

[25] R. Boyle (1660). "New experiments physico-mechanical. Touching the spring of the air, and its effects", Oxford: H. Hall for T. Robinson.

[26] R. Boyle (1662). "New experiments physico-mechanical. Touching the air: whereunto is added a defence of the authors explication of the experiments. Against the obiections of Franciscuc Linus, and Thomas

Hobbes" Oxford: H. Hall for T. Robinson.

[27] L. Principe (2011). "In Retrospect: The Sceptical Chymist" Nature, 469, 30–31.

● 제7장

[1] J. R. Partington, D. McKie (2007). "Historical Studies on the Phlogiston Theory. – I. The Levity of Phlogiston" Annals Sci. 2, 4, 361–404.

[2] M. Teich (1988). "Interdisciplinary in J. J. Becher's Thought" Hist. Euro. Ideas, 9, 2, 145–160.

[3] V. D. Boantza, O. Gal (2011). "The 'Absolute Existence' of Phlogiston: The Losing Party's Point of View" Br. J. Hist. Sci. 44, 3, 317–342.

[4] C. T. Wolfe (2011). "From Substantival to Functional Vitalism and Beyond: Animas, Organisms and Attitudes" Eidos, 14, 212–235.

[5] E. Guillaume, G. Marlair, A. Delacroix, D. Drysdale (2016). "Consideration on Combustion and Fire Behaviour of Materials: A Change of Mind during the 18th Century" J. Fire Sci. 34, 1, 69–84.

[6] J. B. Eklund, A. B. Davis (1972). "Joseph Black Matriculates: Medicine and Magnesia Alba" J. Hist. Med. Allied Sci. 28, 4, 396–417.

[7] J. B. West (2014). "Joseph Black, Carbon Dioxide, Latent Heat, and the Beginning of the Discovery of the Respiratory Gases" Am. J. Physiol – Lung C. 306, 12, L1057–L1063.

[8] D. McKie (1935). "Daniel Rutherford and the Discovery of Nitrogen" Sci. Prog. 29, 116, 650–660.

[9] J. B. West (2014). "Joseph Priestley, Oxygen, and the Enlightment" Am. J. Physiol–Lung C. 306, 2, L111–L119.

[10] C. Grainge (2004). "Breath of Life: The Evolution of Oxygen Therapy" J. R. Soc. Med. 97, 10, 489–493.

[11] "The Story of Schweppes" (https://mikesheridan.tripod.com/schweppes1.htm).

[12] S. A. Goldschmidt (1927). "The Birth of the American Chemical Society at the Priestley House in 1874" J. Chem. Educ. 4, 2, 145.

[13] J. B. West (2014). "Carl Wilhelm Scheele, the Discoverer of Oxygen, and a Very Productive Chemist" Am. J. Physiol.-Lung C. 307, 11, L811-L816.

[14] G. Urdang (1944). "Pictorial Life History of the Apothecary Chemist Carl Wilhelm Scheele" American Institute of the History of Pharmacy.

[15] J. B. West (2014). "Henry Cavendish (1731-1810): Hydrogen, Carbon Dioxide, Water, and Weighing the World" Am. J. Physiol. - Lung C. 307, 1, L1-L6.

[16] Van Nostrand's Encyclopedia of Chemistry (2005). "Hydrogen" Wylie-Interscience, 797-799. ISBN 0-471-61525-0.

[17] M. Rasanen (2013). "Argon Out of Thin Air" Nat. Chem. 6, 1 ; 82.

[18] J. R. Partington (1943). "Antoine Laurent Lavoisier, 1743-1794" Nature, 152, 207-208.

[19] J. Hudson (1992). "Lavoisier and the Birth of Modern Chemistry" In: The History of Chemistry. Palgrave, London. ISBN: 978-1349223626.

[20] H. Hartley (1947). "Antoine Laurent Lavoisier 26 August 1743-8 May 1794" Proc. R. Soc. A, 189, 1019, 427-456.

[21] J. B. West (2013). "The Collaboration of Antoine and Marie-Anne Lavoisier and the First Measurement of Human Oxygen Consumption" Am.J. Physiol.-Lung C. 305, 11, L775-L785.

[22] M. Daumas, D. Duveen (1959). "Lavoisier's Relatively Unknown Large-Scale Decomposition and Synthesis of Water, Febrary 27 and 28, 1785" Chymia, 5, 113-129.

[23] J. B. Gough (1988). "Lavoisier and the Fulfillment of the Stahlian Revolution" Osiris, 4, 15-33.

[24] M. Karamanou, G. Tsoucalas, G. Androutsos (2013). "Hallmarks in the Study of Respiratory Physiology and the Crucial Role of Antoine-

Laurent de Lauvoisier (1743–1794)" Am. J. Physiol.–Lung C. 305, 9, L591–L594.

[25] R. J. Morris (2009). "Lavoisier and the Caloric Theory" Br. J. Hist. Sci. 6, 1, 1–38.

[26] W. Lefèvre (2018). "The Méthode de Nomenclature Chimique (1787): A Document of Transition" Ambix, 65, 1, 9–29.

[27] R. Siegfried (2013). "Lavoisier's Table of Simple Substances: Its Origin and Interpretation" Ambix, 29, 1, 29–48.

[28] G. Weissmann (2010). "Free Radicals Can Kill You: Lavoisier's Oxygen Revolution" FASEB J. 24, 3, 649–652.

- 제8장

[1] C. C. Gillispie (1989). "Scientific Aspects of the French Egyptian Expedition 1798–1801" Proc. Am. Philos. Soc. 133, 4, 447–474.

[2] F. L. Holmes (1962). "From Elective Affinities to Chemical Equilibria: Berthollet's Law of Mass Action" Chymia, 8, 105–145.

[3] P. J. Hartog (1894). "The Berthollet–Proust Controversy and the Law of Definite Proportions" Nature, 50, 149–150.

[4] A. Korobov (1996). "The Concept of the Individual Chemical for Reacting Berthollide Compounds: The Loss of Certainty" J. Chem. Inf. Comput. Sci. 36, 3, 393–395.

[5] D. N. Khitarov, B. P. Sobolev, I. V. Alexeeva (2000). "The Rare Earth Trifluorides, Part 2 Arxius de les Seccions de Ciències" Institut d'Estudis Catalans, p75ff. ISBN: 978-8472836105.

[6] L. Dobbin (1896). "Dalton's Atomic Theory" Nature, 54, 126.

[7] A. W. Thackray (1966). "The Origin of Dalton's Chemical Atomic Theory: Daltonian Doubts Resolved" Isis, 57, 1, 35–55.

[8] T. A. Alborn (1989). "Negotiating Notation: Chemical Symbols and British Society, 1831–1835" Annals Sci. 46, 437–460.

[9] M. W. Williams (2012). "What Creates Static Electricity?" Am. Sci. 100, 4, 316–323.

[10] M. W. Jernegan (1928). "Benjamin Franklin's "Electrical Kite" and Lightning Rod" New Eng. Quart. 1, 2, 180–196.

[11] M. Piccolino (1998). "Animal Electricity and the Birth of Electrophysiology: The Legacy of Luigi Galvani" Brain Res. Bull. 46, 5, 381–407.

[12] A. Mauro (1969). "The Role of the Voltaic Pile in the Galvani–Volta Controversy Concerning Animal vs. Metallic Electricity" J. Hist. Med. Allied Sci. 24, 2, 140–150.

[13] IEEE Global History Network (1799). "Milestones: Volta's Electrical Battery Invention"

[14] M. Paidar, V. Fateev, K. Bouzek (2016). "Membrane Electrolysis – History, Current Status and Perspective" Electrochim. Acta, 209, 737–756.

[15] H. Kitsikopoulos (2013). "From Hero to Newcomen: The Critical Scitific and Technological Developments That led to the Invention of the Steam Engine" Proc. Am. Phiolos. Soc. 157, 3, 304–344.

[16] F. Hetami (2009). "The Industrial Revolution and Its Consequences as Revealed in Dickens' Great Expectations" J. Lang. Liter. 4, 42–48.

[17] N. V. Tarakina, B. Verberck (2017). "A Portrait of Cadmium" Nat. Chem. 9, 96.

[18] R. Winderlich (1948). "Jons Jakob Berzelius" J. Chem. Educ. 25, 9, 500–505.

[19] J. J. Berzelius (1835). "Årsberättelsen om framsteg i fysik och kemi" Stockholm, Sweden: Royal Swedish Academy of Sciences. After reviewing Eilhard Mitscherlich's research on the formation of ether, Berzelius coins the word katalys (catalysis) on p. 245.

[20] J. J. Berzelius (1830). "Om sammansättningen af vinsyra och drufsyra, om blyoxidens atomvigt, samt allmänna anmärkningar om sådana

kroppar som hafva lika sammansättning, men skiljaktiga egenskaper" Kongliga Svenska Vetenskaps Academiens Handling, 49, 49–80.

[21] J.J. Berzelius (1841). "Unorganische Chemie: Isomerie" Jahres-Bericht, 20, 7–13.

[22] H. hartley (1951). "Origin of the Word 'Protein'" Nature, 168, 244.

[23] J.J. Berzelius (1813). "Essay on the Cause of Chemical Proportions, and on some Circumstances relating to them: together with a short and easy Method of expressing them" Annals of Philosophy, London: Robert Baldwin, II & III.

[24] M. Gainnier, J.-M. Forel (2006). "Clinical Review: Use of Helium-Oxygen in Critically Ill Patients" Crit. Care. 10, 6: 241.

[25] F. F. Cartwright (1972). "Humphry Davy's Researches on Nitrous Oxide" Brit.J. Anaesth. 44, 291–296.

[26] R. M. Hartshorn, A. Yerin (2019). "The Past, Present, and Future in the Nomenclature and Structure Representation of Inorganic Compounds" Dalton Trans. 48, 26, 9422–9430.

[27] J. B. West (2014). "Humphry Davy, Nitrous Oxide, the Pneumatic Institution, and the Royal Institution" Am.J. Physiol.-Lung C. 307, 9, L661–L667.

[28] L. P. Williams (1960). "Michael Faraday's Education in Science" Isis, 51, 4, 515–530.

[29] S. Ross (1961). "Faraday Consults the Scholars: The Origins of the Terms of Electrochemistry" Notes Rec. R. 16, 2, 187–220.

[30] J. S. E. Townsend (1943). "Jean Baptiste Perrin, 1870–1942" Biogr. Mem. Fellows R. 4, 12. DOI: 10.1098/rsbm.1943.0004.

[31] J. H. Brooke (1981). "Avogadro's Hypothesis and Its Fate: A Case-Study in the Failure of Case-Studies" Hist. Sci. 19, 4, 235–273.

[32] H. Hartley (1966). "Stanislao Cannizzaro, F. R. S. (1826–1910) and the First International Chemical Conference at Karlsruhe in 1860" Notes Rec. R. 21, 1, 56–63.

● 제9장

[1] R. Hoffmann (1998). "Döbereiner's Lighter" Am. Sci. 86, 4: 326.

[2] J. P. Montgomery (1931). "Döbereiner's Triads and Atomic Numbers" J. Chem. Educ. 8, 1, 162.

[3] J. W. Alsobrook (1951). "Jean Baptiste André Dumas" J. Chem. Educ. 28, 12, 630-633.

[4] P. J. Stewart (2002). "From Telluric Helix to Telluric Remix" Found. Chem. 22, 3-14.

[5] M. D. Gordin (2018). "Paper Tools and Periodic Tables: Newlands and Mendeleev Draw Grids" Ambix, 65, 1, 30-51.

[6] "A Mother's Love: Maria Dmitrievna Mendeleeva" (https://chemaust.raci.org.au/article/julyaugust-2019/mother%E2%80%99s-love-maria-dmitrievna-mendeleeva.html).

[7] D. Mendeleev (1887). "Исследование водных растворов по удельному весу" -SPb. 22, 520.

[8] G. T. Woods (2010). "Mendeleev, the Man and His Matrix: Dmitri Mendeleev, Aspects of His Life and Work: Was He a Somewhat Fortunate Man?" Found. Chem. 12, 171-186.

[9] P. J. Stewart (2019). "Mendeleev's Predictions: Success and Failure" Found. Chem. 21, 3-9.

[10] P. Szuromi (2019). "Setting the Table" Science, 363, 6426, 464-465.

[11] D. Rouvray, B. King (2004). "The Periodic Table: Into the 21st Century" Chem. Int. 27, 6 (https://old.iupac.org/publications/ci/2005/2706/bw6_atkins.html).

[12] P. Dinér (2016). "Yttrium from Ytterby" Nat. Chem. 8, 192.

[13] V. Elkina, M. Kurushkin (2020). "Promethium: To Strive, To Seek, To Find and Not To Yield" Front. Chem. 8: 588.

[14] B. F. Thornton, S. C. Burdette (2019). "Seekers of the Lost Lanthanum" Nat. Chem. 11, 188.

[15] C. Cobb, H. Goldwhite (1995). "Creations of Fire: Chemistry's Lively History from Alchemy to the Atomic Age" Springer Science Business Media, LLC. ISBN 978-0306450877.

[16] W. B. Jensen (2005). "The Origin of the Bunsen Burner" J. Chem. Educ. 82, 4, 518.

[17] G. Kirchhoff, R. Bunsen (1860). "Chemical Analysis by Observation of Spectra" Annalen der Physik der Chemie (Poggendorff), 110, 161-189.

[18] J. N. Lockyer (1873). "On the Spectroscope and Its Applications" Nature, 8, 89-91.

[19] F. A. J. L. James (2009). "The Practical Problems of 'New' Experimental Science: Spectro-Chemistry and the Search for Hitherto Unknown Chemical Elements in Britain 1860-1869" Brit. J. Hist. Sci. 21, 2, 181-194.

[20] K. O. Christe (2013). "Bartlett's Discovery of Nobel Gas Fluorides, A Milestone in Chemical History" Chem. Commun. 49, 41, 4588-4590.

[21] G. Frenking (2000). "Another Noble Gas Conquered" Nature, 406, 836-837.

[22] C. J. Giunta (2001). "Argon and the Periodic System: The Piece That Would Not Fit" Found. Chem. 3: 105.

[23] M. Räsänen (2014). "Argon Out of Thin Air" Nat. Chem. 6, 82.

[24] R. A. Pizzi (2004). "Jöns Jacob Berzelius" Today's Chemist At Work, 50.

[25] G. Hon, B. G. Goldstein (2013). "J. J. Thomson's Plum-Pudding Atomic Model: The Making of a Scientific Myth" Annalen der Physik, 525, 8-9.

[26] R. I. Frankel (1996). "Centennial of Röntgen's Discovery of X-Rays" West. J. Med. 164, 6, 497-501.

[27] H. W. Strauss, B. Zaret, G. Pieri, A. Lahiri (2017). "History Corner: Anoine Henri Becquerel" J. Nucl. Cardiol. 24, 1515-1516.

[28] V. Cantrill (2018). "The Realities of Radium" Nat. Chem. 10, 898.

[29] A. Kułakowski (2011). "The Contribution of Marie Skłodowska-Curie to the Development of Modern Oncology" Anal. Bioanal. Chem. 400, 6, 1583-1586.

[30] A. B. Garrett (1962). "The Nuclear Atom: Sir Ernest Rutherform" J. Chem. Educ. 39, 6, 287-288.

[31] J. Chadwick (1932). "Possible Existence of a Neutron" 129, 312.

[32] C. W. Haigh (1995). "Moseley's Work on X-Rays and Atomic Number" J. Chem. Educ. 72, 11, 1012-1014.

[33] F. Soddy (1923). "The Origins of the Conception of Isotopes" Nature, 112, 208-213.

[34] S. Arrhenius (1884). "Recherches sur la conductivité galvanique des électrolytes" Doctoral Dissertation, Stockholm, Royal Publishing House, P. A. Norstedt & Söner.

● 제10장

[1] C. R. Adams (1950). "Benjamin Thompson, Count Rumford" Sci. Month. 71, 6, 380-386.

[2] W. Rosen (2010). "The Most Powerful Idea in the World: A Story of Steam, Industry, and Invention" New York: Random House. ISBN: 978-1400067053.

[3] B. G. von Rumford (1876). "The Complete Works of Count Rumford" Macmillan.

[4] D. I. Duveen (1953). "Madame Lavoisier 1758-1836" Chymia, 4, 13-29.

[5] R. E. Oesper (1971). "Partners in Science: Letters of James Watt and Joseph Black (Edited by Robinson, Eric; McKie, Douglas)" J. Chem. Educ. 48, 2, A126.

[6] H. Ambaye, J. R. Manson (2006). "Translational to Rotational Energy Transfer in Molecule-Surface Collisions" J. Chem. Phys. 125, 084717.

[7] M.J. Ondrechen (1983). "The Generalized Carnot Cycle: A Working Fluid Operating in Finite Time Between Finite Heat Sources and Sinks" J. Chem. Phys. 78, 4721.

[8] S. Carnot (1872). "Réflexions Sur la Puissance Motrice du Feu et Sur les Machines Propres à Développer Cette Puissance" Annales Scientifiques de l'É. N. S. 2e série, tome 1, 393–457.

[9] E. Mendoza (1981). "The Life and Work of Sadi Carnot" Brit.J. Hist. Sci. 14, 1, 75–78.

[10] M. Kerker (1960). "Sadi Carnot and the Steam Engine Engineers" Isis, 51, 3, 257–270.

[11] D. S. L. Cardwell (1991). "James Joule: A Biography" Manchester University Press. ISBN: 978-0719034794.

[12] J. Young (2015). "Heat, Work and Subtle Fluids: A Commentary on Joule (1850) 'On the Mechanical Equivalent of Heat'" Philos. Trans. A Math. Phys. Eng. Sci. 373, 2039: 20140348.

[13] J. P. Joule (1841). "XXXVIII. On the Heat Evolved by Metallic Conductors of Electricity, and In the Cells of a Battery during Electrolysis" Lond. Edinb. Dubl. Philos. Mag.J. Sci. 19, 124, 260–277.

[14] J. P. Joule (1845). "XXXI. On the Existence of an Equivalent Relation between Heat and the Ordinary Forms of Mechanical Power" Lond. Edinb. Dubl. Philos. Mag.J. Sci. 27, 179, 205–207.

[15] J. P. Joule (1850). "III. On the Mechanical Equivalent of Heat" Philos. Trans. 140, 61–82.

[16] O. Blüh (1952). "The Value of Inspiration. A Study on Julius Robert Mayer and Josef Popper-Lynkeus" Isis, 43, 3, 211–220.

[17] G. Sullivan, C. Edmondson (2008). "Heat and Temperature" Continuing Education in Anaesthesia Critcal Care & Pain, 8, 3, 104–107.

[18] W. Thomson (1848). "On an Absolute Thermometric Scale Founded on Carnot's Theory of the Motive Power of Heat, and Calculated from

Regnault's Observations" Math. and Phys. Papers, 1, 100–106.

[19] W. Thomson (1851). "On the Dynamical Theory of Heat; With Numerical Results Deduced from Mr. Joule's Equivalent of a Thermal Unit and M. Regnault's Observations on Steam" Math. and Phys. Papers, 1, 175–183.

[20] J. Pellicer, M. A. Gilabert, E. Lopez–Baeza (1999). "The Evolution of the Celsius and Kelvin Temperature Scales and the State of the Art" J. Chem. Educ. 76, 7, 911–913.

[21] H. von Helmholtz (1847). "Über die Erhaltung der Kraft, eine physikalische Abhandlung" Berlin, Druck und Verlag von G. Reiner.

[22] R. Clausius (1850). "Ueber die bewegende Kraft der Wärme und die Gesetze, welche sich daraus für die Wärmelehre selbst ableiten lassen" Annalen der Physik, 79, 4, 368–397, 500–524.

[23] E. M. Pellegrino, E. Ghibaudi, L. Cerruti (2015). "Clausius' Disgregation: A Conceptual Relic that Sheds Light on the Second Law" Entropy, 17, 7, 4500–4518.

[24] W. Thomson (1857). "2. On a Universal Tendency in Nature to the Dissipation of Mechanical Energy" P. Roy. Soc. Edinb. A, 3, 139–142.

[25] R. Clausius (1865). "Ueber verschiedene für die Anwendung bequeme Formen der Hauptgleichungen der mechanischen Wärmetheorie" Annalen der Physik, 201, 7, 353–400.

[26] A. E. Martell (1946). "Entropy and the Second Law of Thermodynamics" J. Chem. Educ. 23, 4, 166.

[27] C. G. Chakrabarti, K. De (1997). "Boltzmann Entropy: Generalization and Applications" J. Biol. Phys. 23, 3, 163–170.

[28] W. B. Cropper (1987). "Walther Nernst and the Last Law" J. Chem. Educ. 64, 1, 3.

[29] H. W. Woolhouse (1967). "Entropy and Evolution" Nature, 216, 200.

[30] O. Redlich (1970). "So–Called Zeroth Law of Thermodynamics" J. Chem. Educ. 47, 11, 740.

[31] L. Onsager (1931). "Reciprocal Relations in Irreversible Processes. I" Phys. Rev. 37, 1931, 405–426; "Reciprocal Relations in Irreversible Processes. II" Phys. Rev. 38, 12, 2265–2279.

[32] F. Ansbacher, W. Ehrenberg (1949). "LVIII. The Derivation of Statistical Expressions from Gibbs' Canonical Ensemble" Lond. Edinb. Dubl. Philos. Mag. J. Sci. 40, 305, 626–631.

[33] J. W. Gibbs (1873). "Graphical Methods in the Thermodynamics of Fluids" Trans. Conn. Acad. 2, 1, 309–342.

[34] J. W. Gibbs (1873). "A Method of Geometrical Representation of the Thermodynamic Properties of Substances by Means of Surface" Trans. Conn. Acad. 2, 1, 382–404.

[35] J. C. Maxwell (1860). "Illustrations of the dynamical theory of gases. Part I. On the motions and collisions of perfectly elastic spheres" Lond. Edinb. Dubl. Philos. Mag. J. Sci. 19, 19–32.

[36] J. C. Maxwell (1860). "Illustrations of the dynamical theory of gases. Part II. On the process of diffusion of two or more kinds of moving particles among one another" Lond. Edinb. Dubl. Philos. Mag. J. Sic. 20, 21–37.

[37] H. Le Châtelier (1884). "Sur un énoncé général des lois des équilibres chimiques" Comptes-Rendus de l'Académie des Sciences, 99, 786–789.

[38] W. D. Bancroft (1933). "Wilhelm Ostwald, the Great Protagonist. Part I" J. Chem. Educ. 10, 9, 539–542.

- 제11장

[1] S. Renner, M. Popov, A. Schuffenhauer, H. J. Roth, W. Breitenstein, A. Marzinzik, I. Lewis, P. Krastel, F. Nigsch, J. Jenkins, E. Jacoby (2011). "Recent Trends and Observations in the Design of High-Quality Screening Collections" 3, 751–766.

[2] A. D. Ritchie (1940). "Vitalism: Its History and Validity" Nature,

145, 6–7.

[3] F. Wöhler (1828). "Ueber Künstliche Bildung des Harnstoffs" Annalen der Physik, 88, 2, 253–256.

[4] D. Mckie (1944). "Wöhler's 'Synthetic' Urea and the Rejection of Vitalism: A Chemical Legend" Nature, 153, 608–610.

[5] S. Esteban (2008). "Liegib–Wöhler Controversy and the Concept of Isomerism" J. Chem. Educ. 85, 9, 1201–1203.

[6] M. Nye (1996). "Before Big Science: The Pursuit of Modern Chemistry and Physics 1800–1940" Twayne Publishers, 122–124.

[7] J. Dumas (1834). "Recherches de Chimie Organique" Ann. Chim. Phys. 56, 1339.

[8] J. Wisniak (2009). "Auguste Laurent. Radical and Radicals" Educ. Quimica, 20, 2, 166–175.

[9] J. Miner, A. Hoffhines (2007). "The Discovery of Aspirin's Antithrombotic Effects" Tex. Heart Inst. J. 34, 2, 179–186.

[10] D. Seyferth (2001). "Zinc Alkyls, Edward Frankland, and the Beginning of Main–Group Organometallic Chemistry" Organometallics, 20, 14, 2940–2955.

[11] E. Frankland (1852). "On a New Series of Organic Bodies Containing Metals" Philos. Trans. R. Soc. Lond. 142, 414–444.

[12] A. S. Couper (1858). "Sur une Nouvelle Théorie Chimique" Annales de Chimie et de Physique, 53, 469–489.

[13] A. Kekulé (1857). "Über die s. g. Gepaarten Verbindungen und die Theorie der Mehratomigen Radicale" Justus Liebigs Ann. Chem. 104, 2, 129–150.

[14] C. Cobb, H. Goldwhite (1995). "Creations of Fire: Chemistry's Lively History from Alchemy to the Atomic Age" Springer Science Business Media, LLC. ISBN 978–0306450877.

[15] P.J. Ramberg (2010). "Imagination in Chemistry" Science, 329, 5989, 280–281.

[16] A. C. Brown (1865). "XXXVII.- On the Theory of Isomeric Compounds" J. Chem. Soc. 18, 230-245.

[17] J. Loschmidt (1861). "Konstitutionsformeln der organischen Chemie in graphischer Darstellung" Wilhelm Engelmann in Leipzig.

[18] "Erlenmeyer Flask" (https://americanhistory.si.edu/collections/search/object/nmah_1212).

[19] E. Erlenmeyer (1866). "Studien über die s. g. aromatischen Säuren" Justug Liebigs Ann. Chem. 137, 3, 327-359.

[20] G. Merino, M. Solà (2016). "Celebrating the 150th Anniversary of the Kekulè Benzene Structure" Phys. Chem. Chem. Phys. 18, 11587-11588.

[21] A. Kekulé (1872). "Ueber einige Condensationsproducte des Aldehyds" Justus Liebigs Ann. Chem. 162, 2-3, 309-320.

[22] E. W. Meijer (2001). "Jacobus Henricus van't Hoff: Hundred Years of Impact on Stereochemistry in the Netherlands" Angew. Chem. Int. Ed. 40, 20, 3783-3789.

[23] J. H. van't Hoff (1874). "A Suggestion Looking to the Extension into Space of the Structural Formulas at Present Used in Chemistry. And a Note upon the Relation between the Optical Activity and the Chemical Constitution of Organic Compounds" Arch. Neeri. Sci. Exactes Nat. 9, 445-454.

[24] J. H. van't Hoff (1884). "Etudes de Dynamique Chimique" Amsterdam, Frederik Muller & Co.

[25] B. Rosenberg (1979). "Anticancer Activity of Cis-Dichlorodiammineplatinum(II) and Some Relevant Chemistry" Cancer Treat Rep. 63, 9-10, 1433-1438.

[26] N. Vargesson (2015). "Thalidomide-Induced Teratogenesis: History and Mechanisms" Birth Defects Res. C Embryo Today, 105, 2, 140-156.

[27] L. Pasteur (1848). "Mémoire sur la relation qui peut exister entre

la forme cristalline et la composition chimique, et sur la cause de la polarisation rotatoire" Comptes Rendus de l'Académie des Sciences (Paris), 26, 535–538.

● 제12장

[1] A. C. Scott, G. Rex (1985). "The Formation and Significance of Carboniferous Coal Balls" Phil. Trans. R. Soc. Lond. B, 311, 1148, 123–137.

[2] M. A. Díez, R. Alvarez, C. Barriocanal (2002). "Coal for Metallurgical Coke Production: Predictions of Coke Quality and Future Requirements for Cokemaking" Int. J. Coal Geol. 50, 1–4, 389–412.

[3] H.-G. Franck (1963). "The Challenge in Coal Tar Chemicals" Ind. Eng. Chem. 55, 5, 38–44.

[4] Y. Andersson-Skold, K. Andersson, B. Lind, A. Claesson, L. Larsson, P. Suer, T. Jacobson (2007). "Coal Tar-Containing Asphalt - Resource or Hazardous Waste?" J. Ind. Ecol. 11, 4, 99–116.

[5] M. Ziegler (2016). "Malarial Landscapes in Late Antique Rome and the Tiber Valley" Landscapes, 17, 2, 139–155.

[6] J. Achan, A. O. Talisuna, A. Erhart, A. Yeka, J. K. Tibenderana, F. N. Baliraine, P. J. Rosenthal, U. D'Alessandro (2011). "Quinine, an Old Anti-Malarial Drug in a Modern World: Role in the Treatment of Malaria" Malaria J. 10: 144.

[7] W. H. Perkin (1863). "I. On Mauve or Aniline-Purple" Proc. R. Soc. Lond. 12, 713–715.

[8] A. S. Travis (1990). "Perkin's Mauve: Ancestor of the Organic Chemical Industry" Tech. Culture, 31, 1, 51–82.

[9] F. Pertusati, F. M. Menger (2008). "Conjugating a Cyanine Dye to a Polymer Surface. In Search of a Monomeric Dye in Apolar Media" J. Org. Chem. 73, 2939–2942.

[10] C. Reinhardt, A. S. Travis (2000). "Heinrich Caro and the Creation of

Modern Chemical Industry" Springer Netherlands. ISBN: 978-9401593533.

[11] M. Crawford, J. A. M. Shaw (1953). "688. The Course of the Perkin Coumarin Synthesis. Part I" J. Chem. Soc. 1953, 3435-3439.

[12] S. M. Cuesta, S. A. Rahman, N. Furnham, J. M. Thornton (2015). "The Classification and Evolution of Enzyme Function" Biophys. J. 109, 6, 1082-1086.

[13] Y. Nagatsuka, M. Hara-Yokoyama, T. Kasama, M. Takekoshi, F. Maeda, S. Ihara, S. Fujiwara, E. Ohshima, K. Ishii, T. Kobayashi, K. Shimizu, Y. Hirabayashi (2003). "Carbohydrate-Dependent Signaling from the Phosphatidylglucoside-Based Microdomain Induces Granulocytic Differentiation of HL60 Cells" Proc. Natl. Acad. Sci. USA, 100, 13, 7454-7459.

[14] J. H. Cummings (2007). "Carbohydrate Terminology and Classification" Euro. J. Clin. Nut. 61, S5-S18.

[15] E. Fischer (1875). "Ueber aromatische Hydrazinverbindungen" Ber. Dtsch. Chem. Ges., 8, 1, 589-594.

[16] D. E. Koshland (1994). "The Key-Lock Theory and the Induced Fit Theory" Angew. Chem. Int. Ed. Engl. 33, 2375-2378.

[17] E. Fischer (1907). "Synthesis of Polypeotides. XVII" Ber. Dtsch. Chem. Ges. 40, 1754-1767.

[18] M. Goodman, W. Cai, N. D. Smith (2003). "The Bold Legacy of Emil Fischer" J. Peptide Sci. 9, 594-603.

[19] M. J. R. Desborough, D. M. Keeling (2017). "The Aspirin Story-From Willow to Wonder Drug" Brit. J. Haematol. 177, 674-683.

[20] W. Sneader (2000). "The Discovery of Aspirin: A Reappraisal" BMJ. 321, 7276, 1591-1594.

[21] L. F. Haas (1998). "Louis Pasteur" J. Neuro. Neurosurg. Psychiatry, 64, 330.

[22] N. Roll-Hansen (1983). "The Death of Spontaneous Generation and

the Birth of the Gene: Two Case Studies of Relativism" Soc. Stud. Sci. 13, 4, 481-519.

[23] B. Jessney (2012). "Joseph Lister (1827-1912): A Pioneer of Antiseptic Surgery Remembered a Century After His Death" J. Med. Biogr. 20, 3, 107-110.

[24] S. Riedel (2005). "Edward Jenner and the History of Smallpox and Vaccination" Proc. (Bayl. Univ. Med. Cent.), 18, 1, 21-25.

[25] P. Ehrlich (1877). "Beiträge zur Kenntniss der Anilinfärbungen und Ihrer Verwendung in der Mikroskopischen Technik" Archiv für Mikroskopische Anatomie, 13, 263-277.

[26] P. Ehrlich (1911). "Ueber Salvarsan" Munch. Med. Wochenschr. 58, 2481-2486.

[27] K. J. Williams (2009). "The Introduction of 'Chemotherapy' Using Arsphenamine-The First Magic Bullet" J. R. Soc. Med. 102, 8, 343-348.

[28] J. Weir (1946). "Nitroglycerine and Guncotton: A Double Centenary" Nature, 158, 83-85.

[29] J. E. Jorpes (1959). "Alfred Nobel" Brif. Med. J. 1, 5113, 1-6.

[30] M. A. Lichtman (2017). "Alfred Nobel and His Prizes: From Dynamite to DNA" Rambam Maimonides Med. J. 8, 3: e0035.

[31] H. Strachan (2009). "The First World War: Causes and Course" Hist. J. 29, 1, 227-255.

[32] M. Sauer (2016). "Industrial Production of Acetone and Butanol by Fermentation-100 Years Later" FEMS Microbiol. Lett. 363, 13, fnw134.

[33] W. Mulligan (2016). "The Historiography of the Origins of the First World War" International Encyclopedia of the First World War (https://encyclopedia.1914-1918-online.net/article/the_historiography_of_the_origins_of_the_first_world_war).

[34] G. J. Fitzgerald (2008). "Chemical Warfare and Medical Response

During World War I" Am.J. Public Health, 98, 4, 611–625.

- 제13장

[1] W. B. Jensen (2017). "The Mystery of G. N. Lewis's Missing Nobel Prize" ACS Symposium Series. DOI: 10.1021/bk-2017-1262.ch006.

[2] H. J. Hildebrand (1958). "Gilbert N. Lewis" Biographical Memoirs, Nattional Academy of Sciences, 31, 209–235.

[3] G. N. Lewis (1916). "The Atom and the Molecules" J. Am. Chem. Soc. 38, 4, 762–785.

[4] J. L. Heilbron (1967). "The Kossel-Sommerfeld Theory and the Ring Atom" Isis, 58, 4, 450–485.

[5] W. Kossel (1916). "Über molekülbildung als frage des atombaus" Annalen der Physik, 49, 229–362.

[6] R. E. Kohler (1974). "Irving Langmuir and the "Octet" Theory of Valence" Hist. Stud. Phys. Sci. 4, 39–87.

[7] R. J. Gillespie, E. A. Robinson (2007). "Gilbert N. Lewis and the Chemical Bond: The electron pair and the octet rule from 1916 to the present day" J. Comput. Chem. 28, 1, 87–97.

[8] J. W. Linnett (1961). "A Modification of the Lewis-Langmuir Octet Rule" J. Am. Chem. Soc. 83, 12, 2643–2653.

[9] L. C. Allen (1989). "Electronegativity is the Average One-Electron Energy of the Valence-Shell Electrons in Ground-State Free Atoms" J. Am. Chem. Soc. 111, 25, 9003–9014.

[10] J. C. Maxwell (1873). "A Treatise on Electricity and Magnetism Vol I, II" Oxford: Clarendon Press.

[11] H. Hertz (1893). "Electric Waves: Being Researches on the Propagation of Electric Action with Finite Velocity Through Space" Dover Publications. ISBN: 1-4297-4036-1.

[12] P. S. Ramsay (2015). "Heinrich Hertz, the Father of Frequency"

Neurodiagn.J. 53, 1, 3–26.

[13] G. Kirchhoff (1858). "Ueber einen Satz der mechanischen Wärmetheorie, und einige Anwendungen desselben" Ann. Phys, 179, 2, 177–206.

[14] L. Boltzmann (1884). "Ableitung des Stefan'schen Gesetzes, betreffend die Abhängigkeit der Wärmestrahlung von der Temperatur aus der electromagnetischen Lichttheorie" Ann. Phys. Chem. 258, 6, 291–294.

[15] W. Wien (1893). "Eine neue Beziehung der Strahlung schwarzer Körper zum zweiten Hauptsatz der Wärmertheories" Sitz. d. k. preuss. Akad. zu Berlin, 55.

[16] J. A. S. Lima, A. R. Plastino (2000). "On the Classical Energy Equipartition Theorem" Braz.J. Phys. 30, 1, 176–180.

[17] J. H.Jeans (1905). "On the Partition of Energy between Matter and Æther" Phil. Mag. Series 6, 10, 55, 91–98.

[18] P. Ehrenfest (1911). "Welche Züge der Lichtquantenhypothese spielen in der Theorie der Wärmestrahlung eine wesentliche Rolle?" Ann. Phys. 36, 91–118.

[19] M. Planck (1900). "Ueber irreversible Strahlungsvorgänge" Ann. Phys. 306, 1, 69–122.

[20] A. Einstein (1905). "Über die von der molekularkinetischen Theorie der Wärme geforderte Bewegung von in ruhenden Flüssigkeiten suspendierten Teilchen" Ann. Phys. 322, 8, 549–560.

[21] A. Einstein (1905). "Zur Elektrodynamik bewegter Körper" Ann. Phys. 322, 10, 891–921.

[22] A. Einstein (1905). "Über einen die Erzeugung und Verwandlung des Lichtes betreffenden heuristischen Gesichtspunkt" Ann. Phys. 322, 6, 132–148.

[23] B. R. Wheaton (1978). "Philipp Lenard and the Photoelectric Effect, 1889–1911" Hist. Stud. Phys. Sci. 9, 299–322.

[24] A. H. Compton (1923). "A Quantum Theory of the Scattering of

X-Rays by Light Elements" Phys. Rev. 21, 5, 483-502.

[25] J.J. Balmer (1885). "Notiz über die Spectrallinien des Wasserstoffs" Ann. Phys. 261, 5, 80-87.

[26] N. Bohr (1913). "On the Constitution of Atoms and Molecules, Part I" Philos. Mag. 26, 151, 1-24; "On the Constitution of Atoms and Molecules, Part II Systems Containing Only a Single Nucleus" Philos. Mag. 26, 153, 476-502; "On the Constitution of Atoms and Molecules, Part III Systems Containing Several Nuclei" Philos. Mag. 26, 155, 857-875.

[27] A. Sommerfeld (1916). "Zur Quantentheorie der Spektrallinien" Ann. Phys. 51, 17, 1-94.

[28] W. Pauli (1925). "Über den Zusammenhang des Abschlusses der Elektronengruppen im Atom mit der Komplexstruktur der Spektren" Z. Physik, 31, 1, 765-783.

[29] W. Gerlach, O. Stern (1922). "Das magnetische Moment des Silberatoms" Z. phys. 9, 353-355.

[30] G. E. Uhlenbeck, S. Goudsmit (1925). "Ersetzung der Hypothese vom unmechanischen Zwang durch eine Forderung bezüglich des inneren Verhaltens jedes einzelnen Elektrons" Naturwissenschaften, 13, 47, 953-954.

[31] L. de Brogile (1924). "Recherches sur la théorie des quanta" Thesis, Paris, Ann. de Physique, 10, 3, 22.

[32] E. Schrödinger (1926). "Quantisierung als Eigenwertproblem" Ann. Phys. 384, 4, 361-376.

[33] W. Heisenberg (1925). "Über quantentheoretische Umdeutung kinematischer und mechanischer Beziehungen" Z. Physik, 33, 1, 879-893.

[34] W. Heisenberg (1927). "Über den anschaulichen Inhalt der quantentheoretischen Kinematik und Mechanik" Z. Physic, 43, 172-198.

[35] W. Heitler, F. London (1927). "Wechselwirkung neutraler Atome und homöopolare Bindung nach der Quantenmechanik" Z. Physik, 44, 455-472.

[36] L. Pauling (1932). "The Nature of the Chemical Bond. III. The Transition from One Extreme Bond Type to Another" J. Am. Chem. Soc. 54, 3, 988-1003.

[37] L. Pauling (1977). "The Theory of Resonance in Chemistry" Proc. R. Soc. A, 356, 1687, 433-441.

[38] L. Pauling (1951). "Configuration of Polypeptide Chains with Favored Orientations Around Single Bonds: Two New Pleated Sheets" Proc. Natl. Acad. Sci. USA, 37, 11, 729-740.

[39] R. S. Mulliken (1966). "Spectroscopy, Molecular Orbitals, and Chemical Bonding" Nobel Lecture.

[40] P. A. M. Dirac, 'Quantum mechanics of many-electron systems' Proc. R. Soc. Lond. A 1929, 123, 714-733.

● 제14장

[1] J. N. Goldsmith (1934). "Alexander Parkes, Parkesine, Xylonite and Celluloid".

[2] A. Yang (2020). "How Billiard Balls Revolutionized the World of Plastic" The Startup (https://medium.com/swlh/how-pool-revolutionized-the-world-of-plastic-7e1b69c85e5e).

[3] R. Smither, C. A. Surowiec (2002). "This Film Is Dangerous: A Celebration of Nitrate Film" 1st ed. FIAF. ISBN: 978-2960029604.

[4] "Landmarks of the Plastic Industry" England: Imperial Chemical Industries Ltd., Plastic Division, 1962.

[5] F. A. Borges, L. F. C. Bolognesi, A. Trecco, B. C. Drago, L. B. de Arruda, P. N. L. Filho, E. G. Pierri, C. F. O. Graeff, A. G. dos Santos, M. C. R. Miranda, R. D. Herculano (2014). "Natural Rubber Latex: Study of a Novel Carrier for Casearia sylvestris Swartz Delivery"

Int. Sch. Res. Notices, 2014: 241297.

[6] I. Ellis (2016). "Charles Macintosh Biography" Todayinsci.com.

[7] C. Guise-Richardson (2010). "Redefining Vulcanization: Charles Goodyear, Patents, and Industrial Control, 1834-1865" Technol. Culture, 51, 2, 357-387.

[8] E. Baumann (1872). "Ueber einige Vinylverbindungen", Ann. Chem. Pharma. 163, 308-322.

[9] E. Simon (1839). "Ueber den flussigen Storax (Styrax liquidus)" Ann. Chem. 31, 265-277.

[10] W. H. Carothers (1931). "Polymerization." Chem. Rev. 8, 3, 353-426.

[11] S. Sivaram (2017). "Wallace Hume Carothers and the Birth of Rational Polymer Synthesis" Resonance, 22, 339-353.

[12] R.J. Plunkett (1941). Assigned to DuPont Co., U. S. Patent 2,230,654.

[13] S. Ebnesajjad (2013). "Introduction to Fluoropolymers: Materials, Technology and Applications" Elsevier. ISBN: 978-1455774425.

[14] R. Mülhaupt (2004). "Hermann Staudinger and the Origin of Macromolecular Chemistry" Angew. Chem. Int. Ed. 43, 9, 1054-1063.

[15] H. Staudinger (1920). "Über Polymerisation" Ber. Dtsch. Chem. Ges. 53, 6, 1073-1085.

[16] R. Houwink, H. Meyer, H. Pringsheim, H. I. Waterman, E. Bergmann, H. Mark, J. H. de Boer, E. W. Fawcett, H. Staudinger (1936). "General Discussion" Trans. Faraday Soc. 32, 115-121.

[17] M. Laue (1912). "Eine quantitative Prüfung der Theorie für die Interferenzerscheinungen bei Röntgenstrahlen" Ann. Phys. 346, 10, 989-1002.

[18] W. H. Bragg, W. L. Bragg (1913). "The Structure of the Diamond" Proc. R. Soc. A, 89, 610, 277-291.

[19] W. H. Bragg, W. L. Bragg (1913). "The Reflection of X-Rays by

Crystals" Proc. R. Soc. Lond. A, 88, 605, 428–438.

[20] G. Oster (1952). "Herman Francis Mark" J. Chem. Educ. 29, 11, 544.

[21] F. Crick (1970). "Central Dogma of Molecular Biology" 227, 561–563.

[22] www.nobelprize.org

[23] D. A. Scott (1939). "Crystalline Insulin" Endocrinology, 25, 3, 437–448.

[24] F. Sanger, H. Tuppy (1951). "The Amino-Acid Sequence in the Phenylalanyl Chain of Insulin. 1. The Identification of Lower Peptides from Partial Hydrolysates" Biochem.J. 49, 4, 463–481.

[25] F. Sanger, H. Tuppy (1951). "The Amino-Acid Sequence in the Phenylalanyl Chain of Insulin. 2. The Investigation of Peptides from Enzymic Hydrolysates" Biochem.J. 49, 4, 481–490.

[26] G. G. Brownlee, F. Sanger, B. G. Barrell (1967). "Nucleotide Sequence of 5S-Ribosomal RNA from Escherichia coli" Nature, 215, 735–736.

[27] F. Sanger, G. M. Air, B. G. Barrell, N. L. Brown, A. R. Coulson, J. C. Fiddes, C. A. Hutchison III, P. M. Slocombe, M. Smith (1977). "Nucleotide Sequence of Bacteriophage ϕX174 DNA" Nature, 265, 687–695.

[28] D. Leckband, J. Israelachvili (2001). "Intermolecular Forces in Biology" Q. Rev. Biophys. 34, 2, 105–267.

[29] W. Kühne (1876). "Über das Trypsin (Enzyme des Pankreas)" FEBS Lett. 62, 1, E8–E12.

[30] R. Willstätter (1915). "Chlorophyll." J. Am. Chem. Soc. 37, 2, 323–345.

[31] J. B. Sumner (1926). "The Isolation and Crystallization of the Enzyme Urease: Preliminary Paper" J. Biol. Chem. 69, 2, 435–441.

[32] A. A. Berthold (1849). "Transplantation der Hoden" Arch. Anat. Physiol. Wissenschaft. Med. 2, 42–46.

[33] J. Parascandola (2010). "Abel, Takamine, and the Isolation of

Epinephrine" J. Allergy Clin. Immunol. 125, 2, 514–517.

[34] G. J. Newerla (1944). "The History of the Discovery and Isolation of the Female Sex Hormones" N. Engl. J. Med. 230, 595–604.

[35] D. C. Hodgkin (1949). "The X-Ray Analysis of the Structure of Penicillin" Adv. Sci. 6, 85–89.

[36] D. C. Hodgkin, J. Pickworth, J. H. Robertson, K. N. Trueblood, R. J. Prosen, J. G. White (1955). "The Crystal Structure of the Hexacarboxylic Acid Derived from B12 and the Molecular Structure of the Vitamin" Nature, 176, 325–328.

[37] M. J. Adams, T. L. Blundell, E. J. Dodson, G. G. Dodson, M. Vijayan, E. N. Baker, M. M. Harding, D. C. Hodgkin, B. Rimmer, S. Sheat (1969). "Structure of Rhombohedral 2 Zinc Insulin Crystals" Nature, 224, 491–495.

[38] L. E. Kay (1986). "W. M. Stanley's Crystallization of the Tobacco Mosaic Virus, 1930–1940" 77, 3, 450–472.

[39] J. D. Watson, F. H. Crick (1953). "A Structure for Deoxyribose Nucleic Acid" Nature, 171, 737–738.

[40] R. E. Franklin, R. G. Gosling (1953). "Molecular Configuration in Sodium Thymonucleate" Nature, 171, 740–741.

[41] M. H. F. Wilkins, A. R. Stokes, H. R. Wilson (1953). "Molecular Structure of Deoxypentose Nucleic Acids" Nature, 171, 738–740.

[42] B. Maddox (2003). "The Double Helix and the 'Wronged Heroine'" Nature, 421, 407–408.

● 제15장

[1] E. Clementi, D. L. Raimond, W. P. Reinhardt (1967). "Atomic Screening Constants from SCF Functions. II. Atoms with 37 to 86 electrons" J. Chem. Phys. 47, 4, 1300–1307.

[2] O. de Lacharrière, C. Deloche, C. Misciali, B. M. Piraccini, C. Vincenzi, P. Bastien, I. Tardy, B. A. Bernard, A. Tosti (2001).

"Hair Diameter Diversity: A Clinical Sign Reflecting the Follicle Miniaturization" Arch. Dermatol. 137, 5, 641–646.

[3] D. B. Newell, E. Tiesinga (2019). "The International System of Units (SI)" Gaithersburg, MD: NIST.

[4] "SI Prefixes" and "Prefixes for Binary Multiples" The NIST Reference on Constants, Units, and Uncertainty (https://physics.nist.gov/cuu/Units/index.html).

[5] D. Tome (2004). "Protein, Amino Acids and the Control of Food Intake" Brit. J. Nutrition, 92, S1, S27–S30.

[6] M. Boholm (2016). "The Use and Meaning of Nano in American English: Towards a Systematic Description" Ampersand, 3, 163–173.

[7] H. W. Kroto, J. R. Heath, S. C. O'Brien, R. F. Curl, R. E. Smalley (1985). "C_{60}: Buckminsterfullerene" Nature, 318, 162–163.

[8] S. Iijima (1991). "Helical Microtubules of Graphitic Carbon" Nature, 354, 56–58.

[9] K. S. Novoselov, A. K. Geim, S. V. Morozov, D. Jiang, Y. Zhang, S. V. Dubonos, I. V. Grigorieva, A. A. Firsov (2004). "Electric Field Effect in Atomically Thin Carbon Films" Science, 306, 5696, 666–669.

[10] R. Rossetti, S. nakahara, L. E. Brus (1983). "Quantum Size Effects in the Redox Potentials, Resonance Raman Spectra, and Electronic Spectra of CdS Crystallites in Aqueous Solution" J. Chem. Phys. 79, 1086–1088.

[11] D. V. Talapin, E. V. Shevchenko (2016). "Nanoparticle Chemistry" Chem. Rev. 116, 18, 10343–11290.

[12] G. D. Scott (1995). "A Study of the Lycurgus Cup" J. Glass Studies, 37, 51–64.

[13] D. J. Barber, I. C. Freestone (1990). "An Investigation of the Origin of the Colour of the Lycurgus Cup by Analytical Transmission Electron Microscopy" Archaeometry, 32, 1, 33–45.

[14] I. Freestone, N. Meeks, M. Sax, C. Higgitt (2007). "The Lycurgus

Cup-A Roman Nanotechnology" Gold Bull. 40, 270-277.

[15] A. V. Zayats (2013). "Perspective: A Glint of the Future" Nature, 495, S7.

[16] X. Huang, M. A. El-Sayed (2010). "Gold Nanoparticles: Optical Properties and Implementations in Cancer Diagnosis and Photothermal Therapy" J. Adv. Res. 1, 1, 13-28.

[17] P. C. Gutierrez, T. Pradell, J. Molera, A. D. Smith, A. Climent-Font, M. S. Tite (2010). "Color and Golden Shine of Silver Islamic Luster" J. Am. Ceram. 93, 8, 2320-2328.

[18] M. Reibold, P. Paufler, A. A. Levin, W. Kochmann, N. Pätzke, D. C. Meyer (2006). "Carbon Nanotubes in an Ancient Damascus Sabre" Nature, 444, 286.

[19] M. Faraday (1857). "The Bakerian Lecture: Experimental Relations of Gold (and Other Metals) to Light" Philos. Trans. R. Soc. Lond. 147, 145-181.

[20] M. Bender (1952). "The Use of Light Scattering for Determining Particle Size and Molecular Weight and Shape" J. Chem. Educ. 29, 1, 15.

[21] T. Graham (1861). "X. Liquid Diffusion Applied to Analysis" Phil. Trans. R. Soc. 151, 183-224.

[22] "Surfusion in Metals and Alloys[1]" (1898). Nature, 58, 619-621.

[23] B. Franklin, W. Brownrigg and Farish (1774). "XLIV. On the Stilling of Waves by Means of Oil. Extracted from Sundry Letters between Benjamin Franklin, LL. D. F. R. S. William Brownrigg, M. D. F. R. S. and the Reverend Mr. Farish" Phil. Trans. R. Soc. 64, 445-460.

[24] Rayleigh (1891). "Surface Tension" Nature, 43, 437-439.

[25] A. Pockels (1892). "On the Relative Contamination of the Water-Surface by Equal Quantities of Different Substances" Nature, 46, 418-419.

[26] K. B. Blodgett, I. Langmuir (1937). "Built-Up Films of Barium Stearate

and Their Optical Properties" Phys. Rev. 51, 964-982.

[27] M. M. Freundlich (1963). "Origin of the Electron Microscope" Science, 142, 3589, 185-188.

[28] C. V. Raman, K. S. Krishnsn (1928). "A New Type of Secondary Radiation" Nature, 121, 501-502.

[29] M. H. Kibel (1992). "X-Ray Photoelectron Spectroscopy" In: D.J. O'Connor, B. A. Sexton, R. S. C. Smart eds. Surface Analysis Methods in Materials Science. Springer Series in Surface Sciences, vol 23. Springer, Berlin, Heidelberg. ISBN: 978-3662027691.

[30] G. Binng, H. Rohrer (1986). "Scanning Tunneling Microscopy - From Birth to Adolescence" Nobel Lecture.

[31] G. Binnig, C. F. Quate, Ch. Gerber (1986). "Atomic Force Microscope" Phys. Rev. Lett. 56, 9, 930-934.

[32] R. P. Feynman (1960). "There's Plenty of Room at the Bottom: An Invitation to Enter a New Field of Physics" Engineering and Science Magazine, 23, 5.

[33] N. Taniguchi (1974). "On the Basic Concept of 'Nano-Technology'" Proc. Intl. Conf. Prod. Eng. Tokyo, Part II, Japan Society of Precision Engineering.

[34] M. Fakruddin, Z. Hossain, H. Afroz (2012). "Prospects and Applications of Nanobiotechnology: A medical Perspective" J. Nanobiotech. 10: 32.

[35] M. H. Ahmadi, M. Ghazvini, M. A. Nazari, M. A. Ahmadi, F. Pourfayaz, G. Lorenzini, T. Ming (2019). "Renewable Energy Harvesting with the Application of Nanotechnology: A Review" 43, 4, 1387-1410.

[36] X. Li, X. Hao, A. Abudula, G. Guan (2016). "Nanostructured Catalysts for Electrochemical Water Splitting: Current State and Prospects" J. Mater. Chem. A, 4, 31, 11973-12000.

- Wikimedia Commons

29 Cmglee / 36 (하) YassineMrabet / 38 (좌) Paul Harrison / 38 (우) Muséum de Toulouse / 52 (상) Didier Descouens / 52 (중, 좌) Rob Lavinsky, iRocks.com / 52 (하) Jose Mª Yuste, de la fotografía (Tuor123). Miguel Salvatierra Cuenca, autor de la ilustración / 57 (하, 좌) Gary Todd / 57 (하, 우) Metropolitan Museum of Art / 61 James St. John / 62 (중, 우) James Steakley / 62 (하, 우) Kushal Das / 64 H. Raab (User:Vesta) / 67 (우) Antipoff / 72 Photograph: U.Name.Me Derivative work: TeKaBe / 84 (우) Dirk L. Couprie / 88 (하) Martin Grandjean / 93 (좌) Luca Giordano / 104 (좌) Sailko / 118 (우) Tom Lemmens / 124 (좌) Wolfgang Sauber / 124 (우) The Portable Antiquities Scheme, The Trustees of the British Museum / 135 (상) Ivar Leidus / 135 (중) I, Johannes 'volty' Hemmerlein / 135 (우) Seshadri.K.S / 146 (우) Badseed / 148 (좌) Wellcome Collection / 152 CarlosVdeHabsburgo / 164 Daniel Grohmann / 167 (좌) Wellcome Collection / 183 (하, 좌) SuperFantastic / 190 (중) Sailko / 196 (하, 좌) Norbert Nagel, Mörfelden-Walldorf, Germany / 196 (하, 우) Kanesskong / 209 (상, 우) Wellcome Collection / 221 (우) Jstuby at English Wikipedia / 249 (좌) Anders L. Damgaard / 255 Nicolás Pérez / 261 (우) Stahlkocher / 263 (중) Anypodetos / 263 (하) Robert M. Lavinsky / 268 Dnn87 at English Wikipedia / 293 (상) Rob Lavinsky / 293 (하) Didier Descouens / 295 bahniuk / 297 (좌) KY Metro / 297 (우) Arthur Jan Fijałkowski / 301 (우) Wellcome Collection / 303 (상, 우) D-Kuru / 303 (하, 좌) Tjlafave / 326 E. Generalic / 330 (좌) T. & R. Annan & Sons / 330 (우) Guy vandegrift / 341 (우) MikeRun / 355 (좌) Genevieve Anderson / 355 (우) Adina Firestone / 362 (우) Haltopub / 375 (우) Stahlkocher / 377 (좌) Dick Culbert from Gibsons, B.C.,

Canada / 379 Wellcome Collection / 391 Wellcome Collection / 394 Wellcome Collection / 402 Bundesarchiv, Bild 183-F0313-0208-007 / 412 (좌) GFHund / 420 (우) SVG: Rehua Original: Rozzychan / 426 (상) User:Szdoriderivative work: OrangeDog / 426 (하) OrangeDog / 427 haade / 429 (상) Tatoute / 431 (우) Pieter Kuiper / 436 Bundesarchiv, Bild 183-R57262 / 440 (상) GFHund / 440 (하) Officer781 / 451 Runner1616 / 453 (좌) Mohd Hafiz Noor Shams / _earth / 453 (우) Jü / 455 (상, 좌) Paul Goyette / 457 (우) Vigorini / 462 (좌) Fr. Schmelhaus / ETH Zürichderivative work: Regi51 / 470 (우) Abizar at English Wikipedia / 490 CSIRO / 493 (좌, 상) Mstroeck at English Wikipedia / 493 (좌, 하) AlexanderAlUS / 493 (우) Mstroeck on en.wikipedia / 495 (좌) British Museum / 506 (좌) J Brew / 506 (우) Materialscientist / 509 Uuganmn

- 기타

82 (우) World History Archive / Alamy Stock Photo / 111 Granger Historical Picture Archive / Alamy Stock Photo / 120 (좌) bilwissedition Ltd. & Co. KG / Alamy Stock Photo / 129 (중) Fohlenrull / deviantart / 190 (하, 우) Luc Viatour / https://Lucnix.be / 209 (하) Paul K / flickr / 214 (우) Classic Image / Alamy Stock Photo / 231 (좌) The Print Collector / Alamy Stock Photo / 284 Science Museum Group / 320 The Granger Collection / Alamy Stock Photo / 367 (우) Otis Historical Archives National Museum of Health and Medicine / flickr / 397 (좌) Hi-Story / Alamy Stock Photo / 397 (우) Akademie / Alamy Stock Photo / 429 (하) https://i.stack.imgur.com/ Wve8g.jpg / 481 (좌) A. Barrington Brown / Gonville & Caius College

1901	수상 내용	용액에서 화학 동역학과 삼투압의 발견
	수상자(국적)	야코뷔스 판트호프(네덜란드) Jacobus Henricus van't Hoff
	강연 제목	Osmotic Pressure and Chemical Equilibrium
1902	수상 내용	당과 퓨린의 합성
	수상자(국적)	헤르만 에밀 피셔(독일) Hermann Emil Fischer
	강연 제목	Syntheses in the Purine and Sugar Group
1903	수상 내용	전기 해리 이론
	수상자(국적)	스반테 아레니우스(스웨덴) Svante August Arrhenius
	강연 제목	Development of the Theory of Electrolytic Dissociation
1904	수상 내용	공기 중의 비활성 기체 원소 발견 및 주기율 시스템에서 위치 결정
	수상자(국적)	윌리엄 램지 경(스코틀랜드) Sir William Ramsay
	강연 제목	The Rare Gases of the Atmosphere
1905	수상 내용	유기 염료 및 하이드로 방향족 화합물에 대한 연구
	수상자(국적)	아돌프 폰 베이어(독일) Johann Friedrich Wilhelm Adolf von Baeyer –
1906	수상 내용	플루오린 분리와 전기로 개발
	수상자(국적)	앙리 무아상(프랑스) Henri Moissan –
1907	수상 내용	무세포(cell–free) 발효의 발견
	수상자(국적)	에두아르트 부흐너(독일) Eduard Buchner
	강연 제목	Cell–Free Fermentation
1908	수상 내용	원소 분해와 방사성 물질에 대한 화학
	수상자(국적)	어니스트 러더퍼드(뉴질랜드–영국) Ernest Rutherford
	강연 제목	The Chemical Nature of the Alpha Particles from Radioactive Substances

1909	수상 내용	촉매 작용에 대한 연구와 화학 평형 및 반응 속도의 원리
	수상자(국적)	프리드리히 빌헬름 오스트발트(독일) Friedrich Wilhelm Ostwald
	강연 제목	On Catalysis
1910	수상 내용	지방족 고리 화합물에 대한 연구
	수상자(국적)	오토 발라흐(독일) Otto Wallach
	강연 제목	Alicyclic Compounds
1911	수상 내용	라듐과 폴로늄 원소의 발견 및 분리
	수상자(국적)	마리 퀴리(폴란드-프랑스) Marie Curie, née Sklodowska
	강연 제목	Radium and the New Concepts in Chemistry
1912	수상 내용	그리냐르 시약 발명
	수상자(국적)	빅토르 그리냐르(프랑스) Victor Grignard
	강연 제목	The Use of Organomagnesium Compunds in Preparative Organic Chemistry
	수상 내용	미세 금속 분말 존재하에서 유기 화합물의 수소화 반응
	수상자(국적)	폴 사바티에(프랑스) Paul Sabatier
	강연 제목	The Method of Direct Hydrogenation by Catalysis
1913	수상 내용	분자 내 원자들의 연결 연구와 무기화학 분야 확장
	수상자(국적)	알프레트 베르너(스위스) Alfred Werner
	강연 제목	On the Constitution and Configuration of Higher-Order Compounds
1914	수상 내용	많은 화학 원소의 원자량 결정
	수상자(국적)	시어도어 리처즈(미국) Theodore William Richards
	강연 제목	Atomic Weights
1915	수상 내용	식물 색소, 특히 엽록소에 관한 연구
	수상자(국적)	리하르트 빌슈테터(독일) Richard Martin Willstätter
	강연 제목	On Plant Pigments
1916		수상자 없음
1917		수상자 없음
1918	수상 내용	암모니아 합성

연도	항목	내용
	수상자(국적)	프리츠 하버(독일) Fritz Haber
	강연 제목	The Synthesis of Ammonia from Its Elements
1919		수상자 없음
1920	수상 내용	열화학
	수상자(국적)	발터 네른스트(독일) Walther Hermann Nernst
	강연 제목	Studies in Chemical Thermodynamics
1921	수상 내용	방사성 물질의 화학과 동위원소의 기원 및 성질
	수상자(국적)	프레더릭 소디(영국) Frederick Soddy
	강연 제목	The Origins of the Conception of Isotopes
1922	수상 내용	질량분석기를 통한 원자량 정수의 법칙 발견
	수상자(국적)	프랜시스 애스턴(영국) Francis William Aston
	강연 제목	Mass Spectra and Isotopes
1923	수상 내용	유기물질의 미량 분석법 개발
	수상자(국적)	프리츠 프레글(오스트리아) Fritz Pregl
	강연 제목	Quantitative Micro–Analysis of Organic Substances
1924		수상자 없음
1925	수상 내용	콜로이드 용액의 불균일 특성 연구
	수상자(국적)	리하르트 지그몬디(오스트리아) Richard Adolf Zsigmondy
	강연 제목	Properties of Colloids
1926	수상 내용	분산계 연구
	수상자(국적)	테 (테오도르) 스베드베리(스웨덴) The (Theodor) Svedberg
	강연 제목	The Ultracentrifuge
1927	수상 내용	담즙산과 관련된 물질들의 조성에 대한 연구
	수상자(국적)	하인리히 빌란트(독일) Heinrich Otto Wieland
	강연 제목	The Chemistry of the Bile Acids
1928	수상 내용	스테롤 구조 및 비타민과 연관성
	수상자(국적)	아돌프 빈다우스(독일) Adolf Otto Reinhold Windaus
	강연 제목	Constitution of Sterols and Their Connection with Other Substances Occurring in Nature

1929	수상 내용	당의 발효와 관련된 효소에 대한 연구
	수상자(국적)	아서 하든(영국) Arthur Harden
	강연 제목	The Function of Phosphate in Alcoholic Fermentation
	수상자(국적)	한스 폰 오일러켈핀(독일–스웨덴) Hans Karl August Simon von Euler–Chelpin
	강연 제목	Fermentation of Sugars and Fermentative Enzymes
1930	수상 내용	헤민(haemin)과 엽록소의 구성 연구 및 헤민의 유기 합성
	수상자(국적)	한스 피셔(독일) Hans Fischer
	강연 제목	On Haemin and the Relationships between Haemin and Chlorophyll
1931	수상 내용	화학적 고압 방법의 발명과 개발
	수상자(국적)	카를 보슈(독일) Carl Bosch
	강연 제목	The Development of the Chemical High Pressure Method During the Establishment of the New Ammonia Industry
	수상자(국적)	프리드리히 베르기우스(독일) Friedrich Bergius
	강연 제목	Chemical Reactions under High Pressure
1932	수상 내용	표면화학
	수상자(국적)	어빙 랭뮤어(미국) Irving Langmuir
	강연 제목	Surface Chemistry
1933		수상자 없음
1934	수상 내용	중수소 발견
	수상자(국적)	해럴드 유리(미국) Harold Clayton Urey
	강연 제목	Some Thermodynamic Properties of Hydrogen and Deuterium
1935	수상 내용	새로운 방사성 원소의 합성
	수상자(국적)	장 프레데리크 졸리오퀴리(프랑스) Jean Frédéric Joliot–Curie
	강연 제목	Chemical Evidence of the Transmutation of Elements
	수상자(국적)	이렌 졸리오퀴리(프랑스) Irène Joliot–Curie
	강연 제목	Artificial Production of Radioactive Elements

1936	수상 내용	쌍극자 모멘트와 기체 속 엑스선 및 전자 회절에 대한 연구를 통한 분자 구조 규명
	수상자(국적)	피터 디바이(네덜란드-미국) Peter Joseph William Debye
	강연 제목	Methods to Determine the Electrical and Geometrical Structure of Molecules
1937	수상 내용	탄수화물과 비타민 C 연구
	수상자(국적)	월터 노먼 하스(영국) Walter Norman Haworth
	강연 제목	The Structure of Carbohydrates and of Vitamin C
	수상 내용	카로티노이드, 플라빈, 비타민 A와 B_2에 대한 연구
	수상자(국적)	파울 카러(러시아-스위스) Paul Karrer
	강연 제목	Carotenoids, Flavins and Vitamin A and B_2
1938	수상 내용	카로티노이드와 비타민에 대한 연구
	수상자(국적)	리하르트 쿤(오스트리아-독일) Richard Kuhn –
1939	수상 내용	성 호르몬에 대한 연구
	수상자(국적)	아돌프 부테난트(독일) Adolf Friedrich Johann Butenandt –
	수상 내용	폴리메틸렌과 고테르펜에 대한 연구
	수상자(국적)	레오폴트 루지치카(크로아티아-스위스) Leopold Ružička
	강연 제목	Multimembered Rings, Higher Terpene Compounds and Male Sex Hormones
1940		수상자 없음
1941		수상자 없음
1942		수상자 없음
1943	수상 내용	화학반응 연구에서 방사성 동위원소 추적자 사용
	수상자(국적)	게오르크 헤베시(헝가리) George Charles de Hevesy
	강연 제목	Some Applications of Isotopic Indicators
1944	수상 내용	무거운 핵의 핵분열 발견

	수상자(국적)	오토 한(독일) Otto Hahn
	강연 제목	From the Natural Transmutations of Uranium to Its Artificial Fission
1945	수상 내용	농업, 영양화학, 사료 보존법에 대한 발명
	수상자(국적)	아르투리 비르타넨(핀란드) Artturi Ilmari Virtanen
	강연 제목	The Biological Fixation of Nitrogen and the Preservation of Fodder in Agriculture, and Their Importance to Human Nutrition
1946	수상 내용	효소의 결정화
	수상자(국적)	제임스 섬너(미국) James Batcheller Sumner
	강연 제목	The Chemical Nature of Enzymes
	수상 내용	순수한 형태의 효소와 바이러스 단백질의 준비
	수상자(국적)	존 하워드 노스럽(미국) John Howard Northrop
	강연 제목	The Preparation of Pure Enzymes and Virus Proteins
	수상자(국적)	웬들 메러디스 스탠리(미국) Wendell Meredith Stanley
	강연 제목	The Isolation and Properties of Crystalline Tobacco Mosaic Virus
1947	수상 내용	알칼로이드를 포함해 생물학적으로 중요한 식물 생성물 연구
	수상자(국적)	로버트 로빈슨 경(영국) Sir Robert Robinson
	강연 제목	Some Polycyclic Natural Products
1948	수상 내용	전기영동과 흡착 분석, 그리고 혈청 단백질의 복잡한 특성에 대한 발견
	수상자(국적)	아르네 티셀리우스(스웨덴) Arne Wilhelm Kaurin Tiselius
	강연 제목	Electrophoresis and Adsorption Analysis as Aids in Investigations of Large Molecular Weight Substances and Their Breakdown Products
1949	수상 내용	화학 열역학, 특히 극저온에서 물질의 거동에 대한 연구
	수상자(국적)	윌리엄 지오크(캐나다-미국) William Francis Giauque
	강연 제목	Some Consequences of Low Temperature Research in Chemical Thermodynamics
1950	수상 내용	다이엔 합성법의 발견과 진보

	수상자(국적)	오토 딜스(독일) Otto Paul Hermann Diels
	강연 제목	Description and Importance of the Aromatic Basic Skeleton of the Steroids
	수상자(국적)	쿠르트 알더(독일) Kurt Alder
	강연 제목	Diene Synthesis and Related Reaction Types
1951	수상 내용	초우라늄 원소의 화학
	수상자(국적)	에드윈 맥밀런(미국) Edwin Mattison McMillan
	강연 제목	The Transuranium Elements: Early History
	수상자(국적)	글렌 시보그(미국) Glenn Theodore Seaborg
	강연 제목	The Transuranium Elements: Present Status
1952	수상 내용	분배 크로마토그래피의 발명
	수상자(국적)	아처 마틴(영국) Archer John Porter Martin
	강연 제목	The Development of Partition Chromatography
	수상자(국적)	리처드 싱(영국) Richard Laurence Millington Synge
	강연 제목	Applications of Partition Chromatography
1953	수상 내용	거대 분자 화학의 발견
	수상자(국적)	헤르만 슈타우딩거(독일) Hermann Staudinger
	강연 제목	Macromolecular Chemistry
1954	수상 내용	화학결합의 특성 연구와 복합 물질 구조 해명에 적용
	수상자(국적)	라이너스 폴링(미국) Linus Carl Pauling
	강연 제목	Modern Structural Chemistry
1955	수상 내용	폴리펩타이드 호르몬의 최초 합성을 포함한 생화학적 황 화합물 연구
	수상자(국적)	빈센트 뒤비뇨(미국) Vincent du Vigneaud
	강연 제목	A Trail of Sulfa Research: From Insulin to Oxytocin
1956	수상 내용	화학반응 동역학 연구
	수상자(국적)	시릴 노먼 힌셜우드 경(영국) Sir Cyril Norman Hinshelwood
	강연 제목	Chemical Kinetics in the Past Few Decades
	수상자(국적)	니콜라이 세묘노프(러시아) Nikolay Nikolaevich Semenov
	강연 제목	Some Problems Relating to Chain Reactions and to the Theory of Combustion

연도	구분	내용
1957	수상 내용	뉴클레오타이드와 뉴클레오타이드 조효소에 대한 연구
	수상자(국적)	알렉산더 토드 남작(영국) Lord (Alexander R.) Todd
	강연 제목	Synthesis in the Study of Nucleotides
1958	수상 내용	단백질(인슐린)의 구조 연구
	수상자(국적)	프레더릭 생어(영국) Frederick Sanger
	강연 제목	The Chemistry of Insulin
1959	수상 내용	폴라로그래피(전해 반응 분석법) 개발
	수상자(국적)	야로슬라프 헤이로프스키(체코슬로바키아) Jaroslav Heyrovsky
	강연 제목	The Trends of Polarography
1960	수상 내용	탄소-14를 통한 방사성 동위원소 연대 측정법 개발
	수상자(국적)	윌러드 리비(미국) Willard Frank Libby
	강연 제목	Radiocarbon Dating
1961	수상 내용	식물 이산화 탄소 동화 과정에 대한 연구
	수상자(국적)	멜빈 캘빈(미국) Melvin Calvin
	강연 제목	The Path of Carbon in Photosynthesis
1962	수상 내용	구상 단백질의 구조 분석
	수상자(국적)	맥스 퍼루츠(오스트리아-영국) Max Ferdinand Perutz
	강연 제목	X-ray Analysis of Haemoglobin
	수상자(국적)	John Cowdery Kendrew 존 켄드루(영국)
	강연 제목	Myoglobin and the Structure of Proteins
1963	수상 내용	고분자화학 및 기술 분야에서 발견
	수상자(국적)	카를 치글러(독일) Karl Waldemar Ziegler
	강연 제목	Consequences and Development of an Invention
	수상자(국적)	줄리오 나타(이탈리아) Giulio Natta
	강연 제목	From the Stereospecific Polymerization to the Asymmetric Autocatalytic Synthesis of Macromolecules
1964	수상 내용	생화학 물질의 엑스선 구조 분석
	수상자(국적)	도러시 호지킨(영국) Dorothy Crowfoot Hodgkin
	강연 제목	The X-ray Analysis of Complicated Molecules

1965	수상 내용	스테롤과 클로로필(천연 화합물)의 유기 합성
	수상자(국적)	로버트 우드워드(미국) Robert Burns Woodward
	강연 제목	Recent Advances in the Chemistry of Natural Products
1966	수상 내용	분자 오비탈에 기반한 분자 화학결합 및 전자 구조에 대한 연구
	수상자(국적)	로버트 멀리컨(미국) Robert Sanderson Mulliken
	강연 제목	Spectroscopy, Molecular Orbitals, and Chemical Bonding
1967	수상 내용	초단파 에너지 펄스를 통한 초고속 화학반응에 대한 연구
	수상자(국적)	만프레트 아이겐(독일) Manfred Eigen
	강연 제목	Immeasurably Fast Reactions
	수상자(국적)	로널드 노리시(영국) Ronald George Wreyford Norrish
	강연 제목	Some Fast Reactions in Gases Studied by Flash Photolysis and Kinetic Spectroscopy
	수상자(국적)	조지 포터(영국) George Porter
	강연 제목	Flash Photolysis and Some of Its Applications
1968	수상 내용	비가역적 과정의 열역학에 기초가 되는 상반정리
	수상자(국적)	라르스 온사게르(노르웨이) Lars Onsager
	강연 제목	The Motion of Ions: Principles and Concepts
1969	수상 내용	유기 화합물의 3차원적 형태 결정에 대한 개념 발명
	수상자(국적)	데릭 바턴 경(영국) Sir Derek Harold Richard Barton
	강연 제목	The Principles of Conformational Analysis
	수상자(국적)	오드 하셀(노르웨이) Odd Hassel
	강연 제목	Structural Aspects of Interatomic Charge–Transfer Bonding
1970	수상 내용	당 뉴클레오타이드의 발견과 탄수화물 생합성에서 역할 규명
	수상자(국적)	루이스 를루아르(아르헨티나) Luis Federico Leloir
	강연 제목	Two Decades of Research on the Biosynthesis of Saccharides
1971	수상 내용	자유 라디칼의 전자 구조와 분자 기하 구조에 대한 연구
	수상자(국적)	게르하르트 헤르츠베르크(독일–캐나다) Gerhard Herzberg
	강연 제목	Spectroscopic Studies of Molecular Structure

1972	수상 내용	아미노산 서열과 생물학적 활성 형태의 관계에 대한 리보뉴클레이스(효소) 연구
	수상자(국적)	크리스천 안핀슨(미국) Christian Boehmer Anfinsen
	강연 제목	Studies on the Principles that Govern the Folding of Protein Chains
	수상자(국적)	스탠퍼드 무어(미국) Stanford Moore
	강연 제목	The Chemical Structures of Pancreatic Ribonuclease and Deoxyribonuclease
	수상자(국적)	윌리엄 하워드 스타인(미국) William Howard Stein
	강연 제목	The Chemical Structures of Pancreatic Ribonuclease and Deoxyribonuclease
1973	수상 내용	유기금속 화합물에 대한 연구
	수상자(국적)	에른스트 오토 피셔(독일) Ernst Otto Fischer
	강연 제목	On the Road to Carbene and Carbyne Complexes
	수상자(국적)	제프리 윌킨슨(영국) Geoffrey Wilkinson
	강연 제목	The Long Search for Stable Transition Metal Alkyls
1974	수상 내용	거대 분자의 물리화학 분야에서 이론적 및 실험적 접근
	수상자(국적)	폴 존 플로리(미국) Paul John Flory
	강연 제목	Spatial Configuration of Macromolecular Chains
1975	수상 내용	효소 촉매반응의 입체 화학에 대한 연구
	수상자(국적)	존 콘포스(오스트레일리아) John Warcup Cornforth
	강연 제목	Asymmetry and Enzyme Action
	수상자(국적)	블라디미르 프렐로그(보스니아 헤르체코비나-스위스) Vladimir Prelog
	강연 제목	Chirality in Chemistry
1976	수상 내용	보란의 구조와 화학결합 문제에 대한 조명
	수상자(국적)	윌리엄 립스컴(미국) William Nunn Lipscomb Jr.
	강연 제목	The Boranes and Their Relatives
1977	수상 내용	소산 구조 이론과 비평형 열역학에 대한 연구
	수상자(국적)	일리야 프리고진(러시아-벨기에) Ilya Prigogine
	강연 제목	Time, Structure and Fluctuations

1978	수상 내용	화학 삼투 이론의 공식화를 통한 생물학적 에너지 전달의 이해
	수상자(국적)	피터 미첼(영국) Peter Dennis Mitchell
	강연 제목	David Keilin's Respiratory Chain Concept and Its Chemiosmotic Consequences
1979	수상 내용	붕소 및 인 함유 화합물의 유기 합성 시약으로 개발
	수상자(국적)	허버트 브라운(미국) Herbert Charles Brown
	강연 제목	From Little Acorns to Tall Oaks–from Boranes through Organoboranes
	수상자(국적)	게오르크 비티히(독일) Georg Wittig
	강연 제목	From Diyls to Ylides to My Idyll
1980	수상 내용	재조합 DNA와 관련된 핵산 생화학 연구
	수상자(국적)	폴 버그(미국) Paul Berg
	강연 제목	Dissections and Reconstructions of Genes and Chromosomes
	수상 내용	핵산의 염기 서열 결정에 대한 공헌
	수상자(국적)	월터 길버트(미국) Walter Gilbert
	강연 제목	DNA Sequencing and Gene Structure
	수상자(국적)	프레더릭 생어(영국) Frederick Sanger
	강연 제목	Determination of Nucleotide Sequences in DNA
1981	수상 내용	화학반응의 궤도함수 대칭 해석
	수상자(국적)	후쿠이 겐이치(일본) Kenichi Fukui
	강연 제목	The Role of Frontier Orbitals in Chemical Reactions
	수상자(국적)	로알드 호프만(폴란드–미국) Roald Hoffmann
	강연 제목	Building Bridges between Inorganic and Organic Chemistry
1982	수상 내용	핵산—단백질 복합체의 구조 규명을 위한 결정학적 전자현미경 개발
	수상자(국적)	에런 클루그 경(영국) Sir Aaron Klug
	강연 제목	From Macromolecules to Biological Assemblies
1983	수상 내용	금속 착문에서 전자 전이 메커니즘 연구
	수상자(국적)	헨리 타우버(캐나다–미국) Henry Taube
	강연 제목	Electron Transfer between Metal Complexes–Retrospective

1984	수상 내용	고체상 폴리펩타이드 합성법 개발
	수상자(국적)	로버트 메리필드(미국) Robert Bruce Merrifield
	강연 제목	Solid Phase Synthesis
1985	수상 내용	분자 화학구조 추론을 위한 수학적 방법 개발
	수상자(국적)	허버트 하우프트먼(미국) Herbert Aaron Hauptman
	강연 제목	Direct Methods and Anomalous Dispersion
	수상자(국적)	제롬 칼(미국) Jerome Karle
	강연 제목	Recovering Phase Information from Intensity Data
1986	수상 내용	화학 기초 반응의 동역학에 대한 연구
	수상자(국적)	더들리 허슈바크(미국) Dudley Robert Herschbach
	강연 제목	Molecular Dynamics of Elementary Chemical Reactions
	수상자(국적)	리위안저(대만) Yuan Tseh Lee
	강연 제목	Molecular Beam Studies of Elementary Chemical Processes
	수상자(국적)	존 폴라니(헝가리-캐나다) John Charles Polanyi
	강연 제목	Some Concepts in Reaction Dynamics
1987	수상 내용	높은 선택성의 구조 특이적 상호작용이 가능한 분자 개발
	수상자(국적)	도널드 크램(미국) Donald James Cram
	강연 제목	The Design of Molecular Hosts, Guests, and Their Complexes
	수상자(국적)	장마리 렌(프랑스) Jean–Marie Lehn
	강연 제목	Supramolecular Chemistry - Scope and Perspectives Molecules - Supermolecules - Molecular Devices
	수상자(국적)	찰스 피더슨(미국) Charles John Pedersen
	강연 제목	The Discovery of Crown Ethers
1988	수상 내용	광합성 반응 중심의 3차원 구조 규명
	수상자(국적)	요한 다이젠호퍼(독일)Johann Deisenhofer 하르트무트 미헬(독일) Hartmut Michel
	강연 제목	The Photosynthetic Reaction Centre from the Purple Bacterium Rhodopseudomonas Viridis

연도	항목	내용
	수상자(국적)	로베르트 후버(독일) Robert Huber
	강연 제목	A Structural Basis of Light Energy and Electron Transfer in Biology
1989	수상 내용	RNA의 촉매 특성 발견
	수상자(국적)	시드니 올트먼(캐나다-미국) Sidney Altman
	강연 제목	Enzymatic Cleavage of RNA by RNA
	수상자(국적)	토머스 체크(미국) Thomas Robert Cech
	강연 제목	Self-Splicing and Enzymatic Activity of an Intervening Sequence RNA from Tetrahymena
1990	수상 내용	유기화학에서 역합성 분석법 개발
	수상자(국적)	일라이어스 제임스 코리(미국) Elias James Corey
	강연 제목	The Logic of Chemical Synthesis: Multistep Synthesis of Complex Carbogenic Molecules
1991	수상 내용	고분해능 핵자기공명(NMR) 분석법 개발
	수상자(국적)	리하르트 에른스트(스위스) Richard Robert Ernst
	강연 제목	Nuclear Magnetic Resonance Fourier Transform Spectroscopy
1992	수상 내용	화학계에서 분자 간 전자 전달 반응 이론
	수상자(국적)	루돌프 마커스(미국) Rudolph Arthur Marcus
	강연 제목	Electron Transfer Reactions in Chemistry: Theory and Experiment
1993	수상 내용	중합효소 연쇄반응(PCR) 개발
	수상자(국적)	캐리 멀리스(미국) Kary Banks Mullis
	강연 제목	The Polymerase Chain Reaction
	수상 내용	올리고 뉴클레오타이드 기반의 부위 지정 돌연변이 유발과 단백질 연구
	수상자(국적)	마이클 스미스(영국-캐나다) Michael Smith
	강연 제목	Synthetic DNA and Biology
1994	수상 내용	초강산을 이용한 탄소 양이온 화학
	수상자(국적)	조지 앤드루 올라(헝가리-미국) George Andrew Olah
	강연 제목	My Search for Carbocations and Their Role in Chemistry

1995	수상 내용	오존의 형성과 분해에 대한 기상화학 연구
	수상자(국적)	파울 크뤼천(네덜란드) Paul Jozef Crutzen
	강연 제목	My Life with O3, NOx and Other YZOxs
	수상자(국적)	마리오 몰리나(멕시코) Mario José Molina–Pasquel Henríquez
	강연 제목	Polar Ozone Depletion
	수상자(국적)	프랭크 셔우드 롤런드(미국) Frank Sherwood Rowland
	강연 제목	Nobel Lecture in Chemistry
1996	수상 내용	풀러렌 발견
	수상자(국적)	로버트 컬(미국) Robert Floyd Curl Jr.
	강연 제목	Dawn of the Fullerenes: Experiment and Conjecture
	수상자(국적)	해럴드 크로토 경(영국) Sir Harold Walter Kroto
	강연 제목	Symmetry, Space, Stars and C60
	수상자(국적)	리처드 스몰리(미국) Richard Errett Smalley
	강연 제목	Discovering the Fullerenes
1997	수상 내용	아데노신삼인산(ATP)의 합성에 관여하는 효소 메커니즘 규명
	수상자(국적)	폴 보이어(미국) Paul Delos Boyer
	강연 제목	Energy, Life, and ATP
	수상자(국적)	존 워커 경(영국) Sir John Ernest Walker
	강연 제목	ATP Synthesis by Rotary Catalysis
	수상 내용	Na+, K+ –ATPase를 통한 최초의 이온 전달 효소 발견
	수상자(국적)	옌스 스코우(덴마크) Jens Christian Skou
	강연 제목	The Identification of the Sodium–Potassium Pump
1998	수상 내용	밀도범함수 이론 개발
	수상자(국적)	월터 콘(오스트리아–미국) Walter Kohn
	강연 제목	Electronic Structure of Matter – Wave Functions and Density Functionals
	수상 내용	양자화학의 계산 방법 개발
	수상자(국적)	존 포플 경(영국) Sir John Anthony Pople
	강연 제목	Quantum Chemical Models

1999	수상 내용	펨토초 레이저 분광기를 통한 화학반응 전이 상태 연구
	수상자(국적)	아메드 즈웨일(이집트–미국) Ahmed Hassan Zewail
	강연 제목	Femtochemistry: Atomic–Scale Dynamics of the Chemical Bond Using Ultrafast Lasers
2000	수상 내용	전도성 고분자의 발명
	수상자(국적)	앨런 히거(미국) Alan Jay Heeger
	강연 제목	Semiconducting and Metallic Polymers: The Fourth Generation of Polymeric Materials
	수상자(국적)	앨런 맥더미드(뉴질랜드) Alan Graham MacDiarmid
	강연 제목	"Synthetic Metals": A Novel Role for Organic Polymers
	수상자(국적)	시라카와 히데키(일본) Hideki Shirakawa
	강연 제목	The Discovery of Polyacetylene Film: The Dawning of an Era of Conducting Polymers
2001	수상 내용	카이랄성 촉매 수소화 반응
	수상자(국적)	윌리엄 놀스(미국) William Standish Knowles
	강연 제목	Asymmetric Hydrogenations
	수상자(국적)	노요리 료지(일본) Ryoji Noyori
	강연 제목	Asymmetric Catalysis: Science and Technology
	수상 내용	카이랄성 촉매 산화 반응
	수상자(국적)	배리 샤플리스(미국) K. Barry Sharpless
	강연 제목	The Search for New Chemical Reactivity
2002	수상 내용	생물학적 거대 분자의 질량 분광 분석을 위한 연성 탈착 이온화 방법 개발
	수상자(국적)	존 펜(미국) John Bennett Fenn
	강연 제목	Electrospray Wings for Molecular Elephants
	수상자(국적)	다나카 고이치(일본) Koichi Tanaka
	강연 제목	The Origin of Macromolecule Ionization by Laser Irradiation
	수상자(국적)	쿠르트 뷔트리히(스위스) Kurt Wüthrich
	강연 제목	NMR Studies of Structure and Function of Biological Macromolecules

2003	수상 내용	체내 물 통로들의 발견
	수상자(국적)	피터 아그리(미국) Peter Agre
	강연 제목	Aquaporin Water Channels
	수상 내용	이온 채널들의 구조와 기작 연구
	수상자(국적)	로더릭 매키넌(미국) Roderick MacKinnon
	강연 제목	Potassium Channels and the Atomic Basis of Selective Ion Conduction
2004	수상 내용	유비퀴틴을 통한 단백질 분해
	수상자(국적)	아론 치에하노베르(이스라엘) Aaron Ciechanover
	강연 제목	Intracellular Protein Degradation: From a Vague Idea thru the Lysosome and the Ubiquitin–Proteasome System and onto Human Diseases and Drug Targeting
	수상자(국적)	아브람 헤르슈코(헝가리–이스라엘) Avram Hershko
	강연 제목	The Ubiquitin System for Protein Degradation and some of its Roles in the Control of the Cell Division Cycle
	수상자(국적)	어윈 로즈(미국) Irwin Rose
	강연 제목	Ubiquitin at Fox Chase
2005	수상 내용	유기 합성에서 복분해 방법의 개발
	수상자(국적)	이브 쇼뱅(프랑스) Yves Chauvin
	강연 제목	Olefin Metathesis: The Early Days
	수상자(국적)	로버트 그럽스(미국) Robert Howard Grubbs
	강연 제목	Olefin Metathesis Catalysts for the Preparation of Molecules and Materials
	수상자(국적)	리처드 슈록(미국) Richard Royce Schrock
	강연 제목	Multiple Metal–Carbon Bonds for Catalytic Metathesis Reactions
2006	수상 내용	진핵생물 전사 과정의 분자적 기초에 대한 연구
	수상자(국적)	로저 콘버그(미국) Roger David Kornberg
	강연 제목	The Molecular Basis of Eukaryotic Transcription

연도	구분	내용
2007	수상 내용	고체 표면에서 화학반응 과정 연구
	수상자(국적)	게르하르트 에르틀(독일) Gerhard Ertl
	강연 제목	Reactions at Surfaces: From Atoms to Complexity
2008	수상 내용	녹색 형광 단백질(GFP)의 발견과 개발
	수상자(국적)	시모무라 오사무(일본) Osamu Shimomura
	강연 제목	Discovery of Green Fluorescent Protein, GFP
	수상자(국적)	마틴 챌피(미국) Martin Chalfie
	강연 제목	GFP: Lighting Up Life
	수상자(국적)	로저 첸(미국) Roger Yonchien Tsien
	강연 제목	Constructing and Exploiting the Fluorescent Protein Paintbox
2009	수상 내용	리보솜의 구조와 기능 규명
	수상자(국적)	벤카트라만 라마크리슈난(인도) Venkatraman Ramakrishnan
	강연 제목	Unraveling the Structure of the Ribosome
	수상자(국적)	토머스 스타이츠(미국) Thomas Arthur Steitz
	강연 제목	From the Structure and Function of the Ribosome to New Antibiotics
	수상자(국적)	아다 요나트(이스라엘) Ada E. Yonath
	강연 제목	Hibernating Bears, Antibiotics and the Evolving Ribosome
2010	수상 내용	유기화학에서 팔라듐 촉매 교차 결합 반응 개발
	수상자(국적)	리처드 헥(미국) Richard Frederick Heck
	강연 제목	Palladium Reactions for Organic Syntheses
	수상자(국적)	네기시 에이이치(일본) Ei-ichi Negishi
	강연 제목	Magical Power of Transition Metals: Past, Present, and Future
	수상자(국적)	스즈키 아키라(일본) Akira Suzuki
	강연 제목	Cross-coupling Reactions of Organoboranes: An Easy Way for C-C Bonding
2011	수상 내용	준결정의 발견
	수상자(국적)	단 셰흐트만(이스라엘) Dan Shechtman
	강연 제목	The Discovery of Quasi-Periodic Materials

2012	수상 내용	G단백질 연결 수용체(GPCR) 연구
	수상자(국적)	로버트 레프코위츠(미국) Robert Joseph Lefkowitz
	강연 제목	A Brief History of G Protein Coupled Receptors
	수상자(국적)	브라이언 코빌카(미국) Brian Kent Kobilka
	강연 제목	The Structural Basis of G Protein Coupled Receptor Signaling
2013	수상 내용	복잡한 화학계를 위한 멀티스케일 모델 개발
	수상자(국적)	마르틴 카르플루스(오스트리아-미국) Martin Karplus
	강연 제목	Development of Multiscale Models for Complex Chemical Systems From H+H_2 to Biomolecules
	수상자(국적)	마이클 레빗(이스라엘-미국) Michael Levitt
	강연 제목	Birth and Future of Multiscale Modeling for Macromolecular Systems
	수상자(국적)	아리에 와르셸(이스라엘-미국) Arieh Warshel
	강연 제목	Multiscale Modeling of Biological Functions: From Enzymes to Molecular Machines
2014	수상 내용	초고분해능 형광현미경 발명
	수상자(국적)	에릭 베치그(미국) Eric Betzig
	강연 제목	Single Molecules, Cells, and Super-Resolution Optics
	수상자(국적)	슈테판 헬 Stefan Walter Hell
	강연 제목	Nanoscopy with Focused Light
	수상자(국적)	윌리엄 머너(미국) William Esco Moerner
	강연 제목	Single-Molecule Spectroscopy, Imaging, and Photocontrol: Foundations for Super-Resolution Microscopy
2015	수상 내용	DNA 복구 메커니즘 연구
	수상자(국적)	토마스 린달(스웨덴) Tomas Lindahl
	강연 제목	The Intrinsic Fragility of DNA
	수상자(국적)	폴 모드리치(미국) Paul Lawrence Modrich
	강연 제목	Mechanisms in E. Coli and Human Mismatch Repair
	수상자(국적)	아지즈 산자르(터키) Aziz Sancar

	강연 제목	Mechanisms of DNA Repair by Photolyase and Excision Nuclease
2016	수상 내용	분자 기계의 설계와 합성
	수상자(국적)	장피에르 소바주(프랑스) Jean-Pierre Sauvage
	강연 제목	From Chemical Topology to Molecular Machines
	수상자(국적)	프레이저 스토더트 경(영국-미국) Sir James Fraser Stoddart
	강연 제목	Mechanically Interlocked Molecules (MIMs)-Molecular Shuttles, Switches, and Machines
	수상자(국적)	베르나르트 페링하(네덜란드) Bernard Lucas Feringa
	강연 제목	The Art of Building Small: from Molecular Switches to Motors
2017	수상 내용	용액 내 생분자 구조 결정을 위한 극저온 전자현미경 개발
	수상자(국적)	자크 뒤보셰(스위스) Jacques Dubochet
	강연 제목	Early cryo-electron microscopy
	수상자(국적)	요아힘 프랑크(독일) Joachim Frank
	강연 제목	Single-Particle Reconstruction - Story in a Sample
	수상자(국적)	리처드 헨더슨(영국) Richard Henderson
	강연 제목	From Electron Crystallography to Single Particle cryoEM
2018	수상 내용	효소의 유도 진화 발견
	수상자(국적)	프랜시스 아널드(미국) Frances Hamilton Arnold
	강연 제목	Innovation by Evolution: Bringing New Chemistry to Life
	수상 내용	펩타이드와 항체의 파지 디스플레이
	수상자(국적)	조지 스미스(미국) George Pearson Smith
	강연 제목	Phage Display: Simple Evolution in a Petri Dish
	수상자(국적)	그레고리 윈터 경(영국) Sir Gregory Paul Winter
	강연 제목	Harnessing Evolution to Make Medicines
2019	수상 내용	리튬-이온 전지 개발
	수상자(국적)	존 구디너프(미국) John Bannister Goodenough
	강연 제목	Designing Lithium-ion Battery Cathodes

	수상자(국적)	스탠리 휘팅엄(미국) M. Stanley Whittingham
	강연 제목	The Origins of the Lithium Battery
	수상자(국적)	요시노 아키라(일본) Akira Yoshino
	강연 제목	Brief History and Future of Lithium-ion Batteries
2020	수상 내용	유전자 편집 방법론 개발
	수상자(국적)	에마뉘엘 샤르팡티에(프랑스) Emmanuelle Charpentier
	강연 제목	For the Development of a Method for Genome Editing
	수상자(국적)	제니퍼 다우드나(미국) Jennifer Anne Doudna
	강연 제목	The Chemistry of CRISPR: Editing the Code of Life

EBS 클래스ⓔ 시리즈 15

화학 연대기

1판 1쇄 발행 2021년 5월 26일
1판 3쇄 발행 2022년 3월 25일

지은이 장홍제

펴낸이 김유열 | **콘텐츠기획센터장** 류재호 | **북&렉처프로젝트팀장** 유규오
북팀 박혜숙, 여운성, 장효순, 최재진
렉처팀 김형준, 김미란, 유지영, 이세라, 이유선 | **마케팅** 김효정, 최은영

책임편집 책과이음 | **디자인** 이슬기 | **인쇄** 우진코니티

펴낸곳 한국교육방송공사(EBS)
출판신고 2001년 1월 8일 제2017-000193호
주소 경기도 고양시 일산동구 한류월드로 281
대표전화 1588-1580 **홈페이지** www.ebs.co.kr

ISBN 978-89-547-5823-9 04300
978-89-547-5388-3 (세트)